中华现代学术名著丛书

明靖难史事考证稿

王崇武 著
张金奎 编

图书在版编目(CIP)数据

明靖难史事考证稿/王崇武著. —北京:商务印书馆,2024(2024.4重印)
(中华现代学术名著丛书)
ISBN 978-7-100-23011-7

Ⅰ.①明… Ⅱ.①王… Ⅲ.①靖难之役—考证 Ⅳ.①K248.105

中国国家版本馆 CIP 数据核字(2023)第 175883 号

权利保留,侵权必究。

本书据商务印书馆 1948 年版排印,另整理汇编作者论文作为"附编"增补在本书中。

中华现代学术名著丛书
明靖难史事考证稿
王崇武 著
张金奎 编

商 务 印 书 馆 出 版
(北京王府井大街36号 邮政编码100710)
商 务 印 书 馆 发 行
北京通州皇家印刷厂印刷
ISBN 978-7-100-23011-7

2024年1月第1版　　　开本 880×1240　1/32
2024年4月北京第2次印刷　印张 19¾
定价:98.00元

出版说明

百年前,张之洞尝劝学曰:"世运之明晦,人才之盛衰,其表在政,其里在学。"是时,国势颓危,列强环伺,传统频遭质疑,西学新知亟亟而入。一时间,中西学并立,文史哲分家,经济、政治、社会等新学科勃兴,令国人乱花迷眼。然而,淆乱之中,自有元气淋漓之象。中华现代学术之转型正是完成于这一混沌时期,于切磋琢磨、交锋碰撞中不断前行,涌现了一大批学术名家与经典之作。而学术与思想之新变,亦带动了社会各领域的全面转型,为中华复兴奠定了坚实基础。

时至今日,中华现代学术已走过百余年,其间百家林立、论辩蜂起,沉浮消长瞬息万变,情势之复杂自不待言。温故而知新,述往事而思来者。"中华现代学术名著丛书"之编纂,其意正在于此,冀辨章学术,考镜源流,收纳各学科学派名家名作,以展现中华传统文化之新变,探求中华现代学术之根基。

"中华现代学术名著丛书"收录上自晚清下至20世纪80年代末中国大陆及港澳台地区、海外华人学者的原创学术名著(包括外文著作),以人文社会科学为主体兼及其他,涵盖文学、历史、哲学、政治、经济、法律和社会学等众多学科。

出版说明

出版"中华现代学术名著丛书",为本馆一大夙愿。自1897年始创起,本馆以"昌明教育,开启民智"为己任,有幸首刊了中华现代学术史上诸多开山之著、扛鼎之作;于中华现代学术之建立与变迁而言,既为参与者,也是见证者。作为对前人出版成绩与文化理念的承续,本馆倾力谋划,经学界通人擘画,并得国家出版基金支持,终以此丛书呈现于读者面前。唯望无论多少年,皆能傲立于书架,并希冀其能与"汉译世界学术名著丛书"共相辉映。如此宏愿,难免汲深绠短之忧,诚盼专家学者和广大读者共襄助之。

商务印书馆编辑部

2010年12月

凡　　例

一、"中华现代学术名著丛书"收录晚清以迄20世纪80年代末,为中华学人所著,成就斐然、泽被学林之学术著作。入选著作以名著为主,酌量选录名篇合集。

二、入选著作内容、编次一仍其旧,唯各书卷首冠以作者照片、手迹等。卷末附作者学术年表和题解文章,诚邀专家学者撰写而成,意在介绍作者学术成就,著作成书背景、学术价值及版本流变等情况。

三、入选著作率以原刊或作者修订、校阅本为底本,参校他本,正其讹误。前人引书,时有省略更改,倘不失原意,则不以原书文字改动引文;如确需校改,则出脚注说明版本依据,以"编者注"或"校者注"形式说明。

四、作者自有其文字风格,各时代均有其语言习惯,故不按现行用法、写法及表现手法改动原文;原书专名(人名、地名、术语)及译名与今不统一者,亦不作改动。如确系作者笔误、排印舛误、数据计算与外文拼写错误等,则予径改。

五、原书为直(横)排繁体者,除个别特殊情况,均改作横排简体。其中原书无标点或仅有简单断句者,一律改为新式标点,专名号从略。

六、除特殊情况外,原书篇后注移作脚注,双行夹注改为单行夹注。文献著录则从其原貌,稍加统一。

七、原书因年代久远而字迹模糊或纸页残缺者,据所缺字数用"□"表示;字数难以确定者,则用"(下缺)"表示。

目 录

明靖难史事考证稿

第一章　叙言 ………………………………………………………… 3
第二章　明代官书所记之靖难事变 ………………………………… 8
第三章　惠帝史事之传说 …………………………………………… 35
第四章　史事考证 …………………………………………………… 51
　（一）太祖之死 …………………………………………………… 51
　（二）燕王入朝 …………………………………………………… 54
　（三）靖难战役之推测 …………………………………………… 62
　　　（甲）包围与突围 …………………………………………… 62
　　　（乙）战略之改变 …………………………………………… 85
　　　（丙）燕师取南京 …………………………………………… 92
　　　（丁）城守与援兵 …………………………………………… 96
　（四）不杀叔父诏 ………………………………………………… 106
　（五）周公辅成王说 ……………………………………………… 111
　（六）七国叛汉故事 ……………………………………………… 115
第五章　皇明祖训与成祖继统 ……………………………………… 118
第六章　惠帝与朝鲜 ………………………………………………… 140
第七章　汉王高煦之变与惠帝史书之推测 ………………………… 152

附　编

元末革命的平民兵	167
论明太祖起兵及其政策之转变	186
论元末农民起义的发展蜕变及其在历史上所起的进步作用	210
读高青邱《威爱论》	244
明成祖与佛教	259
明成祖与方士	
——成祖之死考异	276
明初之屯垦政策与井田说	288
明代民屯之组织	298
明代的商屯制度	313
明代户口的消长	340
明初汉人之胡化	384
读《明史·朝鲜传》	391
李如松征东考	428
刘綎征东考	478
论万历征东岛山之战及明清萨尔浒之战	
——读《明史·杨镐传》	499
《明史·张春传》考证	542
跋朱朗镸《上摄政王多尔衮请仍用明代衣冠启》	551
董文骥与《明史纪事本末》	558
王阳明临终遗语	
——此心光明,亦复何言	571

王崇武先生学术年表 …………………………………… 窦宝越 575
王崇武先生学术成果表 ………………………………… 窦宝越 588
王崇武和他的《明靖难史事考证稿》…………………… 张金奎 597

明靖难史事考证稿

第一章　叙言

明代政治制度之巨变以靖难一役为分野：如太祖痛抑宦官，惠帝管束尤严，迨燕兵逼江北，内臣输朝廷虚实，成祖以为忠于己，而狗儿辈复以军功得幸，遂开宦寺专权之渐矣。太祖分封宁、辽诸王，意在巩固边防，向外发展，成祖鉴于封建太侈，诸王难制，因移宁王于南昌（原封大宁），辽王于荆州（原封广宁），谷王于长沙（原封宣府），韩王于平凉（原封开原，王松永乐五年薨，未之国，子冲𤊹徙封平凉），沈王于潞州（原封沈阳，未之国），自是，东北之藩篱尽撤，非复太祖拓边之原意矣。明初藩王得领兵备边，服制仅下天子一等，公侯大臣无敢与抗礼者。迨成祖篡位，恐他藩效尤，因削各王兵柄，寝假而二王不准相见，出城省墓，亦须奏请，食禄而不治事，遂成国家之赘疣矣。洪武间以治锦衣卫狱者多非法陵人，乃焚其刑具，出系囚送刑部审录，成祖即位复其旧，并开设东厂，刺朝臣向背，遂启厂卫治狱之厉阶矣。然则所谓靖难事变者，不仅关系朱氏叔侄之王位继承，抑且为一代制度之改革关键，固读史之人所不容忽视者也。

惟研究靖难之资料极贫乏，《奉天靖难记》四，洪武三十五年（即建文四年，成祖即位，革除建文年号）六月丁丑记：

上得群臣所上允炆谋策，即命焚之；有请上观者，上曰：

"一时之言,不必观。"①

又《太宗实录》是年七月壬午即位诏:

> 建文年间,上书陈言,有干犯之词者,悉皆勿论,所出一应榜文条例,并皆除毁。

又八月丙寅条:

> 上于宫中得建文时群臣所上封事千余通,披览一二有干犯者,命翰林院侍读解缙等遍阅,关系军马钱粮数目则留,余有干犯者悉焚之。

据此,建文朝之榜文奏疏,亦即所谓直接史料者,榜文条例除毁,奏疏除军马钱粮以外,余均燔弃,考史者自为之茫昧矣。

《明太祖实录》所载燕王事,应为研究靖难初起之重要资料,然成祖以建文间所修本"遗逸既多,兼有失实",又谓"建文中,任用方孝孺等纂修《实录》,任其私见,或乖详略之宜,或昧是非之正"②,因敕儒臣改写,而于前此纂修之本尽加焚毁,修史诸臣亦获重罪,如郑晓《吾学编·逊国臣记七·叶砥传》载:

> 建文元年……召为翰林,编修国史(案明代无国史,大臣事迹

---

① 《明太宗实录》作"当时受其职,食其禄,亦所当言,何必观"。盖《实录》纂修在《靖难记》后,故修改原文,意尤婉曲。
② 见洪武三十五年十月《太宗实录》。

附载于《实录》之中。此所谓国史者,当即《太祖实录》)……永乐初,坐修史书靖难多微辞被逮,籍其家,惟薄田庐,故书数箧,事白,仍与史事。

又沈德符《野获编》一"监修实录"条记:

文皇新即位,以前任知府叶惠仲等修《太祖实录》指斥靖难君臣为逆党,论死籍没。

《实录》中直书指斥之词,盖皆成祖之所谓"私见""失实"之笔,后开馆重修,史臣懔戒于罹狱论死之祸,自应大加删除矣。惟第二次纂修,以时间匆遽(自建文四年十月至永乐元年六月),删改之处虽多,而增附之文或少,且其时之监修官为曹国公李景隆,景隆本惠帝降将,为其自身回护,亦容有删除未尽处,此殆即《太宗实录》所诋为"心术不正"者乎?故在永乐九年十月,又开馆重修,迨十六年五月成书,已历时六载余,经此长期之删改增益后,其分量骤增加,据解缙《进实录表》,再修本一百八十三卷,缮写成一百二十册,而夏原吉进三修本《实录》为二百五十七卷,二百零五册。内府本《实录》每册之行款字数,应相去不远,以此较之,则今传三修之本殆增前倍蓰矣。其中粉饰之辞及预为靖难作伏笔处必甚多,宜成祖阅之,谓"少副朕心"也。夫初修本既经成祖焚毁,再修本又久已失传①,仅据三修粉饰之文,何以考求史事真相乎?

---

① 顾亭林《答汤荆岘书》,相传再修本大梁宗正朱睦㮮有其书,后遭流寇决河之难,毁于水。

至建文间同时人之记载，政府亦加严禁，《明史》一七一《杨善传》载，永乐间，藏《方孝孺文集》者，罪至死：

> （永乐元年，）其为（鸿胪寺）序班，坐事与庶吉士章朴同系狱，久之相狎，时方穷治方孝孺党，朴言家有《孝孺集》未及毁，善从借观，密奏之，朴以是诛死，而善得复官。

又同书一四一《方孝孺传》：

> 永乐中，藏孝孺文者罪至死。门人王稌潜录为《侯城集》，故后得行于世。

案方《集》初由其门人郑楷辑录成四、五册，复经王稌搜集补充，宣德以后，始渐行于世。据余所知者，其较早之刻本凡四：（一）天顺七年，临海赵洪辑本；（二）成化十六年，太平谢铎辑本；（三）正德十五年，苏州顾璘辑本；（四）嘉靖四十年，范惟一复综合三本汇刊之。范本甄采虽广，然去孝孺之死，已百六十年，且当时对靖难史事，犹有禁讳（解禁在万历以后），故集中一方面既滥收他人诗文①，一方面又不载违碍文字，《靖难记》谓惠帝诏檄多出自孝孺手，故方集亦应为研究靖难事迹之重要文献，而今传之本，全不收载，以此例彼，当时人之记载失传者，盖亦多矣。官书曲解史实，

---

① 如卷二二有《俞金墓表》，《王祎文集》及《明文衡》皆载之，实为祎作。卷二三有《勉学诗》二十四首，陆容《菽园杂记》谓为元末苏陈谦作，而钱谦益《列朝诗集》以为"为李九江作""为齐黄辈作""伤时政作"，则失检矣。又都穆《南濠诗话》更指《渔樵》一首为杨孟载作，《牧牛图》一绝为元人作。

野史漫无根据，皆非信史，故自明末王世贞、钱谦益，以迄清初徐乾学、朱彝尊、王鸿绪辈，皆思于此段史事，有所考索，而其实甚少发明者，诚以史料缺乏故也。

以余见闻之陋，自更不足语此，兹稿之所欲提供者，不过拟于前贤讨论以外，别构假设，求一可能之解释而已。又靖难史事关涉甚广，本书仅就其尚可考知者，试作推论，凡旧史记载已明及个人知解未审者，概不牵入。故所论列诸事，未必全关重要，且所论问题之内涵，亦非尽具于此。抗战以还，求书不易，其参考之未周与识解之愚暗，亦半因环境所限，而事之所无可如何也。

中华民国三十四年六月二十八日王崇武自识于四川南溪李庄

第二章　明代官书所记之靖难事变

明官书记靖难史事之较为完备者有《奉天靖难记》。书中称成祖为"今上",撰者自系永乐间人,又称仁宗为"太子",称郡王高煦、高燧等为"汉王"、"赵王",其与《太祖实录》偶同之处,持相参校,知较《实录》为早。然则此书之著作年月最早不能逾越永乐二年四月立太子、封诸王以前,最晚亦不应在十六年五月《太祖实录》纂成之后,盖记靖难事迹之较早者也。此书于成祖行事每曲为回护,于惠帝方面则丑词相加,其诋毁最甚者,如:

(太祖崩,)允炆矫遗诏嗣位,忘哀,作乐,用巫觋以桃茢祓除宫禁,以硫磺水遍洒殿壁,烧诸秽物,以辟鬼神。梓宫发引,与弟允熥各仗剑立宫门,指斥梓宫曰:"今复能言否?后能督责我否?"言讫皆笑,略无戚容(卷一)。

又云:

允炆日渐骄纵,焚太祖高皇帝、孝慈高皇后御容,拆毁后宫,掘地五尺,大兴土木,怨嗟盈路,淫佚放恣,靡所不为,遣宫者四出,选择女子,充满后宫,通夕饮食,剧戏歌舞,嬖幸者任其所需,谓其羊不肥美,辄杀数羊以餍一妇之欲。又作奇技淫巧,媚悦妇人,穷奢极侈,暴殄天物。甚至亵衣皆饰以珠玉锦绣,各王府宫人有色者皆选留与通。常服淫药,药燥性发,血气狂乱,御数老妇不足,更缚牝羊母猪与交。荒耽酒色,昼夜无度。及临朝,精神昏暗,俯首凭案,唯唯数事而已。宫中起大觉殿,于内置轮藏,出公主与尼为徒,敬礼桑门,狎侮宗庙。尝置一女子于盒以为戏,谓为时物,舁入奉先殿荐新,盒开聚观,大笑而散。倚信阉竖,与决大事,凡进退大臣,参掌兵马,皆得专之。凌辱衣冠,毒虐良善,御史皆被棰挞,纪纲坏乱,构成大祸。自是灾异叠见,恬不自省。夜宴,张灯荧煌,忽不见人。寝宫初成,见男子提一人头,血气模糊,直入宫内,随索之,寂无所有。狐狸满室,变怪万状,遍置鹰犬,亦不能止。他如日赤无光,星辰无度,彗扫军门,荧惑守心犯斗,飞蝗蔽天,山崩地震,水旱疫疠,连年不息。锦衣卫火,武库自焚,文华殿毁,承天门灾,虽变异多端,而酣乐自如。

果如上述,是惠帝之失德,甚于桀纣幽厉。及细审其实,知皆污辞。野史记惠帝之美德善政者,古人亦以其尤赡,姑不取,兹择举其较可征信者两则以为反证。《太宗实录》永乐五年六月乙未《王达传》载:

上即位,用姚广孝言,升翰林院编修,再升翰林院侍读学士……上间问建文君过失事,达对曰:"可与为善,但辅导者非人,故误之耳。"

又朝鲜《太宗李芳远实录》八,四年(永乐二年)九月己酉:

> 召成石璘、赵浚、李茂、赵英茂、李稷、权近等议事,上曰:"大抵人心怀于有仁(言人心怀念有仁德之人,朝鲜文义如是),建文宽仁而亡,永乐多行刑杀而兴,何也?"浚对曰:"徒知宽仁而纪纲不立故也。"上然之。

案《达传》出自官书,而云建文君可与为善。朝鲜国王以旁观地位,亦称建文宽仁、永乐刑杀,更足以分判两者之是非。又惠帝任用方孝孺等,尊崇儒术,似不至于佞佛,而成祖迎西域胡僧,求朝鲜舍利,适与其所诋毁惠帝者相类。至惠帝抑制宦官,其遣赴朝鲜市马者皆监生,而成祖所遣之使多宦者,更彰彰可考。故《靖难记》之谩骂方式,虽足称快于一时,实难征信于后世,后来纂修《太宗实录》,虽因袭是书,然颇多改动,而于此等处则十九删除,诚不为无见也。

由于官书之前后改动上,可以考见两事:其一为改动愈晚之文,说理亦愈为圆满,其二为在后来改写文中,亦偶可透露史实,兹分述如下:

考《燕王令旨》及姜清《秘史》均载有燕王上惠帝书及移檄天下文,燕王上书,《靖难记》及《太宗实录》亦载之,惟《令旨》《秘史》所载者,或为当时之原件,《靖难记》成于永乐间,《太宗实录》成于宣德时,三者时代不同,文字互异,兹考其内容先后改动之故,列表对照以说明之。

第二章　明代官书所记之靖难事变

《燕王令旨》所载《燕王上惠帝书》（注文用《豫章丛书》本《秘史》引文校）	《奉天靖难记》卷二所载《燕王书》	《太宗实录》卷四载《燕王书》
燕王棣谨奏：为报父仇事。臣稽首顿首百拜，昧死言：		臣闻至明者无远而不照，至诚者无远而不格。陛下嗣承大统，为臣民主，盖天下仰望如日月之明也。臣棣叨奉宗藩，比者见恶权奸，横加大恶，将鱼肉其一家，臣之无辜，天地鬼神，共所照鉴。前竭肝肺，上书自陈，盖出于危急迫切之诚，可为至矣。今历三月，未沐垂察，而叠发大兵，讨罪不已，是臣虽有至诚，不能上格，陛下虽有至明，不照幽远矣。窃闻朝廷论臣有不轨之事八，是必欲置臣父子一家于死地不宥也。死非难，但无罪而被极恶之名以死，此为难耳。凡人冤苦则呼天，谨陈其八事之说，惟陛下垂察。其一谓臣三护卫官，有逾额数者。今臣三护卫指我父皇
臣闻天下至尊而大，莫君与亲也。故臣之于君，子之于父（《秘史》父下有母字），必当尽其礼而已尔，尽其礼者，不敢忘其大本大恩也。大本大恩之所以不敢忘者，亦理之当然。故臣之于君，则止乎忠，子之于父，则止乎孝，如臣不忠于君，子不孝于父者，是忘大本大恩也，此岂人之类也欤？若然，则君亲之大本大恩，为臣子者，既不可以不报，则君亲之仇，为臣子者，其可不与君亲报乎？《礼》曰："父之仇不共戴天，兄弟之仇不反兵。"今我太祖高皇帝，臣之君也，父也，君亲之仇，其可以不报矣乎？	盖闻天下之至尊至大者，君与亲也。故臣之于君，子之于父，必当尽其礼者，盖不忘其大本大恩也。故臣之于君则尽其忠，子之于父则尽其孝，为臣而不忠于君，为子而不孝于亲者，是忘大本大恩也，此岂人类也欤？若然，则君亲之大本大恩，为臣子者不可以不报，君亲之仇，又岂可不报乎？《礼》曰："君父之仇不共戴天，兄弟之仇不反兵。"今我太祖尚皇帝于也，君亲之仇，可不报乎？ **案此文较上文简洁，上文犹自称臣，此文则尽削去矣。**	

11

续表

《燕王令旨》所载《燕王上惠帝书》(注文用《豫章丛书》本《秘史》引文校)	《奉天靖难记》卷二所载《燕王书》	《太宗实录》卷四载《燕王书》
存日,因春秋高,故每岁宣藩屏诸王或一度或两度赴京朝觐,父皇谓诸王(以上十五字《秘史》脱)曰:"吾之所以每岁唤尔诸子或一度或两度(以上六字《秘史》无)来者,何也(二字《秘史》无)?我年老,虑病有不测而去,则不能见尔辈,往来当劳勤也。"(以上十五字《秘史》无)父皇健日尚如此,父皇既病久,焉得不来宣我诸子见也?不知父皇果何(《秘史》作有)病也?亦不知用何药而弗救,以致于此大故也?《礼》曰:"君有疾饮药,臣先尝之;父有疾饮药,子先尝之。"臣忝为父皇亲子,分封于燕,去京三千里之远。每岁朝觐,马行不过七日抵京。父皇病已久,如何不令人来报。得见	恒念父皇存日,因春秋高,故每岁召诸王或一度或两度入朝,父皇谓众王曰:"我之所以每岁唤尔诸子或一度或两度来见者,何也?我年老,虑病有不测,弗能见尔辈,岂不知尔辈往来匍匐之劳勤也。"父皇康健之日尚如此,矧既病久,焉得不来召我诸子见也?不知父皇果何病也?亦不知服何药而不瘳,以致于大故也?《礼》曰:"君有疾饮药,臣先尝之;亲有疾饮药,子先尝之。"今忝为父皇亲子,分封于燕,去京三千里之远,每岁朝觐,马行不过七日,父皇既病久,如何不令人来报,俾得一见父皇,知何病,用何药,尽人子之礼也。焉有为子而不知父病者?天下岂有无父子之	挥不及二十员,比《职掌》内员额尚不足,镇抚百户于常额亦缺,千户不过五十员,比额虽多三五员,然皆皇考临御时,朝廷除授者,非臣所敢自置。盖《祖训》"职制条"有云:"王府指挥司官并属官随军多少设置,不拘数目。"当时各王府皆然,非皇考独厚臣棣,此奸臣之枉臣也。其二谓臣不当无事操练军马,此事亦在皇考临御之时有之。盖《祖训》"兵卫条"有云:"凡王教练军士,一月十次,或七八次,五六次,若临事有警,或王有闲暇,则遍数不拘。"非臣敢擅为也。然自皇考宾天之后,臣居丧且病,足迹未尝出外庭,而护卫军士,兵部数数

第二章　明代官书所记之靖难事变

续表

《燕王令旨》所载《燕王上惠帝书》(注文用《豫章丛书》本《秘史》引文校)	《奉天靖难记》卷二所载《燕王书》	《太宗实录》卷四载《燕王书》
父皇一面,知何病,用何药,尽人子之礼也。焉有为子而不知父病者?天下岂有无父子之国也?使其无父子,决非人类也!(以上一百二十一字《秘史》脱)	国也耶?无父子之礼者则非人类也! 案此文及上文皆怀疑太祖之死以文致惠帝罪。	调遣备边,存者仅半,而教练久废,北平官吏军民咸所目睹,此奸臣之枉臣也。其三谓臣不当于各卫选用军官,自陛下嗣位以来,臣未尝言及兵事,亦未尝选用一官,但在皇考时曾具奏于北平城中散卫选用三五人,亦不曾于外卫选用,盖《祖训》"职制条"有云:"凡王府武官千户百户从王于所部军职内选用,开具各人姓名实迹,王亲署奏本,不由各衙门,差人直诣御前闻奏,颁降诰敕。"当时王府通例如此,非独臣棣也。兵部具有文检可验,此奸臣之枉臣也。其四谓臣私养鞑靼健卒。盖臣府中有鞑军百余人,悉是洪武间归附,朝廷处于北平,皇考命
父皇五月初十日亥时崩,寅时即殓,不知何为如此之速也?《礼》曰:"三日而殓,俟其复生也。"今父皇不一日而殓,礼乎非礼乎(三字《秘史》无)? 古今天下(四字《秘史》无),自天子至于庶人,焉有父死而不报于知者?焉有父死而不得奔丧者也?何故父皇宾天一月才发诏令亲王天下百姓知之?如此,则我亲子与庶人同也,礼乎非礼乎(三字《秘史》无)?	况父皇闰五月初十日未时崩,寅时即殓,不知何为如此之速也?《礼》有"三日而殓,候其复生。"今不一日而殓,礼乎? 古今天下,自天子至于庶人,焉有父死而不报于知者?焉有父死而子不得奔丧者也?及逾一月,方诏亲王及天下知之,如此则我亲子与庶民同也。	

13

续表

《燕王令旨》所载《燕王上惠帝书》(注文用《豫章丛书》本《秘史》引文校)	《奉天靖难记》卷二所载《燕王书》	《太宗实录》卷四载《燕王书》
又不知父皇停棺何所,七日即葬(以上十三字《秘史》无),《礼》曰:"天子七月而葬",今父皇七日即葬,不知何为如此之速也?臣以此礼不出于何典,今见诏内(《秘史》作令)言"燕庶人父子",是葬以庶人之礼也(《秘史》作"方知父皇葬以庶人之礼也"),其可哀也矣,其可痛也矣。	又不知父皇梓宫何以七日而葬?不知何为如此之速也?《礼》曰:"天子七月而葬",今七日即葬,礼乎?臣以此礼不知出于何典,今见诏内言"燕庶人父子",岂葬父皇以庶人之礼耶?可为哀痛! 案建文元年七月壬辰,下诏讨燕,削其属籍,所谓"燕庶人父子"自指燕王棣及世子高炽、郡王高煦、高燧等,今成祖故谬谓诋己及太祖,虽狡辩,实可哂!又上文谓葬太祖以庶人礼,作肯定语气,此文则作怀疑语气,盖亦自惟理屈,不便作肯定之责问也。	于护卫岁给衣粮,以备御虏防边之用。当时赐敕具在,内府必有敕底可稽,其百余人,今死者已四之一,其头目亦已赴京别用,实非臣私养,此奸臣之枉臣也。其五谓臣招致各处异人术士,养于府中,日夕论议为非,尤是无根驾虚之说。果如有之,必知是何氏名,出何郡县,指实罪之,谁敢不服。今无指实之人,但冒以空言,天地鬼神,其可欺哉!此奸臣之枉臣也。其六谓臣府中守御四门,不当僭拟皇城守御之制,更番甚严,以为关防朝廷。盖《祖训》"兵卫条"有云:"凡王府侍卫指挥三员,千户六员,百户六员,正旗军六百七十二名,守御
父皇宾天,葬礼未具,即将官殿拆毁,掘地五尺。不知父皇得何罪而至如	未几即拆毁官殿,掘地五尺,明有诏云:"太祖高皇帝开基创业,平定天	

14

第二章　明代官书所记之靖难事变

续表

《燕王令旨》所载《燕王上惠帝书》(注文用《豫章丛书》本《秘史》引文校)	《奉天靖难记》卷二所载《燕王书》	《太宗实录》卷四载《燕王书》
此也！况陛下即位之初，尝谕天下文武百官，其中有云："太祖高皇帝用心三十年，大纲纪、大法度都摆布定了，如今想着太祖皇帝开基创业，平定天下，便如做下一所大房子与人住一般，若是做官的政事上不用(《秘史》作同)心，不守法度，便似(《秘史》作是)将房子拆毁了，却要房子端安稳住一般，世间安有此理者哉！"(《秘史》此下有"旨哉言乎"四字)今陛下听信奸臣齐尚书等之言，即将恳业拆毁，与诏旨大相违背，使天下之人，皆欲守其法度，亦难矣哉。	下，用心三十年，纲纪法度，布画大定，犹如起造巨室，与人居处，苟为官者不修政事，不守法度，如拆毁室庐，欲求安处，焉有是理。"旨哉言乎！今奸臣首将宫殿拆毁，与所言大相违背，使天下之人遵法，亦难矣。 案惠帝取譬巨室，盖勉内外臣工遵循太祖法度，今成祖曲解原意，反讥齐泰之拆毁宫殿为背弃前言，大失原意。惟此文所改者，胜上文多矣。 上文犹称齐泰为"尚书"，此义则直斥为"奸臣"。又《皇明祖训·营缮章》："朝廷嗣君掌管天下事务者，其离宫别殿台榭游玩去处，更不许造。"惠帝拆毁宫殿，容或别营新室，(《靖难记》诬其"大兴	王城四门，每三日一次，轮直宿卫，其官军皆三护卫均拨。"自臣之国以来，二十余年，钦遵此制，非始于陛下嗣位之后。而陛下临御以来，兵部数调护卫官军防边，宿卫多不及旧数。此奸臣之枉臣也。其七谓宫室僣侈，过于各府。此盖皇考所赐，自臣之国以来，二十余年，并不曾一毫增益，其所以不同各王府者，盖《祖训》"营缮条"明言"燕因元之旧有"，非臣敢僣越，此奸臣之枉臣也。其八谓臣第二子高煦过涿州，擅笞驿官。此实臣失于教训，然笞一驿官，遂指为臣不轨之迹，冤滥之过，何以服天下后世？此奸臣之枉臣也。大抵八事皆是

15

续表

《燕王令旨》所载《燕王上惠帝书》(注文用《豫章丛书》本《秘史》引文校)	《奉天靖难记》卷二所载《燕王书》	《太宗实录》卷四载《燕王书》
	土木")与《祖训》抵触,成祖意外之言,倘亦影射于此欤?	酿虚饰诈,加以大恶,三尺童子知其不可,而奸臣肆无忌惮,假天子之权行之,与赵高指鹿为马者何异!且陛下与臣皆出太祖高皇帝孝慈高皇后,于属最亲也,奸臣犹得诬以极恶,则疏远之小臣,天下之细民,彼若恶之,欲置死地,可望雪理,可望全活耶!臣切计奸臣非止于杀臣,其不夺天子之大权,浊乱天下,倾危宗社不已也。盖今诸王之中,臣棣为长,周齐湘代岷五王已去之矣,独臣未去,臣去,则楚蜀秦晋诸国不难去矣。宁王无罪,比又削其护卫,譬诸人身,手足皆去,孤身岂能全活乎?伏望陛下廓日月之至明,鉴臣之愚诚,而思宗社之大计,
孔子曰:"父在观其志,父殁观其行,三年无改于父之道,可谓孝矣。"我父皇在日,尝与我众王曰:"我为天子,盖造宫殿,不过欲壮观天下,万邦来朝,使其观瞻,知中国天子之尊严如此也。然此劳民苦军,费用钱粮,岂易为尔,故我今日盖造宫殿,极为坚久壮丽,使后为帝者享用,不须再造,劳苦军民。"今将祖业拆毁,礼乎非礼乎(三字《秘史》无)?	孔子曰:"父在观其志,父殁观其行,三年无改于父之道,可谓孝矣。"我父皇存日,誓与诸王曰:"我为天子,盖造宫殿,不过欲壮观天下,万邦来朝,使其观瞻,知中国天子之尊严也。然此劳军民之力,费用钱粮,岂易尔耶。盖此宫殿,极为坚致,使后世子孙不须更造,以劳军民。"今拆毁祖业,礼乎非礼乎?案《太祖实录》记帝改建大内宫殿,不尚奢丽华美,与两文所述者异。	

续表

《燕王令旨》所载《燕王上惠帝书》(注文用《豫章丛书》本《秘史》引文校)	《奉天靖难记》卷二所载《燕王书》	《太宗实录》卷四载《燕王书》
臣于父皇宾天,便欲诣京究问,复恐外人不知者以为臣有他心犯陛下也,故不敢出一言,吞声忍气而泪从腹中落也。	父皇宾天,不得奔丧,欲自诣京,复恐外人不知者谓有他志,故吞声忍气,不敢出言,痛裂肝肺,泪从中堕。 案上文"诣京究问",是何等气焰,下文改为"欲自诣京",其上复加"不得奔丧"句,则较前婉顺。	断然不惑,去此奸慝,斯国家宗社之幸,天下生灵之幸,非独臣之幸也。干冒天威,不胜战栗俟命之至。谨书奏闻。 案此文又改称惠帝为"陛下",自称为"臣",较《靖难记》恭顺。又《令旨》及《靖难记》所以指斥惠帝及曲自卫护者,既涉枝节,又甚滑稽,故此文完全删去,仅据实际情形答辩,反觉得体。而惠帝所指责之八大罪状:(一)扩充护卫官军,(二)尤事操练军马,阴图大位,(三)选用各卫精锐军士,(五)招致异人术士,(六)严备燕府四门,防朝廷见侵,(七)宫殿僭侈,过于各府,(八)纵子横虐
不意在朝左班文职,齐尚书黄太常等官,俱是奸邪小人,贪墨猾吏,俱我父皇帝诛不尽之余党。又行结构为恶,以陛下年少宽容,每用巧言欺惑,变乱祖法。岂个知《皇明祖训》"御制序"云:"凡我子孙,钦遵朕命,毋作聪明,乱我已成之法,一字不可改易,非但不负朕垂法之意,而天地祖宗亦将孚佑于无穷矣。呜呼,其敬戒之哉!"	不意奸邪小人,交构为恶,巧言欺惑,变乱祖法。岂不知《皇明祖训》"御制序"云:"凡我子孙,钦承朕命,毋作聪明,乱我已成之法,一字不可改易,非但不负朕垂训之意,而天地祖宗亦将孚佑于无穷矣。呜呼,其敬戒之哉!"	

续表

《燕王令旨》所载《燕王上惠帝书》（注文用《豫章丛书》本《秘史》引文校）	《奉天靖难记》卷二所载《燕王书》	《太宗实录》卷四载《燕王书》
况齐尚书尝奏：凡朝夕几筵，揖而不拜，及乎小祥节届，亦不亲行祭祀。至于各王差官到京行祭祀礼及奏事，将百户林玉、邓庸等拿下囚系，棰楚锻炼，令其诬王造反，此何礼也！	伏自父皇宾天，闻齐泰等奏定礼仪，凡朝夕几筵，揖而不拜，及小祥节届，祭不亲与。差百户林玉、邓庸等奏事，辄被囚系，棰楚锻炼，令诬王造反。	等。遂尽吐其详已。又《祖训·法律章》第十条："凡王国内除额设诸职事外，并不许延揽交结奔竞佞巧知谋之士，亦不许接受上书陈言者，如有此等之人，王虽容之，朝廷必正之以法，然不可使王惊疑。或有知谋之士，献于朝廷，勿留。"意者惠帝责燕招异人术士，或援据此律，惜不可考矣。
齐尚书又诬亲王擅自操练军马，造作军器，必有他图。齐尚书明知《皇明祖训》"兵卫"二条："凡王教练军士，一月十次，或七八次，五六次，其临事有警，或王有闲暇，则遍数不拘。"又云："凡王入朝，其随侍文武官员、马步旗军不拘数目。若王恐供给繁重，斟酌从行者听。其军士仪卫旗帜甲仗务要鲜明整肃，以壮臣民之观。"于洪武二十五年春，父皇太祖高皇帝特诏诸王赴京赐敕，内一件云：	云擅自操练军士，造作军器，必有他图。齐泰等明知《皇明祖训》"兵卫"内二条："凡王教练军士，一月十次，或七八次，五六次，其临事有警，或王有闲暇，则遍数不拘。"又云："凡王入朝，其随侍文武官员、马步旗军不拘数目。若王恐供给繁重，斟酌从行者听。其军士仪卫旗帜甲仗务要鲜明整肃，以壮臣民之观。"想惟太祖高皇帝以诸子出守藩屏，使其常岁操练军马，造作军器，惟欲防边御	

续表

《燕王令旨》所载《燕王上惠帝书》(注文用《豫章丛书》本《秘史》引文校)	《奉天靖难记》卷二所载《燕王书》	《太宗实录》卷四载《燕王书》
"常岁训将练兵,验视周回封疆险易,造作军器,务要精坚堪用,庶使奸邪难以口舌惑众。"敕后书云:"洪武二十五年正月二十一日早朝后午时分,朕于奉天门命翰林修撰练子宁、许观,编修吴信三人执笔听命,朕口占以成,以示后人,以辨真伪,孙允炆亲日之后发行,故敕。"臣想太祖皇帝以诸子守藩屏,使其常岁操练军马,造作军器,为欲防边御寇以保社稷,使帝业万世固也,岂有他心哉!	寇,以保社稷,隆基业于万世,岂有他心哉!**案此文删去太祖特诏及敕后书一段,《太祖实录》中亦无痕迹可寻,疑上文为伪撰者。**	
其奈奸臣齐尚书黄太卿左班文职等官不遵祖法,恣行奸宄,操威福予夺之权,天下之人但知有齐泰等,不知有陛下也。	其奸臣齐泰等不遵祖法,恣行奸宄,操威福予夺之权,天下之人但知有彼,不复知有朝廷也。	

续表

《燕王令旨》所载《燕王上惠帝书》(注文用《豫章丛书》本《秘史》引文校)	《奉天靖难记》卷二所载《燕王书》	《太宗实录》卷四载《燕王书》
七月以来，诈传圣旨，使令恶少都督宋忠指挥谢贵等来谋杀臣，臣为保全(二字《秘史》无)性命，不得已而动兵，擒获反贼宋忠、谢贵等当，已行具本奏闻，拘留宋忠、谢贵等在官，钦俟降旨诛决，到今不蒙示谕。	七月以来，诈令恶少宋忠、谢贵等来见，屠戮为性，今不得已而动兵，宋忠、谢贵俱以就擒，已具本奏闻，恭候裁决，到今不蒙示谕。 案此文改上文"擒获反贼宋忠、谢贵等"，盖历时略久，持论渐平，遂不再诬以叛逆矣。	
其奈齐尚书又行矫诏令长兴侯耿炳文等领军马驻营雄县、真定，来攻臣北平，臣为保全性命，不得已而又行动兵，杀败逆贼耿炳文等所领军马，擒获驸马李坚，都督潘忠、宁忠、顾成，都指挥刘燧，指挥杨松等了当。	齐泰等又矫诏令耿炳文等领军马驻营雄县、真定，来攻北平，重为保全性命之故，不得已而又动兵，败耿炳文所领军马，生擒驸马李坚，都督潘忠、宁忠、顾成，都指挥刘燧，指挥杨松等。 案上文作"杀败逆贼耿炳文等所领军马"，下文删去"逆贼"等字。	

续表

《燕王令旨》所载《燕王上惠帝书》(注文用《豫章丛书》本《秘史》引文校)	《奉天靖难记》卷二所载《燕王书》	《太宗实录》卷四载《燕王书》
奸贼齐尚书出榜令军民骂"燕贼父子",太祖皇帝我之父也,骂"贼父子",是骂祖与叔为贼,岂非大逆不道!奸臣齐尚书如此无理,其罪当何如哉!	奸臣齐泰揭榜毁骂,并指斥太祖高皇帝,如此大逆不道,其罪当何如哉! 案上文举惠帝所骂之"燕贼父子",实亦指成祖仁宗及汉赵二王等,下文改为"指斥太祖高皇帝",则得体多矣。	
不意十月初六日,又矫诏令曹国公李景隆领天下军马,来攻臣北平城(《秘史》作"又矫诏令曹国公李景隆总兵,领天下应有军马来攻北平城,欲杀臣"),臣不免亲帅精兵,尽行杀败,李景隆等夜遁而去。	曹国公李景隆等总领天下军马,来攻北平,恭率精锐,尽杀败之,李景隆夜遁而去。	
若是如此,齐尚书等必欲杀我父皇子孙,坏我皇基业,意在荡尽无余,将以图天下也(《秘史》作"将有以图天下")。此等逆贼,臣必不与之共戴天,不与父皇报得此仇,臣纵死亦不已也。	若此所为,奸臣齐泰等,必欲杀我父皇子孙,坏我父皇基业,意在荡尽无余,将以图天下也。此等逆贼,义不与之共戴天,不报此仇,纵死不已。	

续表

《燕王令旨》所载《燕王上惠帝书》(注文用《豫章丛书》本《秘史》引文校)	《奉天靖难记》卷二所载《燕王书》	《太宗实录》卷四载《燕王书》
今臣昧死上奏皇帝陛下,怜太祖高皇帝起布衣,奋万死,不顾一生,艰难创业,分封诸子,今陛下听奸臣之言,父皇宾天,未及期年,将(以上九字据《秘史》补)父皇诸子,诛灭殆尽,伏望陛下俯赐仁慈,留我父皇一二亲子,以奉祖宗香火,至幸至幸。	今昧死上奏,伏望悯念父皇太祖高皇帝起布衣,奋万死,不顾一生,艰难创业,分封诸子,未及期年,诛灭殆尽,俯赐仁慈,留我父皇一二亲子,以奉祖宗香火,至幸至幸。	
臣以陛下屡发兵马,来攻北平,必欲杀臣,臣为保全性命,率数(数字《秘史》无)十万之众,俱是舍死忘生之人,报我父皇平日恩养厚德,保我父皇子孙,尽力效忠于今日。古谚云:"一人拼命,千夫莫当",纵陛下有众数百万,亦无如之何也。伏望陛下体上帝好生之心,莫驱无罪之人,死于白刃之下,其恩莫大也。	不然,必欲见杀,则我数十万之众,皆必死之人,谚云:"一人拼命,千夫莫当",纵有数百万之众,亦无如之何也。愿体上帝好生之心,勿驱无罪之人,死于白刃之下,恩莫大也。	

续表

《燕王令旨》所载《燕王上惠帝书》（注文用《豫章丛书》本《秘史》引文校）	《奉天靖难记》卷二所载《燕王书》	《太宗实录》卷四载《燕王书》
臣复请陛下，但是父皇宫中曾侍病老宫人、并长随内官及用药医官、营办丧事及监拆宫殿等官，奸臣齐尚书黄太卿应有左班文职等官，发来与臣军前究问，钦愿皇帝陛下奉承祖宗之训，以安圣心，永为社稷之主，使天下生民各得其所也。	倘听愚言，速去左右奸邪之人，下宽容之诏，以全宗亲，则社稷永安，生民永赖。 案太祖被弑，显不可信，故此文仅请"去左右奸邪之人"，不索侍病宫人、太监及医官等。又拆毁宫殿，何背乎《祖训》，因于监拆之官亦不追索。又上文请发诸臣交成祖究问，此文则仅请惠帝自动去之而已，语气亦不同。	
如陛下听奸臣之言，执而不发，臣亲（《秘史》作请）率精兵二十万（《秘史》作三十五万），直抵京城索取去也。此等皆我父皇之仇人，臣必不与之共戴天。臣若不与父皇报得此仇，是臣为子不孝也，为子不孝，此是忘嬴大本大恩也，岂人之类也欤？	若必不去，是不与共戴天之仇，终必报也。不报此仇，是不为孝子，是忘大本大恩也，伏请裁决。 案此文删去亲率精兵三十万往京索取奸臣意，较上文驯顺。	

续表

《燕王令旨》所载《燕王上惠帝书》(注文用《豫章丛书》本《秘史》引文校)	《奉天靖难记》卷二所载《燕王书》	《太宗实录》卷四载《燕王书》
今将合发奸臣数目开列于后：一、宫中侍病老官人，一、长随内官，一、太医院官，一、礼部官，一、营办丧事官，一、监造孝陵驸马等官，一、监拆毁宫殿工部官内官，一、奸臣齐尚书、黄太卿，一应左班文职等官。如上逆党一一如数发臣军前究问的实，即行差官管押赴京，具本奏闻，伏望圣明裁处。如果不发奸臣齐泰等，臣必不休也。若臣兵抵京，赤地千里。臣冒渎天威，无任激切恐惧之至。臣棣稽首百拜，昧死谨具闻(以上八十字《秘史》无)。		

案《靖难记》于《令旨》所载者已大加删润，惟文义之间，尚相差不远，仅去其极端可笑之处而已(《四库提要》以《靖难记》不载成祖檄文，指为文饰，实则檄文与上书内容略同，并录反而重复，故未足为病也)。至《实录》所载者，与《靖难记》及《令旨》则完全不侔，《实录》"纂修凡例"载：

太宗皇帝奉天靖难事……仍载本年月之下。

诏书悉录全文,敕书、御制文录其关事体之重,有特敕谕臣下抚远人及恤刑宽贷之类,悉录。

今比较三书之文字、内容,相差如是,果孰为原作,又何尝悉录其全文或节钞其要语耶!

又《太宗实录》自卷一至卷九,名《奉天靖难事迹》,原就《靖难记》削改而成者,而两书内容亦比彼互异,如《靖难记》一,洪武三十二年(建文元年)六月,记朱能等劝成祖起兵,成祖不应,曰:

"今虽削吾爵,犹或可白,若等勿轻发言,恐出而招祸。是自取族尔。"能等复泣曰:"谁不爱其死,臣等宁死于殿下之前,不忍死于奴隶考掠刀锯之下。"言讫,悲不能止。

《实录》略同,惟于此下缀云:

上执(张)玉等手曰:"保无他虞。"复慰遣之。

成祖蓄意兴兵,准备已早(详后),今乃委为臣下之意,其为虚伪造作,已不待论,惟《实录》据《靖难记》文,复著此数语,则文情摇曳,成祖之存心忠厚,可婉曲传出矣。《靖难记》同年七月癸酉,又载朱能谏语,直斥惠帝:

临难贵于果决,臣等虽不敢逃难,终当图全,殿下虽曰叔侄至亲,嫌疑交构,可以情白。然祸机窃发,一落彀中,恐无自全。独不见周王乎? 戮辱困苦,下同匹夫。前事之失,后事之鉴。不如且起兵自救,幸而不亡,冀其改悟,犹或可解。若徒交手受戮,后虽悔之,无及也。

《实录》则改为指责其左右:

> 临难贵于果决,殿下但曰叔侄至亲,周王岂是疏远之属? 况今日祸机发于权奸,岂由朝廷。权奸忍于害殿下,而殿下不忍。豺虎蛇虺,伤人不已,亦必图去之之术,岂甘心委身以饲之哉!

《实录》所以委过于齐黄诸人者,正为"靖难"伏笔,盖必如是,始与成祖诛讨奸臣之旨相符合。又《靖难记》同月丁亥,成祖谕将吏军民文,亦指斥惠帝:

> 诸王实无罪,横遭其难,未及期年,芟夷五王。我遣人奏事,执以捶楚,备极五刑,锻炼系狱。任用恶少,调天下军马四集见杀,予畏诛戮,欲救祸图存,不得不起兵御难,誓执奸雄,以报我皇考之仇。夫幼冲行乱无厌,淫虐无度,慢渎鬼神,矫诬傲狠,越礼不经,肆行罔极,靡有修底,上天震怒,用致其罚,灾谴屡至,无所省畏,惟尔有众,克恭予命,以绥定大难,载清朝廷,永固基图。我皇考圣灵在天,监观于兹,以惟尔有众是佑。尔惟不一乃心,堕慢乃志,亦是底于厥咎,陷于孥戮。窃闻之,仁者不以安危易节,义者不以祸福易心,勇者不以死亡易志,尔有众明听予言,则无后难。若彼有悛心,悔祸是图,予

有无穷之休,尔亦同有其庆矣。告予有众,其体予至怀。

《实录》亦大加修改①:

"诸王小过,便见削夺,未及期年,削夺五王,湘王被迫,阖宫自焚,我守藩以来,一心敬慎,奉法守分,不敢违越,比用谗邪之言,无故辄见疑忌,昨遣人奏事,执付狱吏,备极楚毒,迫其招认反谋,饰无为有,必欲加害,天地宗庙神灵在上,尔曹众耳目在下,吾果有此心乎?已闻调天下军马四集,吾父子一家之命,危在朝暮,死不足恤,但伤身蹈善行而名被大恶,所不甘于心。况此皆奸臣所为,非出朝廷之意,吾将躬诣阙下自白。且闻奸臣之谋,谓今宗藩所可忌者惟吾一人,去之,则其他如折朽,不足虑矣。其导少主所为,率皆反道背德,流连荒亡之事,天变不畏,祖法不守,人怨不恤,骎骎不已,天下几何其不乱,国家几何其不亡。昔我皇考起布衣,提三尺剑,东征西讨,南攻北伐,万死一生,百战劳苦,以肃清天下,肇造帝业,立纲陈纪,以传万世,岂堪一旦为贼臣败坏之哉。《祖训》云:新天子正位,如朝无止臣,内有奸恶,则亲王训兵待命,天子密诏诸王统领镇兵讨平之。予已上书陈情,请诛奸臣,今少主为奸臣所蔽,恐不见答,则惟应以尔等往清君侧之恶,扶国家于既坏,安宗社于垂亡,恭朝阙庭,谒拜陵寝,然后退守旧藩,庶几以明忠孝之心。"于是将士咸叩头言曰:"殿下此举诚天理人心之正,上天与祖宗必皆佑助,臣等皆素受太祖厚恩,今日之事,有

---

① 《实录》系此事在丁丑。

进无退。"

洪武间分封过侈,诸王骄蹇,故惠帝有削藩之举,《靖难记》谓"诸王实无罪,横遭其难"者,自使人不能信,故修《实录》时改为"诸王小过,便见削夺",则略近情理。至《靖难记》之痛诋惠帝颇易致人反感,故《实录》删去,仅谓其听信谗言,成祖无法自白,不得不遵奉《祖训》以清君侧。两相比照,其前后之是非曲直固相去甚远也。又《靖难记》同月戊子,载成祖上惠帝书,其陈见逼之故,(此书《实录》与《靖难记》不同)后云:

> 上以书稿示群臣,群臣见者咸曰:"辞旨恳切,必能感动,冀得休兵息士,诚为至愿。"上曰:"孝弟者人心所同之理,有人心者视予之言,岂得不恻怆于怀也?陈道晓切,冀其开悟,彼能感动,在转移之间耳。然予度之,彼忍心如此,又况日迩小人,闻见昧于大道,必欲逞其狠毒,纵有百口哀诉,亦难回也。卿等试观之。"

《实录》则改为:

> 上以书稿示群臣,群臣见者咸曰:"辞旨恳切,必能感动,冀得休兵,诚为至愿。"上曰:"孝弟者人心所同,苟有仁心,一观斯言,岂得不感动,彼能感动在转移之间耳。"朱能曰:"彼忍心如此,恐未能转移,如不转移,兵可已乎?"上曰:"天佑国家,则兵祸不作。"张玉曰:"天佑国家,则奸人必获。"

《靖难记》以成祖度惠帝不听净谏,《实录》则改为成祖信惠帝可采纳,而以朱能怀疑,张玉愤激反衬之,盖由此以见成祖之忠悃及部下之逼迫也。

根据以上比较,似可得一概念,即《靖难记》较当时书檄已有改易,《实录》复袭《靖难记》文又粉饰之,于是举凡军中仓卒援据之可笑词意,一概不见,同时于诋毁惠帝过甚之处,亦加删除(除前举例外,又如改"贼兵"为"敌兵",改"允 "为"建文君",改"幼冲"为"少主"等),由凶妄而卑逊,皆所以明成祖起兵之合理也。

又成祖举兵,既伪谓清除君侧,于是方黄诸人不得不目为奸佞。故《实录》改《靖难记》,虽语多和缓,然以方孝孺之守正不阿,对之仍无恕辞。后人论史,每多于此致疑,甚有以《实录》记孝孺叩头乞哀,非出杨士奇笔者①。检《明史》三〇八《陈瑛传》,记其治惠帝诸臣狱:

> ……后瑛阅方孝孺等狱词,遂簿观(王)叔英等家,给配其妻女,疏族外亲莫不连染。胡闰之狱,所籍数百家,号冤声彻天。两列御史皆掩泣,瑛亦色惨,谓人曰:"不以叛逆处此辈,则吾等为无名。"于是诸忠臣尤遗种矣。

所谓"不以叛逆处此辈,则吾等为无名",可谓一语破的。故《实录》修正《靖难记》,而独于孝孺之事无所更改,不足异也。

仁宗撰《长陵功德碑》,述成祖起兵之经过,亦极委婉,其

---

① 见《弇山堂别集》二一《史乘考误》。

文曰①：

> 懿文太子薨，术者言燕地有天子气，建文君嗣位，左右以望气之言屡进削夺之计，时诸王多以罪削，于是奸臣造诬饰诈言，皇考（成祖）责过之书数下，王府群臣慑栗。皇考谕之曰："省己不遑，奚恤外言哉。"凡上章自白。奸臣皆匿不奏，而布置其党于北平三司，继调八府兵围王城。护卫群臣言："事急矣，宁当俛伏作机上肉乎？"既而兵增三匝，众怂出斗，皇考不能止也。围城兵稍却，皇考泣曰："汝辈成吾罪矣。"犹上章自白，冀朝廷之开悟也。又为奸臣所格，不达，而京师数十万兵奄薄城下。于是皇考誓天曰："臣不敢负朝廷"，遂以护卫将士朝京师，且面陈奸臣之罪，请诛之，既归奉藩。时朝廷召四方兵皆至，道途所遇，倒戈迎降。皇考抚而散遣之，多愿侍卫，不去。既临大江，江师具舟迎济。守臣亲王豫待。皇考虑惊乘舆，驻金川门，遣人奉章言所以不得已来朝之故。奸臣苍黄，知罪不宥，闭皇城门不内，而胁建文君自焚，皇考闻之大惊，发众弛救，至已不及。皇考仰天恸哭曰："臣之来也，固将清君侧之恶，用宁邦家，何不寤耶？"遂备天子礼殓葬，释亲王，囚执奸臣，数其罪，斩于市，告谢祖宗，将北归，诸王及文武群臣合辞上请："今国家无主，愿留以主宗社臣民。"皇考固让弗获，既乃即大位，凡建文奸臣所削诸王封爵，所变乱洪武制度，所废黜洪武臣僚，其非罪者咸复之。

---

① 碑后书："洪熙元年四月十七日小子嗣皇帝高炽谨述"，时文成碑未立，宣德十年十月始建碑。

此言成祖受惠帝兵士侵逼，所部激愤反抗，而上章自理，又不能达，后率兵辩诬，适惠帝焚死，乃被拥即皇帝位，其改靖难兵变由主动变被动，与《实录》同，惟《实录》撰著时代虽较碑文犹晚，然因从《靖难记》脱胎，仍有洗练不尽处，不如此碑文之曲折婉约也。而持与当时颁布之文件，如《燕王令旨》《金陵围城射谕亲王公主书》及《即位诏》《奸臣榜》等相参校，则知成祖态度，固极凶悖。惟帝之逐君自立，亦自揆理屈，故撰《靖难记》时已不尽据当日发布之原文，而仁宗撰碑，宣宗修史，更曲为弥缝，官书迭经修改，虽不足据为信史，然就其累次改易痕迹，可以考见其所以改易之原因，此本章讨论之第一点也。

官书之更改愈繁，则史事之失真弥远，然亦有因政治上之升沉变迁，后出之史转可透露一部分真相者。考成祖次子汉王高煦以猛鸷闻，其赞襄军事殊有大功，具载《靖难记》，后因叛变，《实录》中遂皆削去，而于其在建文间之过恶，则不为隐讳矣。如改《靖难记》"上惠帝书"为：

> 其八谓臣第二子高煦过涿州，擅笞驿官。此实臣失于教训，然笞 驿官，遂指为臣不轨之迹，冤滥之过，何以服天下后世？此奸臣之任臣也（《宣宗实录》宣德元年八月壬戌记太祖崩，高煦奔讣京师，"任情恣纵，仁宗屡戒之，不悛，舅氏魏国公徐辉祖亦以为言，不纳。一日入辉祖厩中，夺其善马，不告亦不辞，径归，辉祖追之，已渡江矣。高煦还至涿州，因小忿击驿丞儿毙，州以闻于朝，兵部尚书齐泰等遂以其事并缘饰他事为兵端"。可与此参证）。

又改致李景隆书为①：

> 权奸所指予罪凡八……其一谓第二子高煦擅笞驿吏，固是过矣，而遂指为父之不轨，其可以服人乎？

以上两段固非当时原文，然高煦归途杀人，则由官书之中具实招供，燕王父子之跋扈骄蹇，可想见矣。

又《靖难记》三，洪武三十四年七月戊戌记方孝孺行间事：

> 方孝孺曰："今河北之兵未解，德州饷道已绝，三军乏食，有星散之势，甚可忧也。前者佯言息兵，用牵制之，诸将发机太早，致使乖迕，盖用计术不能成功。今为间书，潜遣人赍与世子，使内生嫌疑，必移师北归，则德州饷道不阻，徐为进取，可以成功。"允炆善其言，命方孝孺为书，遣锦衣卫千户张安等为间，赍至北平，太子见书怒曰："治天下以孝为先，孝者天地之常经，人心之所不泯。今幼君灭天理，丧彝伦，变更祖法，信任奸邪，戕害骨肉，败坏基业，躬为不孝，而导人为之可乎？天地神明在上，岂可欺也。"遂囚张安，命仪副袁焕驰报军前，上曰："大公至正之道不行，此奸邪悖逆之谋，岂能久长乎？悔祸解兵在旋转之间，何用劳心至此极耶！"

《实录》则改孝孺所以施离间之策者，因高煦、高燧皆媒蘖仁宗：

---

① 建文三年二月癸亥，此文与《靖难记》异。

> 方孝孺言于朝曰:"今河北师老无功,而德州饷道又绝,事势可忧,向以罢兵之说诱之,既不能行,则当别用一策,安可坐视,臣有一策。"建文君曰:"试言之。"对曰:"燕世子孝谨仁厚,得国人之心,燕王最爱重之,而其弟高煦狡谲,素忌其宠,屡谮之于父,不信,今但用计离间其世子,彼既疑世子,则必趣归北平,即吾德州之饷道通矣。饷道通即兵气振,可图进取也。"建文君曰:"何以知其父子兄弟之悉?"孝孺曰:"臣之徒有林嘉猷者,燕王尝召至府中,居久。故得之悉。"建文君曰:"此策固善,但父子钟爱既深,恐未能间之。"孝孺曰:"可行。"遂令孝孺草书贻世子,令背父归朝,许以燕王之位,而令锦衣卫千户张安赍诣世子。世子得书不启封,并安遣人送军前,时中官黄俨奸险,素为世子所恶,而高燧深结之为己地,及安持书至,俨已先遣人驰报上曰:"朝廷与世子已通密谋。"上不信,高煦时侍上,亦赞俨言非谬,上亦不信。语竟,世子所遣人以书及张安皆至,上览书叹曰:"甚矣奸人之险诈,吾父子至亲爱,犹见离间,况君臣哉!"

又《仁宗实录序》:

> 时二郡王高煦数出从太宗皇帝,三郡王高燧留佐居守,宦寺黄俨以高燧之幼而钟爱也,为媒孽夺嫡之计,将为己利,使其党往来饰誉高燧而短帝,又谓帝将为朝廷固守北平以拒父也,太宗皇帝以问高煦曰:"尔兄素孝,那当有此?"高煦曰:"兄诚孝,但在太祖时果与太孙善也。"太宗不答。会朝廷用方孝孺之策,遣使持书授帝为离间,帝得之不启缄,即遣人赍书并

械其使诣军前白之,而俨已先遣人驰报太宗曰:"世子与中朝通谋,使者持书至矣。"言未既,帝所遣亦至,太宗发书览之,叹曰:"吾父子至爱,尚见谗间,矧君臣间而奸人不吾毁乎?"

案高煦谓仁宗在洪武时与长孙善,是惠帝所以赍书离间(令背父归朝,许以王位),亦因襄与雅故。《靖难记》载太子见书怒,是已阅悉其内容,太宗、仁宗《实录》谓并未启封即送呈成祖,则为仁宗回护。然因暴露高煦、高燧等进谗,可以反映燕王父子兄弟之间并非和谐一致,此本章讨论之第二点也。

第三章　惠帝史事之传说

成祖戮辱建文功臣,已招社会反感。又因惠帝并无失德,而结局凄惨,亦足令人同情。故在政府宣播惠帝荒淫之顷,民间反盛传其美德,此种称颂,且愈后愈多也。祝允明《野记》述建文盛事曰:

> 闻之故老言,洪武纪年庚辰(即建文二年)前后,人间道不拾遗,有见遗钞于途,拾起一视,恐污践,更置阶圮高洁地,直不取也。

又顾起元《客座赘语》一"革除"条亦记:

> 父老尝言,建文四年之中,值太祖朝纪法修明之后,朝廷又一切以惇大行之,治化几等于三代。一时士大夫崇尚礼义,百姓乐利而重犯法。家给人足,外户不阖,有得遗钞于地,置屋檐而去者。及燕师至日,哭声震天,而诸臣或死或遁,几空朝署。盖自古不幸失国之君,未有得臣民之心若此者矣。

案允明正嘉间人,起元万历时人,所述颇可反映其时民间父老对于惠帝之态度。检王绅《上吏部书》(《吾学编》以为致蹇义者),谓建文间,"位过于器而愧于位者有之,至于职小于才而才浮于职者何限,亦有才品相丁,而所任非其所长,所职非其所事者"①。是帝之政绩,非无可议,特以逊国故事过于动人,后世称扬,遂理想化耳。明乎此,则后来野史所以层出不穷,几拟惠帝为神圣者,可以思解其故矣。

野史之传说虽不可信,而其发展之历程,则颇可研究,兹略揭数例,俾便说明②。官书谓燕王奉藩守法,为太祖所钟爱,而惠帝深忌之。野史所传者则反是。《说听》③云:

> ……遂立建文,诸王皆会入殿门,燕王径前拍建文背曰:"吾儿,不想汝有今日。"上坐殿中遥见之,大声曰:"如何打我皇孙!"建文叩头言:"四叔爱臣,戏相拊耳。"上曰:"汝尚为之讳耶?"命拘宫中,禁馈食,七日无恙,上怒亦解,乃释之。④

由此可见燕王之骄恣无礼,为太祖所深恶,而惠帝则曲为回护弥缝之,与官书所记者迥异矣。

《太宗实录》永乐十六年正月己巳《杨砥传》记:

> 建文时,遣李景隆等攻围北平城,砥上言:"帝尧之德,始于亲九族,今当务惇睦,不宜加兵,自翦其附枝,附枝尽而根本蹶矣。"为齐、黄辈所忌,斥罢之⑤。

---

① 见《继志斋集》。
② 此事可参看胡适之先生《建文逊国传说的演变》。
③ 见《建文朝野汇编》引。
④ 《建文遗迹》谓燕王失爱君亲,太祖恒欲废之,赖廷臣谏免,因过幽别苑,令宫中不许进饮食,高后私饮食之,始免于难。与此可合看。
⑤ 又请参《实录》洪武三十五年十月癸丑条。

第三章 惠帝史事之传说

砥当时是否如此净劝不可知,惟其言与《靖难记》等书之毁惠帝刻薄寡恩者相暗合,似可视作官方之言谕也。野史所传故事,与此恰相反,《姜氏秘史》二,建文元年二月记:

> 户部侍郎卓敬上书。时燕王来朝,敬密奏曰:"燕王智虑绝人,酷类先帝。夫北平者强干之地,金元所由兴也。宜徙燕封南昌,以绝祸萌。夫萌而未动者几也;量时而为者势也,势非至刚莫能断,几非至明莫能察。"上(惠帝)览奏大惊,袖而入。明日语敬曰:"燕王骨肉至亲,卿何得及此?"敬曰:"杨广之于隋文,非父子耶?"上默然良久,曰:"卿休矣。"事竟寝。

燕王来朝,本无其事(见下辩证),则卓敬之密言,自亦虚构。惟如照《秘史》所述,则是臣下有识燕将为乱,而惠帝曲容之,其度量恢弘,为何如耶!

《拊膝录》一《帝纪》,载惠帝览燕王上书,欲罢兵:

> 建文三年五月,燕王遣武胜上书,其略曰:"臣之忠诚,计薛岩归,必能详达,前诏旨如此,今日奸臣矫制如彼,外情汹汹,不敢不闻。"上览书,谓侍臣曰:"燕王本皇考孝康皇帝弟,于朕为叔父,奈何必用兵为也?"诏罢兵,群臣以为不可,缚胜下狱。

由此亦可见惠帝之器量。《靖难记》及《实录》虽皆记此事,惟彼此不同,《靖难记》谓"允炆见书颇感动",其注重之点,在暗示成祖所言之有理。至《实录》所改者,虽与《拊膝录》略近,惟谓建文君曰:"其(燕王)词直,奈何?"又谓"今日无辜罪之,吾他日不见宗庙神灵乎?"则仍系为成祖开脱,与此文主旨相反也。

《建文书法儗》正编上,载惠帝谕立太子事:

> 群臣请立太子,诏曰:"有天下者公天下,朕功未报于先王,泽未加于百姓,而急于立嗣,嗣必以子,是重朕不德也,其勿言!"又请曰:"立嗣必子,所由来久矣。早慰天下望,幸甚。"诏曰:"尧舜夏禹皆黄帝之后,更相授受,本出一家,其事可万世通行者。朕诸叔济济多贤,实秉德以陪,朕诸母弟,具有淳德,克襄理道。倘数年之后,幸而神人和协,朕于诸叔诸弟中,择其出类者嗣位,庶于官天下之中,不失家天下之意。著为例,世世守之。"

是惠帝择贤而传,甚或可举位以授成祖,方之成祖伪造太祖有立己意(见《靖难记》及《太祖实录》),以为觊觎神器张本者,相去绝殊!此外如官书诬惠帝毒害君亲,野史则极誉其纯孝,成祖诪张靖难战功,野史则谓燕王身先士卒,不过恃帝不杀叔父之令已(见第四章)。类此之事不胜举,要皆迂曲史实,针锋相对,以快适人意。凡此皆关于惠帝在位时之传说也。

关于惠帝之出亡,虽有胡濙寻访、傅洽系狱及郑和踪迹诸传说,然皆模糊影响,并非确证,至多不过谓有此可能而已。故世传革除专书,如正德间姜清撰《秘史》,虽甚同情惠帝,然叙事讫宫中起火而止,谓后来史事不可知也。追嘉靖时郑晓撰《建文逊国记》,始凿实指为出逃,若黄佐之《革除遗事节本》,其成书时代盖在《秘史》之后及《逊国记》之前，故卷一《革除君记》既谓：

> 文庙入京师，相传建文君已崩。

又谓：

> 或曰：建文君之生也，顶颅颇偏，高帝知其必不终，尝匣以髡缁之具，戒之曰："必婴大难，乃发此。"至是，遂为僧以逃去。又曰：建文君幼颖能为诗，高皇帝使赋新月，曰："谁将玉指甲，点破碧天痕。影落江湖上，蛟龙不敢吞。"帝曰："必免于难。"后果如其言。正统末，自滇南归京师禁中，以寿终。尝赋诗云："影落江湖四十秋，萧萧华发已盈头。乾坤有恨家何在，江汉无情水自流。长乐宫中云影散，朝元阁上雨声愁！新浦细柳年年绿，野老吞声哭未休。"士庶至今能道之。

此记惠帝下落，两存其说，界乎《秘史》谓为焚死，《逊国记》谓为出亡者之间。而由此可以考见此传说之演变程序：即从已焚死，至或焚死或出亡，至绝对出亡也。又《革除遗事》仅载惠帝七律诗一首①，后来野史更添为两首②：

> 风尘一日忽南侵，天命潜移四海心。
> 凤返丹山红日远，龙归沧海碧云深。

---

① 王鏊《震泽纪闻》所载者亦仅此一首，盖早年传说如是。
② 朱彝尊以为系点窜元故臣忆庚申君之作，"天命潜移四海心"句，不似出帝口。

紫微有象星还拱，玉漏无声水自沉。
遥想禁城今夜月，六宫犹望翠华临。

阅罢《楞严》磬懒敲，笑看黄屋寄团瓢。
南来瘴岭千层回，北望天门万里遥。
款段久忘飞凤辇，袈裟新换衮龙袍。
百官此日知何处，惟有群乌早晚朝。

王世贞谓两诗不及前一首悲切自然，恐好事者所附会。实则惠帝出亡，本无可考，前诗又何以证其必可信？而更后之野史，累载其诗词至数十首，且有从亡诸臣程济等奉和之作，其为伪造，更不待论矣。

张芹《建文忠节录》、黄佐《革除遗事节本》均不载惠帝从亡诸臣，犹是此传说之原貌。杨循吉则谓从之出走者有一御史：

> 建文之逸也，一御史随之，君臣俱祝发为僧，建文居山中不出，御史时出应付，又不通佛经，止诵《周易》而已。得檀施，买米麦以供建文，后御史病死。或谓御史即雪庵和尚，非也，姜时川曾言其姓，惜乎失记。建文无从得食，故不得已而出①。

此亦早年之传说，据此，至少惠帝之重要从臣，不过一御史，故御史病死，无从得食，不得不投供。且此御史，已失其姓名，即姜时川所知者，亦不过其姓而已。而《忠贤奇秘录》则谓从亡之臣有二十余

---

① 据《建文朝野汇编》引。

人,中有九人知其姓氏,《逊国臣记》六《梁田玉传》记《奇秘录》之发见经过云:

> 松阳人王诏游治平寺,观转藏,闻藏上嘤嘤有声,异之,令人缘藏登绝顶,无所见,见书一卷,载建文时出亡臣僚二十余人事,纸毁浥,字多断烂不可读。读数日,稍稍诠录其可识者,得田玉、郭良、梁中节、梁良用、宋和、郭节、何洲、梁良玉、何申凡九人,人仅数言,诏怜其忠,又得之异,各赞数语,题曰《忠贤奇秘录》。①

《奇秘录》之出世盖在嘉靖初,晓撰《逊国臣记》卷六尽收载之。此书是否为王诏或郑僖所伪造不可知,惟书中载确实可考之臣共九人,视循吉所言者已加多。而后出伪史,如《从亡随笔》《致身录》之类,则又有附益②。又《奇秘录》记儿人事,人仅数语,至《扪膝录》等书,则又辗转增饰③。于是前此所不能详者,后人尽详之矣。《逊国臣记》于九人传后,复有雪庵和尚、河西佣、川中补锅匠、冯翁及东湖樵夫传。五人者,皆不知其真实姓名,郑氏论曰:

> 余闻之陶征士言,齐二客鲁两生史并失其名,操行之难,而姓名翳然,抚卷长叹,不能已已。余独幸夫雪庵诸君子忍垢

---

① 《明史》卷一四三《牛景先传》谓王诏于治平寺得书,缙云郑僖纪其事为《忠贤奇秘录》,传于世。
② 《从亡随笔》载从亡之臣共二十一人,《致身录》载二十人,所举人名亦彼此互异。
③ 《扪膝录》托名玉海子刘琳撰,刊于崇祯间,其伪撰之时代盖甚晚。

茹荼,卒晦其名,以不灭其族也。

又云：

> 靖难兵入京之夕,郎御史给舍四十余人相与缒城遁去,诘朝,御史以闻,文皇不问。已而深山穷谷中,往往有佣贩自活,禅寂自居,如所谓雪庵和尚者,其志盖可悲云。

此为诸人所以隐姓埋名之故,后人因无从考知。迨《扪膝录》则确指雪庵和尚为吴学成,河西佣为王之臣,川中补锅匠为董直,冯翁为冯㴶,东湖樵夫为牛景先。曹参芳《逊国正气集》以补锅匠为黄直,黄士良《逊国神会录》谓为黄真(盖皆由董直传写之误)。诸书所记虽彼此歧义,然百余年来沈薶不明之人物,至是亦赫然昭晰。又后出野史,于惠帝出亡之历年行踪,接对人物,书题匾额,自首供状,以迄服用袈裟等,皆各有记载。要之,时代愈晚,则凿求愈实,描绘愈细,而与史实之相去亦愈远矣。又惠帝于重兵峻法诛捕之下,往来于西南浙江等地,若无事者,间遇困厄,亦必巧为营脱。昔人曾执此以疑其出亡必伪,固是确论。然野史所以故作此说者,尚有同情惠帝、取悦人心之意在,情节离奇与否,非所深计。否则仅为取信于人,又何尝不可另行构设耶！凡此皆关于惠帝出亡之传说也。

惠帝二子：太子文奎,燕兵入京后,不知所终,盖为成祖所诛。次子文圭,生二岁即被幽禁,天顺间赦出,已五十七岁矣。此外更无他子。惟民间以同情惠帝之故,则望其有后。《建文朝野汇编》记：

第三章 惠帝史事之传说

> 弘治间,台州府人缪恭学古行优,晚年赴京上六事,其首继绝嗣,请封建庶人后为王,奉懿文太子祀。通政司官见恭奏疏,骂曰:"蛮子何自速死!"系恭兵马司狱。劾上,诏勿罪,恭释回原籍。

案文圭垂老出狱,其有无子嗣不可知,惟缪恭之请封文圭之后为王,以延懿文惠帝之绪者,则确可为民间愿望之代表。后来野史于建文子嗣特多异说者,即由此种心理出发也。太子文奎本已死于乱兵中,而邵远平《建文帝后纪》谓廖平携走黔中,抚养于曾长官家,冒姓曾,则是又脱难无恙矣。又以成祖帝位系由篡夺而得,民间因希继承之者仍属惠帝子孙,所造故事,更为离奇,如《传信录》载:

> 我朝宣宗章皇帝乃建文君之子也。建文君城破南遁,宣宗时方二三岁,盖天命所在,幸而存焉。太宗文皇帝既有天下,一日进宫,内有一老媪,盖乳养宣宗者,密令趋前跪伏求食于太宗,宣宗遂挽太宗之衣而号曰:"孩儿饿矣!"太宗曰:"汝在帝土家,宁有饥饿之埋,第我今所居之位,乃汝父之物,汝尚幼,且宁耐,吾终须还了汝耳。"言已泣数行。自后随侍太宗如亲孙,及迁都北京,遂以为皇太孙监国……然太宗既以宣宗为太孙,未尝明言其为建文之子,而宣宗年幼失所恃,亦不自知其身所自出,自后而英宗、宪宗而孝宗以至于今上(世宗),亦皆不自知其为建文君之孙也。

案《吾学编·同姓诸王传》三《建文少子传》亦记其牵衣哭泣事,而

为存疑之辞曰:

> 不知此建文君第几子,抑即太子少子也。或曰:牵衣哭者,成祖育诸宫中,未详。

此虽未作肯定之辞,而于宣宗之来历,仍置疑问。盖是项传说,流播已久,故以郑书之持论审慎,亦不觉为所惑也。实则成祖破金陵时,太孙尚在北平,且生已四岁,二者绝不至误混,此不过世俗传说以快人意而已。①

《月山丛谈》云:

> 或又谓建文出走,自闽入广,止于贺县,娶妇而生孝穆,寻又他徙。

孝穆纪太后为孝宗生母,本贺县土官之女,成化中征蛮,俘入掖庭者,自与惠帝无涉。惟据上引传说,是有以纪后为惠帝之女,亦即孝宗为惠帝外孙者矣。

张怡《謏闻续笔》一,就李自成之倡乱云:

> 贼好以术笼人,小民无知为所愚,既下太原,檄州郡云:

---

① 此事王世贞、王世懋、朱鹭等尝辨之。又郑晓《今言》:"国朝小说书数十种中,亦有浪传不足信者。惟《野录》中一事极可恶,献陵(仁宗)洪武十一年生于凤阳,长陵入金川门时,献陵守北平,年已二十五,景陵(宣宗)建文元年二月生于北平,献陵得子最早,二十九岁,已有六人,凡十子,成祖爱景陵,时时称太孙英武类我,景陵擒汉庶人,诏有诬枉先帝,爱及朕躬语。好事者为《野录》,遂妄言耳。"《野录》所记者当亦类此,以未见原著,无从深考,姑附载其略于此。

"予祖建文帝之孽子也,避难易姓,今天命复集,遗予故物,土地百姓,我之土地百姓也,文武诸臣,我之臣子也,各安职业,无得疑畏。"人虽知为伪,犹以为取名近正,愈东从之。

又同书四记:

甲申(崇祯十七年)秋,西曹袁公定之兄,染疫几殆,昏瞆中,觉身在庭下,得风甚爽,渐乘之而上天。天半,见衮衣披发跣面而号者,心知为先帝也,尾其后,至一所,曰:"高帝行宫。"帝入,哭诉甚哀,高帝据案微笑曰:"当问建文耳。"出行许时,见一殿,则建文宫也。甫入,建文大怒,手剑拟之。帝奔出,因风飘扬,至太上行宫,老子在焉。帝哭诉如前,曰:"是不难,予令一人往。"乃召宣圣,宣圣至,执礼颇恭。语以故,宣圣难之。老子笑曰:"必欲予往耶?"遂入。某立阶下,时殿左别一小殿中,设巨案,堆册籍甚多,介而持戈者守焉。某趋进拜问,曰:"是苏松常劫籍耳。"请得阅其乡松江之籍,诸介而戈者不可,有一人曰:"无伤",因取示之,见己无名,而所识及亲戚列名者多,未及卒视,辄奔去。某因请曰:"扬州已经杀戮矣",曰:"未也。""留都若何?"曰:"明岁当有衅,所伤颇少耳。""四镇无恙乎?"曰:"尸居耳。""然则奈何?"曰:"真人起于江淮之间,二十年后,当自知之。"俄闻传呼声,遂惊寤,病亦愈。后言多验,然今已二十二年矣,又不验,何也?(案希望真人起事,可以反映明遗民对清之态度。)此事李映碧(清)曾记之,予采入杂记中,不甚详,松江一士与袁君至戚,具述之如此。

李清所记者见《三垣笔记·附志·补遗》①：

> 松江袁子衿灿若，丁丑袁进士定弟，先闻逆陷京师二年，梦至一所，见历代诸创业君会议，灿若问何议？曰："议革命。"仿佛可识者，汉、明两高帝而已。有顷，一人如帝者状，披发伏地，呜呜诉枉。明高帝语之曰："此事非吾所能主，当往问建文皇帝。"灿若梦中惊疑，问一人曰："代明者李自成否？"其人曰："却又不是。"灿若盖先二年言之，非附会也。

据此，李闯倡乱，曾伪谓惠帝后，时人梦病，亦有以崇祯失国为惠帝复仇者，其荒诞无稽不足论，然可见民间同情，至崇祯季世，犹普遍也。

姚莹《康輶纪行》六"建文帝为呼图克图"条：

> 蕃人相传察木多之大呼图克图为明建文帝转世。虽无稽，足见当时天下怜建文，异域亦久而不忘也。感成一绝云："异代兴亡残骨肉，千年遗憾托浮云。长陵抔土空神武，西域人犹爱建文。"

又今之大理"民家"亦有以惠帝为鼻祖者，是帝之后裔，不仅仍袭皇位，抑且繁衍边区，凡此皆关于惠帝身后之传说也。

惠帝功臣并为成祖所屠戮，其家族亲故之遭株累者，厥状尤

---

① 此文所记之时间及其他细节颇有与上文异者，不具辨。

惨。史载胡闰赤族，亲旧并谪，《鄱阳军册》①详载其戚友姓名，而慨谓：

> 以上充军一百一十四名，随行亲属长解户长当千人，万里路资当万金，则又扰及一县，清审勾解又扰，至今二百年，陈瑛流毒之远如此。永乐九年，陈瑛亦没产，亦狱死，天道好还，分毫不爽。

案此实可代表一般公论，后来野史所以故作相反之传说者，即导源于此。《三垣笔记·补遗》载：

> 崇祯初，吾邑子衿袁靖遇禅僧毒鼓于某山下，指天象语曰："天遣齐黄辈下界，不久将乱矣。"靖曰："此皆建文故忠，讵昔忠今乱者？"毒鼓曰："彼积愤怨已久，一朝下降，不为巨寇，必为叛臣，皆所不辞耳。"至甲申之变，乃验。

案此与前举袁灿若事须合看，盖前以闯王作乱为惠帝复仇，此则以其他流寇即齐泰、黄子澄辈化身。又方孝孺死，罪坐十族，铁铉之诛，污及妻女，而世传《读书种》《一合相》《莽书生》诸剧，则并为免脱或报复之，《女仙外史》《续英烈传》等小说，更使功臣子孙各蹑显宦，皆所以平群情而餍人望也。

其与惠帝传说成相反之发展者，即成祖事迹愈演愈坏。此种记载，大都为反对官书而发，本章及第四章所引已多，不在胪举。

---

① 见《建文朝野汇编》引。

《建文遗迹》《蒙古源流》《女仙外史》等书至诬成祖为蒙元遗子,革除永乐年号,榆木川之崩,甚有指为猛兽所噬、剑仙所殱者,盖深恶之已。

关于靖难功臣之传说,亦约略同此。时姚广孝参赞帷幄,功最高,而受社会之鄙弃亦最甚,都穆《谈纂》记:

> 予识姚广孝义孙廷用,好着故衣。一日,以里役见太守杨贡,跪而绯袍见,诘之,答曰:"先祖遗衣。"问何官,曰:"少师姚广孝。"贡大怒,丑诋之。同知者遽曰:"公言信直,奈太宗皇帝何!"贡默然。

案穆为弘正间人,时去成祖靖难已百余年,而杨贡以政府官吏犹丑诋广孝,可征一般之舆论。《明史》一四五《广孝传》记:

> 其至长洲,候同产姊,姊不纳,访其友王宾,宾亦不见,但遥语曰:"和尚误矣,和尚误矣!"复往见姊,姊詈之。

考王宾与广孝同里闬,交至密,广孝定策后,徒步往访,欢若平生,宾作《永乐赈灾记》①,铺陈广孝功德,没而广孝为作传,两人契分之笃如此。《明史》此则系采自野史,并不可信②。然此传说之所以造成,则上述心理之反映也。《鹿樵纪闻》载:唐王隆武以明代元气之削,由于靖难,因:

---

① 见《光庵文集》。
② 说详《列朝诗集》甲集十六《王宾传》。

复建文年号,建方孝孺祠,铸姚广孝铁像跪于阶前。

案懒道人《剿闯小史》记:"我朝养士非不厚,革除之际,忠臣义士,一时之盛,足见我太祖培育人才之恩德。然而彼时族灭诛戮者甚不少,妻女被玷辱于教坊,子弟奴隶于勋戚,虽为诛逆除奸,未免过伤元气。是以后来臣子皆知保富贵,而不知尚廉耻。"明末积弊,时人推溯于靖难诛戮所使然,宜乎隆武蜷局一隅,于朝不保夕之顷,犹以贬斥广孝为急务也。又董穀《碧里杂存》上"碧峰"条记:

> 余昔于京师大兴隆寺观少师影堂,即姚广孝祠室也,顶相一轴,人物魁梧雄伟,信豪杰哉!闻诸其徒之老者曰:"广孝故元臣也,元末削发为僧于苏之承天寺。其兄碧峰长老戒行甚高,洪武中,征天下高僧以辅诸王,广孝有用世之志,将应诏,碧峰苦劝止之,不从。既而佐成祖靖难,迁都北京,碧峰思之,往访焉。既见,厉声呵责,广孝事之甚恭谨。或有以其语闻于上者,怒欲罪之,以广孝在,未发。乃敕广孝公差于外,始御鞠之。具实对,无惧容。上曰:'汝号碧峰,必煮不烂者。'曰:'然。'命以甑蒸之,经一日夕无伤也,乃下之狱……余又见上海士人谈囚谓余曰:'碧峰北行时,戒其徒曰:明年某月某日,吾有大难。汝等当于佛前围坐,各持杨枝水洒地,诵大悲咒三日夜,则可免矣。慎无忘也。'其徒如戒,果应蒸时云。"

此事之荒唐无稽不足辩,若必假碧峰长老以斥责广孝,则亦上述故

事之性质。①《女仙外史》记广孝出巡,历受民众唾辱,官吏刑扑,最后复为一不知名之和尚击毙,亦以此意。又《外史》于其他功臣降将,并加以诋辱,且不使善终,则又此旨之扩大化也。

综贯以上所述,惠帝故事,以本身之凄哀,故其传布社会,亦深入人心。此物语遂由简单变复杂,由模糊变清晰,由历受压迫,变为迭次报复。时历二百余年,流寇巨酋李自成犹假此以为倡乱口号,明遗民李清、张怡等复深信国变之故为惠帝复仇。迄今边区荒远,尚有自托为惠帝后裔者。而凡尽节诸人之子孙,并得保全荣显。反之,成祖及其臣僚则尽遭谤辱,传说虽与史实无关,然可以考见其发展演变之方式,且可见民间之正义与同情,亦有其不可磨灭者也。

---

① 《出使四洋记》以碧峰长老为护国禅师,则又此传说之相反记载。

第四章 史事考证

由上所述,官书之讳饰既如彼,野史之无稽又如此,自皆非史事之真相,今欲探讨当日史实,必须于官书与野史之外别拟假设,而于其他史传文集及官书之不经意记载中搜寻旁证,则其真实性庶略可论定也?

依据以上标准,若干史事可以试证。

(一) 太祖之死

《燕王令旨》《奉天靖难记》等书并怀疑太祖之死,《令旨》甚且指明索取侍病宫人、长随内官及太医等。(见第二章引文)而《太祖实录》则记太祖之死为暴毙:

> 洪武三十一年闰五月乙酉,上崩于西宫。上素少疾,及疫作日,临朝决事,不倦如平时。

案《令旨》等书诬谓不得善终,其事显不可信,故修《太祖实录》时尽去之,惟以为暴毙,实亦影射其病况不明。凡此皆官书之记载,而为成祖兴兵之重要藉口也。

野史记惠帝孝于父祖，适与《令旨》《靖难记》及《太宗实录》等书所记者相反，如赵士喆《建文年谱》一，洪武二十五年四月丙子条：

> 皇太子薨……时皇长孙年十六，侍太子病，曲尽苦心，及薨，恸哭哀慕，事事如礼，水浆不入口者五日，太祖抚之曰："毁不灭性，礼也，尔诚纯孝，独不念我乎？"始一啜糜粥。欲服丧三年，太祖不可，然三年内笑未尝露齿，不饮酒食肉，不举乐，不御内人。或劝之，则曰："服可例除，情须自致。"

又洪武三十一年闰五月乙酉：

> 上（太祖）崩于西宫……皇太孙治丧礼，披发哭踊，哀动左右。敕有司丧仪悉遵周礼，前朝后殿各设座如生存，凡十一所。京官四品以上，朝服执钺，立于诸陛，自初十以至十六，哭临如礼，昼不饮勺水，夜不就枕簟，群臣百姓于大明门外望见其深墨之色，哭泣之哀，莫不举手加额曰："天子纯孝"，喁喁然有至德之思焉。

又同月辛卯：

> 诏行三年丧礼，有司奏曰："陛下欲行三年之丧，但郊庙宗社不可久虚，朝贡讼狱不可暂废，愿少抑至情，俯循众请。"上曰："朕非敢效古人亮阴不言也，郊社宗庙，朕将执绋而行事，朝贡讼狱，罔敢不亲，但朝则麻冕麻裳，退则齐衰杖绖，食则馆

粥,有何不可。不然,食稻衣锦,尔辈真以为安乎。"群臣奏曰:
"陛下既不废政事而自致哀情,敢不惟命。"遂定仪注以进。

此以惠帝为至孝守礼之主,盖皆针对官书而发者。

今案惠帝纯孝未必如野史所传之甚,然绝不至于毒害君亲。至侍病之宫人、太监及医官等,如非受惠帝指使,自更不敢谋弑太祖。故成祖上书时所持之理由,在后修《太宗实录》中,概加删除,盖亦自觉理屈也。惟其所以故造此说者,亦非全无凭藉,《明文衡》四七,董纶《跋戴元礼仁义卷》记太祖病亟罪诸医:

> 洪武三十一年夏五月,太祖高皇帝疾大渐。二十四日庚午,辇出御右顺门,召太医院诸臣,诘其治疾无状,敕付狱正其罪,复进御医臣戴元礼至榻前,慰勉曰:"汝有仁义,无与汝事,慎勿恐。"臣元礼顿首而退,帝即还内,后十有六日遂崩。

又朱国祯《涌幢小品》二五"御药医"条,记惠帝即位,亦诛惩诊病之无状者:

> 戴元礼,国朝之圣医也。太祖临崩,召至榻前,曰:"汝仁义人也,事无预汝,无恐。"太孙即位,诛诸治疾无状者,拜元礼院使,诸王奔丧①,太孙道太祖语,哭问状,劳之,辽王题"仁义"字大轴,肃、庆二王为赞咏以赐。

---

① 案《明会典》载太祖遗诏禁诸王奔丧,此言奔丧者,盖由靖难师起,惠帝召辽王等入京之讹。

董文撰于建文间,时尚未掺入成祖文致之辞,其言太祖病况宜可信。由上所述,太祖于五月下旬即已病亟,迨六月初十始薨,《实录》暴卒之说,自不可信。惟太祖病后,诸医或误投药剂,或诊治不痊,故太祖及惠帝皆惩处御医之无状也。寻明初类此之事已数行不鲜,毛奇龄《肜史拾遗》记载:"洪武十五年八月,(马)后疾,群臣请祷医,后曰:生死命也,祷医何益,且医一不效,或致戮医,是重过也。"又《明史》二九九《戴思恭传》:"晋王疾,思恭疗之愈,已复发,即卒。太祖怒,逮治王府诸医,思恭从容进曰:臣前奉命视王疾,启王曰:即今愈,但毒在膏肓,恐复作不可疗也,今果然矣。诸医由是免死。"是明初遇诸医甚严,太祖及惠帝之惩治御医,意亦类此,岂成祖职此之故,遂诬太祖为被弑欤?

(二) 燕王入朝

成祖指斥惠帝矫命止诸王奔丧,野史则谓燕王实已入朝。今案成祖以父死未获临丧为兴兵借口,朱鹭《建文书法儗》十六义"书止诸王临丧"条:"谨衅始也,建文亡国二大端:削亲藩、更祖制而已。而止临葬实始衅。"又前编"燕王入临未至还"条:"难端见矣,遗诏先之也。父死不得奔丧,其何以令敕符勒归,重猜贰耳,曷益乎?若诏书未至,而文皇先来,弗可止也,其不奉诏,亦弗可止。"所论甚谛,然则此事虽小,而影响甚大也。

欲判此狱之是非,姑先录两造讼词,再细析其内容,复援以左(佐)证,而后其真相如何,庶无所遁。

官书载成祖未及奔丧者,有燕王上书:

> 古今天下,自天子至于庶人,焉有父死而不报子知者?焉有父死而不得奔丧者也?何故父皇宾天一月,才发诏令亲王天下百姓知之?则我亲子与庶人同也,礼乎非礼乎?

又《靖难记》一,洪武三十二年七月丁亥,成祖谕将吏军民曰:

> 皇考太祖高皇帝初未省何疾,不令诸子知之。至于升遐,又不令诸子奔丧。

同书三十一年闰五月乙酉:

> 太祖升遐,是夜即殓,七日而葬,逾月始讣告诸王,止不得奔丧。上闻讣,哀毁几绝,日南向痛哭。先是太祖疾,遣中使召上还京,至淮安,允炆与齐泰等谋,矫诏令上归国,太祖不自知,至是病革,问左右曰:"第四子来未?"无敢应者,凡三问,言不及他,逾时遂崩,允炆矫遗诏嗣位。

又《太祖实录》是日记:

> 上崩于西宫。上素少疾,及疾作日,临朝决事,不倦如平时,渐剧,乃焚香祝天曰:"寿年久近,国祚短长,子孙贤否,惟简在帝心,为生民福。"即遣中使持符召今上还京,至淮安,用事者矫诏却还,上不之知也。疾亟,问左右曰:"第四子来未?"言不及他。

又《太宗实录》记：

> 太祖不豫,遣中官召上,已至淮安,太孙与齐泰等谋,诈令人赍敕符令上归国,及太祖大渐,问左右:"燕王来未?"凡三问,无敢对者。

《靖难记》谓高帝问燕王是否来京,言不及他,不特暗示太祖欲传位燕王,且以示太祖之死,并无遗诏,盖必如是始能与下文"允炆矫遗诏嗣位"之语相呼应也。太祖太宗《实录》语气皆较《靖难记》和缓,惟《太宗实录》削去"言不及他"句,颇失原文用意,《太祖实录》虽未削此句,而下文复录太祖遗命,亦与原意径庭。至所谓焚香祝天之语,明系为后来靖难作伏笔,其为伪造更不待言,凡此虽可考其历次改削之迹,然于止诸王奔丧一点,则迄无异辞也。

野史所载者与此恰相反,如《建文逊国记》：

> 建文元年二月,王来朝,行皇道入,登陛不拜,监察御史曾凤韶劾王不敬,户部侍郎卓敬上书论劾,皆不报。

《逊国臣记》五《曾凤韶传》：

> 建文初,为监察御史。会藩王入觐,驰皇道入,且不拜。凤韶侍班,言:"殿上宜展君臣之礼,宫中乃叙叔侄之伦,由皇道不拜,大不敬。"建文君曰:"至亲勿问。"

《传信录》：

> 高帝鼎成，建文即位，燕王来奔丧而不朝，谓己叔父行也。给事中金华龚泰奏曰："象简朝天，殿下行君臣之礼，龙衣拂地，宫中叙叔侄之情。"

考《明律》，无故在午门外御道直行者杖八十，在宫殿中御道直行者杖一百。此特就一般官吏军民言，若藩王直行，或亦无碍。所谓由皇道入不敬者，盖作者妄以草野之禁，施之藩王耳。兹复可注意者，《逊国臣记》与《传信录》所载进奏之言，明系一事，惟前者以之属曾凤韶，而后者则谓为龚泰，要皆以燕王曾入朝也。

此事前人已有疑之者，郎瑛《七修类稿》七《国事·象简龙衣联》①：

> 龚（泰）有一时启沃之才，不知此乃宋祖与杜审言（琦）同宴福宁宫，乐人史金著之辞，但少更之耳。彼云"前殿展君臣之礼，虎节朝天，后宫伸骨肉之情，龙衣拂地"，盖杜乃宋祖母舅。

史金著对语见文莹《玉壶清话》。龚泰引用成语，虽有出自《清话》之可能，惟不足据以推断燕王入朝为必伪。况龚泰容或为曾凤韶事传闻之讹，而凤韶对语，固与金著异辞耶！

---

① 《弇山堂别集·史乘考误二》与此略同。

其持论之较为圆通者,有朱彝尊①、王鸿绪②两家,文长不具引,其要点如下:(一)朱氏以燕王闻讣朝京,淮安折返,为《实录》史臣曲笔,王氏据淮安折返,因进而推断无朝京之事。(二)两氏皆以惠帝罪废诸王,燕虑祸及,方称病藩邸,亦绝不敢入京,自投罗网。(三)两氏皆举《实录》靖难师驻龙潭,帝顾望钟山,怆然下泪,诸将请曰:"祸难垂定,何以悲为?"帝曰:"吾异日渡江,即入京见吾亲,比为奸恶所祸,不渡此江数年,今至此,吾亲安在?瞻仰孝陵,是以悲尔。"以为燕王前此未尝入朝之证。今案成祖朝京被参似仅有两次可能,一在太祖病亟之时,一在惠帝践阼以后。惟成祖诡谓太祖病亟召之者,盖暗示欲立己为嗣,揆以太祖立嫡之义(见第五章),当知其为伪,故朱氏以为史臣曲笔,殊具特识③,而王氏据太祖、太宗实录矫诏却还之说,虽亦可证明成祖之并未入朝,然过信官书矣。至朱王两氏皆据《太宗实录》成祖驻师龙潭,不经意中流露语(数年不渡此江),以证成祖在惠帝即位以后亦未入朝,则读书颇为得间,又以惠帝削夺诸藩,成祖戒慎恐惧,不特不敢倨傲无礼(行皇道不拜),抑且不敢身临危地,推测亦近情理,较前引郎瑛、王世贞说,高明多矣。

考成祖之并未入朝,尚有其他确证。燕王上惠帝书:"父皇病已久,如何不令人来报,得见父皇一面,知何病,用何药,尽人子之礼也。焉有父病而不令子知者?焉有为子而不知父病者?"是太祖病亟之时未召入京,足为《靖难记》《实录》等书所载奉诏入朝之反

---

① 《曝书亭集》三二《上史馆总裁第四书》。
② 《明史稿·史例议下》。
③ 惟以成祖为闻讣入京,则误解原意。

证。又《皇明祖训》法律章第十三条：

> 凡朝廷新天子正位，诸王遣使奉表称贺，谨守边藩。

新天子即位之时，亦即旧天子甫薨之后，然则《祖训》固禁诸王之哭临。又《正德会典》九十（《万历会典》九六）《丧礼一》载太祖遗诏①：

> 诸王各于本国哭临，不必赴京。

《实录》讳遗诏不载，此文以出自《会典》，当可信，持与《明史·临安公主传》载梅殷答成祖"进香皇考有禁，不遵者为不孝"之言较，正可相互印证。是太祖死后，亦无入朝之可能也。王鏊《守溪长语》载成祖入京，先谒陵而后入朝：

> 杨文敏公荣，建安人，为翰林编修。文皇兵初入城，迎见马首，请先谒陵而后入朝，从之。既而召文敏谓："非若言，几误事矣。"由是宠遇遂隆。

案成祖既以未获侍药会葬为兴兵借口，则在其即位之前，自应先拜父墓，此杨荣之提醒成祖，所以深蒙嘉勉也。

惟成祖朝京传说，亦有其坚实之左证。《姜氏秘史》二，建文元年二月燕王来朝条：

---

① 此条朱王两氏已言及，为便于说明，故重引。

《吉安志》载御史曾凤韶是日侍班,王由皇道入,登陛不拜,凤韶劾奏曰:"殿下宜展君臣之礼,宫中乃叙叔侄之情,燕王由皇道不拜,大不敬。"帝曰:"至亲勿问。"又南京锦衣卫百户潘暄贴黄册内载校尉潘安二十三日钦拨随侍燕王还北平任,坐以拿张昺功升职,据此则来朝明矣。

又七月五日,成祖举兵反,杀北平布政使张昺等条:

今案南京锦衣卫贴黄册载校尉潘安拿(张)昺,燕山右护卫小旗丁胜从庞来兴杀彭二子,家赏纻丝二表里,银二十两。

姜清,正德间进士,所撰《秘史》博采故案文集,颇多珍闻,此引《吉安府志》犹可谓是项传说虽由来已久,未必可信,至书中两引潘暄贴黄,当非偶然错讹,固为可信之直接史料也(《四库提要》疑之,非是)。

以是间有调停两说者,如潘柽章《国史考异》谓潘安即《实录》所云齐泰矫诏令成祖归国之人,惟潘氏误以贴黄出自屠叔方《建文朝野汇编》①,遂减低其真实之价值,且前移成祖朝京在洪武三十一年应太祖召命,如是,不特与《秘史》等书所载建文元年二月之说相冲突,且误陷于成祖伪造之诡计中(使继皇位)。又有析入朝一事为两次者,如《建文逊国之际月表》及《建文年谱》等书是。两书皆以燕王至淮安折返在洪武三十一年闰五月,以行皇道不拜系建文元年二月,前者由误信官书,可勿论矣,后者虽可解释官书与贴黄之

---

① 屠,万历时御史,其书杂采各书而成,贴黄当抄自《秘史》。

抵牾,然无以解成祖之自投罗网,如朱王诸家所辨者,然则入朝一事果何从何违耶?

检朝鲜《定宗李曔实录》一,元年(建文元年)三月记:

> 军一人自辽东逃来,本国人也,属东宁卫,以辽东役烦逃还。言燕王欲祭太祖高皇帝,率师如京,新皇帝许令单骑入城。燕王乃还,兴师以尽逐君侧之恶为名。

惠帝削藩,对燕初采包围政策,辽兵为围军最主要之一支。后燕兵南下,辽兵又数出进扰北平。意者其地军队调动甚频,故东宁卫卒有"役烦"之苦。辽军既迭次西征,东西往来之人当不少,故此朝鲜逃卒所传之消息或甚正确(就时间而论,亦可与《秘史》符合)。据此,则燕王确拟入京,惟系借口奔丧,而非应太祖召命,且非只身独往,而系拥带重兵。然则朱王两氏均以燕王时方韬晦,不敢身临危地者,可以无虑。至惠帝阻其南来,并未止其奔丧,而系禁带军队。惠帝令单骑入城,燕王距京谅不甚远。然则贴黄钦拨锦衣卫卒随返北平之说,亦可通解。成祖狡狯,岂以此遂谓应召朝京在太祖病时,中途折返,为齐泰所阻?而野史同情惠帝,反诬成祖之倨傲欤?燕王上书,辩其操练军马及造作军器,而举《祖训》之言曰:"凡王入朝,其侍卫文武官员,马步旗军,不拘数目,若王恐供给繁重,斟酌从行者听",或亦影射此事乎?《建文遗迹》云:

> 洪武三十年丁丑七月十二日,太祖高皇帝崩(案太祖崩于洪武三十一年戊寅闰五月初十日)。遗命燕王不许渡江进香,除朝廷大事,许令藩臣赍表,毋得擅自离国。时诸王子皆赴京奔丧

吊，痛泣，惟王于中途闻此而止。王大怒，欲令进舟，见江口设兵以守，遂不果。道衍进曰："大王以至孝渡江，奈何有违治命，反为不孝也。愿殿下养成龙虎之威也，他日风云感会，羽翼高举，则大江只投鞭可断也，今日何得屑屑于此哉。"王深然其意，遂返国。

（三）靖难战役之推测

官书记靖难战事每多夸功之词，惟如审慎去取，并与其他史料相参稽，亦可作一近实之推断。愚意惠帝对燕初采包围压迫之策，后被成祖逐渐突破，兵败溃散，遂一方面集中主力于要冲，一方面建树寨堡于险地，而成祖则以灼知内部空虚之故，遂避重就轻，绕道深入，径破南京矣。此事寻绎旧史，斑斑可考，兹胪引左证，说明如后。

(甲) 包围与突围

《靖难记》一，洪武三十二年三月，

> 允炆以都督宋忠调沿边各卫马步官军三万屯开平，王府精壮悉选调隶忠麾下，王府胡骑指挥关童等悉诏入京，调北平永清左卫官军于彰德，永清右卫官军于顺德，以都督徐凯练兵于临清，以都督耿瓛练兵于山海。张昺布置于外，谢贵窥于内，约期俱发。

同书二,三十三年二月癸未致李景隆书:

> 谢贵、张昺等吐露情实:……密用小勘合调天下军马,不用大将军印,恐见惊动,先欲起昺为北平布政,悉夺太祖高皇帝所与果园田地,护卫官军及人匠等户,尽为散遣,故触我怒,我皆不问。又遣谢贵为北平都指挥,都督宋忠来北平,以操练军马为由,共谋图我,宋忠以无大将军印信文书,擅调各都司人马。黄子澄、谢贵等言曰:"先得燕王,便与王做。"以此人自争功,扰乱北平。

是惠帝于燕兵未起之前,一方面命张昺、谢贵居中策动,一方面在北平外围布置重兵,而宋忠之尽简燕府护卫壮士北调,尤足以削减其兵力,此当日之情势也。

太祖遗诏云:"王国所在文武衙门官民军士,今后一听朝廷节制,护卫官军,王自处分。"然则在洪武三十一年闰五月以前,燕王之权限原甚大,北平文武官民并听其指麾,不仅护卫军士受其处分而已。即在此管治期间,成祖与当地之文武将吏,已密有勾结,故于惠帝之包围计划,知之甚审。此事旧史虽未详载,然根据以下诸例,尚可推知也。《明史》一四二《张昺传》:

> 建文初,廷臣议削燕,更置守臣,乃以昺为北平布政使,(谢)贵为都指挥使,并受密命。时燕王称疾,久不出,二人知其必有变,乃部署在城七卫及屯田军士列九门防守,将执王。昺库吏李友直预知其谋,密以告王,王遂得为备。

同书一四六《张信传》：

惠帝初即位，大臣荐信谋勇，调北平都司，受密诏，令与张昺、谢贵谋燕王。信忧惧不知所为，母怪问之，信以告，母大惊曰："不可，汝父每言王气在燕。汝无妄举，灭家族。"成祖称病，信三造燕邸，辞不见。信固请，入拜床下，密以情输成祖，成祖懼然起立，召诸将定计，起(兵)夺九门。成祖入京师，论功比诸战将，进都督佥事，封隆平侯，禄千石，与世伯券。成祖德信甚，呼为"恩张"。

又云：

有唐云者，燕山中护卫指挥也，不知所自起，成祖既杀张昺、谢贵等，将士犹据九门，闭瓮城，陈戈戟内向，张玉等夜袭之，已克其八，惟西直门不下，成祖令云解甲，骑马导从如平时，谕守者曰："天子已听王自制一方。汝等急退，后者戮。"云于指挥中年最长，素信谨，将士以为不欺，遂散。时众心未附，云告以天意所向，众乃定。

案李友直为北平布政使张昺库吏，而昺与都指挥使谢贵交密，故友直得侦悉其军事行动，密告成祖，是在布政使司方面已有燕府间谍。张信时为都指挥佥事，是在指挥使司方面亦有成祖内奸。守御西直门者为在城七卫及屯田军士，初属成祖调遣，唐云为燕山中护卫指挥，乃燕之基本部将，宜与诸军相习，故以谨厚长者资格可片言折服也。黄子澄云："诸王虽有护卫之兵，仅足自守，朝廷军卫犬牙相制,若有事,以天下之重兵临之,蔑不破矣。"①岂意政府之兵亦有倒戈相向者乎!

至其他文臣亦有通款成祖者,《明史》一五〇《汤宗传》②:

> 建文时,上变言:"按察使陈瑛受燕邸金钱,有异谋。"诏逮瑛,安置广西。③

案陈瑛为永乐间酷吏,深得成祖宠信。据此,瑛归附甚早,且因通燕之故,曾遭贬官,宜其独蒙知赏也。又《实录》洪武三十五年十二月乙丑:

> 升池州铜陵县典史张琏为通政。琏初任北平按察副使,坐前藩邸事黜降,故召用之。

永乐元年四月壬子《王礼传》:

> 礼,光州固始人,洪武中,由国子生擢北平按察司副使,坐事降邵武府通判。为副使时,雅为上所知,故即位后,即召用之。

---

① 见《靖难记》。
② 三八〇《陈瑛传》同。
③ 《太宗实录》洪武三十五年七月癸未:"召前北平按察使陈瑛为都察院左副都御史。瑛建文中坐藩邸事谪广西,故召用之。"又永乐六年十二月乙酉:"召……广西禄州判官汤宗至,升……大理寺右寺丞。或言宗在建文中尝奏北平按察使受潜邸赏赐者,上曰:帝王惟才是使,岂当屑屑记忆旧嫌,齐桓用管仲,唐太宗用王魏,何尝不得其力。"可与此参证。

揆以陈瑛之例,诸人宦燕之时,殆皆与成祖有关也①。惟以上诸人与成祖起兵尚无大关系,其直接影响于靖难之役者,有以下各例,杨荣《郭资神道碑》:

> 尚书郁新以才荐之,授前北平布政使司左参议……不数月,升左布政使……时太宗皇帝在藩邸,尤爱重之,公有所言,无不听纳。及起义靖难,命公城守,抚辑兵民,供给粮饷,百费所需,未尝乏误,尝以汉萧何拟之。

《实录》永乐六年六月庚子《许思温传》:

> 由国子生署刑部主事,累迁北平按察司副使,上靖内难,与有城守功。

《明史》一五一《吕震传》:

> 迁北平按察司佥事,燕兵起,震降于成祖,命侍世子居守②。

郭资为文职中高级官吏,据杨荣撰碑,早已阴附成祖。至许思温、吕震、孙瑜、墨麟等亦皆当时之文官,归降后,成祖不特不猜

---

① 《秘史》等书记齐泰尝使北平,燕王赂泰,泰受归,请以为兵费,则系未被收买例。

② 据《明史》一五一《郭资传》,同时降者尚有左参政孙瑜、按察司副使墨麟等,皆命辅世子居守。

忌,且委以重任,盖其先亦或有勾结,是城中文职之通燕者已不少矣。

《实录》永乐十八年九月乙酉《贺银传》:

> 银,台州临海人,洪武中……用荐升宛平县知县。上起义靖难,银率县僚吏给兵士刍饷。

又元年十月己未:

> 赏北京守城官,行(刑)部左侍郎李友直银五十两,钞八百贯,彩币八表里。刑曹清吏司郎中艾麟,留守行后军都督府事齐孝智、毋祥,固安县丞熊庆源、顺义县丞邵智、新城县丞刘清各银四两,钞一百贯,彩币四表里,生绢二匹,绵布四疋,绵花五斤。户曹清吏司主事曹本、大兴县主簿毛寿各银三两,钞一百贯,彩币一表里,生绢一疋,绵布三匹,绵花四斤。

诸人或宦居北平,或官临近地(如贺银、熊庆源等),既皆乐为助守,知其早已附燕。靖难兵起时,朱能等语成祖:"擒谢贵张昺,余无能为。"①盖燕先于北平及其附近文武诸臣,结纳已深,故起事二日,城中大定,诸司官吏亦视事如故②,非因成祖之德泽深洽,而向往云从也。

又宋忠虽悉简燕山护卫壮士北调,诸人未必即衷心归附,《靖

---

① 见《靖难记》。
② 见同书。

难记》一,洪武三十二年七月癸未:

> 上率马云(《实录》作马荣)、徐祥等马步精锐八千,卷甲倍道而进。甲申,至怀来。先是,获贼间谍,言宋忠诳北平将士云,举家皆为上所杀,委尸填满沟壑,宜为报仇。将士闻之,或信或否。上知之,乃以其家人为前锋,用其旧日旗帜,众遥见旗帜,识其父兄子弟咸在,递相呼应声,喜曰:"我家固无恙,是宋都督诳我也,几为所误。"遂倒戈来归。宋忠余众仓皇列阵未成,上麾师渡河,鼓噪直冲其阵,宋忠大败。

所谓北平士卒,燕府护卫军当占绝大多数,此等军士实归向成祖,故宋忠激励作战,不过以其家属被屠为借口,但当兵士知此设辞为虚妄之时,遂全部倒戈,然则忠并未削减燕之战斗力量,是足以自乱阵线而已。

复次,为成祖突破包围问题。《明史》五《成祖纪》:

> 洪武二十三年,同晋王讨乃儿不花。晋王怯不敢进,王倍道趋迤都山,获其全部而还,太祖大喜,是后屡帅诸将出征,并令王节制沿边士马,王威名大振。

案《靖难记》及《实录》皆谓此次晋王与燕王分道北进,不云谁受谁之节制,惟两书皆谓晋忌燕功,先遣人驰报太子,言燕不听约束云云,则是燕应受晋节制。晋王有功与否不可知,成祖向以勇悍闻,此次深入获捷,或系事实。而以历次北征之故,其威慑沿边军士,亦不难推想。迨洪武三十一年二月晋王既薨,北方沿边军士更归附成祖。

成祖以久镇北藩及诸将归附之故,于沿边军士,实以部属目之,而当时包围北平者,亦即此种军队之一部。故在成祖突围之顷,诸军相率归降,无须作战。试举例如下。《靖难记》一,洪武三十三年七月甲戌:

> 通州卫指挥房胜等以城来归。

《实录》永乐四年十月丙午《房胜传》:

> 升府军卫千户,征纳哈出,升通州卫指挥佥事,屡效劳勣。上起义,率所部从征,命仍守通州,敌数攻围州城,胜且守且战,城赖以全。

又《靖难记》洪武三十三年七月丙子:

> 遵化卫指挥蒋玉、密云卫指挥郑亨各以城来归。

《实录》永乐十八年十一月乙丑《张礼传》:

> 洪武中,升遵化卫千户,从上平内难。

贺钦《医闾集》四《韩斌墓志铭》:

> 公姓韩氏,讳斌,字廷用,其先山后兴州人,祖讳福原,洪

武间,占尺籍密云卫,至考讳春,从太宗文皇帝征讨,升东胜右卫指挥使。

《明史》一五五《刘荣传》:

从魏国公徐达战灰山、黑松林,为总旗,给事燕邸,雄伟多智略,成祖深器之,授密云卫百户。从起兵,为前锋。

又一四六《郑亨传》:

父用,洪武时,积功为大兴左卫副千户。请老,亨嗣职……迁密云卫指挥佥事。燕师起,以所部降。

《实录》永乐十六年四月甲辰:

命故辽东都指挥同知蔡斌子智袭指挥。初,斌以怀来守御千户从上征讨。

《明史》一四六《徐忠传》:

袭父爵为河南卫副千户,累从大军北征,多所俘获,进济阳卫指挥佥事。洪武末,镇开平,燕兵破居庸、怀来,忠以开平降,从徇滦河,与陈旭拔其城。

《实录》永乐二十一年三月庚寅《郭亮传》:

亮，合肥县人，父聚南宁卫百户，亮袭职，调天策卫，征大宁及哈剌莽来有功，升永平卫千户。上起义之初，亮率众来归，命仍守永平。

又《宣宗实录》宣德元年正月丙辰《赵彝传》：

彝，泗州虹县人，始由虎贲右卫百户调燕山右卫，从颍国公征沙漠，筑城宣府、万全、怀安，升永平卫指挥佥事，从太宗皇帝靖内难。

又八年二月甲寅《吴成传》：

初为永平卫总旗，太宗皇帝靖内难，成率众内附，授百户。

据《明史·惠帝纪》，燕以建文元年七月初五日癸酉起兵，通州、遵化、密云相继降，初八日丙子陷蓟州，十一日己卯陷居庸关，十六日甲申陷怀来，永平降。《成祖纪》谓"拔居庸关，破怀来，取密云，克遵化，二旬，众至数万"。实则自起事之初，讫郭亮之降，前后不过十三日耳，使非与沿边诸将先有默契，何邃神速如此！观上举迎降者之多，及既降以后，复使统兵不疑，则个中消息不难参透矣。

时沿边诸将降附，对于战事尤有决定性之影响者，厥为大宁士卒，《明史》一一七《宁王权传》：

大宁在喜峰口外，古会州地，东连辽左，西接宣府，为巨镇。带甲八万，革车六千，所属朵颜三卫骑兵皆骁勇善战。权数会诸王出塞,以善谋称。燕王初起兵,与诸将议曰:"曩余巡塞上,见大宁诸军慓悍。吾得大宁,断辽东,取边骑助战,大事济矣。"建文元年,朝议恐权与燕合,使人召权,权不至,坐削三护卫。其年九月,江阴侯吴高攻永平,燕王往救。高退,燕王遂自刘家口间道趋大宁,诡言穷促来求救。权邀燕王单骑入城,执手大恸,具言不得已起兵故,求代草表谢罪。居数日,款洽不为备。北平锐卒伏城外,吏士稍稍入城,阴结三卫部长及诸戍卒。燕王辞去,权祖之郊,伏兵起,拥权行。三卫骁骑及诸戍卒一呼毕集。守将朱鉴不能御,战殁。王府妃妾世子皆随入松亭关,归北平,大宁城为空。

据此,三卫骁骑及政府戍卒早已阴附成祖,宁王以无力控御,不得不归降。此虽由于成祖之权诡善谋,然亦因洪武间,迭次出塞,已久与相习,故以数日之联络,即可使衷心归附也。《权传》以朱鉴不能御,战殁,而《吾学编·房宽传》则以鉴之战殁,由房宽引降。考郑氏所记者是①,《明史》一四五《房宽传》记:

洪武中,以济宁左卫指挥从徐达练兵北平,遂为北平都指挥同知,移守大宁。宽在边久,凡山川院塞,殊域情伪,莫不毕知,然不能抚士卒。燕兵奄至,城中缚宽以降。成祖释之,俾领其众。战白沟河,将右军,失利。从克广昌、彰德,进都督佥事。以旧臣略其过,封思恩侯。

---

① 燕王檄告天下文:"将军马到大宁,兵临其城,余谕以太祖皇帝恩养德厚,都指挥房宽领军马出城来降,所以逆贼朱鉴、卜万凌迟处死了当。"是其证。

宽既历任北平都指挥同知,又守边甚久,与燕当不无过从,是时因已先附成祖,故引军归降,陷朱鉴于死地。成祖以此深信不疑,俾仍领其众,后封为"思恩侯",或亦与此有关也。不然,以成祖之练达武事,岂肯使一不能抚士之降将,仍为统帅乎?又诸书记大宁降将甚多,兹择举数则以为例,黄淮《介庵集》六《刘旭墓碑》:

> 苏州黄崖口人……洪武甲子(十七年),从父以垛籍编成大宁左卫,多病而子幼,苦于驱迫。公请曰:"儿年方壮,可任劳役,毋贻叔父忧。"遂诣有司请代之。既至大宁,长兵者见公英伟有胆气,选补队长。辛未(二十四年),以校阅武艺优等,委署管军百户事,后改属营州左护卫。己卯(建文元年),伏遇太宗皇帝兴师靖难,自大宁率部下士诣军门,请自效。

《实录》永乐六年二月甲辰《徐理传》:

> 积官至永清左卫指挥佥事,调营州中护卫。上举兵靖难,初下大宁,理诣军门见。

八年三月丁亥《陈旭传》:

> 洪武中,以武功积官至会州卫指挥同知,上初举义,旭举全城东归,从上征讨。

《明史·陈亨传》:

洪武二年,守大同,积功至燕山左卫指挥佥事,数从出塞,迁北平都指挥使。及惠帝即位,擢都督佥事。燕师起,亨与刘真、卜万守大宁,移兵出松亭关,驻沙河,谋攻遵化,燕兵至,退保关。当是时,李景隆帅五十万众将攻北平,北平势弱,而大宁行都司所领兴州、营州二十余卫皆西北精锐,朵颜、泰宁、福余三卫元降将所统番骑骥卒尤骁勇,卜万将与景隆军合,成祖惧,以计绍(应为"给"——整理者注)亨因万,遂从刘家口间道疾攻大宁。亨及刘真自松亭回救,中道闻大宁破,乃与指挥徐理、陈文等谋降燕。夜二鼓,袭刘真营,真单骑走广宁,亨等帅众降成祖,尽拔诸军及三卫骑卒,挟宁王以归。自是冲锋陷阵多三卫兵,成祖取天下自克大宁始。

陈亨曾为燕山(左)卫指挥佥事,又尝出塞征胡,与燕之关系尤明显。总之,燕能所向必克,固由于成祖善谋与将士用命,而沿边诸将归附,亦为主因。然则燕之起兵前后,其政治上之工作谅亦不少,惜无可考矣。

　　次述成祖之解除东方威胁。洪武《实录》载太祖死前曾诏辽东左军都督杨文及辽东都司并受燕王节制①,颇疑为修史之人所伪撰,惟辽东重镇,举足重轻,揆以成祖联络朝鲜例(见第六章),对于当地诸将,未必不巧为牢笼,惜亦失考。后辽东不特未被收买,且数数出师,进扰北平,兹节录有关之史料,并加以说明如下。《革除遗事节本》五《耿炳文传》:

---

① 见洪武三十一年五月戊午、乙亥条。

> 革除改元,靖难兵起,其年九月,命炳文佩大将军印,自辽东率众二十万援真定。

又杨荣《孙岩神道碑》:

> 壬午(建文四年)春,南将平安督辽东兵十余万逼城(指通州)。

案耿炳文于洪武三十一年镇守辽东,次年,命将兵讨燕,所部自皆辽卒,至平安此次围攻通州,原乘燕兵南下之际,捣其后路,所部亦为由辽抽调之士卒,炳文及安并为当时名将,而皆拥有数额甚大之辽兵,可见辽东地位之重要矣。杨士奇《东平王朱能神道碑》:

> 永平驰报江阴侯吴高等以辽东兵攻城急,王(能)从上(成祖)赴援,高遁走,王追及之,多所杀获。

《明史》一四六《郭亮传》:

> 时燕师初起,先略定旁郡邑,既克居庸、怀来,山后诸州皆下。而永平地接山海关,障隔辽东,既降,北平益无患。成祖遂南败耿炳文于真定。既而辽东镇将江阴侯吴高、都督杨文等围永平,亮拒守甚固。援师至,内外合击,高退走。未几,高中谗罢,杨文代将,复率众来攻。亮及刘江合击,大败之。

同书《刘荣传》：

> 杨文以辽东兵围永平，江（荣初冒父名，名江）往援，文引却。江声言还北平，行二十余里，卷甲夜入永平。文闻江去，复来攻。江突出掩击，大败之，斩首数千，擒指挥王雄等七十一人。

《姜氏秘史》五，建文四年三月：

> 辽东都指挥帅兵围蓟州，指挥李广以城降，指挥孙通拒之。北平都指挥陈贤以靖难兵来援，诸军退，遂移师围保定，不克。

又四月庚午：

> 辽东诸军复围保定，积四十日不克，引还。①

《明史》一四二《铁铉传》②：

> 比燕兵渐逼，帝命辽东总兵官杨文将所部十万与铉合，绝

---

① 《实录》永乐十年六月甲戌《孟善传》："……已而命守保定，敌兵（惠帝兵）数万奄至城下，城中卒才数千，储偫空匮，外无声援，善固守，敌攻之急，善率士卒昼夜立陴间，与敌拒，左右矢石交下，了无惧色，誓以死守，敌不能攻，城赖以完。"又十三年正月戊申《张忠传》："忠，凤阳人，洪武中为万全左卫指挥使，上举义之初，从克保定，烧堤桥，与敌相持四十余日，屡立奇功。"似皆指此。

② 参《惠帝纪》建文四年五月癸未条。

燕后。文师至直沽,为燕将宋贵等所败,无一至济南者①。

《秘史》载辽东前后进兵凡六次,《逊国月表》所载者仅四次,要于牵制方面不为无功。至于后来所以失败者,据《靖难记》二,洪武三十二年十二月丁酉载:

> 上语左右曰:"辽东虽远隔山海,常扰永平,吴高虽怯,其行事差密,杨文戆而无谋,我以一计去吴高,则杨文无足虑矣。用兵之道伐谋为上,此计得行,则坐制一方,无复东顾之忧矣。"乃遣人以书谕二人,易其函,与杨文书达于吴高,甚毁辱之,与吴高书达于杨文,极称其美,于是二人皆以闻,已而允炆果疑吴高,削其爵,左迁于广西,杨文独守辽东,由是人心疑贰,进退两端,不敢数出矣。

案惠帝非愚暗之主,窃疑撤换吴高,或另有原因,《太宗实录》洪武三十五年七月丙戌,谓湘献王妃为吴高之女:

> 改谥故湘王曰献,妃吴氏曰献妃……建文中有告其府中阴事者,王惧,阖宫自焚。王年二十有八,妃江阴侯吴高之女。

考解缙《湘献王神道碑》载:"妃吴氏,靖海侯祯之女。"而《太祖实

---

① 《靖难记》及《实录》略此事不载,惟《实录》洪武三十五年十一月丁未:"升彭城卫指挥使朱广为山东都指挥佥事,羽林前卫指挥使栗义为山西都指挥佥事,论其从隆平侯张信直沽之功也。"疑即参此次战功。

录》洪武十八年九月庚辰记:"册靖海侯吴忠女弟为湘王柏妃。"忠为祯子,则王妃实祯女也。高为祯兄良子,与妃为从兄弟,于谊甚亲,湘王以建文元年四月涉嫌谋反,自焚死,妃实从之,高为妃外家,意亦在猜嫌之列,成祖于是年十二月行间,所致书或径有牵连湘王之语,岂以此遂触惠帝之猜忌欤?

又燕之通结北方鞑靼,亦足以牵制辽军,《靖难记》二,洪武三十三年二月丁未:

> 鞑靼国公赵脱列干、司徒赵灰邻帖木儿、司徒刘哈剌帖木儿自沙漠率众来归,俱赐以爵赏。

同月癸丑:

> 胡寇来钞边,上以书谕鞑靼可汗坤帖木儿,并谕瓦剌王猛哥帖木儿等,晓以祸福。

同书三,三十四年十一月辛亥:

> 鞑靼可汗遣使来输款。

案官书所载,例有隐讳,凡此鞑靼归附之纪事,实皆可以燕通北方异族视之也。《建文逊国记》载:建文三年十一月,鞑靼通燕寇铁岭。此与《靖难记》合看,盖可信。检李芳远《实录》三,二年(建文四年)三月己丑,载朝鲜贺圣节使崔有庆启曰:

> 燕兵势强,乘胜远斗,帝兵虽多,势弱,战则必败,又有鞑靼兵乘间侵掠燕辽之间,中国骚然。

是成祖之利用鞑靼,在使扰乱燕辽,则其入寇惠帝统辖下之铁岭,不亦甚合情理乎!又大宁附燕之后,亦可障蔽北平,而辽以岁饥民困(见芳远《实录》),势难大举,故燕兵南下争锋,无后顾忧也。

兹复有应附论者,即太原晋王在当时之态度。以其在地理形势上亦能举足重轻也。考晋王济熺于建文间曾入朝京师,周是修《刍荛集》五《怡乐堂诗文叙》:

> 韩府长史胡养正氏世为江右禾川之名族……伯子养中,而养正其仲也……养正朝于高庙,以材能选,特擢齐府长史,政尚宽简,中外德之。今天子继统之初,齐以不靖废,歼其憸邪,二三君有邹枚之风者,皆以召命还,而养正周旋弭难之益居多,皇上嘉其忠,仍令授齐郡王经于奉天门之东阁,余时纪衡府善同事占毕椠间者期月,洪武辛巳(建文三年)冬,郡王以受封就第,养正改今职。先年春,养中幸弟之能以忠节自白于斯时也,不远千里来京师,一见欢然,不啻鱼水之相得,寝食是同者,无异卯角时,靖江殿下闻而义之,赐书怡乐堂三字以颜其居,晋府来朝,留西邸,闻靖江之说召见而甚悦之,复赐宝翰,俾置诸卷端,其荣亦至矣。

以时日推计,晋王朝京,当在建文二年,时燕兵已起,声势方盛,惠帝于晋,既不猜忌废黜,如对齐、代,又不召置京师,如对辽、宁,则是晋与政府并无疑贰,而其此次朝京或径与伐燕有关也。

惟时晋值王㭎初薨,济熺新嗣,沿边军士多改属燕王统辖①,其势力自削减,而济熺弟平阳王济熿党燕,则史有明据,《明史》一一六《晋王传》记:

> 永乐初,帝以济熺纵下,黜其长史龙潭。济熺惧,欲上护卫。不许,弟平阳王济熿幼狠戾,失爱于父,及长,太祖召秦、晋、燕、周四世子及庶子之长者教于京师,济熿与燕王子高煦、周王子有爋邪说相比,不为太祖所爱。济熺既嗣王,成祖封济熿平阳王,济熿追憾父,并憾济熺不为解,嗾其弟庆成王济炫等,日诉济熺过于朝,又诱府中官校,文致其罪,历年不已。十二年,帝夺济熺爵,及世子美圭皆为庶人,俾守恭王(㭎)园,而立济熿为晋王。济熿既立,益横暴,至进毒弑嫡母谢氏,逼烝恭王侍儿吉祥,幽济熺父子,蔬食不给。父兄故侍从宫人多为所害……宣宗即位,济熿密遣人结高煦谋不轨,宁化王济焕告变,比擒高煦,又得济熿交通书,帝未之问也。而济熿所遣使高煦人惧罪及,走京师首实,内使刘信等数十人告济熿擅取屯粮十万余石,欲应高煦,并发其宫中诅咒事。济焕亦至是始知嫡母被弑,驰奏,遣人察实,召至京,示以诸所发奸逆状,废为庶人,幽凤阳,同谋官属及诸巫悉论死。时宣德二年四月也。

是济熿在太祖时即与燕王次子高煦党比,故其后来之嗣立与被废

---

① 《实录》载太祖敕成祖:"秦晋已薨,汝实为长,攘外安内,非汝而谁。"虽不可信,然史载晋王薨后,沿边军士归其统辖,则意中事也。

皆以高煦在朝政上之升沈为转移,《明史》此段叙事系取材于《宣宗实录》,所指济熿过恶皆高煦反后文致之辞,自不尽可信,为济熺与济熿既不相能,而济熿与高煦交好,当靖难师起,高煦承宠有夺嗣势,济熿未必不掣晋之肘,或为燕道地,晋兵所以未即出紫荆、下井陉以扰燕后路者,容与此有关欤?

次述成祖之解除南面包围,亦即燕之正面作战是。此项战事皆较为激烈,旧史记述已详,兹仅节取《靖难记》《明史》等书所载者,略加诠次,便可见其梗概。《明史》一四五《张玉传》:

> 朝廷遣大兵讨燕:都督徐凯军河间,潘忠、杨松军鄚州,长兴侯耿炳文以三十万众军真定,玉进说曰:"潘、杨勇而无谋,可袭而俘也。"成祖命玉将亲兵为前锋,抵楼桑,值中秋,南军方宴会,夜半疾驰,破雄县,忠、松来援,邀击于月漾桥,生擒之,遂克鄚州。

同书《谭渊传》:

> 破雄县,潘忠、杨松自鄚州来援,渊帅壮士千余人伏月漾桥水中,人持茭草一束蒙头,通鼻息,南军已过,即出据桥。忠等战败趋桥,不得渡,遂被擒。

同书一三〇《耿炳文传》:

> 建文元年,燕王兵起。帝命炳文为大将军,帅副将军李坚、宁忠北伐,时年六十有五矣。兵号三十万,至者惟十三万,

八月,次真定,分营滹沱河南北,都督徐凯军河间,潘忠、杨松驻鄚州,先锋九千人驻雄县,值中秋,不设备,为燕王所袭,九千人皆死。忠等来援,过月漾桥,伏发水中,忠、松俱被执不屈死,鄚州陷。而炳文部将张保者降燕,备告南军虚实。燕王纵保归,使张雄、郑败状,谓北军且至,于是炳文移军尽渡河,并力当敌,军甫移,燕兵骤至,循城蹴击,炳文军不得成列,败入城,争门,门塞,蹈藉死者不可数计。燕兵遂围城,炳文众尚十万,坚守不出,燕王知炳文老将未易下,越三日,解围还。

又一二六《李景隆传》:

及燕兵起,长兴侯耿炳文讨燕失利,齐泰、黄子澄等共荐景隆,乃以景隆代炳文为大将军,将兵五十万北伐……景隆贵公子,不知兵,惟自尊大,诸宿将多怏怏不为用,景隆驰至德州会兵,进营河间,燕王闻之,喜语诸将曰:"李九江纨绮少年耳,易与也。"遂命世子居守,戒勿出战,而自引兵援永平,直趋大宁。景隆闻之,进围北平。都督瞿能攻张掖门,垂破,景隆忌能功,止之。及燕师破大宁,还军击景隆,景隆屡大败,奔德州,诸军皆溃。明年正月,燕王攻大同,景隆引军出紫荆关往救,无功而还。帝虑景隆权尚轻,遣中官赍玺书赐黄钺弓矢,专征伐……四月,景隆大誓师于德州,会武定侯郭英、安陆侯吴杰等于真定,合军六十万,进营白沟河,与燕军连战,复大败,玺书斧钺皆委弃,走德州,复走济南。斯役也,王师死者数十万人,南军遂不支。

成祖采取战略,迨为各个击破之策,白沟河之战,官书谓景隆军死者数十万①,《明史·瞿能传》作万余人,然无论如何,皆可谓之"歼灭战",盖此皆惠帝之劲旅,必出全力始足破之,非以前招降幸致者比也。《靖难记》记此次战事:

> (洪武三十三年四月乙未),上以数十骑驰入其阵,将士奋跃而从,贼人马辟易,我军乘之,斩首无算。时已昏黑,彼此莫辨,转战不已,贼发火器,时复闪烁有光,见其明甲,即击杀之。贼藏火器于地,俗所谓之"一窠蜂"、"揣马丹"者,发无不中(《实录》删此句),著人马皆穿,但耳边有声,如蜂鸣漱而过(两句《实录》删),我军俱无所伤。时夜深,各收军还营,上亲殿后,从者惟三骑,迷营所在,上下马视河水流以辨东西,知营在上流,遂渡河,渐增至七骑。是夜,营于白沟河北……庚申,大将军渡河,贼军横亘数十余里,上列阵以当之……先是戒中军张玉、左军朱能等必先摧贼锋,继以马步齐进。乃令都指挥丘福等以万余骑冲其中坚,不动。上以精骑数十突入贼中左腋,杀伤甚众,贼势披靡,莫敢婴锋。汉王率都指挥张玉、朱能、丘福等马步齐进,人自为战,勇气百倍,遥见我阵后尘起,上曰:"此贼来趋我后也。"乃以七骑驰逆之。果遇贼二万,遂与战,连击死数十人,辄勒马回,相去数十步而止。须臾,复驰入贼阵,击死数十人,且进且退,如是者百余合,杀伤甚众。左右谓曰:"贼众我寡,难与交持,且就大军,并力击之。"上曰:此贼奇兵

---

① 《靖难记》作"斩首十余万级,溺死者称是",《实录》作"斩首数万级,溺死者十余万",盖《靖难记》夸张过甚,故《实录》略改之,要其总额仍不少。

精锐尽在此，故吾独当之以沮其势，使诸将得以致力于贼众，若我就大军，彼以合力，形势相悬，数倍我众，殆难破矣。"于是复进战不已，贼众飞矢如注。上乘马凡三易，三被创，所射矢三服皆尽，乃奋起进，以剑左右击之，剑锋缺折不堪击，藉少引退，贼渐来逼，限以二堤，上见贼尽驰马，越堤逆之。佯以鞭后招，贼疑有伏，不敢追逾堤，止于堤傍，适汉王率精骑千余至，上曰："诸将正鏖战，尔何故来？"汉王曰："我闻至尊以数骑当贼众，故来。"上曰："吾战疲，尔进击贼。"汉王率众接战，彼此相持。

此书虽多渲染溢美之词，然亦可见惠帝军士作战之勇，《靖难记》又载燕将杀降人：

时（指白沟河战役）有胡骑三百来降，上就令其宿卫，我胡骑指挥省吉命其解甲释兵而休，既而尽杀之。黎明，上失胡骑所在，问省吉，省吉曰："吾恐其乘夜生变，故仓卒不及请命，已杀之矣。"上大怒曰："彼既来降，当诚心受之，岂可纵杀，借疑其不诚，必尽杀其众然后已，且人众又岂能尽杀，昔李广杀降，终不封侯，尔之功名由此不显矣。"

又是年十月攻沧州：

上麾诸将由城东北攀薄而登。逾时遂拔其城。先遣人断其归路，生擒将帅都督徐凯、程暹，都指挥俞琪、赵浒、胡原、李英、张杰并指挥千百户百余人，斩首万余级，获马九千，余众悉降。以令旨咸遣之,尚余三千余人,日向暮,以来日遣之,黎明,令内侍给旨,悉为谭渊所杀,上闻,亟召渊责之曰:"尔虽善战,功则有之,然擅杀降者,过亦岂掩,一人之身岂足以偿三千人性命,我每临阵,痛戒尔辈勿杀,他将皆遵令,惟尔好杀不止,尔必不免。"渊曰:"此皆各处精选壮士,今放回,明当复来杀,我尽力以获之,复纵归以资敌,为害不已,故臣计不如坑之。"上曰:"如尔所言,凡与我为敌者必尽杀乃已,尔之不仁如是!"渊惭悚而退。

意者此皆惠帝之精锐,非尽杀不足以削减其战斗力量。谭渊云:"今放回,明当复来杀。"可以说明其必须尽杀之故,至成祖之言,不过故示宽惠,如非史臣之粉饰,即系英雄之谲论,何可尽信哉!经此剧战,惠帝之基本实力盖已挫减,故燕之正面威胁渐解除矣。

综贯以上所述,成祖虽处四围之局,实仅一面作战,而宣宗《御制广寒殿记》述成祖之言曰:"建文嗣立,信用奸回,戕刘宗室,举四方全盛之师以加我,于时兹城(北京)孤立,殆一发引千钧。"不过故甚其辞以炫耀武功,非其实也。

(乙)战略之改变

惠帝兵士既历经折损,不得不改变战略,因之一方面集中兵力于要冲,以防燕南下,一方面建置寨堡于险阻,以坚壁清野。

时兵力集中之地,似在今之山东及河北南部一带,兹举以下数役以为证明,《明史》一四四《盛庸传》:

时吴杰、平安守定州,庸驻德州,徐凯屯沧州为犄角。是冬(建文二年),燕兵袭沧州,破禽凯,掠其辎重,进薄济宁,庸引兵屯东昌以邀之,背城而阵,燕王帅兵直前,薄庸军,左翼不动,复冲中坚,庸开阵纵王入,围之数重,燕将朱能帅番骑来救,王乘间突围出,而燕军为火器所伤甚众,大将张玉死于阵,王独以百骑殿后,至馆陶,庸檄吴杰、平安自真定遮燕归路。明年(建文三年)正月,杰、平安战深州,不利,燕师始得归。是役也,燕精锐丧失几尽,庸军声大振,帝为享庙告捷。三月,燕兵复南出保定,庸营夹河,王将轻骑来觇,掠阵而过,庸遣千骑追之,为燕兵射却。及战,庸军列盾以进,王令步卒先攻,骑兵乘间驰入,庸麾军力战,斩其将谭渊,而朱能、张武等帅众殊死斗,王以劲骑贯阵,与能合,庸部骁将庄得、皂旗张等俱战死。是日燕军几败,明日复战,燕军东北,庸军西南,自辰至未,互胜负,两军皆疲,将士各坐息,复起战,忽东北风大起,飞尘蔽天,燕兵乘风大呼,左右横击,庸大败,走还德州,自是气沮。

案东昌之役,据《明史》一四一《王度传》记:"度有智计,盛庸之代景隆,度密陈便宜,是以有东昌之捷。景隆征还,赦不诛,反用事,忌庸等功,谗间之,度亦见疏,论者以其用有未尽,惜之。"果尔,是庸后来所以失败,容与李景隆之谗构有关系,要其所部必为惠帝之主要部队,辗转作战于冀南鲁北一带,则系事实也。《明史》一四四《平安传》:

明年(建文三年),燕败盛庸于夹河,回军与安战单家桥,安奋击,大破之,擒其将薛禄,无何逸去。再战滹沱河,又破之。

安于阵中缚木为楼,高数丈,战酣,辄登楼望,发强弩射燕军,死者甚众。忽大风起,发屋拔树,声如雷,都指挥邓戬、陈鹏等陷敌中,安遂败走真定。燕王与南军数大战,每亲身陷阵,所向皆靡,惟安与庸二军屡挫之。滹沱之战,矢集王旗如猬毛,王使人送旗北平,谕世子谨藏,以示后世,顾成已先被执在燕,见而泣曰:"臣自少从军,今老矣,多历战阵,未尝见若此也。"

此次战事在今河北省南部,平安为当时名将,数窘成祖,其所部自亦惠帝之精锐也。

时惠帝虽迭经挫败,其主力实仍在鲁北,此由燕军之扰劫徐、沛粮运,可以证知,《靖难记》三:

> 洪武三十四年六月辛酉……上谓诸将曰:"……彼军萃德州,资粮所给,皆道徐、沛,调轻骑数千,烧其粮船,则德州馈饷不给,众必瓦解,纵有求战之心,我严师待之,以逸击劳,以饱击饥,以胜之道胜之",……遂遣都指挥李远等率骑兵六千,扰其饷道。上令远军皆易彼甲胄,使贼遥见不疑。又恐临阵与贼相杂莫辨,令战时各插柳枝一握于背以别之。远等行,上戒之曰:"志在除奸安民,毋苦百姓。"壬申,李远等如上旨,至济宁、谷亭、沙河、沛县,贼见,殊不觉为我军,乃烧贼粮船数万余艘、粮百万石、军资器械不可胜计。河水尽热,鱼鳖皆浮死,贼运粮军士尽散,京师大震。德州粮饷遂绝,贼势稍不震。

同年七月戊戌：

> 方孝孺曰："今河北之兵未解，德州饷道已绝，三军乏食，有星散之势，甚可忧也。"

惠帝主力在德州，故一遇粮饷被劫，则影响甚大。考南军饷道似不久又恢复，陶宗仪《南村集》三有《腊月二十七日雪》诗：

> 立春三日雪花稠，作阵随风卒未休。屋宇高低银盖覆，郊原远近玉雕锼。将军好问平吴策，高士谁乘访戴舟。九万车夫多冻馁，定应未到济宁州①。

检陈氏《中西回史日历》，建文三年（西历一四〇一）阴历腊月二十七日相当于西历一四〇二年一月十三日，而是年（一四〇二）冬至为阳历十二月十三日，由是上推，则立春应为阳历一月二十六日，即相当于建文三年阴历腊月二十三日，自二十三至二十七，中间恰隔三日，与南村腊月二十七日咏诗所谓"立春三日雪花稠"者相适合，而如以此移于他年，则冬至节候与咏诗三日之距离皆不能符，然则此诗之作，当在建文三年腊月也。《靖难记》载，是年六月，惠帝粮饷已被焚，而南村腊月底咏诗，又谓正在运送，且其抽调之夫②与输送之额③皆不为少。是至此时南军之主力尚在德州，燕军迭经

---

① 原注："十一月松江府起差民丁九万名赴济宁，陆运粮米九万石至德州军前。"
② 松江府征九万名，他处尚有否不可知。
③ 九万石为松江一府输送额，他处尚有否，亦不可知。

争锋而迄未南下者,此种重兵之牵制当系主因也。

此外,惠帝于燕兵往来孔道,复选择地势,设置寨堡,《靖难记》三:

> 洪武三十四年七月辛卯(《实录》作"癸巳"),破尾尖寨。初贼军与民杂守是寨,诸将恐梗我饷道,请攻之。上曰:"尾尖寨路险窄,惟一人可上,元末乱离,乡民啸聚其间,虽数百人,而数万兵不能破,今攻之未易拔,徒伤士卒(以上两句《实录》删),且姑缓之,以弛其心,用计破之,不劳余力矣。"至是,购得一人知蹊径者为乡导,命都指挥张礼引兵千余,乘月黑之夕往攻之,是夜微雨,礼以兵屯寨下,选勇士十余人潜登,绕出寨后,执其守关者杀之,留一人引道,直抵寨门,举炮,贼众惊乱。礼大呼语寨中曰:"我先锋也,大军已驻寨下,尔等速降则生,不降,大军且至,即破关,欲降无及矣。"遂皆下寨来降,引见上,饬军散原伍,民遣复业。

案《读史方舆纪要》四九《彰德府》条:"古垒寨在府东北,地当冲要,径路险隘,晋因置寨于此,以陑相魏之郊。国朝建文二年,燕兵在大名,南军据尾尖寨梗燕饷道,燕王遣兵从间道击破之,在府北十里①,南北斜长五里。"是其地既临要冲,且陑险峻,据以扰燕饷道与犄角彰德,当收效甚大也。《靖难记》同年又载:

> 八月(应为"七月"——整理者注)壬寅,谍报大同贼将房昭引

---

① 嘉庆《一统志》谓在安阳城东。

兵入紫荆关,侵掠保定属县,悉驱人民上山结寨,民之强有力者皆假以指挥千百户之名,以威胁从,不从者被戮。房昭据易州西水寨,在万山中,四面极岭峻,惟一径攀缘而上。房昭欲守此为持久计,以窥伺我北平。上曰:"保定,北平股肱郡,岂可不讨?"遂回师。八月……丁卯,驻师于完县,诸山寨之民悉来归,抚安复业……丙子,谍报真定贼将遣都指挥韦谅领兵万余运粮接应房昭,上语诸将曰:"贼倚西水寨为固,其中薪水不乏,所缺者粮耳,使其馈饷得济,未可破也。"遂率马步精兵三万邀之。次日至寨口,韦谅督运已入寨内,乃令军图(应为"围"——整理者注)之。命都指挥朱荣等将兵五千围真定。九月壬寅,上语诸将曰:"今围寨急,真定闻之必来援,贼丧败之余,其进必锐,我且以轻骑往定州,彼探知我去必来耳。等候其至,即据险以待之,我回兵合势,击之无不败者,败贼援兵,寨兵势孤,不攻自下,一举而两得。"时围寨久,贼军多南士,天渐寒,衣鞋不给,霜月之夜,上令军士四面皆为吴歌,贼军有潜下寨来降者,言曰:"众闻歌悽惨皆堕泪,有怀乡之思,已无固守之志,咸欲来降,但为房昭等所制耳。"甲辰,上赴定州。十月丙辰朔,贼援军至,上率精骑五千宵行,明日巳时,与围寨兵合,贼将都指挥华英、郑琦以马步三万余列阵于蛾眉山下,上纵兵击之,令勇士卷旆登山,潜出贼后,大张旗帜。贼见惊骇,遂四散奔溃,我军逐之,斩首万余级,俘获者甚众,获马千余匹,擒都指挥华英、郑琦、王恭,指挥詹忠等,惟房昭、韦谅遁去,复追杀千余人,乃破其寨。

《姜氏秘史》五,建文四年正月庚戌:

> 辛巳(建文三年)九月,设沛丰军民指挥司,集民壮五千人,筑堡备御①。

杨士奇《朱能神道碑》:

> 略彰德及定州,剿西水寨,已而败敌将李辛于德州,遂克东阿、东平,破汶上诸寨。

此种寨堡虽多为当地民众组成②,然亦有正式军队主持参加,如尾尖、西水两寨即是显例。意者,惠帝局部军队已化整为零,屯据险阻以扰燕后路,可使其疲于奔命也。

一方以主力阻燕南侵,一方以偏师扰其后路,此种策略最初似甚成功,《秘史》四,建文三年十二月记:

> 靖难兵起三年,屡战多胜,冲突千里,罕能御之。然所过城邑往往坚守不下,间克之,兵去,即杀守帅,复为朝廷。及壬午(建文四年),所据者北平、永平、保定三郡而已。

又《朱能神道碑》载:

> 进战小河,为敌所乘,稍却,诸将遽请旋师③,独王(能)劝

---

① 同书四:"建文三年十二月,置丰沛卫军民指挥使。"原注:"兵部册系十二月,《备遗录》以为是年九月。"要之,此事出于故案,宜可信。
② 如上引房昭骗民上山结寨及丰沛卫民壮筑堡等例是。
③ 《明史·能传》,"既而王真战死淝河,燕军屡败,诸将议旋师"。

上行,曰:"用兵未必常胜,岂可因小挫辄自沮。项羽百战百胜,竟亡,汉高屡败而终兴。自殿下(成祖)举兵以来,克捷多矣,此小挫何足置意。但当以宗社为重,整兵前进耳。"上抚掌叹曰:"尔言深合吾心。"遂行。

案《靖难记》《实录》(建文四年三月乙亥条)等书均谓淮上盛暑蒸湿,诸将厌战,请退师,成祖力斥其非,独朱能、郑亨与帝合,成祖下令"欲渡河北归者左",诸将争趋左,因怒曰:"任公等所之",乃无复敢言者。是进取之计划发自成祖,能等不过从旁赞助而已。据《神道碑》,知时发纵主动之者实为朱能,官书掠之,遂归美君上①。惟由此故事,可以反映而知者,燕兵长驱累胜之余,诸将又以旋师为请,则惠帝战略之成功,不待言矣。

(丙) 燕师取南京

后燕军所以能长驱南京,系因绕道所致,《太宗实录》中记载甚明,《实录》建文四年五月记成祖克盱眙,与诸将论进兵之策事:

> 上会诸将议所向,或曰:"先取凤阳,遏其援兵之路,我军径趋滁州,取和州,集船渡江,别遣一军西捣庐州,出安庆,而长江之险为我有矣。"或曰:"先取淮安为根本,次下高邮、通、泰以及真、扬,得此遂渡江而无后顾之虞。"上曰:"凤阳楼橹坚

---

① 《明史·成祖纪》以取材于《靖难记》及《实录》"序"故同符前说,《明史·能传》以参考《神道碑》及《实录·能传》,故略如后者,前后矛盾。

完,所守既固,非攻不下,恐震惊皇陵。淮安高城深池,积粟既富,人马尚多,若攻之不下,旷日持久,力屈威挫,援兵四集,非我之利,今乘胜鼓行,直趋扬州,指仪真,两城单弱,可招而下。既得真、扬,则淮安、凤阳人心自懈。我耀兵江上,聚舟渡江,(东)取镇江,收常州,遂举苏、松以及江、浙,西下太平府、池州以及安庆,则江上孤城岂能独守?……"诸将皆顿首称善。

此为成祖进兵所选定之路线,盖凤阳、淮安等重要据点,惠帝已预置大兵,不易攻取①,成祖避重就轻,径捣扬州,故进展神速也。

惟此举终系冒险行动,成祖所以敢于出此者,则因预得内监报告,知京城可攻②。而沿途将校之先后归附,尤使其进兵顺利③,故自建文四年五月庚子(十八日)取扬州,六月乙卯(初三日)渡江,戊午(初六日)破镇江,庚申(初八日)进驻龙潭,总计前后不过二十一日,盖惠帝此路备御本疏,燕以重兵震慑之,宜乎无不归顺矣。

又成祖于南京方面已密有布置。其上书所指目之奸党,仅限于齐泰、黄子澄等左班文职,武将不与。世每以惠帝重文轻武,因致成祖之招携。愚意惠帝遵训法祖,对右班武臣亦未必歧视,如李景隆之失地丧师,复委信不疑者,即是一例。惟其诸臣之中,则确有裂痕,成祖之分化政策,盖针对现实而发者。《明史》一五四《黄福传》记:

---

① 成祖破南京,孙岳、梅殷等犹坚守中都、淮安,可参看《实录》永乐元年四月丙子条,《逊国臣记·孙岳传》及《明史·郑阳传》《宁国公主传》等。
② 参看《秘史》及《明史·宦官传·序》等书。
③ 见《靖难记》《实录》及《东里集·张本墓志》等。

> 建文时，深见倚任，成祖列奸党二十九人，福与焉。成祖入京师，福迎附，李景隆指福奸党，福曰："臣固应死，但目为奸党，则臣心未服。"帝置不问，复其官。

福于惠帝时仕至工部侍郎，为左班文职，故列名奸臣榜，景隆以武将检举之，并可反映当时朝班之水火。然自白沟河之败，文臣黄子澄、方孝孺、练子宁、叶希贤诸人，并请诛景隆以谢天下①，岂不仅因其丧师失地，且与当时之文武失和有关欤？果此假设不误，在极端文治派方、黄诸人得志之下，景隆虽受惠帝之宽容，终感文臣之压迫，而景隆女为平阳王济熿妃②，济熿与高煦比，或以此更招攻击者之口实，此种情势容为成祖所洞悉，未必不巧为罗致，景隆之叛，倘与此有关乎？

又《实录》永乐七年二月丁亥《茹瑺传》：

> 洪武中，……兵部尚书。建文中，改吏部尚书。与太常卿黄子澄不协。刑部尚书暴昭党子澄，极力挤瑺，诬以赃罪，黜领河南布政使。岁中，子澄亦黜，召瑺还，复为兵部尚书。上即位，封忠诚伯。

茹瑺以监生起家，官吏部尚书时，与黄、暴不协，致为所排挤，然则文臣之中亦党同伐异。后成祖驻兵龙潭，惠帝以李景隆、茹常及都督王佐往议和，李、王皆武将，茹又被抑于黄、暴，用失势之臣，

---

① 见《明史》"景隆""子宁"等传。
② 见《太祖实录》洪武三十一年二月丙午。

原以缓和成祖,初不料其深自结纳,反开门迎降也。

时京城通结之内奸,有以下数例,《明史》一二五《徐达传》附子"增寿传":

> 增寿以父任仕至左都督,建文帝疑燕王反,尝以问增寿。增寿顿首曰:"燕王先帝同气,富贵已极,何故反?"及燕师起,数以京师虚实输于燕,帝觉之,未及问。比燕兵渡江,帝召增寿诘之,不对,手剑斩之殿庑下。

案增寿为达次子、燕妃徐氏之弟,据《吾学编·增寿传》:"增寿长,勇敢立战功,升右军都督,尝从文皇出塞征乃儿不花,有功,班师,入见仁孝皇后,还朝,数与文皇往来。"是增寿尝从成祖出塞,关系独深,故甘作内应,宜其与乃兄徐辉祖之列名奸臣榜态度不同也。又《实录》永乐九年九月丙子《王宁传》:

> 宁,洪武中选尚怀庆公主,为驸马都尉。上举义之初,宁与徐增寿首归诚款,有发其事者,建文君捕系于狱①。上即位,始出之。推恩封永春侯。

宁尚怀庆公主,公主为成穆孙贵妃生,周王为燕之母弟②,燕王为硕妃生,则周王自亦出自硕妃,惟贵妃薨,太祖命周王服三年丧,意者周王或养于贵妃,然则怀庆公主与周王之关系较密,燕、周同母,于

---

① 《明史·怀庆公主传》作"系锦衣卫狱",不知锦衣卫狱经太祖罢黜,为成祖恢复,建文时固无此狱也。

② 见《靖难记》《实录》及《明史》"黄子澄传""周王传"。

谊亦亲,岂以此宁遂党比成祖欤？同书洪武三十五年九月丙午：

> 升宣府中护卫指挥佥事刘清为都指挥同知,仍令随侍,旌其开金川门奉迎功也。

刘清为由宣府简调之守城军队,在驻防之时,以地域关系,容与成祖有旧,其开门奉迎,似非偶然。又《明史》一一八《谷王橞传》：

> 燕兵起,橞走还京师,及燕师渡江,橞奉命守金川门,登城望见成祖麾盖,开门迎降。①

并与前举宦官内应事合观,知京城通燕之内奸,盖已不少矣。

综贯以上所述,燕以避坚就瑕,故进展殊速。至其所以冒兹危险,孤军深入者,因预与内奸通结,得其援应。时惠帝重兵分布于前方冲要及险塞之地者,骤难返防。而自鞑靼三卫阻扰,辽东饥疲,杨文诸将亦不能威胁北平,成祖更可无后顾忧也。

（丁）城守与援兵

燕兵逼近金陵,惠帝原可迁都长江上游,徐图后举,故固守京城之策,官书野史皆以为非计。兹先录两方谳辞,再判断之。《靖难记》四,洪武三十五年六月辛酉：

---

① 《实录》记建文四年六月癸酉,遣诸王出城面成祖议和。乙丑,谷王橞开金川门降。谷王之通成祖,盖在议和时。

> 允炆知缘江海船皆已降,又闻镇江降,忧郁不胜,徘徊于殿廷之间。方孝孺称疾不起,遣人强之,问以计。孝孺曰:"今城中尚有胜兵①二十万,城高池深,粮食充足,尽撤城外民舍,驱民入城,足以为守,城外积木悉运入城。"允炆从其计。乃役军民商贾及诸色人匠,日夜拆屋运木,盛暑饥渴,死者相枕籍,劳苦不胜,嗟怨之声盈路,咸引领以望上至,曰:"何不速来,以解我劳苦。"及民怨甚②,城外积木多疲于搬运,纵火焚之,连日不息。先是城崩,役军夫修筑,将成,而他处复崩,连筑不已。军民运砖土,累月不得休息,③怨曰:"此去不远,何不便来,来则有此而登,我即解散,胡为使我劳苦至此极耶!更迟数日,我皆为鬼矣。"民之望上以解倒悬,甚于饥渴④。

此谓民众怨怼,明系撰者所伪造,故后修《实录》之时并删除。惟以惠帝无谋、方孝孺失计,则官书前后无异辞也。

野史中如《建文逊国记》载:

> 成祖营龙潭……上会群臣恸哭,或劝上且幸浙,或曰不若幸湖湘。孝孺请坚守京城以待四方之援,议不决……成祖至金川门,谷王橞开门,成祖遂入城。
>
> 论曰:余好问先达建文时事,皆为余言,建文君宽仁慈厚,少好文章礼乐,不喜任律法操切人,此即位,得方孝孺,专意行

---

① 《实录》改作"劲兵"。
② 自"咸引领以望上至"句至此,《实录》删。
③ 《实录》作"兵民老壮昼夜不得休"。
④ 《实录》"怨曰"以下删,改作"咸有来苏之望"。

周官法度,辄改高帝约束,靖难兵起,不为意,即有败状来闻,亦辄谓直多发兵,荡平在旬月间耳。诸大将统重兵北进者,又多怀贰心,以故成祖至江上,不战而溃。余至建业,闻之江上老人曰:"文皇乃天授,建文君何尤。"

又《建文年谱》上:

郑端简述父老言,谓建文无失德,而文皇为天授,信也。然尽以亡国委之天而不按其人事,则亦非也。建文之所以亡者,大抵臣躁愎而寡谋,君优柔而弗断,兵兴前后,其失着不可胜言。最可惑者,君臣恸哭之余,既决策死守,复不讲守御之方,安坐深宫,使景隆开门延敌。呜呼,是诚何心哉!成败论人,英雄所耻,建文之败,则理有固然。

此皆同情惠帝之书,与官书之持论异,惟以城守无谋归咎惠帝,则与官书同。

今案以上两说皆似是而非,前者张皇惠帝失德,其观点已非,故结论难据,后者于当时情势殊少了解,故言不中肯。检《靖难记》及《实录》皆谓城中尚有"胜兵二十万",是留守防御之众犹甚多,皆谓差役军民商贾及诸色人匠拆屋运木,盛暑不休,是坚壁清野之策非不讲,至谓军民疲于搬运,遂纵火焚之者,则因时间赶办不及恐以资敌也。

考惠帝兵士于历次折损后,即积极征募补充,《陶南村集》二《辛巳中秋》诗:

> 海寓乐升平，中秋景象清。秪缘人意好，转觉月华明。今岁佥愚戆，比邻异死生。听来惟是哭，孰更不伤情。①

辛巳为建文三年，时值夹河、真定兵败，亟需民壮补充，台州两县即募至五千余人，他地额数，当亦不少。迨燕兵渐逼，惠帝颁有勤王诏，李芳远《实录》四，二年（建文四年）八月壬子详载之：

> 谢恩使朴惇之以路梗不得朝京而还，传写皇帝诏书而来。"奉天承运皇帝诏曰：朕奉皇祖宝命，嗣奉上下神祇，燕人不道，擅动干戈，虐害万姓，屡兴大兵致讨，近者诸将失律，寇兵侵淮，意在渡江犯阙，已敕大将军率师控遏，务在扫除。尔四方都司布政司按察使及诸府卫文武之臣，闻国有急，各思奋其忠勇，率募义之士、壮勇之人，赴阙勤王，以平寇难，以成大功，以扶持宗社。呜呼！朕不德而致寇，固不足言，然我臣子其肯弃朕而不顾乎？各尽乃心，以平其难，则封赏之典，论功而行，朕无所吝，故兹诏谕，其体至怀。"

此诏与《逊国记》《建文事迹》等书所载者均不同，可证诸书为伪撰。《靖难记》四，洪武三十五年五月壬寅："上振旅江北，时诸奸恶皆求出城，谋为苟活计，都城空虚，上下震悚。允炆乃下罪己之诏，遣人四出征兵。"然则此诏之发布，其在五月壬寅（二十日）乎？时去六月辛酉（初九日）龙潭媾和，尚有二十日，且前此惠帝已迭募民兵，

---

① 原注："兵部遣使至府，府命两县佥点身长力壮民丁应充，谓之曰愚戆，不下五千余人。"

自一可恃之外援也。

时应诏起兵之人似已不少,《明文衡》六一,王英《刘亨传》:

> 先生姓刘氏,讳亨……庐陵石塘里(人)……(洪武间)出为寿州学训导……升常州武进县丞……壬午(建文四年),县民李德懋等作乱,先生白郡守毋令滋蔓,率众擒首恶,而谕降其党。方是时,太宗皇帝初嗣大统,遣使劳以金币,先生之名,由是扬于远迩。

李懋德等疑即武进反抗成祖之义兵,故刘亨白郡首擒之,颇蒙嘉赏。又《明史》一四一《黄子澄传》:

> 及燕兵渐南,与齐泰同谪外,密令募兵。子澄微服由太湖至苏州,与知府姚善倡义勤王。

同书一四二《姚善传》:

> 时燕兵已南下,密结镇、常、嘉、松四郡守练民兵为备……建文四年,诏兼督苏、松、常、镇、嘉兴五府兵勤王,兵未集,燕王已入京师。

《陈彦回传》:

> 同时以勤王死者有松江同知,死尤烈云,同知姓名不可考,或曰周继瑜也。勤王诏下,榜募义勇入援,极言大义,感动

人心。并斥靖难兵乖恩悖道,械至京,磔于市。

同书一四三《王琎传》:

> 洪武末,以贤能荐,授宁波知府……燕师临江,琎造舟舰谋勤王,为卫卒缚至京。成祖问造舟何为,对曰:"欲泛海趋瓜洲,阻师南渡耳。"

以上起义地点皆在今江苏、浙江,时既有诏勤王,诸地去京师不远,其奉命募兵自意中事,上例盖可信,此东南方面之援兵也。

又江西募集之兵亦甚多,《姜氏秘史》五,建文四年五月记:

> 遣刑部侍郎金□□……等征兵于江西等处。
> 兵部贴黄册有朱进,系常州人,跟金侍郎往江西,六月被南昌左卫百户□□□缚送京。

案《秘史》此则出自兵部贴黄册,亦即最可信之史料,金某募兵江西之说,自系事实。《太宗实录》洪武三十五年九月辛卯:

> 谪工部右侍郎张显宗等戍兴州。显宗,建文中自国子监祭酒升工部右侍郎,往江西招集丁壮,募民出粟。上既即位,显宗及江西布政使杨琏、按察使房安、佥事吕升并为军卒执告其罪,上释不诛,谪戍兴州。

显宗在江西招集丁壮,正为防御燕师南下,此事出自《实录》,亦可信。杨士奇《杨荣墓志》：

> （永乐初，）一日晚，上出右顺门，召内阁诸臣，独公一人在，出江西三司奏章示之，言吉安乡民之啸聚者，已悉复业。

所谓吉安啸聚之众，疑即惠帝民兵。果尔，是在成祖即位以后始就范。时吉安坐根株瓜抄之祸者甚夥①，岂非仅以为惠帝功臣亲故②，并与民兵之纠合有关欤？《墓志》又载：

> （永乐）十八年……冬，将西征，亲藩奏：建文中，江西所垛集民兵可征用，出奏示公，公对云："陛下命复民业二十年矣，今复征，非信。"上曰："朕意固如此。"遂寝。

时去惠帝亡国已久，成祖犹欲征用，不特可以反映江西民兵数额之巨，且可见其强悍精锐，亦不可侮也。

江西募兵之事，既无可疑，以下诸地民兵，亦可连类推想，《明史》一四三《周缙传》：

> 周缙，字伯绅，武昌人……燕兵已迫，纠义旅勤王，闻京师不守，乃走匿。

同书一四三《黄观传》：

---

① 参看《明史·胡广传》《钱习礼传》及杨荣《曾棨墓志铭》等。
② 练子宁，吉安人，钱习礼即其姻娅。

>（建文）四年，奉诏募兵上游，且督诸郡兵赴援。至安庆，燕王已渡江，入京师，下令暴左班文职奸臣罪状，观名在第六。

《王叔英传》：

>燕兵至淮，奉诏募兵，行至广德，京城不守……时御史古田林英亦在广德募兵，知事无济，再拜自经。

凡此皆长江上游之援兵也。

李贤《胡濙神道碑》叙其巡游各地（参看《明史》本传）：

>（永乐）丁亥（五年），上察近侍中惟公忠实可托，遂命公巡游天下，以访异人为名，实察人心向背。时御制《性理大全》《为善阴骘》《孝顺事实》书成，俾公以此劝励天下。以故虽穷乡下邑，轨迹无不到。在湖广间最久。丙申（十四年）秋，还朝……明年（十五年），往巡两浙诸州……癸卯（二十一年），复自均、襄还朝。时御驾亲征北虏，驻跸宣府，公驰谒行在所。上卧不出，闻公至，喜而起，且慰劳之曰："卿驰驱良苦。"赐坐，与语，凡所历山川道里，郡邑丰啬，民情休戚，以至所闻所见保国安民之事，悉为陈说，上欣然纳之。向所疑虑者，至是皆释。比退，漏下四鼓。

《明史》以濙之巡游为踪迹惠帝，愚意恐未必然。盖成祖为雄猜忌刻之主，惩治惠帝功臣最酷，惠帝诸子，或杀或囚，亦无一幸免，岂有灼知惠帝尚在而不深究者。惟如以为侦探民间向背，则颇近情理。盖上举民兵诸例虽先后削平,而人心思旧,犹未全归顺,时成祖不欲用兵①,濙因衔命招抚。永乐十八年成祖西征,杨荣谓江西民兵复业已久,二十一年,濙在宣府朝见,或亦以各地民兵复业对,故成祖为之疑虑冰释也。如此解释不误,则胡濙巡行之地,如湖广,如江浙,自必当年民兵炽盛之所,与上举各例正可相互印证。

《列朝诗集》闰集六载李芳远《献大明永乐皇帝》诗,中有"未戮鲸鲵气尚骄"句,疑亦指当时民兵者,诗云:

> 紫凤衔书下九霄,退陬喜气动民谣。久潜龙虎声相应,未戮鲸鲵气尚骄②。万里江山归正统,百年人物见清朝。天教老眼观新化,白发那堪不肯饶。

此诗之解释见第六章,于此不复述,惟钱氏以"未戮鲸鲵"为指建文君则殊误,盖惠帝纵或出亡,将销声匿迹之不暇,岂有反放浪骄恣以招人耳目者,如以为指惠帝民兵,则揆以上举诸例,颇易通解。芳远以建文四年十一月遣使入贺,献诗或在是时,时去南京沦陷已五月,惠帝或死或逃,渺无下落,而民兵之气焰犹如此,揆诸燕兵围城即惠帝健在之顷,民兵之动员应更积极,此事自予成祖以极大威胁。至《靖难记》谓"遣人布告天下,各处壮丁闻上已克京师,皆解散,即有啸聚欲为乱者,敛戢曰:真主已出,毋徒取灭亡",不过夸饰之词耳。

方孝孺即根据此种事实而献城守之策,《靖难记》四,洪武三十

---

① 参看《明史·韩观传》。
② 原注:指建文君。

五年六月辛酉记：

> 方孝孺复言："前遣郡主未能办事①，今以诸王分守城门，遣曹国公、茹尚书、王都督驻龙潭，仍以割地讲和为辞，以觇其虚实，且待援兵至，选精锐数万，内外夹击，决死一战，可以成功。设有不利，即轻舸走蜀，收集士马，以为后举。"允炆然其计。

《明史·方孝孺传》：

> 明年(建文四年)五月，燕兵至江北，帝下诏征四方兵，孝孺曰："事急矣，遣人许以割地，稽延数日，东南募兵渐集。北军不长舟楫，决战江上，胜负未可知也。"

又《靖难记》是年八月甲子：

> 时方孝孺建议坚守不出，遣间谍赍蜡丸四出促援兵，皆为我游骑所获。

时城中既有"胜兵二十万"，城高池深，粮食充足②，又有东南方面距离较近之勤王义兵，不久可来，届时内外夹攻，足以致胜。万一失败，长江上游各省皆民兵云集之区，亦可藉为掩护，从容迁蜀。

---

① 指遣庆成郡主诣燕军媾和。
② 见上引《靖难记》语。

时值盛暑,江南为沼泽湖薮之区,燕蓟彍骑,失其技效①,然则惠帝君臣之筹划固甚周密。金川险胜,管毂大江②,开门迎降,本为人事上之骤变,非惠帝所预知,如因此而咎其战略之疏,非笃论矣。

(四) 不杀叔父诏

野史记惠帝有不杀叔父诏,如《逊国月表》上,建文二年十月:

> 诏诸将无使朕负杀叔父名。

邵远平《建文帝后记》:

> (建文元年七月)帝命长兴侯耿炳文为大将军,副以驸马李坚、都督宁忠,帅师三十六万分道北征,祃旗之日,帝曰:"昔萧绎举兵入京,令其下曰,一门之内称兵,甚不祥也。今将士务体此意,毋使朕负杀叔父名。"且为书宣示诸王。燕王察帝意,每当急,即单骑挺仗前,军中无敢犯者。

上举颁诏年月,虽不相同,要皆以惠帝曾有是令。果如此,其关系后来之失败者自甚大,故《书法儗·戒谕将士小论》至以宋襄

---

① 《靖难记》载方孝孺曰:"天气蒸热,易以染疾,不十日彼自退。若渡江只送死。"非夸言,亦事实也。
② 张羽《静居集·金川门》诗:"两山夹沧江,拍浮若无根。利石侔剑戟,风涛相吐吞。维天设巨险,为今国东门。试将一卒守,坚若万马屯。"

之仁讥之也,《小论》曰:

> 是兴亡一大讥也,内兵心忌,文皇胆张,此怠而彼奋,此瑕而彼坚,又何俟接战觇胜负哉。夹河战后,文皇直抵京师无退计,挺身当前,或单骑殿后,上教之也。夫不忍叔父,其自忍乎?真宋襄之仁义也……当时在廷诸臣,曾不出一言相难,何欤?

此深以廷臣不为净谏为可惜,而《致身录》则谓史仲彬曾谏之,然惠帝不听,其文曰:

> 建文三年闰三月十八日,(史仲彬)还朝,见上于文华殿,奏……"燕王用兵,变化不测,用强恃壮,亲掠我阵,幸(盛)庸结阵甚坚,屹不可动,复以单骑逼营,越宿,鸣角穿营而去,盖恃勿杀叔父之谕也。军中众谓皇上失之太仁。"帝曰:"奈何,已有是命,不可返也。"默然者久之。

《致身录》为同情惠帝之伪书(见《初学集》),其书出世甚晚,此文似对朱鹭之惋惜而发,意谓此非关惠帝之迂阔,而正足以见其煦仁耳。考野史之记戒杀叔父者,类皆由官书记夹河之战,燕王鸣角穿营故事所引起,《靖难记》三,洪武三十四年二月辛巳记此事:

> 时昏黑,各敛军还营,上以数十骑逼贼营而宿,天明视之,四面皆贼,左右曰:"亟出,勿为所图。"上曰:"且休,无恐,吾正欲示轻贼以沮其气。"日高丈余,上引马鸣角,穿贼营而出,贼

众顾视惊愕,略不敢近。

官书之意在夸饰成祖武功,《靖难记》及《实录》似此之例不胜枚举,何尝有不杀之意在,且前乎此者有威县之役,《靖难记》是年正月辛酉记:

> 大军回至威县,遇真定贼帅以马步二万来邀,上以精骑数千沿途按伏,率十余骑逼其阵诱之,谓曰:"我常获尔众即释之,我数骑暂容过,无相陁也。"贼曰:"放尔是纵蝎。"众即来追。(以上三十一字《实录》删去。)

所谓"放尔是纵蝎",非仅指成祖之部队,并亦包括成祖,时下距夹河战役只两月,是前此尚无所宽假也。后乎此役者有滹沱河之战,同书是年闰三月己亥记:

> 上以骁骑数百循滹沱河绕出贼后,突入贼阵,大呼奋击,矢下如雨,箭集上旗,有若蝟毛……翌日,遣人送旗回北平,谕太子曰:"谨藏之,以示后世子孙,使知今日御祸艰难也。"都督顾成见旗而泣,谓太子曰:"臣自幼从军,多历战,今老矣,未尝见此战也。"

矢集王旗如蝟毛,可见当时之危险,时上距夹河战役仅十余日,是此后亦无戒杀之令也。《实录》永乐七年四月乙亥载成祖谕李庆等曰:

> 朕昔为权奸所逼,不得已举兵自救,赖文武之臣,军民之力,克平祸难,奠安宗社,比经往者战斗之地,追思矢石交下之际,心犹凛然。

此成祖痛定思痛之言,参以平保儿追槊,火耳灰者引弓等纪事①,知所述是实,况周、齐、谷诸王幽縶,湘王自焚,惠帝意在削藩,何独厚爱于燕王哉。

又黄瑜《双槐岁钞》三"长陵八骏"条,载各马于靖难期间并中箭:

> 《太宗八骏图》,其一曰龙驹,战于郑村坝,乘之中箭,都指挥丑丑拔。其二曰赤兔,战于白沟河,乘之中箭,都指挥亚失铁木儿拔。其三曰乌兔,战于东昌,乘之中箭,都督童信拔。其四曰飞兔,战于夹河,乘之中箭,都指挥猫儿拔。其五曰飞黄,战于藁城,乘之中箭,都督糜帖木儿拔。其六曰银褐,战于宿州,乘之中箭,都督亦赖冷蛮拔。其七曰枣骝,战于小河,乘之中箭,安顺侯脱火赤拔。其八曰黄马,战于灵璧,乘之中箭,指挥鸡儿拔。学士刘定之咏焉。盖靖难时胡骑宫军最近左右故也。

又《神宗实录》万历四年五月戊午条:

> 上出成祖文皇帝《四骏图》,命辅臣张居正题咏,四骏皆靖

---

① 《明史·平安传》。

难时所乘,龙驹战于郑村坝,黄马战于白沟河,枣骝战于小河,赤兔战于灵璧,皆中流矢,抽矢复战,遂大捷,至是居正恭题以进。

张居正《诗集》有《恭题文皇四骏图》诗四首①,可与此文参证。《岁钞》与《实录》所记匹数不同,各马作战地点亦不一致,或有一书讹误,或为后来改窜,皆未可定。要之,此图曾经天顺间刘定之题咏,弘治间黄瑜见之,以迄万历初元,尚保存于内府,则其摹绘之早及其来源可信,皆可断定,射其马不射其人,纵精练能手,犹难必办,遑论以此责之普通士兵,不杀叔父传说,更可不攻自破矣。

惟此故事之所以造成,或亦不无因藉。盖盛庸于夹河战前,先有东昌之捷,《靖难记》载夹河初战时:

> 彼贼气骄盈,谓此举必见摧灭,各将金银器皿及锦绣衣服,俟破北平之日,大为宴会。

《靖难记》及《实录》虽讳东昌之败,然亦载燕将因无功请罪及追荐阵亡将士文,可见其损失之重大。时庸统兵甚众,正欲北向剿燕,收复北平,而夹河初交锋时,斩燕将谭渊,亦颇一新旗鼓。倘鼓角穿营是实,岂庸乘长胜余威,欲生致燕王以邀功,终使其从容逸去,而野史讹传,遂委为天子诏耶?

不杀叔父诏前人已有疑之者,如朱国祯《涌幢小品》②及王世懋

---

① 朱彝尊《明诗综》据《馆刻集》误为王家屏作,陈田《明诗纪事》已驳正之,又张诗所载各马作战地点与《岁钞》同,与《实录》异。

② 卷一《建文军令》。

《窥天外乘》等书所载者是，诸书虽论据不详，然尚不失为合理之推测，而《明史·成祖纪》犹因袭旧说，不为审辨，亦一失也。

（五）周公辅成王说

成祖兴兵南伐，尝以周公辅成王为辞，《靖难记》三，洪武三十四年十一月乙酉，郭资等上表劝进，成祖拒之曰①：

> 我之举兵，所以诛奸恶，保社稷，救患难，全骨肉，岂有他哉……待奸恶伏辜，吾行周公之事，以辅孺子，此吾之志。

同书四，三十五年六月丙寅：

> 诸王及文武群臣请上尊号，上曰："予始逼于难，誓救祸除奸，以安天下，为伊周之勋，不意孺子无知，自底亡灭……"

《弇山堂别集》八八《诏令杂考四》，燕王至南京城下躬谕亲王公主书：

> 如朝廷知我忠孝之心，能行成王故事，我当如周公辅佐，以安天下苍生。

---

① 此文《实录》删，盖示初起兵时无利天下心。

《传信录》载太宗即位诏①：

> 朕荷天地祖宗之灵,战攻既克,驻师畿甸,索其奸回,庶希周公辅成王之谊。

野史亦记:燕兵围济南,高贤宁作《周公辅成王论》,射书城外,成祖为缓攻。卫卒罗义上书成祖:"殿下今之周公,宜守燕土以法辅成王之意。"成祖入京执练子宁,不屈割其舌,曰:"吾欲效周公辅成王。"子宁以手探血书"成王安在"?② 诸故事虽未必完全可信,要之,成祖曾以此为藉口,则参之官书,可昭然无疑也。

案成祖以周公辅幼主为喻,固属堂皇冠冕,然其所以如此设辞,或更另有原因,考燕王上书及移檄天下皆在建文元年十一月,就中指斥朝廷及狡辞诡辩之处虽多,惟未引此为喻,似在其初起兵时尚未援据此义也。李芳远《实录》二,元年（建文三年）九月丁亥载有惠帝致朝鲜敕:

> 敕朝鲜国王,前使者还,王以中国军兴乏马,特贡三千匹,兹复遣人贡良马名药纤布诸物,礼意恭顺,朕甚嘉焉。昔周盛时,内有管、蔡之乱,而越裳氏万里入贡,成王、周公喜之,其事著于传记,越裳氏之名荣华至今。朕德不逮古,而朝鲜为国视越裳为大,入贡之礼有加,今特遣太仆寺少卿祝孟献、礼部主事陆颙赐王及父兄亲戚陪臣各有差,以致嘉劳之怀,至可

---

① 此诏亦载《太宗实录》洪武三十五年七月壬午,词句略有改动。
② 以上见《秘史》《逊国臣记》《菽园杂记》等书。

领也。

是惠帝曾以越裳喻朝鲜,以管、蔡比燕叛,意者惠帝伐燕,曾同样引周公讨管、蔡故事,以示大义灭亲,岂成祖针对此意,反诡谓起兵系效周公辅成王耶?建文元年帝已二十三岁,何可谓幼冲,时成祖不过三十九岁,亦非周公之高年邵德者比,故以此设喻,殊不妥帖。果以上推论不误,则此种藉口自应发生较晚,且成祖长驱累胜之余,惠帝已贬黜齐、黄,托辞诛除奸臣不复适应,此周公成王之喻所以愈晚后转盛欤?然则此两种藉口之交替(诛除奸臣与周公辅成王),固可以觇双方势力之强弱消长也。

《太祖实录》迭经修改,本为靖难作掩饰,故今传三修之本似亦有为此事作伏笔者,如洪武十六年三月庚戌:

> 上与侍臣论历代创业及国祚修短,侍臣皆曰:"前代祚运之长,莫逾成周……"上曰:"周家自公刘、后稷世积忠厚,至文王三分有二,武王始有天下,若使其后君非成、康,臣非周、召,益修厥德,则文武之业何能至八百岁之久乎?书曰:皇天无亲,惟德是辅,使吾后世子孙皆如成、康,辅弼之臣皆如周、召,则可以祈天永命,国祚愈昌。"侍臣顿首曰:"陛下斯言,宗社万年之福也。"

此言太祖希望后世子孙必有如成康周召者,始能享国长久,似系为周公辅成王之喻作注脚,至谓"皇天无亲,惟德是辅",或即暗示后来之政变。不然,时懿文太子已二十九岁,监国五年,天下向慕,何忽遽发此言①？又洪武二十八年十一月癸亥：

> 侍臣进讲《尚书·无逸篇》，上曰："……成王之时，天下宴然，周公辅政，乃作是书，反覆开谕，上自天命之精微，下至生民稼穑之艰难，以及闾里小民之怨诅，莫不具载。周公之爱君，先事而虑，其意深矣。朕每观是篇，必反覆详味，求古人之用心。尝令儒臣书于殿壁，朝夕省阅，以为鉴戒，今日讲此，深惬朕心，闻之愈益警惕。"

此谓太祖深好《无逸》。又洪武三十年十二月癸未：

> 时上不豫，廷臣数问安，敕之曰："……近者失调受疾，卿等频来问安，礼也，尧、舜、禹、汤、文、武之世，皋、夔、稷、契、伊尹、周、召为之臣，其有志匡主一也，朕以此示卿，卿等宜竭忠修职，以副朕至怀。"

此以伊尹、周召勖臣工，又三十一年五月乙亥：

> 敕今上（成祖）曰："朕观成周之时，天下治矣，周公犹告成王曰：诘尔戎兵，安不忘危之道也。今虽海内无事，然天象示戒，夷狄之患，岂可不防？朕之诸子，独汝才智，克堪其任，秦晋已薨，汝实为长，攘外安内，非汝而谁。"

---

① 《明史·唐铎传》因袭此文，而谓"铎因进曰：豫教元良，选左右为辅导，宗社万年福也。"一若太祖虞顾嗣君失德者，与原意左。

此则以周公期成祖,用意更可异矣。

(六) 七国叛汉故事

《太祖实录》洪武元年正月丙戌,载太祖论七国叛汉事:

> 上御文楼,太子侍侧,因问近与儒臣讲说经史何事?对曰:"昨讲《汉书》七国叛汉事。"遂问此曲直孰在?对曰:"曲在七国。"上曰:"此讲官一偏之说,宜言景帝为太子时常投博局,杀吴王世子以激其怨,及为帝,听晁错之说,轻意黜削诸侯土地,七国之变,实由于此。若为诸子讲此,则当言藩王必上尊天子,下抚百姓,为国家藩辅,以无挠天下公法,如此,则为太子者知敦睦九族,隆亲亲之恩,为诸子者知夹辅王室,以尽君臣之义矣。"

案宁王权《汉唐秘史》有安王楹跋:

> 是书之作,楹昔与兄等五人同于西宫问寝之日,亲聆玉音,令兄等讲汉唐故事,既而命考其终始得失之由,以类记之。

是太祖尝与诸子讨论汉唐故事,其于七国反叛原委或所深悉,惟其评论两造是非,不专咎吴濞跋扈,而谓宜言"景帝为太子时常投博局,杀吴王世子以激其怨,及为帝,听晁错之说,轻意黜削诸侯土地"——似影射懿文太子之逼迫燕王(见《靖难记》)及惠帝削夺宗

藩者,则颇可诧异。考明初藩封势重,汉七国之譬,倡言已久。如叶居升《万言书》:

> 臣观当今之事太过者有三:曰分封太侈也……国家裂土分封,使诸王各有分地以树藩屏,以复古制,盖惩宋元孤立,宗室不竞之弊也。然而秦、晋、燕、齐、梁、楚、吴、闽诸国各尽其地而封之,都城宫室之制,广狭大小亚于天子之都,赐之以甲兵卫士之盛。臣恐数世之后,尾大不掉,然后削其地而夺之权,则起其怨,如汉之七国,晋之诸王,否则恃险争衡,否则拥众入朝,甚则缘间而起,防之无及也……今秦、晋、燕、齐、梁、楚、吴、闽诸国皆连带数十城,而复优之以制,假之以兵,议者何不撼汉晋之事以观之乎?孝景皇帝,汉高帝之孙也,七国诸王皆景帝之同宗父兄弟子孙也。当时一削其地,则遽构兵西向……由此言之,分封逾制,祸患立生,援古证今,昭昭然矣。

叶疏上于洪武间,是在太祖之时,已有以七国喻诸王者矣。又解缙《文集》十五《寄具川董伦书》:

> 缙率易狂愚,动遭谤毁,无所避忌,数上封事万言,有分封势重,辅导体轻,万一不幸,有厉长、吴濞之虞。

解疏亦上于洪武间,黄景昉谓解集无此疏,当为革除后删去①,今案解集《太平十策》中有"兼封建郡县之制"及"审辅导之官"两项,解

---

① 见《国史唯疑》。

书所述者盖指此,惟此文所论,平淡简赅,或尽削其违碍语,而由与伦书相参校,知曾以吴王濞喻诸王也。又《靖难记》一:

> 后立允炆为皇太孙,一日,允炆与黄子澄俱坐东角门,谓黄子澄曰:"我非先生辈安得至此?爷爷万岁后,我新立,诸王年长,各拥重兵,必思有以制之。"黄子澄曰:"他日处置不难。"允炆曰:"请言其方略。"黄子澄曰:"诸王虽有护卫之兵,仅足自守,朝廷军卫犬牙相制,若有事,以天下之重兵临之,蔑不破矣。汉之七国岂不强大,卒底灭亡,要之,以大制小,以强制弱,无足忧也。"

是黄子澄主张削藩,亦以七国为比,野史记诸臣劾燕,亦动引此喻①。岂此种比喻为成祖所习闻,遂于修正《实录》时伪造太祖之评语欤?盖因此不特可以证明成祖之无罪,且兼可暗示惠帝父子之失德。惟《实录》书成,成祖即位已十六年,自不能奖励他藩亦同样叛国,因谓"藩王必上尊天子,下抚百姓,为国家藩辅,以无挠天下公法"。前后异势,故两面其辞也。

---

① 《逊国臣记·姚善传》:"建文君用汉破七国策,贬齐、黄于外。"果尔,外谪齐、黄亦师景帝罢晁错意。

第五章　皇明祖训与成祖继统

关于明成祖生母,近人辩论已多,然综贯两造持说,择其近情理者,则成祖生于䂵妃,养于高后之推测,盖可成立,兹不赘论矣。夫靖难兴师,在史家虽目为篡夺,在成祖原诡为继统,革除史事,官方有伪造隐讳之处不待言,然其所以伪造隐讳之故,亦往往有其背景与根据。今即冒嫡继统一义,试推证之。

成祖上阙下书,每以考妣并举,示非庶出,朱彝尊尝非之,《曝书亭集》四四《南京太常寺志·跋》:

> 汉之文帝自言朕高皇帝侧室之子,于义何伤,而《奉天靖难记》每载长陵上阙下书及宣谕臣民曰"朕太祖高皇帝、孝慈高皇后嫡子",考妣必并举,壶浆欲掩,而迹反露矣。

亡友李庸莘先生撰《明成祖生母问题汇证》[①],于此下一解释曰:

> 其(成祖)所以必欲冒称嫡子之意,若曰:懿文、秦、晋诸兄弟嫡子,我亦嫡子也,诸兄已先后薨,以伦序言之,则我入继大统,固分所宜也。成祖既言必称嫡子矣,他日史臣修《实录》

---

① 刊《历史语言研究所集刊》六本一分。

《玉牒》从而书之曰,懿文、秦、晋、燕、周同为高后出也,盖本成祖之意以五人嫡出,真则俱真也,所以书成之日,成祖曰"庶几少慰朕心",观其言可恍然矣。

案庸莘之言甚谛,成祖以武力得天下,与雍容迎辟者殊科,朱氏以汉文方之,实引喻失类。惟是篡窃逐君,乃伦常之大变,成祖既甘冒蹈,然则纵为庶出,又何必讳饰,庶子独不可继承帝位耶?是朱氏于义何伤之言亦近情理,而庸莘所解释者犹为消极之论据,非积极之证明也。

考明太祖自即位以后,惩元积弊,举凡政治社会兵制诸端皆有所更张改正,所著书如《大诰》各编,《大诰武臣》及《明律令》等,即系对此而发者,而其创制立规,以为子孙万世取法者,则有《皇明祖训》一书。《皇明祖训》初名《祖训录》,太祖于洪武二年四月诏中书省编纂,迨六年五月成书,此后又历经修改,久而后定,可见其对于此书之注重及编摩之审慎矣。书序云:

> 朕观自古国家建法立制,皆始于受命之君,当时法已定,人已守,是以恩威加于海内,民用平康。盖其创业之初,备尝艰苦,阅人既多,历事亦熟,比之生长深宫之主,未谙世故,及僻处山林之士,自矜己长者,甚相远矣……至于开导后人,复为《祖训》一篇,立为家法,大书揭于西庑,朝夕观览,以求至当,首尾六年,凡七誊稿,至今方定,岂非难哉。盖俗儒多是古非今,奸吏尝舞文弄法,自非博采众长,即与果断,则被其眩惑,莫能有所成也。今令翰林编辑成书,礼部刊印,以传永久,凡我子孙,钦承朕命,毋作聪明,乱我一(已)成之法,一字不可

改易，非但不负朕垂法之意，而天地祖宗亦将孚佑于无穷矣。

又《太祖实录》洪武六年五月壬寅，诏群臣曰：

> 朕著《祖训录》，所以垂训子孙，朕更历世故，创业艰难，常虑子孙不知所守，故为此书，日夜以思，具悉周至，紬绎六年，始克成编，后世子孙守之，则永保天禄。苟作聪明，乱旧章，是违祖训矣。后世子孙，当思敬守祖法。

案今传《太祖实录》已经成祖修改，此文是否为成祖伪造，以影射惠帝之变乱祖法者，则不可考。惟据《祖训》序，是书系太祖由艰苦与实际中体会得来，迥非辟处山林之俗儒与舞文弄法之奸吏所能办，故继体之主，只应依照定法，不可改易一字也。

次述太祖对于嫡子与庶子之态度，《实录》洪武四年三月丁未：

> 诏凡大小武官亡没悉令嫡长子孙袭职，有故则次嫡承袭，无次嫡则庶长子孙……著为令。

五年正月戊辰：

> 申定武选之法……凡武官亡故老疾征伤，以嫡长男承袭，嫡长男有故，则嫡长孙承袭，无嫡长子孙，则嫡庶子孙。

十六年五月庚申：

第五章　皇明祖训与成祖继统

> 诏廷臣定拟文官封赠荫叙之制……荫叙之例五：其一，用荫以嫡长子，若嫡长子残废，则嫡长之子孙以逮曾玄，无则嫡长之同母弟以逮曾玄，又无则继室及诸妾所生者。

据此，太祖对嫡庶子之等差，分别极严，故武官世袭，文官赠荫，非至嫡出无人，不以庶子承之也。《太祖文集》四《功臣庶子诰》：

> 古者赏有功，官有德，则爵分五等，其于世食禄者，必宗子承之，庶子则庶人也。朕于洪武三年，定功行赏，法前王之制……且朕有天下，诸庶子皆封王爵，立国方隅，惟功臣庶子，未有所得。古者宗子承之而食禄，其后庶子无所存活者有之，所以朕为诸臣庶子恐后无依，故敕中书都府皆爵以流官，倘后有能捍大患而御奸侮，则功入世袭，不在流官数内。

是纵为功臣庶子，亦仅爵以流官，非有捍患御奸之功，不得比肩嫡长。明初功臣之偶因嫡嗣幼弱而以庶长暂袭者，以余所知，仅有常遇春子茂一人①，盖以嫡不以庶，以长不以贤，此百官承袭之通例也。

至于诸王袭封之制亦与此同。《实录》洪武二十八年八月戊子：

> 诏更定皇太子亲王等封爵册宝之制……皇太子嫡长子为

---

① 时遇春功高新殁，嫡子幼，故暂以茂袭。又开国时，间有以养子或弟承袭者，乃一时笼络诸将之法，与后来例异。

> 皇太孙,次嫡子并庶子年十岁皆封郡王……亲王嫡长子年十岁……立为王世子,次嫡子及庶子年十岁皆封郡王……凡王世子必以嫡长,如或以庶夺嫡,轻则降为庶人,重则流窜远方,若王年三十,正妃未有嫡子,其庶子止为郡王,待王与正妃年五十,无嫡子,始立庶长子为王世子。

准上所述,皇位继承之制亦应相去不远,《实录》洪武三年四月乙丑:

> 册封诸皇子为王,诏天下曰:"朕惟帝王之子,居嫡长者必正储位,其诸子当封以王爵……"

又洪武元年正月乙亥,封皇太子,册曰:

> 国家建储,礼从长嫡,天下之本在焉。

是以嫡不以庶,与百官诸王之承袭并无二致,《枣林杂俎》误信《南京太常寺志》载成祖或其后人所伪造懿文为李淑妃生之说,因疑高后无出①,庸莘曾博征左证以明其误②,实则律以太祖庶嫡等差之严,洪武三年册立太子时,太祖甫四十三岁,高后年三十九岁,苟高后确乎无子,案以诸王继承之例,"待王与正妃年五十无嫡子,始立

---

① 孝陵享殿为成祖及其后人所设供,自不能取一不相干之人为成祖母,故碽妃生成祖绝无可疑,至以懿文为李淑妃生,则因成祖嫉诬之也,故此点不特不能证实碽妃生成祖为伪,且更可以证明其为真。
② 见所著《懿文太子生母考》,《集刊》六本一分。

第五章 皇明祖训与成祖继统

庶长子为王世子",恐懿文此时未必能得封也。

至太祖于后世之帝位继承,亦有明文规定,《皇明祖训》"法律章"第十四条:

> 凡朝廷无皇子,必兄终弟及,须立嫡母所生者,庶母所生,虽长不得立。若奸臣弃嫡立庶,庶者必当守分毋动,遣信报嫡之当立者,务以嫡临君位,朝廷即斩奸臣。

据此,帝位继承,遇朝廷无子之时,必嫡后所生者始有资格递补。如庶出孽子入继帝位,则拥立者为背叛祖训之奸臣,被立者须报知嫡子,俾临君位,即斩奸臣。此太祖斟酌再三,七次易稿,手制之金科玉律,后世子孙不得更易一字者也。

《皇明祖训》在洪武间推行极广,《实录》载二十八年九月颁《祖训》于内外文武诸司,闰九月,命大书揭于右顺门内西南廊下,朝夕谛览。既减诸王禄米,遣使召诸王至京,谕以减禄之故,并以《祖训》赐之。今北平图书馆藏有旧钞本,相传为《祖训》初定本①,书内尚有"内府于谨身殿东庑及乾清宫东壁上粘贴,亲王宫及内宫于东壁上粘贴,时常观省,务在遵守"等语,可见此书在亲王宫内,必有张贴,其内容自为成祖所熟知也。又《太祖文集》十《命桂彦良职王傅》:

> 今晋无王傅,特命尔往职之……尔既往而至,其王府之事所以专者,《祖训录》为规,毋作聪明,务欲静安,毋干有司事。

---

① 首章名"箴戒",后刻本改名《祖训首章》。

其助王之道，务扬善而使之以由善，常论不德之人，当使不履其踪，避其险恶也。于此切记在心，则王佐之才足矣。

太祖命彦良辅导晋王专以《祖训录》为规，所谓"务欲静安，毋干有司"诸语，与《祖训》"仪礼""法律"诸章，正可相互印证。以晋例燕，当亦相同。然则成祖在藩邸之时，必久闻师傅讲论，又可知也。

惠帝之施政方策，今虽无从详知，惟据燕王上书所引巨室广庇之喻，则明系表示遵守太祖成宪。然以重用方、黄诸人，锐意复古，显与太祖手定之《祖训》相抵牾，此点遂为成祖起兵之藉口，故其上惠帝书云："不意在朝左班文职，齐尚书黄太卿等官，俱是奸邪小人，贪墨猾吏，俱我父皇帝诛不尽之余党，又行结构为恶，以陛下年少宽容，每用巧言欺惑，变乱祖法。岂不知《皇明祖训》'御制序'云：凡我子孙，钦遵朕命，毋作聪明，乱我已成之法，一字不可改易，非但不负朕垂法之意，而天地祖宗亦将孚佑于无穷矣。呜呼，其敬戒之哉！……齐尚书又诬亲王擅自操练军马，造作军器，必有他图。齐尚书明知《皇明祖训》兵、卫二条，凡王教练军士，一月十次，或七八次、五六次，其临事有警，或王有闲暇，则遍数不拘。又云：凡王入朝，其侍卫文武官员马步军旗，不拘数目，若王恐供给繁重，斟酌从行者听。其军士仪卫旗帜甲仗，务要鲜明整肃，以壮臣民之观。于洪武二十五年春，父皇太祖高皇帝特诏诸王赴京，赐敕，内一件云：常岁训将练兵，验是周回封疆险易，造作军器，务要精坚堪用，庶使奸邪难以口舌惑众。敕后书云：洪武二十五年正月二十一日早朝后午时分，朕于奉天门命翰林修撰练子宁、许观，编修吴信三员执笔听命，朕口占以成，以示后人，以辨真伪，孙允炆亲目之后发行，故敕。臣想太祖皇帝以诸子出守藩屏，使其常岁操练兵马，造作军器,为防边御寇,以保社稷,使帝业万世固也,岂有他心哉!其奈奸臣齐尚书、黄太卿、左班文职等官,不遵祖法,恣行奸宄,操威福予夺之权,天下之人,但知有齐泰等,不知有陛下。"案此文初言《祖训》不得更改,继言己之练兵造器皆有《祖训》及太祖诏敕为根据,终归结于惠帝削藩皆系奸臣齐泰、黄子澄等所操弄。盖必如是,成祖之举兵靖难始有名。其移檄天下云:

> 予想奸臣齐尚书等必欲害坏我父皇子孙基业,荡尽无余,将以图天下也,何其如此之苦毒也哉!窃惟我父皇亲亲之心,天下之人所知者。如靖江王守谦,其祖为恶,至于守谦,景恶不悛,降为庶人。我父皇思念祖宗,尚不忍破其家,灭其国,复立其长子为靖江王,诸子皆为镇国将军,享有爵禄,与朝廷同其永久也。今周、齐、湘、代、岷五王皆父皇亲子,纵有其恶,亦当宽恕,何况无为恶之实迹。《皇明祖训》"法律"内一条:"凡风宪官以王小过奏闻,离间亲戚者斩。风闻王有大故,而无实迹可验,辄以上闻者,其罪亦同。"奸臣齐尚书左班文职等官不遵《祖训》,助君为恶,遂至如此,使我众王日夜惊忧,饮食睡梦,不遑宁处,况予自父皇宾天以来,抱病持服,未尝一日离苦次,遵其亲法,毋敢少犯,惟日守分而已。奈其诛灭五千,又来杀我,顾余匪才,乃父皇太祖高皇帝亲子,母后孝慈高皇后亲生,皇太子亲弟,忝居众王之长,礼曰:"父之仇不共戴天,兄弟之仇不反兵。"今奸臣齐尚书黄太卿等,余必不与之共戴天,不报得此仇,纵死亦不已。故用钦遵《皇明祖训》"法律"内一条,躬行率领精兵三十万,诛讨左班文职奸臣,已行传檄天下都司并各处卫所指挥官吏,当思我父皇恩养厚德,同心戮力,整尔

士卒,砺尔戈矛,星驰前来,共行捕获左班文职奸臣,献俘于祖宗神明,令受非常之刑宪,上以正其君,下以安其军民,使我父王基业以永万世,岂不幸哉。

此文则据《皇明祖训》以证齐、黄诸人建议削藩为非,又据《皇明祖训》以证靖难兴师之正,检《祖训》"法律"第十三条:

> 凡朝廷新天子正位,诸王遣使奉表称贺,谨守边藩,三年不朝,许令王府官、掌兵官各一员入朝。如朝廷循守祖宗成规,委任正臣,内无奸恶,三年之后,亲王仍依次来朝。如朝无正臣,内有奸恶,则亲王训兵待命,天子密诏诸王统领镇兵讨平之。既平之后,收兵于营,王朝天子而还。如王不至,而遣将讨平,其将亦收兵于营,将带数人入朝天子。在京不过五日而还,其功赏续后颁降。

此即成祖起兵之根据,是纵齐、黄诸人真为变乱祖法之奸臣,惠帝果为诸人所劫持,成祖兴师除奸,尚有附带之条件三:(一)受天子密诏;(二)乱平之后即收兵于营,朝天子;(三)留京不过五日,仍归原藩。凡此均与成祖之行动异①,盖不过断章取义,以为篡夺之藉口而已。惟是既假《祖训》为张口,依照以前所述,太祖于庶嫡尊卑分别极严,《祖训》曾载庶子虽长不得立,成祖既熟读《祖训》之书,常闻师傅讲论,且此条("法律"十四)与其所据以起兵之条("法

---

① 《靖难记》《长陵碑》皆谓成祖诛除齐、黄,即欲北归,为诸臣遮留,遂即天子位云云,乃依照此条所写撰。

律"十三)适前后毗连，理无不知。若必依照《祖训》，则惠帝纵然焚死，亦应拥立嫡出之子，时秦、晋二王虽薨，周、齐、代、岷庶出，若惠帝嫡子文奎、文圭及弟允熞（常妃生）、允熙、允熈（吕妃生）等固健在也。若不依《祖训》拥立，则成祖之所以指斥惠帝，丑诋齐、黄者，适所以自诋，在二者不可得兼之时，因出冒嫡之策，故其上阙下书，于周、齐、湘、代、岷诸王仅明其为"父皇亲子"，而自称且谓为"母后孝慈高皇后亲生，皇太子亲弟，忝居众王之长"，实与《祖训》继统之义相照应，而为篡夺之张本也。

或难：古今之叛变为乱多矣，或成或败，盖皆视其武力之大小强弱以为断，成祖举兵篡位，路人皆知，奚必定假《祖训》之义为掩饰？纵一时假之，迨成功而后，未尝不可放弃原说（讳生母），何以至宣德修《太宗实录》时犹不为之辨白乎？则亦有说，盖成祖以藩邸入继大统，终与臣下叛逆及民间暴动者不同，太祖《祖训》既言不得更改，惠帝削藩适与此抵触，成祖起兵又有局部条文可奉附，为牢笼人心，为师出有名，自以依据《祖训》为方便，迨即位以后，诛除惠帝功臣，变更建文法制，亦以揭橥《祖训》为合理，迨此说倡言已久，自不便中途更正矣。兹先条举其入京以后仍诋惠帝政治之违背太祖成先者以为证，《传信录》载成祖即位诏：

> 允炆以幼冲之资，嗣守大业，奈其秉心不孝，更改宪章，戕害诸王，放黜师保，崇信奸回，大兴土木，委政宦官，淫泆无度，祸机四发，将及于朕。朕乃高皇嫡子，祖有明训，朝无政臣，内有奸恶，王得兴兵以讨之，朕遵奉条章，举兵以清君侧之恶，盖出于不得已也。

《金陵梵刹志》二《钦录集》：

> 礼部为申明教化等事。照得洪武(三)十五年十一月二十一日早，本部官同五府各部官于奉天门钦奉圣旨：朕自即位以来，一应事务悉遵旧制，不敢有违，为何？盖因国初创业艰难，民间利病无不周知，但凡发号施令，不肯轻易，必思虑周密，然后行将出去，皆是为军为民的好勾当。所以三十一年天下太平，人受其福。允炆不守成宪，多有更改，使诸司将洪武年间榜文不行张挂遵守，恁衙门查将出来，但是申明教化，禁革奸弊，劝善惩恶，兴利除害，有益于军民的，都依洪武年间圣旨申明出去，教天下官吏军民人等遵守，保全身命，共享太平。敢有故违者，治以重法，钦此。

《靖难记》四，洪武三十五年六月甲戌（《实录》删）：

> 上谕群臣曰：我皇考建造洪基，垂法万世，思虑至周，为子孙计。不意幼冲信任奸回，悉更旧制，使天下臣民无所遵守。予荷天地庇祐，皇考休荫，统承天位，恪守成宪，凡皇考法制为所更改者，悉复其旧。

《太宗实录》洪武三十五年七月甲申：

> 吏部言："建文中，改旧官制……凡中外大小衙门有创革升降，官员额数有增减者，及所更改文武散官并合遵复旧制。"上曰："如切系军民利害者，可因时损益，既于军民利害无所关

涉，何用更改？况前人创立制度，皆有深意，今行之既久无弊，辄改何为？此其所以败亡也，俱速改复旧制。"

又永乐元年正月乙巳①：

> 上谓礼部臣曰："昔我太祖高皇帝立纲陈纪，礼乐制度，咸有成规，建文中率皆更改，使臣民无所遵守，朕即位以来，首诏诸司必遵旧制，尚恐奉行不逮，尔礼部其申明之。"

案以上所举，除诏敕公文等直接史料出于当时刊布者外，《靖难记》撰于永乐间，《太宗实录》撰于宣德时，自成祖即位迄《实录》成书，前后共历二十七年，官方记靖难事迹已多改变，惟于诋毁惠帝之变乱祖法，则迄未更正。

成祖消极方面既诋惠帝改制，积极方面则在步武太祖成宪，此为一事之两面也。上举诸例已间具此意，兹更举其尤著者，成祖御制《太祖实录序》：

> 天生我皇考，圣治聪明，为启运创业之君，夫岂偶然，数十余年为治之绩，诒谋之道，光辉显著，昭如日月。朕命史臣修纂实录，垂宪万世，使子孙臣庶仰而承之，尊而守之，可以维持天下于悠久。

《太宗实录》洪武三十五年十一月己亥：

---

① 《礼部志稿》二"遵训之制"引此条作永乐元年二月。

户部尚书夏原吉言:"宝钞提举司钞板岁久,篆文销乏,且皆洪武年号,明年改元永乐,宜并更之。"上曰:"板岁久,当易则易,不必改洪武为永乐,盖朕所遵用皆太祖成宪,虽永用洪武可也。"

永乐十二年二月癸亥:

百官奏事毕,上退坐右顺门,所服里衣袖敝垢,纳而复出,侍臣有赞圣德者,上叹曰:"朕虽日十易新衣,未尝无,但自念当惜福,故每澣濯更进,昔皇妣躬补缉故衣,皇考见而喜曰:'皇后居富贵,勤俭如此,正可以为子孙法。故朕常守先训,不敢忘。"言已怆然。

二十二年五月丁酉:

驻跸清平镇(时征蒙古),宴随征文武大臣,命内侍歌太祖皇帝御制词五章,因举爵谕诸大臣曰:"此先帝垂谕创业守成之难,而示戒荒淫酗酣之失也。朕嗣先帝鸿业,兢兢唯恐失坠,虽今军旅之中,君臣杯酒之欢,不敢忘也,尚相与共勉之。"

以上虽有史臣文饰之辞及成祖权谲之语,然亦可见成祖自即帝位至衰老,表示踵武太祖之法,迄未变易。又《朝鲜实录》载有成祖口旨,参以前引《金陵梵刹志·钦录集》,更可以为此事之积极佐证。李芳远《实录》五、三年(永乐元年)四月甲寅:

> 使臣黄俨等赍来宣谕圣旨,内永乐元年二月初八日……礼部尚书李至刚于本部说道,上位有圣旨,但是朝鲜的事,印信诰命历日恁礼部都摆布与他去,外邦虽多,你朝鲜不比别处,君臣之间、父子之际,都一般,有孝顺识理的孩儿,有五(忤)逆不孝不识理的孩儿。不识理的孩儿有不是处呵,不怪他,识理的孩儿九遍至心孝顺呵,一遍有些不是处,连那九遍的心都不见了。如今上位件件都依效着太祖行,每日把那洪武二年三年以来发去外邦的文书,外邦来的文书,太祖做的诗,都每日看,你那里也将洪武二年三年以来文书字(仔)细看,几时的文书有好话,几时的文书有怪(坏)的话,恐怕因走去的小人儿有些不是处,把从前的孝顺都不见了,这件最是打紧的事,你把这旨意的话对国王说,休要撤了上位的厚恩。

此言成祖不特效法太祖,且诏朝鲜亦习为之,检杨士奇《李至刚墓表》:"太宗皇帝入正大统,公来朝,大臣有言其才,且洪武旧人,遂以为通政司右通政。方修洪武实录,公与焉。旦莫在上左右,道说洪武中事,甚亲密。"然则至刚之得君专宠,并与其熟谙洪武掌故有关,成祖摹仿太祖之言正转述于至刚之口,故其史料价值弥可贵也。

总之,成祖指斥惠帝不遵祖宪既如彼,而己则效法太祖又如此,《皇明祖训》为太祖精心结撰之重要法典,书中明标不许庶子继统,成祖及其后人又岂肯自明所出以前后矛盾哉!此官书难言之隐曲也。

或又曰:成祖以靖难之故,既迭改《太祖实录》矣,今本《祖训》于诸王之权限实甚宽,故成祖得据为反驳惠帝之藉口,此种条文是否为成祖所伪造？果成祖必以《祖训》之故讳生母，何尝不可依照改《太祖实录》例，将此条文删除或改易？又《祖训》颁行甚早，经太祖迭次修改，何以知成祖所依据者必为今传本乎？

答曰：《皇明祖训》尚存有洪武刊本，今因僻处巴蜀，虽无由与校其异同，惟明初诸王仅下天子一等，假以军权，宠以厚禄，其待遇原甚优，叶伯巨、解缙等已于洪武间疏言之矣，自非成祖所擅改。果改之，当成祖起兵时固可伪造条文为根据，迨即位以后，削夺他藩，又何尝不可伪造限制藩王之条文。而其后来所改定者理应传播较多，何以今日所见《祖训》并无此本乎？至成祖以下诸帝虽以靖难之故篡改史书，惟《祖训》为其基本依托之立场，并未丝毫改易。皇甫录《皇明纪略》谓"《皇明祖训》所以教戒后世者甚备，独委任阉人之禁无之，世以为怪。或云本有此条，因板在司礼监削去耳。"《四库提要》曾据《永乐大典》本与今本相同以证录言之误，惟永乐初宦官已渐专权，故《提要》之言并不足以证明《祖训》在永乐初并未改易，只可谓自《大典》以后之本未改而已。今更举一旁证，可以反映即在永乐五年以前①，亦未改易者，《祖训》首章列东北不征国朝鲜下注云：

> 即高丽，其李仁人及子李成桂今名旦者，自洪武六年至洪武二十八年，首尾凡弑王氏四王，姑待之。

李成桂（朝鲜太祖）虽为李仁人党②，实非其子，其仁人以曾弑王

---

① 《大典》纂成在永乐五年十一月。
② 据王世贞说，见《弇山堂别集》二六《史乘考误七》。

颛之故亦为鲜人所不齿,故朝鲜嗣王见《祖训》条文每为之申辩。其辩诬最早者在永乐间,李芳远《实录》六,三年(永乐元年)十一月己丑记:

> 遣司平左使李彬、骊原君闵无恤如京师谢恩,兼进宗系辨明奏本也。奏曰:"洪武三十五年正月初八日,陪臣赵温回自京师,说称《祖训条章》,内云臣芳远宗系是李仁仁之后,听此不胜兢陨……窃念臣父先世本朝鲜遗种,至臣二十三代祖翰仕新罗为司空,及新罗亡,翰六代孙兢休入高丽,兢休十三代孙安社仕于前元,是臣父旦古名成桂之高祖。及元季兵兴,臣祖子春还至高丽,以臣父粗习武才,置之行伍,恭愍王无子,将宠臣辛旽子禑阴养宫中,称为己子,及恭愍王薨,其臣李仁任乃立禑为嗣,臣父自恭愍王至伪姓禑,十六年间,小心谨慎,及禑末年,举臣父为门下侍中,继有侍中崔莹不学狂悖,谄事禑,纳女为妃,专擅国政,妄兴师旅,发遣诸将,欲向辽东,军至鸭绿江,臣父时为副将,亦在遣中,以为与其得罪上国,宁为得罪伪姓,以安一方,乃与诸将合议回军,立王氏之后定昌君瑶,以仁任等冒立伪姓,论罪贬逐,禑及子昌并莹皆为所诛,瑶又不义,国人推戴臣父权知国事,即具奏闻,钦蒙太祖高皇帝命为国王,改赐国号,臣父成桂始改名旦。且仁任曾祖长庚,系本国京山府人吏,祖政堂文学兆年,父同知密直褎,仁任子前大护军瓛、考功佐郎珉曾仕高丽,婿判承宁府事姜筮、尚州牧使权执经见仕本朝,于臣宗系各别,伏望圣慈垂察,令臣宗系得蒙改录,一国幸甚,谨具奏闻。"

朝鲜使臣于建文四年(洪武三十五年)正月回返本国,其朝中国当在此前,时成祖尚未攻取南京,则其在京师所见之《祖训》,自系建文或其以前之刻本或写本,其所谓《祖训》所载之李仁仁者即今本之李仁人(应作李仁任),此由朝鲜使臣以同音致误,《朝鲜实录》中似此之例甚多,如李自成作李子诚,张献忠作张显忠、纪昀作纪均者是,非建文间本有异于今本也。又同书七,四年(永乐二年)三月戊辰记成祖徇朝鲜之请,准予改正《祖训》:

  谢恩使李彬、闵无恤,贺正使金定卿等回自京师,赍礼部咨文来,其文曰:一、宗嗣事。朝鲜国王李讳奏,洪武三十五年正月初八日,陪臣赵温回自京师,说称《祖训条章》,内云臣宗系是李仁仁之后,窃念臣父成桂先世本朝鲜遗种,事高丽,后国人推戴权知国事,具奏,钦蒙太祖高皇帝命为国王,赐改号,臣父成桂始改名旦,且李仁任祖于臣宗系各别,奏乞改录,一国幸甚。本部尚书李至刚等钦奉圣旨,朝鲜国王奏,既不系李仁任之后,想是比先传说差了,准他改正钦录。

朝鲜于成祖即位后,遣陪臣河崙等入贺[①],据芳远《实录》六,三年(永乐元年)十一月丙子,"上语近臣,予问黄俨(中国使朝鲜之太监)曰:皇帝何以厚我至此极也?俨曰:新登宝位,天下诸侯未有朝者,独朝鲜遣上相进贺,帝嘉其忠诚,是以厚之。"是因此颇博成祖欢,故朝鲜遣使辩诬,成祖亦乐于允准,然观朝鲜后世仍续为申请[②],今传

---

① 见《太宗实录》洪武三十五年十一月乙巳条。
② 见《朝鲜实录》及《明实录》。

之本于此亦并未改正,此事至神宗时始予昭雪,然所改者为《万历会典》而非《皇明祖训》,岂不因《祖训》为太祖手定,纵灼知其误,有帝王谕旨,而终不能更易一字欤?①

至《皇明祖训》虽历经太祖修改,惟依常情判断,成祖为贯彻其遵奉《祖训》之立场,所依据者应为晚出后订之本,今本《祖训》首章朝鲜国下注:"其李仁人及子李成桂今名旦者,自洪武六年至洪武二十八年首尾凡弑王氏四王。"则此本当出自洪武二十八年以后。又《太祖实录》洪武二十八年十月癸巳:

> 上以子孙蕃众,命名之际,虑有重复,乃于东宫诸王世系各拟二十字,每一字为一世,以某字为命名之首,其下一字则临时取义,以为二名,编入《玉牒》,至二十世后,复拟续增。

今本《礼仪》章各王位下并有五绝一首,二十字,更可进断此本成书在洪武二十八年十月以后,亦即太祖晚年之定本。而以此本与成祖书檄所引《祖训》各条校,无不相同,故知成祖所依据者即今本也。

依照以上所述,则三修《太祖实录》关于帝位继承方面之改写亦有踪迹可寻,《靖难记》尝谓懿文以飞语诬成祖,事之然否不可知,然可见二人之间必有芥蒂。洪武十年,诏以政事并启太子处分,唐肃《密庵稿》辛卷《送陈中莹之泲阳》《钱季贞应水河县丞》《车义初归京师》诸序,皆作于洪武间,文中以太子与高帝并举,具见懿文在当时之重要。迨洪武二十五年薨,计听政十五年,方孝孺

---

① 夏言:《桂洲文集》二〇《敕谕朝鲜国王李怿》:"我高皇帝《祖训》万世不刊,《会典》所载,他日续纂,宜详录尔词。"

挽诗所谓"监国裨皇政,忧劳二十年"及"文华端国本,潜泽被寰区"者①,似非完全溢美,而《实录》则于其治国理狱政绩,一概削去,可见成祖之深憾懿文已。惟《实录》不讳懿文为嫡生长子,且不讳其为合法之继承人,如吴元年十月乙丑遣世子标、次子樉往临濠谒陵,谕之曰:

> 汝他日皆有国有家,不可不戒。

又洪武元年正月癸未,戒康茂才等骄恣:

> "今吾以直言告汝,常相警戒,非止在于汝身,汝又当以朕意训汝子孙,则可与国同其久长矣。"时皇太子侍侧,上指谓之曰:"太子年幼,未历世故,朕尝以此意诲之。使他日汝子成立,与吾儿共享太平,常如今日,则子子孙孙无有穷也。"②

是皆以懿文生时,太祖欲传以位,不似后来之欲立成祖者。《实录》馆臣所以敢于书此者,固因太子早薨,已不成成祖之争位对象,而太祖既手定嫡长继统明文,太子为洪武间立,自系嫡长无疑,亦无法诬诋之也。

至对惠帝则有间,《实录》洪武七年十月己未:

> 皇嫡长孙雄英生。

---

① 见《逊志斋集》。
② 茂才子铎,时侍皇太子读书大本堂。

第五章　皇明祖训与成祖继统

十年十一月己卯：

> 皇第三孙允炆生，皇太子次子也。

十五年五月己酉：

> 皇嫡长孙雄英薨，上感悼辍朝，葬钟山，侍臣皆素服徒步送丧，追封虞王，谥曰怀。

是惠帝原有长兄雄英，生九岁夭折①，《实录》谓太祖哀悼，实正烘衬其不满于惠帝，惟惠帝之立为皇太孙在洪武二十五年，自亦不能毁之为庶出，故仅削去"嫡"字，谓为"皇第三孙"，与记雄英为"嫡长孙"者，区以别矣②。

至记惠帝之子则更不然，洪武二十九年十月甲寅：

> 皇曾孙文奎生，皇太孙允炆长子也。上曰："十月数之终，又生于晦日"，命内庭勿贺。

此文亦不著明文奎为正妃马氏生，时太祖已六十九岁，得生曾孙之讯，例以前述嫡长继统观念，理应欢慰，而此言拘牵俗禁，命内庭勿贺者，盖伪谓太祖不欲其继统也。

《实录》洪武十五年八月丙戌《马皇后传》，记后于诸子之中，独

---

① 《革除遗事节本》谓雄英为惠帝弟，果尔，则上文当系有意伪造者。
② 雄英为懿文元妃常氏生，惠帝为继妃吕氏生。常妃薨于洪武十一年，是惠帝生时，常妃尚健在，惟吕妃时与常妃并受册封，同为正妃。

爱成祖：

> 皇后生皇子五人：长曰标，懿文太子，次樉，封秦王，次㭎，封晋王，次今上，次橚，封周王……今上初生，有云龙之祥，后甚异之。后尝梦微时携诸子在原野间，卒遇寇至，皆红巾，甚恐，适今上以马进，扶后上马，复跃马从，寇见今上，皆辟易遁去，后与诸子从容而还，遂觉，故独钟爱于今上焉。

案《靖难记》谓懿文太子失爱于父，太祖欲废之，就商于后曰："诸子中无如燕王最仁孝，且有文武才，能抚国，吾所属意。"皇后曰："慎勿言，恐泄而祸之也。"其事显不可信，故《实录》削去，仅谓成祖生有祥征，后所钟爱，如是，则其在嫡长诸子中之地位超卓，不待言矣。洪武二十五年四月丙子，太子薨，戊寅，《实录》载：

> 上御东角门，召廷臣谕之曰："朕老矣，太子不幸，遂至于此，命也。古云，国有长君，社稷之福，朕第四子贤明仁厚，英武似朕，朕欲立为太子何如？"翰林学士刘三吾进曰："陛下言是，但置秦、晋二王于何地？"上不及对，因大哭而罢。

此又伪造太祖意在长君，欲立燕王，以格于秦、晋二王而止，迨洪武二十八年三月，秦王薨。三十一年二月，晋王又薨，故是年闰五月乙酉，太祖病亟，《实录》又载：

> 即遣中使持符召今上还京，至淮安，用事者矫诏却还，上不之知也。疾亟，问左右曰："第四子来未？"言不及他。

此仍言太祖欲传位成祖,皆所以为后来篡夺之伏笔也。

推《实录》之意,以为已(以)上诸人均有资格继承太祖帝统,至于应立何人,则以太祖对诸人之亲疏及爱憎以为断,当懿文既薨,惠帝焚死①,虽理应惠帝长子文奎继承,惟文奎以生日不吉不为太祖所钟爱,雄英及秦、晋二王又早物故,若惠帝幼子(文圭)及弟(吴王允熥、衡王允熞、徐王允熙等),既弱不更事,且继承太祖之统,亦较成祖为疏远。然则律以《祖训》明文(兄终弟及),希承太祖遗旨(伪谓有立燕王意),固仅有成祖应嗣立已。

明代诸帝于法祖口号虽相沿遵守,而事实方面殊难循旧规,武宗之传位世宗,熹宗之传位思宗,遗诏并引《祖训》兄终弟及之文,沈德符云:"兄终弟及,盖指同父弟兄,如孝宗之于兴献王是也。若世宗之于武宗,乃同堂伯仲,安得援为亲兄弟?"因讥杨廷和草武宗遗诏之失检②,实则《祖训》注重之点,不特在同父兄弟,抑且在正后嫡产,孝宗母纪后,兴献王母邵妃(世宗即位,尊为太后),熹宗母王后,思宗母刘淑女(思宗即位,追尊为太后),故以兴献王继孝宗之统及以思宗继熹宗之位,皆与《祖训》不合。又光宗母王妃,而正后王氏无出,神宗之稽迟立储,固别有用心(欲立郑贵妃子),至所引《祖训》待嫡之说,则本尝无理,而廷臣之争国本者,反文岚其词,曲解原义。然则《祖训》真谛,即明代淹贯故实之人,已不甚明了矣。明正后生子者少,庶嫡之限久不为后人重视,宜乎成祖冒嫡之久被忽略也。

---

① 惠帝焚死与否,并无积极证据,惟焚死之说出自官书,盖不如是,无以解成祖周公辅成王之托辞。
② 见《野获编》二"引祖训"条。

第六章　惠帝与朝鲜

明清史籍之记惠帝与朝鲜关系者,以文献无征,致多阙漏,今藉朝鲜方面之记载,可以据而订补矣。请先言其国王之世系,《明史》三二〇《朝鲜传》记:

> 建文初,(国王李)旦表陈年老,以子芳远袭位,许之。①

据《朝鲜实录》,其国王世系:太祖康献王李旦之后,为定宗恭靖王曔②,曔后为太宗恭定王芳远,是旦与芳远之间尚隔一王。曔为旦第二子,于洪武三十一年八月立为世子,建文元年正月,旦请老,以曔权知国事,曔《实录》一,元年(建文元年)六月丙寅,载有明礼部核准之咨文:

> 贺登极使右政丞金士衡、陈慰使政堂河崙、进香使判三司事偰长寿捧礼部咨文回自京师。上冕服躬迎,百官具公服上笺称贺。咨文曰:"建文元年四月二十五日,准朝鲜国咨,该本国王年老疾病,已令男曔权署勾当,咨请奏闻,明降施行。本

---

① 中国史籍之记李王世系者多同此,不具举。
② 初名芳果,即位后更名。曔《实录》为世祖李瑈时修,庙号为肃宗李焞时追奉。

月二十六日早朝,本部尚书陈迪等官于奉天门钦奉圣旨:已先太祖皇帝诏谕本国仪从本俗,法守旧章,听其自为声教。今后彼国事务,亦听自为。钦此。拟合移咨,照验施行。"

曔立二年,逊位于帝芳远,即旦之第五子也,惠帝初以情节离奇,颇疑其诈。故礼部迭咨朝鲜查询之。芳远《实录》一,元年(建文三年)三月乙丑:

> 判三司事禹仁烈、金书义兴三军府事李文和等赍礼部咨文回自京师。咨曰:"建文三年正月初八日,钦奉敕旨:朕惟天地之常道不过乎诚;人君之为治不过乎信。苟为下者于信有所不足,人君亦岂可以不信待之哉。近尔礼部奏朝鲜权知国事李曔欲以其弟李芳远继其后,及请诰、印、历日,朕见其使来意恳切,即可其请,遣使赍印诰往正其名,且许以其弟为嗣。使者去不旬日,忽辽东奏至,李曔又报忽得风疾,眩于视听,已于建文二年十一月十一日令其弟代知国事。朕甚异焉。噫!李曔之以疾让弟,果出于诚心欤?抑其父李旦宠其少子而易之位欤?无乃其弟阴为不义欤?或者尝试朝廷而有侮玩之意欤?岂其国中有内难而然欤?孔子不逆诈,不亿信。然而以先觉者为贤,已令追使者还,复念其伫望已久,朕虽以诚信待人,然印诰则立者未定,未可轻付,前者所遣使臣想已至其国,待其回日,更为区处。尔礼部可遣其使回,谕以朕意,如敕奉行。钦此,除钦遵外,今将钦奉旨意,备书前去,合行移咨知会。"

又闻三月甲辰：

> 参判义兴三军府事仆子安、佥书义兴三军府事李詹等赍礼部咨文回自京师，咨曰："建文三年正月十六日，准本国咨，权知国事李曔，因患风疾，眩于视听，于建文二年十一月十一日，令弟芳远权署国事，本月十七日早朝，本部官于奉天门奏，奉圣旨，朝鲜本礼文之国，辞位袭职之事，前已敕尔礼部移文报他知道。今其使臣到，恁礼部家再回文书去，他若果无亏天理悖人伦的事，任他国中自主张。"

后朝鲜辨释曔之患病是实，惠帝遂颁封诰，同年六月己巳：

> 帝遣通政寺丞章谨、文渊阁待诏端木礼来锡王命，谨、礼持节至，设山棚结彩，备傩礼百戏，上御纱帽团领，具仪仗鼓吹出迎于宣义门外，百官具公服以从，导至无逸殿宣诰命。"奉天承运皇帝诰曰：古先哲王之为治，德穷施普，覆育万方，凡厥有邦，无间内外，罔不臣服，爰树君长，俾乂其民人，以藩屏于夷夏。朕承大统，师古成宪，咨尔朝鲜权知国事李芳远袭父兄之传，镇绥兹土，来效职贡，率礼克诚，以未受封，祈请勤至。兹庸命尔为朝鲜国王，锡以金印，长兹东土。呜呼，天无常心，惟民是从，民无常戴，惟德是怀，尔其懋德，以承眷佑，孝友于家，忠顺于上，仁惠于下，俾黎民受福，后昆昭式，永辅于中国，启土建家，匪德莫宜，可不敬哉。"

案曔虽病发，其让位于弟，实被迫使然。惟曔之受封与芳远嗣立均承惠帝诏敕，本末甚明。李旦建国于洪武二十五年，逊位于三十一年，芳远即位在建文三年，逊位于永乐十五年（传子裪），其父子之通明事迹，中国记载虽有删削，然大部尚采入明太祖、成祖两朝《实录》，独是曔之立为世子在洪武三十一年八月，太祖已先于是年闰五月薨，请封之典自不能载入《太祖实录》，其在位年限，则由建文元年至二年，惠帝既无《实录》可征，又无他书可证，故其事迹全部湮没。建文间之政治措施多不可考，惟此咨文诏敕以关涉朝鲜，尚得在异国保存，故具录之，亦以补史乘之缺佚。又《皇明祖训》列朝鲜为东北不征之国，而统观惠帝前后诏敕及礼部咨文，文温诚虔，大抵遵守太祖"仪从本俗，法守旧章，听其自为声教"之成规，此亦惠帝奉行祖法之具体例证也。

次论朝鲜在靖难期间所持之态度。成祖藩封北平，其蓄意兴师，盖准备已久，朝鲜地势以与辽东毗连，互相犄角，故颇为其注意，芳远《实录》九，五年（永乐三年）六月辛卯平壤府院君《赵浚传》：

> 辛未（洪武二十三年）六月，入贺圣节，道经北平府，太宗皇帝在燕邸，倾意待之。浚退语人曰："王有大志，其殆不在外藩乎？"

旦《实录》，三年（洪武二十七年）十一月乙卯：

> 我殿下①回自京师……殿下过燕府，燕王（原注："即太宗皇

---

① 谓李芳远，时赴京送明朝犯人。

帝")亲见之,旁无卫士,唯一人侍立,温言礼接甚厚,因使侍立者馈酒食,极丰洁。殿下离燕,在道上,燕王乘安輂朝京师,驱马疾行,殿下下马见于路侧,燕王停驾,亟手开輂帷,温言良久乃过。

同书八,四年(洪武二十八年)十一月丙寅:

> 节日使金立坚回自京师,曰:通事宋希靖、押马权乙松等被流遐方。初,计禀使金乙祥道经燕邸①,复于上曰:燕王谓臣曰,"尔国王何不送马于我?"上信之,立坚去时,仍附鞍马以送,燕王受之以闻,帝曰:"朝鲜,王何得私交?"乃流希靖、乙松于金齿卫,再流腾冲府。

芳远《实录》四,二年(建文四年)十一月己丑(时成祖已即位):

> 上与俞士吉等曰:"我国自高皇帝时臣事朝廷,今圣上(成祖)在燕都,燕近东方,故待我国人偏厚。"

案明制藩王出城省墓亦须奏请,二王俱不得相见②,此为后来限制较严之法,非其朔义。惟明初藩王不得接见外国使臣,则彰彰可考,兹复揭芳远《实录》中一则以为例,《实录》十五,八年(永乐六年)四月庚辰,记世子李禔赴南京朝贡事:

---

① 《明实录》洪武二十三年七月甲辰,高丽遣其臣。
② 见《明史·诸王传·赞》。

第六章　惠帝与朝鲜

　　世子还至北京,诣赵王宫辞,王使左长史顾晟传旨免礼,曰:"今在衰绖,不可受礼。"①赐表里各十匹,曰:"人臣无外交之义,来时礼物所不当受。然以世子之诚,受而奏闻。今还告归,无以为礼,聊此为赠。"

永乐初年矫建文弊政,驭诸藩尚宽,赵王高燧为成祖爱子(时几夺储位),视其他诸王尤为宠异,然尚云"人臣无外交之义",受物必以上闻,则揆之太祖峻刑严法之世,更可推想,故成祖之厚遇鲜使必非太祖所及知,其索马上闻,容为情势所不得已,而其所以冒兹厉禁者,则为联络东藩以示好感也。

　　迨靖难兵起,惠帝颇以朝鲜之态度为疑虑,故亦力为拉拢,采怀柔政策,芳远《实录》一,元年正月辛巳:

　　　　赐崔润马一匹。润为圣节使李至书状官,还启皇帝(惠帝)待慰甚厚,且谓戊辰年振旅之功莫大,使礼部主事陆颙、鸿胪行人林士英等,赍捧诏书赏赐,已过鸭绿江。上喜,有是赐。

案戊辰为洪武二十一年,时高丽国王辛禑以人将李成桂寇辽东,成桂中叛,废禑而立其子昌,此举明为成桂后来篡逆之张本,而惠帝在即位两年以后,甫盛款鲜使,奖谕其十三年前未犯中国,非故示怀惠,将何以诠解乎? 同书是年二月乙未,载陆颙等将诏至:

　　　　朝廷使臣礼部主事陆颙、鸿胪行人林士英奉诏书来,设山

---

① 案指仁孝皇后丧,后薨于永乐五年七月。

棚结彩傩礼,上率百官以朝服迎于郊,至议政府……宣诏。"奉天承运皇帝诏曰:中国之外,六合之内,凡有壤地之国,必有人民,有人民必有君以统之。有土之国盖不可以数计,然唯习诗书知礼义,能慕中国之化者,然后朝贡于中国,而后世称焉。否则虽有其国,人不之知,又或不能事大,而以不善闻于四方者亦有矣。惟尔朝鲜习箕子之教,素以好学慕义闻于中国,自我太祖高皇帝抚临万邦,称臣奉贡,罔或怠肆。暨朕祗受遗诏,肇承丕绪,即遣使吊贺,时在谅阴,不遑省答,及兹除服,会北藩宗室不靖,军旅未息,怀绥之道,迨今缺然。惟尔权知国事李曔能敦事大之礼,以朕生辰,复修贡篚,心用嘉之。今遣使赍赐建文三年《大统历》一卷、文绮纱罗四十匹,以答至意。尔尚顺奉天道,恪守藩仪,毋惑于邪,毋怵于伪,益坚忠顺,以永令名,俾后世谓仁贤之教久而有光,不亦休乎!故兹诏示,宜体眷怀。"

时曔已让位,惠帝犹未及知,故此诏载入芳远《实录》中。建文三年以前,帝之所以未及怀绥朝鲜者,盖因燕之势力尚未强大,此时则成祖率兵深入,辽东孤悬,朝鲜可举足重轻,诏文以"毋惑于邪,毋怵于伪"相劝勉,明系惧为成祖所利诱,至"益坚忠顺,以永命名",似又希其积极之援助,持此与上条相印证,则惠帝之怀柔政策更为明显矣。

时朝鲜不特未被成祖所收买,终且积极佐助惠帝,芳远《实录》尝载帝遣使至朝鲜易马,兹撮录如次:

芳远《实录》二,元年九月丁亥朔,朝廷使臣太仆寺少卿祝孟

第六章 惠帝与朝鲜

献、礼部主事陆颙奉敕书来……①

兵部咨曰:建文三年六月十二日,太仆官(同)文武百官,早朝于奉天门,钦奉圣旨,朝鲜国多产马匹,前日国王好意思进马三千匹,已命辽东都司给与官军骑坐了,如今再用些堪战的马,差人运着段匹布绢药材,就教太仆寺少卿祝孟献、礼部主事陆颙去易换好马一万匹,恁兵部行文书教国王管事的官每知道,于官民有马之家,照依那里时价易换,将来不要亏着他。钦此。本部今将圣旨事意备云前去,理合移咨知会,钦遵施行。易马一万匹,运去段匹等物、各色苎丝生绡绵布,药材木香乳香丁香黄莲丹砂澹矾川芎缩砂肉豆蔻良姜白花蛇。

辛丑,朝廷国子监生宋镐、相安、王咸、刘敬等四人赍马价来。文绮绢绵布九万余匹及药材,用车一百五十两、牛马三百驮入京。

十月庚申,上如太平馆,饯监生王咸,以咸领初运马一千匹还朝也。

辛未,监生刘敬押二运马一千匹还。

始给马价,上等马段子则四匹,绢则十匹,中等马绢则八匹,绵布则十二匹,以白花蛇、木香、乳香等诸般药材并给之。

癸未,监生宋镐押三运马一千匹还。

十一月乙未,监生相安押四运马一千匹还。

同书三,二年(建文四年)二月壬午,监生柳荣押五运马一千匹还。

---

① 诏文见第四章第五节,时赏赉国王绮绢,誉为周之越裳,亦怀柔意。

三月丙午,监生董暹押六运马一千匹而还。

五月癸未朔,监生栗坚、张缉等押七运马而还,三运马价段子一千五百匹、绢一万三千匹、绵布六千五百匹,其交易马数一千六百二十四匹也。又以遗在段子九百二十八匹、绢五千三百八十四、绵布三百八匹,易马九百九匹,随后入送。

总上各项共马七千匹,未足一万之数,即徇朝鲜之请而停止①,然合之以前所进三千匹,则仍足一万之数矣。以朝鲜万匹之马供给辽东士兵,其势捣虚西进,足以震撼全局,后因人谋不臧,虽先后失败,然朝鲜不为成祖利诱,始终尊奉朱明正统,此种态度则殊可注意也。

野史记载祝孟献等使朝鲜易马者,以余所知,以《姜氏秘史》为最详,《秘史》四,建文三年六月:

> 遣太仆少卿祝孟献使朝鲜易马。孟献赍纻丝五千匹,绢四万匹,布二万匹,药材一万六千斤易马,未及还,上出奔。

案《秘史》成书颇早,此言应有依据,惟孟献虽未及还,其所易之马则早到辽东,姜记并不了了,又姜书于朝鲜之态度、贡马之影响,亦茫昧不明,今以芳远《实录》对照,则均可豁然矣。明官书于惠帝与朝鲜之关系,概不记载,惟《太宗实录》洪武三十五年八月己巳条:

---

① 芳远《实录》:二年三月丁未,朝廷兵部咨文到,其咨文曰:"本部钦奉圣旨,易换马七千匹,今已易来,朝鲜不能充一万匹之数,则不可强易,使臣可回来。"

> 辽东都司言:缘边胡寇,窃发不时,骑士乏马操备,辽东行太仆寺旧所易朝鲜马二千六百余匹,请以给军士,从之。

又永乐元年五月甲申:

> 镇守辽东保定侯孟善奏:太仆寺少卿祝孟献往朝鲜市马千匹,已至辽东,未有处分。上命尽以给辽东军士之戍边者。

证以芳远《实录》,始知与伐燕有关也。

再考惠帝所派诸使,大都儒雅风流,清不近货,兹略举数人以为例,如建文三年,遣通政府丞章谨封芳远,芳远《实录》一,是年六月庚午记:

> 上诣太平馆拜节,用一拜叩头礼,设宴,使臣却女乐,只听唐乐,上将出,章谨谓上曰:"某等欲诣王宫以谢慰宴,但以天子之节在此,故不敢斯须离也。"上还宫,遣近臣馈鞍马衣服靴帽细布等物,使臣却而不受。又使判司农寺事偰眉寿善辞以馈,谨等曰:"国王以君子侍吾等欤!"固辞,竟不受。

后遣太仆寺少卿祝孟献等贸马,同书二,是年十二月庚午又记:

> 太仆少卿祝孟献、礼部主事陆颙等还,上率百官饯于西郊。孟献等之将还也,以黑麻布白纻布为赆,太上王(李旦)及上王(李　)亦以黑麻白纻布赠之,孟献曰:"衣服皆国王所赐,恩已厚矣,又何如此乎。辽东人知之,则谓我受赠,不公于易

马,则累及国王矣。"颙亦不受。

孟献之始至也,上赠装金束香带,受而带之,及归还之,唯求买鍮匕鍮箸各十、银汤罐一而归。

建文四年,遣鸿胪寺行人潘文奎往锡国王冕服,同书三,是年三月载:

甲申,上赠衣一袭于潘文奎,不受,文奎但至阙陈谢而已。
丁亥,使臣潘文奎还,上饯于迎宾馆,文奎温雅风流,清不近货,唯求诗卷。

其余如兵部主事端木智、礼部主事陆颙等,虽偶纵情妓酒,绝无征索陋习,后天启间姜曰广出使,以不携中国一物往,不取朝鲜一钱归,至传遍中国,誉洽东藩①。上举诸人行谊,方诸姜氏,殆无逊色,可见惠帝用人之得体。然在中国方面之记载,则一垂盛名于永久,一泯事迹于来祀②,非得芳远《实录》对勘,何以发此久覆乎!又明代简派使臣,凡关封赏之事,概以内监充任(其余正副使则遣廷臣之有学行者)。检《朝鲜实录》,永乐间所派之内监最多,骚绎亦最甚(洪武时,间亦派遣内监,然远不如永乐时多),而惠帝则于封赏诏使,亦以文臣为之,《奉天靖难记》以"倚信阉竖"为惠帝罪状之一,孰知与事实适相反乎!洪武间,学校与科举并重,国学出身,可选为州

---

① 见《明史》本传,《輶轩纪事》及朝鲜仁祖李倧《实录》等。
② 雷礼:《列卿记·祝孟献传》仅记其姓名、爵里,无他事迹。黄淮《介庵集》有《送端木智使朝鲜市马》诗、《潘文奎使朝鲜》诗,皆无从知其作于建文时,至他书记诸人使鲜事者,均不详,不具举。

第六章　惠帝与朝鲜

县正官,后来渐重科举,进士为入仕正途,监生资格不能与之相比,太祖以监生习吏事,谓之历事监生,惠帝诏使征马,岂师其遗意? 此又惠帝奉行祖法之又一例证也。

由于上述种种,惠帝在鲜,似遗念甚深,芳远《实录》:"四年九月己酉,召成石璘、赵浚等议事。上曰:大抵人心怀于有仁。建文宽仁而亡,永乐多行刑杀而兴,何也? 浚对曰:徒知宽仁而纪纲不立故也。"今案赵浚论惠帝失败之故,颇中肯綮,惟时去南京沦陷已两年,追论旧事,犹以"人心怀于有仁"称道之,可见其景仰之笃。《列朝诗集》载芳远《献大明永乐皇帝》诗,指斥惠帝,备极阿媚①,钱氏注云:

> 吴人慎懋赏曰:"朝鲜乃箕子之国,然世远教衰,三仁之风泯矣。悲夫!"慎生评芳远此诗,以其有"未戮鲸鲵"之句而深非之也②,芳远父子弑王氏四君,杀忠臣而窃其国,其为此也,吾无讥焉尔。杀父而訾其袗他人之兄,不以迂乎!

今以此诗与芳远《实录》对照,则知此等谄谀之言,殊非其本衷,慎、钱两氏讥评,非笃论也。

---

① 见第四章第三节丁项。
② 此句解释见前。

第七章　汉王高煦之变与惠帝史书之推测

　　成祖次子、汉王高煦矫健多力，靖难兵起，成祖屡频于危，多赖营脱。后恃功骄恣有异志，永乐十四年，封国乐安（今山东惠民县），宣德元年反，宣宗率兵亲征，始克平定。汉王之叛与成祖之靖难绝相似，惠帝与宣宗之处境亦略同，特其失败与成功适相反耳。夫治史贵有相反之记载，始能比较互勘，藉求真相，今惠帝史书，既久遭焚毁，汉变一案，又仅存官书，自是一极大缺憾。兹拟从官书所载汉王史事之先后不同及《实录》记两案之态度互异上，推究其反对方面之记载，其事虽无明征，或亦解史之一法欤？

　　《奉天靖难记》记高煦战功与《太宗实录》异，兹略举数则以示例：

《奉天靖难记》		《太宗实录》	
卷二，洪武三十三年四月庚申	汉王率都指挥张玉、朱能、丘福等马步齐进……上见贼尽驰马，越堤逆之，佯以鞭后招，贼疑有伏，不敢追逾堤，止于堤傍。适汉王率精骑千余至，上曰："诸将正鏖战，尔何故来？"汉王曰："我闻至尊以数骑当贼众，故来。"上曰："吾战疲矣，尔进击贼。"汉王率众接战，彼此相持。	卷六，建文二年四月庚申	（上）乃麾张玉、朱能、丘福等马步齐进……上复驰马越堤逆之，佯以鞭招后，敌疑有伏，不敢越堤而止，遂相持。

续表

	《奉天靖难记》		《太宗实录》
卷四，三十五年三月壬辰	上命汉王守营，亲率精骑二万人，持糗糒，三日至浉河。	卷八，四年三月壬辰	遂亲率精骑二万人，持糗糒，三日至浉河。
同年四月丁卯	贼众皆过桥布阵，汉王率都监（督）张武、内官狗儿领虎贲士自林间突出击之。	同年四月丁卯	敌众遂度桥布阵，我将张武率勇敢士自林间突出击之。
同月己卯	上命虎贲士万人绝贼壁，间遮贼援，命汉王伏马步数万林间，俟贼战疲，突出击之……虎贲士与战，稍引却，汉王率众突击之。	同月己卯	上分壮士万人遮敌援兵，而伏马步兵数万于林间，豫戒之曰："敌战疲即出击之。"……壮士与战稍却，而伏兵突出奋击。
同月辛巳	上以大军攻其壁，令汉王率诸将先登。	同月辛巳	上以大军攻敌营垒，而躬督诸将先登。

据此，凡《靖难记》所载高煦战功，《实录》或故为乙去，或改属他人，盖前者纂于永乐间，叙高煦战绩，尚无所讳饰，后者成于宣德五年，在高煦叛变之后故尽泯其迹。然则今本《太祖实录》所载燕王塞上武功，虽有炫饰之词，或亦有事实根据，而在建文间初修本中之记载如何，可不难想像矣。

永乐间，高煦承宠，几夺储位，《实录》文繁兹不引，姑录《明史》所载者，如一一八《汉王传》：

> 时议建储，淇国公邱福、驸马王宁善高煦，时时称高煦功高，几夺嫡。成祖卒以元子仁贤，且太祖所立，而高煦又多过

失,不果。

同书一五〇《金忠传》:

> 帝起兵时,次子高煦从战有功,许以为太子。至是淇国公邱福等党高煦,劝帝立之,独忠以为不可,在帝前历数古嫡孽事,帝不能夺,密以告解缙、黄淮、尹昌隆,缙等皆以忠言为是。于是立世子为皇太子,而忠为东宫辅导官……帝北征,留忠与蹇义、黄淮、杨士奇辅太子监国。是时高煦夺嫡谋愈急,蜚语谮太子。十二年,北征还,悉征东宫官属下狱。

又一五二《邹济传》记东宫官属遭谗事:

> 当是时,宫僚多得罪,徐善述、王汝玉、马京、梁潜辈被谗,相继下狱死,济积忧得疾,皇太子以书慰曰:"卿善自摄。即有不讳,当提携卿息,不使坠蓬蒿也。"

案以上各传多采自太宗、仁宗、宣宗《实录》,故颇多袒护太子语,实则成祖所以未立汉王者,盖因《祖训》有立嫡长明文,未必因仁宗之"仁贤"与高煦之"多过失"。成祖于洪武晚年威震北方,太祖虽无立之之心,然假以兵柄,颇见宠信,如《太祖实录》所言者,并非无故。其以此骄蹇,阴谋大位,参以汉王故事,亦不难测知,此事初修本《太祖实录》或详载之,而今本《实录》则尽为隐讳已。

《实录》记载成祖、仁宗崩,高煦谋位愈急,《宣宗实录》宣德元年八月壬戌:

第七章　汉王高煦之变与惠帝史书之推测

> 太宗皇帝北征晏驾,高煦之子瞻圻时在北京,凡朝廷所设施皆潜遣人驰报高煦。一昼夜六七遣行,高煦亦数十遣人,潜伏京师伺察……仁宗皇帝大渐时,上在南京,被召还,高煦谋伏兵邀于路,仓卒不果。

同书洪熙元年六月辛丑:

> 上至自南京,先是仁宗皇帝上宾,遗诏上早正大位,宫中以上未还,秘不发丧,至是驿报上至良乡,宫中始出遗诏……壬寅,初,大行皇帝上宾,外间稍稍有闻,上未至北京,喧传高煦欲举兵犯阙,人心汹汹,及上还始定。而京师戒严已久,上至之明日,召英国公张辅等谕之曰:"山陵之期尚远,今天气炎热,戒严甚久,将士烦劳,其悉撤之。"辅等对曰:"殿下未正大位,军卫未可撤。"上曰:"天下神器,非智力所能得,况祖宗有成命,孰敢萌邪心!"遂即日解严。

案成祖、仁宗之死,高煦两度欲起事,故两帝初崩,皆秘不发丧①,《实录》为暴露汉王之篡逆,故详记其事。然持此以求太祖崩后,惠帝逾月始讣告诸王、及成祖朝京折返等记事,则成祖觊觎帝位之态度甚明显,而惠帝方面之纪事,亦可推此而知矣。

永乐间,汉王练兵整武,已作非分之图,《太宗实录》永乐十四年九月丙申:

---

① 成祖初死不发丧,见《太宗实录》。

上闻汉王高煦于各卫选精壮军士及有艺能者,以随侍为名,教习武事,造作器械,心益疑之,遂有还京之意。先敕右军都督佥事欧阳青曰:"亲王护卫官军自有常数,凡各卫选拔随侍汉王者,令各还原伍,不许稽留。"时青专典汉府兵事故也。

案欧阳青为高煦死党①,故成祖敕责之语能否发生作用,颇是疑问。惟据上述,是汉王之选练精卒,造作兵器,与《靖难记》《太宗实录》载成祖上书所辨析者略同,亦即成祖之行径应亦类此,而惠帝据祖制指责之语②,亦可与成祖敕青之语相印证也。

汉王发难之前,亦先通结内奸,《宣宗实录》宣德四年二月辛巳《冀杰传》:

　　高煦反,上亲征,列侯中有阴持两端者,言高煦机变不测,用兵若神。杰扬言于众曰:"吾知其为人,徒尚诈而无胆,今天威临之,即震慑就擒矣,何神之有!"竟如其言,众服其明云。

又黄训《明名臣经济录》十二杨士奇《诏初即位事宜》:

　　一、在京行事校尉多有在外假公营私,挟制官府,欺骗平人,瞒昧朝廷,如此先唐赛儿及汉庶人谋反行事,官校明知其事,不报。

---

① 见《实录》永乐十五年十二月辛卯本传。
② 见《实录》载燕王上书辩护卫官军逾额事。

第七章　汉王高煦之变与惠帝史书之推测

是当时朝廷大臣及在京校尉阴党汉王者已甚多，与成祖起兵之时正相似，成祖通结内奸情形惠帝方面当有显明之记载，特在《太宗实录》中则隐约其词耳。

《实录》宣德元年八月丁卯，载汉王责仁宗、宣宗之过失：

> 高煦遣百户陈刚赍奏言，仁宗皇帝不当违洪武、永乐旧制，与文臣诰敕封赠，谓上不当修理南巡席殿等事为朝廷过。

此谓仁宗不遵洪武、永乐旧制，与成祖诋惠帝背弃《祖训》者同，谓宣宗不当修理南巡席殿，与成祖诋惠帝拆毁宫殿，大兴土木者尤相类；又同书四年四月戊寅，宣宗复宁王权书述汉王叛变事：

> 往者，逆贼高煦在太宗文皇帝时屡造大罪，及予嗣位，加厚待之，而包藏祸心，终谋不轨，然求朝廷之过未得，辄妄称太祖高皇帝时未尝颁给群臣诰敕，以为擅改旧制，具本指斥。遂举兵反，及被执至京，出洪武中《诸司职掌》示之，逆煦俛首无言，愧悔不及。

此谓宣宗未背成宪，故出太祖《诸司职掌》以为证，设使当年成祖生擒，惠帝以《祖训》"法律"第十三条全文示之①，则其所撰之史书②，独不可谓"逆棣俛首无言，愧悔不及"乎？

汉王指斥宣宗诸臣，以夏原吉为首，《实录》宣德元年八月壬

---

① 即成祖据以起兵靖难之文，应一、奉天子密诏，二、乱平之后，收兵于营，朝天子而后返。

② 亦如宣宗《东征记》之类。

戌记：

> 遂斥二三大臣为奸臣，而指夏原吉为首，并索诛之，为危语，以撼朝廷。

又王鏊《文恪公集》二三《夏原吉传》载：

> 汉庶人反，檄辅臣奸邪乱政，以公为首，上夜召公等入议，公免冠顿首曰："臣罪当死。"上曰："彼借卿为兵端耳。"命分坐，屏左右密议，杨荣首劝上亲征，上难之，顾公，公曰："往事可鉴，机不可失也。臣昨见所命将，语臣而泣，其临事可知①，兵贵神速，卷甲趋之，所谓先人有夺人之心也，杨荣言是。"上意乃决，躬率六师，兼程而往。师临城，庶人欲降，犹令人绕城骂公。罪人既得，大被恩赏。

此与成祖兴兵，以齐泰、黄子澄为奸臣首者同，齐黄诸人行性，今已无正面记载可考，惟证以原吉之守正不阿，则《靖难记》《太宗实录》等书所诋毁者，诚如宣宗言，不过"借为兵端"而已。原吉，建文间官户部侍郎，对靖难原委，自所深悉，其劝宣宗亲征，以李景隆事为喻，则惠帝所遣将，必已慑于成祖威棱，后来景隆叛附，或并与此有关乎？然则宣宗之平乱与惠帝之失国，固以亲征与否为关键也。

《实录》为成祖靖难作伏笔，亦为汉王之变作预示，如《太宗实

---

① 《明史》本传作"独不见李景隆已事耶？臣昨见所遣将，命下即色变，临事可知。"

录》永乐五年七月乙卯《徐后传》：

> 初立皇太子，封汉、赵二王，后曰："太子国家之本，诸王藩屏所资，愿择老成端正之士辅养德器。"上曰："此朕所注意也。"……(后)又曰："长子仁厚足为令器，不忝祖宗矣。二子(汉王)三子(赵王)，陛下宜早教之，惟陛下留意。"上曰："吾亦知之。"……遗命皇太子曰："……尔吾之长子，孝仁淳厚，当夙夜恪勤，敬事君父，勿以吾故过哀毁，以伤君父之心。"

案仁宗失爱君父，《实录》虽尽量回护，然参以他书，尚不难考知，至汉赵二王之媒孽仁宗，冀图大位，则官书之中尽为暴露，此言徐后誉仁宗为令器，而谓二子三子宜早教之者，明系为后来汉叛作伏笔，《太祖实录》初修本《马后传》记成祖事似可以此推之也。又《太宗实录》序记太祖与高后议立燕王事：

> 初懿文太子以柔弱牵制文义，不称太祖意，又闻其宫中过失，太祖语孝慈高皇后曰："朕与尔同起艰难，成帝业，今长子不称吾意，如何？"皇后曰："天下事重，妾不敢与知，惟陛下审之。"太祖曰："诸子中燕王仁孝，有文武才略，能抚国安民，吾所属意。"皇后曰："幸毋泄言，恐祸之也。"

又《太祖实录》洪武十五年八月丙戌《马后传》：

> 今上(成祖)初生，有云龙之祥，后甚异之，后尝梦微时携诸子在原野间，卒遇寇至，皆红巾，甚恐，适今上以马进，扶后上

马,复跃马从,寇见今上皆辟易遁去,后与诸子从容而还,遂觉,故独钟爱于今上焉。

此与前举《徐后传》可视为同一史事之两面记载,如前者可视为惠帝记燕王时,则后者可作为汉王记仁宗事矣。

《太宗实录》永乐十五年三月丙午,记汉王之封国乐安:

> 上觉其有异志,前此高煦所为多不法,上以其长史程石琼、纪善周巽等不能匡正,皆黜为吏交阯,其后府中有从征军士三千余人,不隶兵部。又侵占各公主府牧地及民田为草场,长史蔡瑛、纪善周岐凤数谏,高煦积不能平,遂假他事送岐凤锦衣卫狱。时皇太子监国,谓锦衣卫非王府狱,恐上闻之,重高煦之过,欲出之,又重违高煦意,乃降岐凤为长洲县教谕。自是高煦益恣肆无忌。已而上闻其纵卫士于京城劫掠,为兵马指挥徐野驴所执,高煦遣人捽野驴至,以铁爪挝杀之。又闻其支解无罪人,暗投之江,及僭用乘舆器物,上犹隐忍未发,及车驾南还,尽得其私造兵器,阴养死士,招纳亡命,及漆皮为舟,教习水战等事,上怒甚,召至面诘之,又录示其不法数十事,褫其衣冠,囚縶之西华门内,命中官黄俨等昼夜守之,将免为庶人,皇太子恳为救解。上厉声曰:"吾为尔去蟊贼,尔反欲养患自及耶!"皇太子跪曰:"彼诚无状,宜未必有害臣之心。"上曰:"吾为父乃不能知子耶?虽尔千万分友爱,彼方以世民自任,而目尔为建成,此可容耶!"不怿而起。他日,皇太子复屡言之,上曰:"汝若不从吾意,久当悔之。"又曰:"今可置之何地耶?既不肯往青州,决不可留于京师,虽畿内之地,亦不可容,

今吾强徇汝意,不去其爵,处之近畿之地,一旦有变,可朝发而夕擒也。"于是有乐安之命。时皇太孙亦在侧,上语太孙曰:"吾为君父在上,彼尚敢然,将来何有于尔父子。尔但毋忘吾言,有危宗社者,当为宗社除之,周公诛管蔡,圣人所为也。"

案此记汉王骄恣(如练兵、造器、陵人等)须与《靖难记》成祖上惠帝书相参看,可见同样事实,两造记载,各执一词。至汉王囚系西华门事,是否可信,则尚待他证,盖黄俨为汉府死党,苟真惩处汉王,决无使之监视理。又乐安本北地练兵重镇,时成祖尚未正式奠都北京,所谓一旦有变,朝发夕擒之语,更无着落。惟由此可以推知者,即史臣以高煦之叛为成祖早料知,仁宣二帝则故为救解,以明其宽惠。然则《建文遗迹》所记燕王觊觎大位,太祖屡欲废之,赖廷臣谏免,又幽于别苑,不许进饮食者,事虽不经,倘与初修本《太祖实录》相去不远欤?前文谓成祖倡周公辅成王口号,乃因惠帝有周公诛管蔡之说(见第四章第五节),此谓成祖诏宣宗,有"周公诛管蔡,圣人所为"之语,正亦同样情节也。又《仁宗实录》(应为《宣宗实录》——整理者注)洪熙元年七月庚辰载:

> 汉王高煦陈奏国利安民四事,上览之喜,命有司施行。上复书谢之曰:"叔父忠存宗社,远辱嘉谟,铭感于心,已悉付所司施行,惟频惠教,是所深望。"既而顾侍臣曰:"永乐中,皇祖尝谕皇考及朕,谓此叔有异心,宜备之,然皇考待之极厚,如今日所言,果出于诚,即是旧心已革,不可不顺从也。"

此亦故示宣宗宽惠,与《太宗实录》记成祖上书故作忠悃之态,而望惠帝听纳者,用意相同,而写法则相反,惠帝与汉王之记事,可于此中求之矣。

《太宗实录》永乐十九年八月庚申,记汉世子瞻壑薨:

> 讣闻,上辍视朝三日,遣官赐祭,治丧葬,谥懿庄,上叹曰:"此儿虽循良,使不死,亦终不能匡救其父也。"

案此文痛悼瞻壑,与《太祖实录》所载痛惜皇长孙雄英事如出一辙①,前者暗示汉王叛变,后者深恶惠帝当国,实同一史事之两面记载。又《宣宗实录》宣德元年八月癸酉:

> 上马上顾谓侍臣曰:"汉高帝初封吴王濞谓其有反相,至景帝时果反,永乐中,皇祖谓高煦有异志,不宜处大国,置之乐安,今果反,何皆料之审也。然景帝提杀吴太子,又行晁错削夺之计,故濞反,朕待诸王皆厚,至如汉王,以其皇考至亲,待之尤厚,何为而反耶?"侍臣对曰:"彼蓄反心非一日,非恩德所能驯者。"

此与太祖论七国叛汉②,事相似而意相反,惠帝所修之《太祖实录》倘亦类是乎!

《太祖实录》所载训诫诸语,似亦有影射靖难者,此种例证甚多,不必尽举,姑列数则如下。洪武元年正月己卯:

---

① 洪武十五年五月己酉。
② 见第四章第六节。

> 上谕群臣曰："吾观史传所载,历代君臣,或聪明之君,乐闻忠说,而臣下循默奸谄,不尽其诚者有之。或臣下不欺,能抗言直谏,而君上昏愚骄暴,饰非拒谏者有之。臣不谏君,是不尽臣职,君不受谏,是不能尽君道,臣有不幸,言不见听,而反受其责,是虽得罪于昏君,然有功于社稷人民也。若君上乐于听谏,而臣下乐于进谏,则政事岂有不善,天下岂有不治,乃知明良相逢,古今所难。"

同年二月癸卯：

> 上御奉天门,谓侍臣曰："凡人之言,有忠谏者,有谗佞者,忠谏之言,始若难听,然其有益,如药石之能济病,谗佞之言,始若易听,然其贻患不可胜言。夫小人之为谗佞也,其设心机巧,渐渍而入,始焉必以微事可信者言于人主,以探其浅深,人主苟信之,彼他日复有言,必以为其尝言者可信,将不复审察,谗佞者因得肆志而妨贤病国,无所不至。自古若此者甚多。而昏庸之君,卒莫之悟,由其言甘而不逆于耳故也。惟刚明者审择是非,取信于公论,不偏信人言,则谗佞之口可杜矣。"

又四年闰三月己未：

> 上谕省台臣曰："朕诸子日知务学,必择端谨文学之臣兼官僚之职日与之居,讲说经史,蓄养德性,博通古今,庶可以承藉天下国家之重。但人之相与,气习易移,与正人处,则日习于正,如行康衢,自不为偏歧所惑,若与邪人处,则日习于邪,

如由曲径,往而不返,不觉入荆棘中矣。"

又八年五月庚申:

> 上谓侍臣曰:"人君深居高位,恐阻隔聪明,过而不闻其过,阙而不知其阙,故必有献替之臣,忠谏之士,日处左右,以拾遗补阙。言而是也,有褒嘉之美,言而非也,无谴责之患。故人思尽职,竭其忠诚,无有隐讳。如此则嘉言日闻,君德日新,令闻长世,允为贤明。若昏庸之主,吝一己之非,拒天下之善,全躯保禄之臣,或缄默而不言,或畏威而莫谏,塞其聪明,昧于治理,必至沦亡而后已。由此观之,能受谏与不能受谏之异也。"

案太祖为忧勤惕励之主,故上引诸文,非不可信,惟如持与成祖诋毁惠帝听信奸回、不纳忠谏事合观,则此种文字是否含有其他作用,固亦难说。如再与前举成祖斥责汉王事相较,则觉其为官书在不同之立场所故作之伏笔,特前者记载明显而后者用意隐晦而已。

纵贯以上所述,成祖汉王起事全同,惠帝宣宗成败互异,然则太宗、仁宗、宣宗三朝《实录》所记汉王事,视作惠帝记燕王之事可,太祖太宗两朝《实录》所记成祖事,视作汉王自记之事亦无不可,明禁建文朝事,致使记载失传,汉王阶下俘囚,更无自撰之史乘,而在官修《实录》之中皆略透其梗概,此则当时史臣所未及料者也。

附　　编

元末革命的平民兵

一

在民国纪元前,中国历史上,有两个很可纪念的时期:一个是汉朝,一个是明代。汉高祖起自泗上亭长,明太祖出身于破庙里的和尚,都是以平民的资格,作革命的领袖,前者推翻了历来传统的贵族政治——秦朝;后者打倒了侵略中国的异族——元朝,在历代的革命史上,不能不说是别开生面!

农民革命,也并不像我们理想的那么纯洁和简单,尽管他们革命的动机,是为反抗贵族、官僚、地主的宰割,但到农民参加的人数,渐渐多起来,革命的势力,慢慢的扩大了,往往成为一群漫无组织,无纪律的乌合之众。他们不但不能改造社会,造福农民,反而将从前那一点要求平等、解放的希图,也会忘的干干净净。结果只有暴动、劫掠、屠杀,造成了大恐怖的世界。

在恐怖之下,生活着的农民,他们所受的痛苦,恐怕比起贵族、官僚、地主阶级的压迫来,还甚几千倍。因此大多数的民众们,动极思静,渐渐的于暴动式的革命,不表同情。这时候,无论军阀也好,官僚也好,农民革命的领袖也好,只要有兵权,能调度,同时还把握住农民这点好静恶动的心理,不扰民,不妄取,马上骚乱便可以镇压下去,而另换一种新局面。汉高祖和明太祖都是平民领袖中,把握住这种心理的人,所以能很迅速的平定了天下。

现在我们先撇下汉初的农民革命不管,单就元末明初几十年的斗争中,的确可以充分表现出上述的情形。

二

元朝的统治者,是一种最强悍最勇敢的民族,但他们的组织力和统治方法,却非常简单。毕竟马上得的天下,不能马上治的,所以元朝灭金亡宋,统一中国以后,已经觉得术尽技穷,对于一块广漠的土地,眼巴巴地看着没办法,后来又因为渐渐的汉化,连从前那种勇敢的民族性,也完全失掉了。所以到元顺帝的时候,蒙古人统一中国,虽然不到一百年,但当时政治的腐败,社会的崩溃,已经不堪了。

那时的统治者是:"主居深宫,臣操威福,官以贿成,罪以情免,台宪举亲而劾仇"[1],尤其是较为下层的小官吏,"郡官吏不得其人,懦者不立,流于纵弛,强者急遽,发为暴横,又皆以胡人为之长……为奸吏愚弄,假威窃权,以生乱阶"[2]。农民在这样腐败黑暗的政治下,自然有说不出来的痛苦,所以种种的反动、谣言,都接踵而起了。至正十一年(1351),"发汴梁大名十三路民,庐州等戍十八翼军二万[3]," 开黄河,使农民得着一个大集合的好机会,于是"民心益愁怨思乱。先是有童谣云,石人一只眼,挑动黄河天下反,

---

[1] 《明典章》第一册载龙凤十二年十一月吴王令旨语,北平图书馆藏钞本。
[2] 《明太祖实录》吴元年十二月。
[3] 《元史》卷四二《顺帝纪五》。

后开河,果于黄陵冈得石人一眼,而徐、颍、蕲、黄之兵起……自是南北郡县,多陷没,群雄割据,战无虚日,四方涂炭,民不聊生,咸愿真天子出矣"①。天下从此骚动了。

此时勇敢善战的蒙古军队,已经骄纵、逃亡,腐败得不成样子。《明太祖实录》里,曾记载有这样可笑的一段故事:

> 朕(太祖)昔下金华时,馆于廉访司,有给扫除老兵数人,能言元时点兵事,使者问其主将曰:"尔兵有乎?"曰有。使者曰:"何在?"主将举所佩系囊,出片纸,指其名曰,"尽在此矣"。其怠弛如此!②

即便勉强把兵招集起来,用他们去打仗,但"元兵云集,其老将旧臣,虽有握兵之权,皆无戡乱之略,师行之地,甚于群盗,致使中原板荡,城廓立墟,十有余年,祸乱极矣"。③ 如:元将彻里不花,率兵欲复濠城,"惮不敢进,惟日掠良民为盗以徼赏,民皆恟恟相扇动,不自安"④,便是这样的一个例。所以数年之间,平民起兵的人,风起云涌,终究颠覆了元朝。这我们一查《元史》,便可以见的到:

至正六年(1346)春三月,京畿盗起……山东盗起……十二月,河南盗起。⑤

---

① 《皇明实录》卷一。
② 《明太祖实录》洪武三年三月。
③ 《明太祖实录》丙午年。
④ 《明太祖实录》壬辰年。
⑤ 《元史》卷四一《顺帝纪四》。

七年(1347),通州盗起……集庆路盗起。①

八年(1348),土番盗起,海宁沭阳县盗起……台州方国珍为乱,聚众海上。②

十一年(1351),刘福通为乱……萧县李二及老彭、赵均用……聚众反……徐贞一(寿辉)……邹普胜等……聚众举兵……邓南二作乱……③

十二年(1352),邹平县马子昭反④。

十三年(1353),张士诚反。⑤

十五年(1355),明太祖起兵渡江。⑥

元朝政府,对付起事的农民,一方面是痛剿,一方面是笼络。笼络的方法,又可分:一、放赈,二、免赋,三、招降起义的民兵,三个方式。可惜这样"杯水车薪"的办法,抑制不住光芒万丈的革命火焰,毕竟把北京攻破,将元帝给赶跑了。

三

农民革命的动机,是很简单的,最初不过是受不了官僚地主的压迫,起兵唯一的目的,是求生存。当时比较有点见识的人,似乎

---

① 《元史》卷四一《顺帝纪四》。
② 同上。
③ 《元史》卷四二《顺帝纪五》。
④ 同上。
⑤ 同上。
⑥ 《元史》卷四四《顺帝纪七》。

都看清了这一点。

> 陈思谦建言:"所在盗起,盖由岁饥民贫。"①
>
> 章溢……集里民为义兵击破贼。俄府官以兵来,欲尽诛诖误者,溢走说之曰:"贫民迫冻馁,诛之何为?"②

我们可以随便举一个例,在明初的诸将里,有一个小有名的悍将,叫陆仲亨。他从明太祖征滁州,取大柳树诸寨,曾立了不少的功劳,明太祖也自认为在初起兵时,他是一个心腹之将。但他起事的动机,便很简单。天下大乱,父母兄弟,全都逃亡了,家产自然也都被抢光了,当时抢剩的东西,仅有一升麦,又因为怕人再抢去,不敢回家,只能藏在荆棘的乱草里。后来被明太祖撞见他了,说:"来吧!我们一同革命去!"在这样穷困无聊的环境中,自然要逼得他不得不加入③。我们更可以看当时革命中,几位比较有点声势的人,他们的身世,是多么微贱!如陈友谅是渔家子,徐寿辉是贩布的,方国珍和张士诚都是贩盐的,就是成了帝业的朱洪武,也不过是农家子出身,后来穷困无奈,逼的出了家,还不能避兵乱,才加入革命。此外像芝麻李、刘福通……更都是地道的平民,被压迫的太甚了,为了求生存才革命。

正如我们第一节所说,尽管起义的动机是简单、纯洁,但是到革命的机缘成熟了,声势浩大了,包括的成分复杂了,往往把根本革命的意义会转变,而成为四分五裂的各种派别。

---

① 《元史》卷四一《顺帝纪四》。
② 《明史》卷一二八《章溢传》。
③ 《明史》卷一三一本传。

附 编

当时革命的农民军,大约可分为三派的:

第一派可以叫做激烈的破坏派,这一派因为积怨于贵族官吏、土豪、地主的压迫,所以抱绝对不合作主义,而专从事于社会破坏,所采取的手段,是劫掠和屠杀。如:

> 彭早住、赵均用……二人粗暴浅谋……自相吞并,战士多亡,及均用专兵柄,狼戾益甚。①
>
> 邵宗愚……据三山寨。兄弟俱残暴嗜杀,近境颇被其虐害,尝再陷广州,大肆侵掠,广州民尤嫉之。及(为征南将军廖永忠)面缚入城,民往观之,争唾其面。②

正因为不分皂白的乱屠杀,使无辜的农民,也一样的受骚扰,所以对于这一派的革命军,大多数的农民,不但不同情,反而致嫉恨,就是有点眼光的革命家,也以此派是走向错的路,如陶安批评这一派的人:"其意在子女玉帛,非有拨乱救民安天下心!"③冯胜也以"倡仁义收人心,勿贪子女玉帛"劝明太祖④,大概都深以此派为不满了。

比较能干的人材,都不愿意同这一派合作,他们的人材,自然会缺乏了。

> 彭早住、赵均用遣人邀上(明太祖)守盱、泗,上以二人粗暴

---

① 《明太祖实录》卷一。
② 《明太祖实录》洪武元年二月。
③ 《明史》卷一三六《陶安传》。
④ 《明史》卷一二九《冯胜传》。

浅谋,不可与共事,辞弗往。①

　　常遇春……性刚毅,有勇力……为群盗刘聚所得,爱其饶勇,拔居左右,遇春见聚日事剽掠,无远虑,察其必败……归降太祖。②

我很疑心中国历史上,有很不少的农民革命,而这种革命,非常难成功,这固然是因为农民们分布的太广了,不容易有个统一集中的意识,作大规模的政治企图;既便有了统一的意识,但他们所持的根本解放农民的意义,也很快的就忘掉了,所以结果还是失败。看元末激烈的革命者,便是一个佳例。

四

　　明太祖虽然也是农民出身,但他起义以后,还始终保存着为农民谋利益的立场,我们可称这一派,叫作同情农民派。他一生的用兵,大部分是为打倒剥削的阶级,解放被压迫的农民。如:至正十五年(1355),当他初起兵的时候,攻下采石,就"先令李善长为戒戢军士榜……士卒欲剽掠,见榜揭通衢,皆愕然不敢动。有一卒违令,即斩以徇,城中肃然"③。因为他看清楚了农民的心理,"秋毫未犯,(可)一举而遂定……使民乐于归附,则彼未下郡县,亦必闻

---

① 《明太祖实录》卷一。
② 《明太祖实录》乙未年。
③ 《明太祖实录》卷三。

附　编

风而归"①。所以尝戒谕诸将："吾每闻诸城不妄杀人,辄喜不自胜。盖师旅之行,势如烈火,火烈则人必避之,故鸟不萃鹰鹯之林,兽不入网罗之野,民必归于宽厚之政。"②

就是明太祖部下的将吏们,也有好多没忘记自己起义时的动机,始终表同情于农民,如:

耿再成……持军严,士卒出入民间,蔬果无所损。③

李文忠进克浦江,禁焚掠……民大悦……趋杭州……下令曰:"擅入民居者死,一卒借民釜,斩以徇。"④

廖永忠帅舟师直捣重庆……蜀主明昇降……下令禁侵掠,卒取民七茄,斩之⑤。

诸将克和州,兵不戢,(范)常言于太祖曰:"得一城而使肝脑涂地,何以成大事?"太祖乃切责诸将,搜军中所掠妇女,还其家,民大悦。⑥

我们看当时有名的大将军徐达,《明史》中记载他:"所至不扰,

---

① 《明太祖实录》卷七。
② 同上。
③ 《明史》卷一三三本传。
④ 《明史》卷一二六本传。
⑤ 《明史》卷一二九本传。
⑥ 《明史》卷一三五本传。

即藉壮士与谍,结以恩义,俾为己用,由此多乐附大将军者!"①自从他最初领兵,攻下平江,打败了张士诚,就下令将士:"掠民财者死,毁民居者死,离营二十里者死!"②以直到最后攻破北京,除去杀了几个暴戾的官吏外,其余不戮一人,"封府库,籍图书……禁士卒无所侵暴,吏民安居,市不易肆"③。他一生功绩很多,"所平大都二,省会三,郡邑百数,闾井宴然,民不苦兵"④。更可以作为同情农民的代表。

以上所举诸人,在他们的本传里,很清楚的记载着,都是平民出身,因为他们没有忘记当年荷锄日午,汗滴禾土的情景,没有忘记急待把剥削阶级打倒,同时还要扶植农民,同情农民,所以也最被农民所拥护和爱戴。有真心革命的人,从此都加进来,有团结的民众们,也渐渐的归附了。人材众多了,势力雄厚了,自然会一方面打倒上层的统治者,一方面平定了扰乱破坏派。明朝群臣们的成功,岂是偶然的!

五

大部的农民,是偏于保守的。他们最需要的,不是政治上的革命,而是同里的农民们联合起来,对于自己的生活,加以保障。只管生活的安定与不安定,而不问统治的人是李四或张三。我们可

---

① 《明史》卷一二五本传。
② 同上。
③ 同上。
④ 同上。

附 编

以把这一派叫做消极的革命派,或保守派。

本来破坏派的声势愈大,各地的骚扰也就愈多,使大部分的农民们,不得不组织起来,加以抵御,他们的目的,第一是保障乡里:

> 吴复,庐州合肥人……元末四方兵起,复因集里中子弟,谓曰:"今世乱兵起,所在皆被寇掠,我等岂能安处?当与众团结立寨,保障乡里。"众皆诺,于是团乡民,编部伍……结寨自固。①

> 洪武元年五月,国州(应为"昌国州"——整理者注)兰秀山盗入象山且作乱,县民蒋公直等,集乡兵击之。②

> 何真,广东东莞人……元至正间,岭南盗起,焚掠州郡,真集义兵保乡里。又群盗攻惠州,真率众破之,城赖以完……时中原大乱,南北阻绝,真益练兵据险,保障一方。③

第二是施行自治,防止加入破坏派的游民。

> 曾鲁……新淦人……元至正中……率里中豪,集少壮,保乡曲,数具牛酒,为开陈顺逆。众皆遵约束,无敢为非者,人号其乡曰君子乡。④

---

① 《明太祖实录》洪武十六年十月。
② 《明太祖实录》。
③ 《明太祖实录》洪武二十一年三月。
④ 《明史》卷一三六本传。

此外对于剥削的统治者,自然也加以相当的反抗。

这一派因为希望的条件极低,没有什么政治的企图,所以不需要大规模的组织,只是将有共同利害关系的人——同乡——联合起来,加以防卫。这种组织,很像我们近代的乡团,可惜现在的乡团,大都是有名无实,不像元末的乡团,那样有实力。

以乡团起家的人,是反对暴动的,不好杀戮的,他们唯一的希望是息事宁人,平平安安的过日子,有名的定远乡团领袖缪大亨,《明史》称他:"宽厚不扰,而治军严肃,禁暴除残,民甚悦之"[1],便是一个佳例。元末的统治者,他曾看清了这一点农民心理,所以往往将这伙民团的势力,收买了来,用以打下其他起义的农民兵。

> 至正十二年五月,命江南行台御史大夫……宣敕台州民陈子由、杨恕清、赵士正、戴甲,令其集民丁夹攻方国珍[2]。

> 十四年(1354),诏河南、淮南两省,并立义兵万户府。立南阳邓州等处毛胡芦义兵万户府,募土人为军,免其差役,令讨贼自效。因其乡人自相团结,号毛胡芦,故以名之[3]。

> 十七年(1357),诏天下团结义兵,各府州县正官,俱兼防御事[4]。

---

[1] 《明史》卷一三四本传。
[2] 《元史》卷四二《顺帝纪五》。
[3] 《元史》卷四三《顺帝纪六》。
[4] 《元史》卷四五《顺帝纪八》。

> 十八年(1358)二月,议团结(陕西)西山寨大小十一处,以为保障……调设万夫长、千夫长、百夫长,编立牌甲,分屯要害,互相策应①。

《元史·董抟霄传》②记载他曾建议元顺帝:"淮南为南北襟喉,应于黄河上下并濒淮海之地……每三十里设一总砦,就中又设一小砦,使斥堠相望,遇贼则并力野战,无事则屯种而食。"我疑心砦就是指农民所组织的寨,"遇贼则并力野战,无事则屯种而食"。也只有保守派的乡团才相宜。这样有计划有组织的收买,真够使人惊异的!

《续文献通考》记元朝的兵制③中有士兵、义兵、毛胡芦兵、果毅军,五花八门好不热闹,其实都可以叫作平民兵,统治者利用乡团的一套把戏。

因为立场不同,利害不同,又加上元末的政治贪污和君臣的昏暗,使上层的统治者和保守派的农民,毕竟不能合作,结果使同情农民派和保守派的农民携了手,进而打倒元朝及破坏治安的革命者。我们看有多少人是元末的义兵,后来都转变归附了明太祖:

> 汪叡……婺源人,元末与弟同集众保乡邑,助复饶州……胡大海克休宁,叡兄弟来附。④

---

① 《元史》卷四五《顺帝纪八》。
② 《元史》卷一八八《董抟霄传》。
③ 《续文献通考》卷一二八《兵考·郡国兵》。
④ 《明史》卷一三七本传。

单安仁,凤阳人……招集义兵,保乡里,元授枢密院判官……后率所部渡江来附。①

韩政,睢人,尝为义兵元帅,以众归太祖。②

朱亮祖,六安人,元授义兵元帅,太祖克宁国,禽亮祖,喜其勇悍,赐金币,仍旧官。③

所以《明史》曾叙:"元末所在盗起,民间起义兵,保障乡里,称元帅者不可胜数,元辄因而官之,其后或去为盗,或事元不终。"④胡粹中也深慨叹:"兵贵精不贵多,将在和不在众,添设帅领,团结义兵,不足御敌,适足以资敌耳……果何益哉!"⑤

六

明太祖革命所以成功,就是藉助于各地乡团的力量,除了上面所举的由元来归的乡团外,在他的"保民"口号之下,还有不少的人是"慕义"来归的.

---

① 《明太祖实录》洪武二十年十二月。
② 《明史》卷一三〇本传。
③ 《明史》卷一三二本传。
④ 《元史》(应为《明史》——整理者注)卷一二四《陈友定传》。
⑤ 《续文献通考》卷一二八《兵考·郡国兵》。

癸巳(至正十三年),上在郭元帅甥馆掌兵,有救天下安生民之志……于是乡里壮士徐达等数十人,率先归附。①

周时中,吉安龙泉人,元季从彭莹玉……起兵……复从徐寿辉称平章……岁壬寅(1362)率所部来降。②

华云龙,定远人,聚众居韭山,太祖起兵,来归……为千夫长。③

金朝兴,巢人,淮西乱,集众结寨自保,俞通海等既归太祖,朝兴亦率众来附。④

杨璟,合肥人……因乱,集里中少壮,保乡井,至是(至正十五年),渡江来归,授管军千户。⑤

张赫,临江人,江淮大乱,团结义兵以捍乡里……闻太祖起兵,率众来附。授千户,以功进万户。⑥

王志,临淮人。以乡兵从太祖于濠,下滁、和,从渡江,屡

---

① 《皇明实纪》卷一。
② 《明太祖实录》洪武十三年十月。
③ 《明史》卷一三〇《华云龙传》。
④ 《明史》一三一本传。
⑤ 《皇明实纪》卷一。
⑥ 《明史》卷一三〇本传。

腾栅先登，身冒矢石。①

王弼……淮人。……善用双刀，号双刀王。初结乡里，依台山树栅自保。逾年，率所部来归。②

冯国用与弟国胜……因里人推为义长，保障乡曲，至是(至正十四年)遇上，略地至妙山，国用率所部来附。③

在以上所举的诸人中，有一些是顶能打仗的，像徐达、冯国胜、华云龙等，都曾以汗马的勋劳，作了开国的名将。有一些虽然也是平民出身，但是比较有点眼光和知识的，像冯国胜兄弟"并喜读书，尤喜读《孙武子》，讲论兵法，夜分不寐"④。杨璟"少沉毅，喜读书，不喜章句，好武略"⑤。明太祖既然有这好多的人材，接受了他们许多的建议和划策，自然不再走向破坏、屠杀、劫掠的路子，而收拾了元末农民革命的残局。

还有一些乡团，是明太祖领兵攻下的。当他初起革命时，便是藉助于这一部分人。至正十四年，太祖起兵，但部卒极少，"闻定远张家堡，有民兵，号驴牌寨者，孤军乏食，欲来降，未决。太祖曰：此机不可失也……率兵三百人，抵(其)营，诱执其帅，于是营兵燹旧垒，悉降，得壮士三千人。又招降秦把头，得八百余人。定远缪大

---

① 《明史》卷一三一本传。
② 《明史》卷一三二本传。
③ 《皇明实纪》卷一。
④ 同上。
⑤ 同上。

亨以义兵二万屯横涧山,太祖……破之,亨举众降,军声渐大振"①。此后历平的大小山寨很多:像毛胡芦山寨,巩县诸寨,焦山诸寨,苏九畴山寨,青寨②,广德山寨,柳寨,张赵寨,托天寨,潞州桃花寨,彰德蚁尖寨……③这些寨的领袖们,自然有的难免是激烈的革命者,但"聚寨""屯堡"相保者,大部分是保守的自卫派,在明太祖"不嗜杀人"的政策下,都一一的投降了。

七

　　乡团的组织法,是怎样的呢?大概地势险峻的地方,多半是依山为寨,地形平衍的地方,大部是村外筑堡。寨,多行于西北和东南,而堡则多行于大河的南北。不过堡也有时候叫作寨,二者之间,并没有严不可混的界限。每一个寨或堡,都有一个领袖,是为人民所推举的,有的是年长的老者,有的是比较有声望的人,但他们必定为大多数的人民所依附,才有被推举的资格。

　　寨或堡,都是不攻只守的抵抗侵略,是一个最有效的办法,最可怕的组织。所以明太祖势力雄厚了以后,一方面固然要解除农民痛苦,以邀好于既归附的乡团,另一方面于未收附的寨堡,想尽各种方法去牢笼。龙凤十二年十一月诏:

---

① 《明史纪事本末》卷一《太祖起兵》。
② 均见洪武元年《明太祖实录》。
③ 均见洪武二年《明太祖实录》。

> 人民果能复业,即我良民,旧有房舍田土,依额纳粮,以供军储,余无科取,使尔等永保乡里,以全家室……敢有千百相聚,抗拒王师者,即当移兵剿灭,迁徙宗族于五溪两广,永离乡土,以御我边。果有贤哲,或全城归附,或弃刃来降,予所赏赐,非敢有吝![①]

这真是一篇一唱三叹的文章!这个诏令的用意,自然是警告当时未归附的起义者,因为它开首便提出"使尔等永保乡里,以全家室"的利诱,正是保守派的农民所渴望的,所以我疑心以下所说的"千百相聚"和"果有贤哲",大部分是暗指的当时乡团。看呵!复业的农民,可以无条件的保障他们生活安全,不加科税,拒抗明兵的,不客气的剿灭、充边,全城归附的,重加赏赐,在这寥寥九十余字中,充满了牢笼,威吓和收买的政策!又洪武元年九月诏:

> 避兵人民,团结小寨,诏书到日,并听各还本业,若有负固执迷者,罪在不原。[②]

可见明太祖对于寨堡的组织,是多么注意!

大概在明朝二百多年间,"屯堡""聚寨"的风气,始终就没有间断。如正德时,"方宸濠之谋为变也,西江士民,受害不可胜纪,初遣阉四出,籍民田庐,收缚豪强不附者。有万本、郑山,俱新建人,

---

① 《明典章》第一册。
② 《明太祖实录》。

集乡人结砦自固,贼党谢重一驰入村,二人执之,积苇张睢阳庙前,缚人马生焚之,豪党不敢犯"①。又邓茂七为乱时,乡人也结寨东岩以相保②。政府有时候还组织寨堡来弭乱,如正德六年(1511),"大盗起:刘宸、杨虎、刘惠、齐彦名、朱谅等,乱畿辅,方四、曹辅、蓝廷瑞、郭本恕等,蹦四川,汪澄二、罗光权、王浩八、王钰等,扰江西,皆称王,四方告急无虚日……(何鉴为兵部尚书)乃录民间武士,令乡聚,悉树栅竣沟,团结相救"③。

崇祯时,"张五典度海内将乱,筑宝庄,为堡坚甚……(后)流贼至,五典已殁,独(子)铨妻霍氏在……乃率僮仆坚守,贼环攻四昼夜不克,而去……乡人避贼者,多赖以免"④,也似乎还不失明初"屯堡自固"的风气。又汝州为流寇往来的要衢,知州钱祚征曾"令民千家立一大寨,有急鸣钲相救,寇势衰息"⑤。而尤其显著的是河南,"河南凡八郡……其南五郡十一州,七十三县,靡不残破,有再破三破者,城郭邱墟,百不存一。朝廷亦不复设官,间有设者,不敢至其地,遥寄治他所。其遗黎仅存者率皆山寨自保,多者数千人,少者数百,最大者洛阳则际遇,汝宁则沈万登,南阳则刘洪起兄弟,各拥众数万,而诸小寨悉归之,或附贼,或受朝命"⑥,都是元末寨堡组织的孑遗。可惜这个老方法,"日居月□",已经成了强弩之末,并不足以制裁破坏派的革命者。同时,领兵的人,无论是上层的贵族,"起义"的平民,也很少有人,能利用农民"好静恶动"的心理。

---

① 《明史》卷二八九《忠义一·宋以方传》。
② 《明史》卷三〇一《列女一·郭氏传》。
③ 《明史》卷一八七《何鉴传》。
④ 《明史》卷二九一《忠义三·钱铨传》。
⑤ 《明史》卷二九三《忠义五·钱祚征传》。
⑥ 《明史》卷二九三《忠义五·鲁仕任传》。

后来让满洲人看清了这一点,对于士大夫阶级则大屠杀,对于农民则大解放,使中国才又安定了二百多年。

(本文原刊于《大公报·史地周刊》第89期,1936年6月20日)

论明太祖起兵及其政策之转变

旧史记明太祖起兵事虽详,惟就其家世遗传、环境熏习以及前后政策不同以立说者则较少,兹试论之。然因太祖先世已不甚可考,而明人又讳记其与红巾之关系,故文中胶执错误之处必甚多,斯则有望于方闻君子之惠教矣!又论太祖政策转变事,乃由傅孟真先生所启示,敬志谢忱。

上

明太祖以平民为天子,其先世宗派,虽有世德、皇陵等碑可资考证,而以世代为农,无事可记,故其家世之信仰如何,自亦无从深考。惟《皇明本纪》记太祖幼时事云:

> 生三日,腹胀几殆,仁祖梦抱之寺舍,欲舍之,抵寺,寺僧皆出,复抱归家,见东房檐下有僧坐板凳面壁,闻仁祖至,回身顾曰:"将来受记!"于是梦中受记,天明病愈。自后多生疾症,仁祖益欲舍之……及欲出家幼,太后必欲舍之,仁祖未许。至十七岁,仁祖及太后俱以疾崩,上长兄□□王亦逝,惟仲兄□□王存,上自以家计日窘,思昔父母因疾曾许为僧,于是与

仲兄谋,允托身皇觉寺。

据此,太祖以幼年多病,仁祖、太后并欲舍之寺,是其后来所以出家,虽因荒年饥窘,亦以遵奉亲命。太祖之父若母本皆乡里氓蚩,其舍子为僧,原亦民间迷信,然不能以此而谓太祖幼年之未受佛教影响也。太祖即位后,纵恣释氏,提倡出家,恐均与此有关系,而在晚年患病,犹服周颠进药,尤与民间之迷信者类。否则太祖出家仅五十日,即出而行乞,归后不久又从雄濠梁,其与僧寺之因缘实甚浅,所以拳拳佛教,至老不渝者,或为其十七岁前(太祖以及是年出家)所受之家世遗传,而在其幼年思想纯挚之时,凡与佛教有关之民间宗教自亦使易于接受也。

复次,淮水流域为宋元兵争之所,元兵杀戮暴行之事应有流传,因而于元代之压迫政治更具反感。且由太祖之母系上推,其外祖为南宋士兵,曾预崖山之战者。宋濂《銮坡集》二《扬王神道碑铭》记:

> 王姓陈氏,世为维扬人,不知其讳,当宋之季,名隶尺籍,伍符中,从大将张世杰扈从祥兴帝驻南海,至元己卯(十六年,宋祥兴二年)春,世杰与元兵战,师大溃,士卒多溺死,王舟亦为风所破,幸脱死达岸,与一二同行者累石支破釜煮遗粮以疗饥,已而粮绝,计无所出,同行者曰:"我等自分必死,闻髑髅山有死马,共烹食之,纵死亦得为饱鬼,不识可乎?"王未及行,疲极,辄昼睡,梦一白衣人来,谓王曰:"汝慎勿食马肉,今夜有舟来共载也。"王以为偶然,未之深信,俄又梦如初,至夜将半,梦中髣髴闻橹声,有衣紫衣者,以杖触王之胯曰:"舟至矣,奈何

不起!"王惊寤,身忽在舟中,见旧所事统领官,时统领官已降于元将,元将畏舟压,凡有来附者,掷弃水中,统领怜王,亟藏之艎板下,日取干糇从板隙投之,王掬以食,度王之渴,乃与王约,以足撼板,王即张口向隙受浆。居数日,事将泄,皆彷徨不自安,忽飓风吹舟,盘旋如转轮,久不能进。元将大恐,遍求于禜祈者不可得,统领知王能巫术,遂白而出之,王仰天叩齿,若指麾鬼神状,风涛顿息,元将喜,因饮食之。至通州,赉王数巨鱼,送之登岸。王归维扬,不乐为军伍,避去盱眙津里镇,择地而居,以巫术行。王无子,生二女,长适季氏,次即皇太后,晚以季氏长子为后,年九十九岁而薨,遂葬焉,今墓是已。

案扬王为风雨巫师,与红巾之烧香惑众者臭味相近,而以家世遗传之故,太祖之从雄起义,或与此有关欤?兹复可注意者,崖山之役为宋元最后决战,宋虽失败,然君臣蹈海,悲壮动人[1],扬王亲预斗争,当感觉沉痛,后王附船返里,虽未投掷水中,然亦饱经忧悸。时以降卒司造船事[2],扬王之避地盱眙,不乐军伍者,岂并有种族意识欤?王年九十九而薨,太祖以天历元年生,以时日推计,太祖幼年之时,扬王或尚健在,否则扬王行事亦可由淳后转告之。濂撰碑铭原据太祖自制之文所改作,故记王之脱难始末甚详。要之,太祖生于凤阳,幼承母教,应有民族思想,此与其后来参加红军,又有关也。

红巾起事假白莲教义相号召,所谓白莲教者,如析其成因,实

---

[1] 参看《元史》李恒等传。
[2] 《元史·世祖纪》至元十六年六月甲申,"宋张世杰所部将校百五十八人诣琼、雷等州来降,敕造战船征日本"。

以弥勒教、摩尼教、道教及民间流行之谶纬迷信为主要成分,《明史》一二二《韩林儿传》记:

> 韩林儿栾城人,或言李氏子也,其先世以白莲会烧香惑众,谪徙永年。元末,林儿父山童鼓妖言,谓天下当大乱,弥勒佛下生,河南、江淮间愚民多信之。

据此,林儿为白莲教世家,宜其为红巾诸将所推奉。至所倡弥勒佛下生之义,实即导源于佛教之弥勒教,故张桢上疏谓以佛法惑众也①。红巾以弥勒佛降生为"明王出世",故韩林儿自称"小明王",明昇自称"小明主",永乐间阶州金刚奴反,称"汉明皇帝",成化间辰州夷人反称"明王",而太祖后来虽政策转变,犹以"明"命国,诸人皆红巾,疑此"明"字复有宗教之含义,即以此代表光明与良善者,似由摩尼教中所脱出也。《元史》一八八《董抟霄传》②记红巾军中有道士:

> 有蕲贼与饶池诸贼复犯徽州,贼中有道士能作十二里雾,抟霄以兵击之,已而妖雾开霁,诸伏兵皆起,袭贼兵后,贼大溃乱,斩首数万级,擒千余人,获道士,燬其妖书而斩之,遂平徽州。

又一八二《许有壬传》:

---

① 见《元史》本传。
② 原文误作"董博霄",整理者改。

> 会汝宁棒胡反,大臣有忌汉官者,取贼所造旗帜及伪宣敕班地上,问曰"此欲何为耶?"意汉官讳言反,将以罪中之,有壬曰:"此曹建年号,称李老君太子,部署士卒,以敌官军,其反状甚明,尚何言!"其语遂塞。

案犯徽州者为红巾徐寿辉兵,棒胡供弥勒佛起事,亦为红巾之一枝,而前者阵中有道士作法,后者冒称老君太子,则是已渗入道教成分矣。凡一宗教之陈义过高、哲思邃密者,虽可博得知识阶级之信奉,然不易为一般人所了解,反之,凡为一般人所趋鹜者,其教义必肤浅,弥勒等教皆拥有多数信徒,红巾熔合各派,势又过之,其杂有极浓之谶纬迷信色彩,自意中事也。

元朝歧视汉人,禁蓄兵器,又以政治腐败,社会不安,故当时民众所急切希求者二事:一为兴复汉统,一为政治休明。而红巾创教则正满足此要求者。红巾于兴复汉族之具体表现为重建宋朝。《元史》四二《顺帝纪》至正十二年五月庚辰记:

> 监察御史彻彻帖木儿言,河南诸处群盗,辄引亡宋故号,以为口实,宜以瀛国公子和尚赵完普及亲属徙沙州安置,禁勿与人交通。从之。

案时刘福通等以宋丞相陈宜中尝自占城归,诡云帝昺逃入日本,而所拥立之韩林儿即徽宗九世孙,故建国曰宋。时人以元顺帝为瀛国公(宋帝㬎)子①,尚是一种报复之传说,初无碍于蒙元之皇位,

---

① 见权衡《庚申外史》等说。

福通则直以林儿为宋后,当更为汉人所拥护,宜元有徙置赵氏宗亲之举也。又同书一五三《贾居贞传》:

> 宋幼主既降,其相陈宜中等挟二王逃闽、广,所在煽惑,民争应之,蕲州寇起,司空山属县民傅高亦起兵应。

蕲州寇为徐寿辉,此文所记不明,意寿辉此时亦倡言复宋。旧史记太祖复宋事不详,惟据《秘阁元龟政要》记:

> 刘福通遣将分略河南、山东、河北,大书旗联云:"虎贲三千,直抵幽燕之地;龙飞九五,重开大宋之天。"远迩传闻,元都大震。

此约为至正十六年事,太祖以十二年投军,为林儿臣属,福通部下,自亦秉承此意旨,故时人誉为"以雄杰之才,绍中兴之业"①。此满足民众之第一要求者。元以汝颍之乱为河南汉人反,欲尽屠之,其处置失当姑不论,而其所以出此,亦因反者倡民族主义故,时元兵腐败,不能平乱,而以种族仇隙,亦不敢轻信汉人,叶杞挽樊执敬诗,以"主将向来推右族,汉人那得预戎机"为深慨,实则在民族主义高潮下,元室为挣扎统治,又岂可轻畀将权耶!

红巾之另一教义为弥勒佛下生,《佛说弥勒下生经》云:

> 时阎浮地极为平整,如镜清明,举阎浮地内谷食丰贱,人

---

① 叶子奇上孙炎书。

> 民炽盛,多诸珍宝,诸村落相近,鸡鸣相接,是时弊华果树枯竭,秽恶亦自消灭,其余甘美果树香气殊好者皆生于地。尔时时气和适,四时顺节,人身之中无有百八之患,贪欲瞋恚愚痴不大殷勤,人心均平皆同一意,相见欢悦,善言相向,言辞一类无有差别,如彼优单越人而无有异。是时阎浮地内人民大小皆同一向,无若干之差别也。彼时男女之类,意欲大小便时,地自然开,事讫之后地便还合。尔时阎浮地内自然生粳米亦无皮裹,极为香美,食无患苦。所谓金银珍宝车磲马瑙真珠虎珀各散在地,无人省录,是时人民手执此宝自相谓言:"昔者之人由此宝故,更相伤害,系闭在狱,受无数苦恼,如今此宝与瓦石同流,无人守护。"

红巾所说教义当与此相近,宜为水深火热之农民所欢迎,此为其满足民众之第二要求者。红巾之所以势力广大,与其教旨之适合民众心理极有关,岂尽因岁饥或河决也耶?

红巾起于汝颍,延及江淮,《庚申外史》记淮西在至元四年即有起事者,文云:

> 袁州妖僧彭莹玉徒弟周子旺以寅年寅月寅日寅时反。反者背心皆书"佛"字,以为有佛字者,刀兵不能伤,人皆惑之,从者五千人。郡兵讨平之,杀其子天生、地生、母佛母,莹玉遂逃于淮西民家……民闻其风(指预言祸福、治病皆愈等事),以故争庇之,虽有司严捕,卒不能获。

案莹玉即后之拥立徐寿辉者,其为红巾绝无可疑。兹可注意者,即其败后所亡之淮西,正为后来红巾昌盛之地,此时民争庇之,意已先染其教。而淮西则太祖故乡之毗邻也。

由上所述:太祖生于佛教家庭,幼具民族思想,长而出家为僧,复行乞于光、固、汝、颍等红巾繁殖之地,凡三年,是其家世遗传与环境熏习均与红巾有关系,故其参加起事,非偶然也。

《实录》至正十二年,记太祖行乞归寺,红巾招之:

> 有故人自乱雄中以书来招曰,"今四方兵乱,人无宁居,非田野间所能自保之时也,盍从我以自全"。上览毕即焚之。数日,复有来告曰:"前人以书招公,傍有知者,欲觉其事,当奈何?"上慨然太息曰:"吾唯听命于天耳。"后三日,其人果至,与语,辞色无相害意,乃谢遣之。复旬日,又有来告曰:"先欲觉者,不欲自为,今属他人发之,公宜审祸福,决去就。"是时元将彻里不花率兵欲来复濠城,惮不敢攻,惟日掠良民为盗以邀赏,民皆汹汹相煽动,不自安。上以四境逼迫,讹言日甚,不获已,乃以闰三月甲戌朔旦抵濠城。入门,门者疑以为谍,执之欲加害,人以告子兴,子兴遣人诇至,见上状貌奇伟异常人,因问所以来,具告之故,子兴喜,遂留置左右。

考太祖《纪梦》谓元兵平乱,逡巡不进,惟四掠良民,"以绛系首,称为乱民"。则是此处之所谓乱雄者即红巾。太祖以佛教信徒,于游食之顷,已寖闻红巾教义,迨重返僧寺,复有故雨邀请,旧朋报书,则其平素与红巾中人过从之密及款洽之欢可知。郭子兴本奉红巾教,张来仪《滁阳庙王碑》记其起事云:

元末民间有造言者,王误中其说,信之甚笃,忽不事业,而妄散家财,阴结宾客,至正壬辰(十二年),汝颍兵起,王识天下当变,乃召所结宾客子弟,拔濠梁据之。

又俞本《纪事录》载:

至正十二年正月,定远县富民郭姓者(即子兴)聚众烧香,称亳州节制元帅。十一日,起定远县,二月二十六日克濠州。

是太祖之投依子兴,与子兴之擢置左右,尚有共同信仰之关系在,宜其释门禁之缚而委信不疑也。

下

太祖自渡江以后,对于红巾之态度遽变改,惟太祖以讳为韩宋旧臣,故明人记其与红巾之离合关者亦多含混,不可不详考。御制《皇陵碑》记至正十三年太祖组合军队事:

已而解去(指元兵围濠城),弃戈与枪,予脱旅队,驭马控缰,出游南土,气舒而光,倡农夫以入伍,事业是匡,不逾月而众集,赤帜蔽野而盈冈。

案赤帜为红巾标识,盈冈蔽野,可见徒众之繁,此文本自夸武功而醉露狐尾者也。又《明实录》记至正十五年攻和阳:

滁师乏粮,诸将谋所向,上曰:"困守孤城诚非计,今欲谋所向,惟和阳可图,然其城小而坚,可以计取,难以力胜。"子兴曰:"何如?"上曰:"向攻民寨时,得民兵号二,其文曰:庐州路义兵,今拟制三千,选勇敢士椎髻左衽,衣青衣,腹背悬之,佯为彼兵,以四橐驼载赏物,驱而行,使人声言庐州兵送使者入和阳赏赍将士,和阳兵见之,必纳无疑,因以绛衣兵万人继其后,约相距十余里,俟青衣兵薄城,举火为应,绛衣兵即鼓行而趋,取之必矣。"

检《元史》一九四《郭嘉传》记:嘉为广宁路总管,红巾陷辽阳,嘉将众巡逻,去城十五里,遇青号队伍百余人,绐言官军,嘉疑其诈,俄果脱青衣变红,嘉出马射贼,分兵两队而夹攻之,生擒贼数百,死者无算。太祖之矫装行诈,与此正同,可见太祖此时士兵犹沿红巾旧制,衣绛衣,与民军之椎髻左衽衣青衣者异。刘辰《国初事迹》谓"太祖以火德王。色尚赤,将士战袄战裙壮帽旗帜皆用红色",实于其真实情形不甚了了也。又《庚申外史》记至正十五年红军攻城事:

> 香军(红巾以烧香聚众故,亦称香军)陷安丰,二日陷和州,三日破庐州,宣让弃城浮海还燕,香军乘胜渡江,破太平、建康、宁国,遂据江东,即而池州、安庆寻复皆没①。

案外史之撰著在元明间,时对红巾史事尚不甚避忌,明人以此条与

---

① 此据《宝颜堂秘笈》本,《学津讨原》本删此段。

太祖无关，亦多不删除，而细考其实，则陷安丰、庐州者为刘福通部，自拔和州以迄渡江至太平、集庆、宁国等地者皆太祖兵，时太祖为子兴部曲，而子兴则奉事林儿，是在至正十五年顷，时人对于此派军队犹以红巾目之，亦即太祖之宗教色彩犹甚浓也。

唯是红巾为愚民集团，其政治意识实甚浅，以此不为知识分子所亲附①，而此辈则为社会之中坚，可举足轻重。太祖之态度因亟变。史载至正十五年克太平，召名儒陶安参幕府，以李习为知府。十六年下集庆，得儒士夏煜、孙炎、杨宪十余人，皆录用之。克镇江，征秦从龙、陈遇等，有伊吕诸葛之喻。十八年，辟范祖幹、叶仪、许元等十三人讲说经史。十九年，许瑗、王冕来见，留置幕府。二十年，召刘基、宋濂、叶琛、章溢等至京，礼用之。夫太祖王霸杂用，释道并施，殊无专任儒术意。洪武间，士子一登仕版，斧钺随后，人以逊迹隐居为幸免。惟在其初渡江顷，固不如是，故江南、浙右文人多趋就之，以此在知识阶级中颇博好感，而红巾旧习遂渐扫除矣。

《太祖文集》五《与元臣秃鲁书》指红巾为妖人：

> 昔者朕被妖人逼起山野，不过匹马单戈，那有百万之众。

案妖人为时人称红巾之专名。陈基《夷白斋稿》所谓之淮右妖人及攻集庆妖人皆指太祖，今太祖乃谓与红巾异趣，是已改变其旧所宗信者矣。惟世传《太祖文集》乃为后来整理（洪武七年始有刊本），此文是否为当时之原书不可知，且其投寄于何时亦无考，以余所

---

① 参看程敏政《篁墩集·先高祖阡表》。

论明太祖起兵及其政策之转变

知,太祖反对红巾,其确有年代可考者,以龙凤十二年(至正二十六年)五月《平周榜文》为最早。其略云:

> 近睹有元之末,主居深宫,臣操威福,官以贿求,罪以情免,台宪举亲而劾仇,有司差贫而优富,庙堂以为虑,方添冗官,又改钞法,役数十万民湮塞黄河,死者枕藉于道途,哀苦声闻于天下。不幸小民误中妖术,不解其言之妄诞,酷信弥勒之真,有冀其治世以苏困苦,聚为烧香之党,根蟠汝颍,蔓延河洛,妖言既行,凶谋遂逞,焚荡城郭,杀戮士夫,荼毒生灵,无端万状。元以天下兵马钱粮大势而讨之,略无功效,愈见猖獗,然事终不能济世安民,是以有志之士,旁观熟虑,乘势而起,或假元氏为名,或托香军为号,或以孤兵自立,皆欲自为,由是天下土崩瓦解。予本濠梁之民,初列行伍,渐至提兵,灼见妖言不能成事,又度胡运难以立功,遂引兵渡江。

此文于红巾之提倡迷信、焚掠城廓及杀戮士夫深诋之,盖于其前此行径已大改变。唯其最初转变尚在以前。考红巾之旗帜用红色[①],而俞本《纪事录》记:至正十八年,太祖开府金华,已改用黄旗。《实录》至正二十年闰五月记:陈友谅破太平,弑主自立,将约姑苏张士诚夹击应天府。太祖因遣友谅故人康茂才约其速至,先破之,而预伏重兵于卢龙山左,令持帜者偃黄旗于山左,偃红旗于山右,戒所部曰:"敌至举红旗,举黄旗则伏兵起。"案友谅为红巾巨子徐寿辉

---

① 《皇陵碑》:"赤帜蔽野盈冈。"是其证。

党,所用为红旗①,所谓敌至举红旗者,盖以此示归降,至后举黄旗,乃太祖之旗色。然则《枣林杂俎》谓徐勉之《保越录》记绍兴之役,犹称明兵为"红寇"者(今传刊本无此词),不过丑诋之恶称而已。

太祖即位后,于白莲等教禁止甚严,如《实录》洪武三年六月甲子记:

> 中书省臣奏……白莲社、明尊教、白云宗、巫觋、扶鸾祷圣、书符咒水诸术并加禁止,庶几左道不兴,民无惑志。诏从之。

又二十七年正月戊申,命礼部榜示天下:

> 有称白莲、灵宝、火居及僧道不务祖风,妄为议论沮令者,皆治重罪。

盖一变为统治阶级之面孔矣。惟是红巾仍有蠢然思动者,尤以湖广、江西、四川等地为最甚,《太祖实录》记湖广红巾谋反事,乙巳(至正二十五年)八月辛亥:

> 罗田县盗蓝丑儿诈称彭莹玉,造妖言以惑众,铸印章,设官吏,剽劫傍近居民,麻城里长袁宝率乡人袭捕之,擒丑儿以献。

---

① 《元史》一四三《余阙传》:"至正十七年十月,沔阳陈友谅自上游直捣小孤山,薄安庆东门,红旗登城。"是其证。

洪武六年正月：

> 蕲州盗王玉二聚众烧香，谋为乱。蕲州卫兵执而戮之。①

同年四月丙子：

> 湖广罗田县妖人王佛儿自称弥勒佛降生，传写佛号惑人，欲聚众为乱，官军捕斩之。

又《太宗实录》永乐四年九月丙子：

> 湖广蕲州广济县妖僧守座聚男女立白莲社，毁形断指，假神煽惑。事觉，官捕诛之。

案湖广为红巾彭莹玉等传教之地，后徐寿辉、陈友谅又各割据若干年，民间习染已深。又为太祖之反对党，宜乎迭起倡乱也。

《太祖实录》记江西谋叛事，洪武十九年五月戊辰：

> 妖僧彭玉琳与新淦民杨文、曾尚敬等谋作乱，事觉伏诛。玉琳，福建将乐县阳门庵僧，初名全无用，行脚至新淦，自号弥勒佛祖师，烧香聚众。作白莲会。县民杨文、曾尚敬等皆被诳惑，遂同谋为乱，玉琳称晋王，伪置官属，建元天定。县官率民兵掩捕之，槛玉琳并其党七十余人送京师，皆诛之。

---

① 又十二年闰五月庚申，谓王玉儿（二）为"陈友谅遗孽"。

二十年六月丁酉：

　　袁州府宜春县民李某妄称弥勒佛，发九十九等纸号，因聚众谋作乱，戍卒阳寅告于袁州卫，卫发兵捕斩之，获其伪造木印龙凤日月袍黄绿掌扇令旗剑戟凡百余事。

二十一年五月壬寅：

　　袁州府萍乡县民有称弥勒佛教惑民者，捕至诛之。

二十四年五月戊申：

　　袁州分宜县民以左道惑众，捕至京，诛之。

上举诸例，疑皆红巾余党，又练子宁《金川集》二《致新淦叶知县书》：

　　曩者草昧之初，圣人未出，枭顽之徒，假烧香诵佛之名，以啸召无赖，而无知之民亦纷然而从之。盖其初也，惑于妖怪之说，而冀免于祸灾，而其终也，卒剽掠攻劫而为盗贼之计，故有国之兴，必草薙而禽狝之，而郡守县令尤严于日夜督察，以去夫生民之大害。此闻乡落盛行于弥勒之说，而私奉其名号者间有之矣，此岂非贤守令之责欤？……今为执事之计者无他焉，亦曰明朝廷之禁以遍喻夫乡邑之民，使之晓然知祸福之所在，然后严其各乡之里老，使其更相检察，以去奸邪之辈，敢有

> 容匿者，以其罪罪之，而命巡检诸司各于所隶廉捕，苟得其实，许诸邑人得以风闻，其有邀受财贿，私相纵释，及怀挟私仇，诬执平民者，皆坐以罪，择其凶恶之尤者一二人置诸法，以明示之，则奸猾破胆而自散矣。……今窃听于乡邑之间，其势亦可谓滔滔而焰焰矣，执事其少加意焉。

由此可见江西红巾之多及政府剿除之厉，此书约投于洪武十九年，时去陈汉之平已二十年，余党潜伏犹如是，宜其常有聚乱事也。

《太祖实录》记四川红巾事，洪武十二年四月甲辰：

> 成都嘉定州眉县贼人彭普贵诱众作乱，劫掠居民，转攻州县，眉县知县颜师胜率民兵捕之，为贼所害。四川布政使司、都指挥使司以闻。

五月庚寅：

> 敕曹国公李文忠曰："近四川土人以妖言惑众，相煽而起，守御官军讨之未平，尔若还师陕西，宜分一军，遣官率领，由栈道速扑灭之。若未至陕西，亦宜预定其计，庶免贼党蔓延，以安蜀中。"

案徐寿辉部将明玉珍父子建国蜀中凡数年。故在民间有濡染，《实录》所记含混，参以《太祖文集》所载李文忠敕文，知此事与明氏官人有连结，后以丁玉兵平之，太祖集中载与玉敕云：

附 编

> 妖人彭姓者,潜妖遁迹,暗构愚民,已有年矣。若非命尔率丁氏旧日土兵出境,其四川之祸,又非浅浅。若丁氏土兵未出境土,闻妖作乱,乘时蜂起,以四川各卫并都司官机谋调遣,甚有不足,安能止妖遏邪。今祸乱已平,国之福也。

则是此案酝酿有年,而牵涉甚广,非等闲萑苻之比也。又《宪宗实录》成化十一年四月癸未①:

> 湖广总兵官左都督李震等奏:辰州府乌罗长官司夷人石全州妄称元末明氏子孙,僭称"明王",纠众于执银一带作乱,邻近峒苗多聚众应之,议调官军剿捕,石全州已于去冬就擒,而诸苗贼敌杀官军,攻劫未已。事下兵部,议请敕镇守总兵巡抚等官设策抚捕之。

案石全州伪为明氏子孙,则是由四川红巾传及湖广者,故改系于此,可见明氏在当时潜势力之大,且所及之广远也。

太祖渡江后,于红巾旧习虽渐为脱除,对民族口号犹倡导不休,如吴元年(至正二十七年)十月北伐,谕齐鲁河洛燕蓟秦晋之人檄:②

> 自古帝王临御天下,中国居内以制夷狄,夷狄居外以奉中国,未闻夷狄居中国治天下者也。自宋祚倾移,元以北狄入主

---

① 此条承友人梁方仲先生检示。
② 见《明实录》。此文实宋濂撰,见《明文衡》。

中国,四海内外,罔不臣服,此岂人力,实乃天授。彼时君明臣良,足以纲维天下,然远人志士尚有冠履倒置之叹。自是以后,元之臣子不遵祖训,废坏纲常,有如大德废长立幼,泰定以臣弑君,天历以弟酖兄,至于弟收兄妻,子烝父妾,上下相习,恬不为怪,其于父子君臣夫妇长幼之伦,渎乱甚矣。夫人君者斯民之宗主,朝廷者天下之根本,礼义者御世之大防,其所为如彼,岂可为训于天下后世哉。及其后嗣沉荒,失君臣之道,又加以宰相专权,宪台报怨,有司毒虐,于是人心离叛,天下兵起,使我中国之民,死者肝脑涂地,生者骨肉不相保,虽人事所致,实天厌其德而弃之之时也。古云:"胡虏无百年之运",验之今日,信乎不谬。当此之时,天运循环,中原气盛。亿兆之中,当降生圣人,驱逐胡虏,恢复中华,立纲陈纪,救济斯民,今一纪于兹,未闻有济世安民者,徒使尔等战战兢兢处于朝秦暮楚之地,诚可矜悯。方今河洛关陕,虽有数雄,忘中国祖宗之姓,反就胡虏禽兽之名,以为美称,假元号以济私,恃有众以要君,凭陵跋扈,遥制朝权,此河洛之徒也①。阻兵据险,贿诱名爵,志在养力以俟衅,此关陕之人也②。二者其始皆以捕妖人为名,乃得兵权,及妖人既灭,兵权已得,志骄气盈,无复尊主庇民之意,互相吞噬,反为生民之巨蠹,皆非华夏之王也。予本淮右布衣,因天下乱,为众所推,率师渡江,居金陵形势之地,得长江天堑之险,今十有三年,西抵巴蜀,东连沧海,南控闽越,湖湘汉沔,两淮徐邳,皆入版图,奄及南方,尽为我有。

---

① 案此指扩廓帖木儿。扩廓沈丘人,王姓,小字保保。
② 案此指李思齐、张思道等。

民稍安,食稍足,兵稍精,控弦执矢,目亲我中原之民久无所主,深用疚心。予恭承天命,罔敢自安,方欲遣兵北逐群虏,拯生民于涂炭,复汉官之威仪。虑民人未知,反为我仇,挈家北走,陷溺尤深,故先谕告,兵至,民人勿避。予号令严肃,无秋毫之犯,归我者永安于中华,背我者自窜于塞外,盖我中国之民,天必命中国之人以安之,夷狄何得而治哉。予恐中土久污膻腥,生民扰扰,故率群雄奋力廓清,志在逐胡虏,除暴乱,使民皆得其所,雪中国之耻,尔民其体之。

案此檄发布在《平周榜》后一年,文中反对元朝,纯由民族与伦理之观点作出发,而仍斥红巾为"妖人",是取红巾教义之一半(民族思想),而遗其另一半(弥勒佛降生等迷信思想),盖必如是,始能博得儒者之拥护,且有以别于河洛关陕之附元自私者也。

惟迨统一天下,如仍执此狭义之民族观念,则是与元之歧视汉人南人者同,招蒙民之忌恨,故于所谓种族界限不得不放宽。《实录》载洪武元年八月己卯大赦天下诏:

蒙古色目人既居我土,即吾赤子,有才能者一体擢用。

三年六月丁丑,诏谕元宗室部落臣民曰:

朕既为天下主,华夷无间,姓氏虽异,体字如一,尔等无或执迷,以贻后悔。

先是,是月癸酉记:

> 中书省以左副将军李文忠所奏捷音榜谕天下，上览之，见其有哆大之辞，深责宰相曰："卿等为宰相，当法古昔，致君于圣贤，奈何习为小吏浮薄之言，不知大体，妄加诋诮。况元虽夷狄，然君主中国且将百年，朕与卿等父母，皆赖其生养。元之兴亡，自是气运，于朕何预！而以此张之四方，有识之士，口虽不言，其心未必以为是也，可即改之。"

此则以纲常名教代族种畛域，虽为英雄权诡之论，然亦可见其态度之先后殊异矣。

后来太祖之民族思想，实仅限于恢复汉族文化，即改革蒙元习俗者是。元本游牧民族，与中夏之沐习儒家礼教者殊，既主中国九十年，风行草偃，习染者多，如王祎《文忠集》二四《俞金墓表》①：

> 元即有江南，以豪侈粗戾，变礼文之俗，未数十年，熏渍狃狎，骨化风成，而宋之遗习消灭尽矣。为士者，辫发短衣，效其语言容饰，以附于上，冀速获仕进，否则讪笑以为鄙怯。非确然自信者，鲜不为之变。

方孝孺《逊志斋集》二二《卢处士墓铭》：

> 处士生元中世，俗沦于胡夷，天下辫发椎髻，习其语言文字，驰马带剑以为常。

---

① 此文后人误入《方孝孺集》。

又宋濂《洪武圣政记·定民志》章：

> 上谓尚书牛谅曰："……自元氏废弃礼教，因循百年，而中国之礼变易几尽。"

案凡此等处为太祖所深恶，因痛革之。《实录》载洪武三年二月，以士民所服四带巾与皂隶伶工相类，因改制四方平顶巾，而据《高丽史》记，尚有反对元制之意义，《高丽史·辛禑传》，十三年（洪武二十年），载史臣偰长寿朝明还，述太祖之言曰：

> 我这里当初只要依原朝（原字避太祖讳）样带帽子来，后头寻思了，我即赶出他去了。中国却蹈袭他这些个样子，久后秀才每文书里不好看，以此改了。

当时改革诸事，大都准此，兹就《实录》中之可考者辑述之：洪武元年二月载，元以胡俗变易中国之制，士庶咸辫发椎髻深檐胡帽，衣服则为袴褶窄袖及辫线腰褶，妇女衣窄袖短衣，下服裙裳，至是悉命复衣冠如唐制。十二月，监察御史高原侃曰："京师人民循习元氏旧俗，凡有丧葬，设宴会亲友，作乐娱尸，惟较酒肴厚薄，无哀戚之情，乞禁止以厚风化。"太祖是其言，诏中书省令礼官定官民丧服之制。四年十二月，以军民行礼尚媚元俗，饮宴行酒，多以跪拜为礼，因命省臣及礼部官定为仪式，申禁之。六年二月，以元俗往往以先圣贤衣冠为伶人笑侮之饰，以侑燕乐，诏礼部严禁，违者罪之。《明史·太祖纪》所载洪武五年五月改革礼仪风俗诏，馆臣以涉及民族问题，文有隐讳，如持与《实录》比观，则知皆针对元俗者。又太祖所订之《皇明大诰》《皇明律令》等重要书典,骤观之,每觉其条文琐碎,若与元末习染及社会积弊合参之,则知在太祖恢复中国本位文化之政策下,固有其重要意义也。

后太祖得国,红巾余党仍有沿用旧日种族革命心理,以恢复汉人主权相号召者,如《太宗实录》永乐七年七月戊戌:

> 妖贼王金刚奴伏诛。金刚奴,陕西阶州人,自洪武初聚众作耗,称三元师。往来劫掠,而于沔县西黑山、天池平等处潜住,常以佛法惑众。后又与沔县贼首邵福等作耗,其党田九成者僭号汉明皇帝,改元龙凤,高福与称弥勒佛,金刚奴为四天王,前后攻破屯寨,杀死官军。会长兴侯耿炳文引兵剿捕,余党悉散,惟金刚奴与贼仇占儿等未获,仍逃聚黑山、天池平,时出劫掠。至是潜还本州,为官军所擒,械送京师伏诛。

案,所谓"汉明皇帝"者,"明"为摩尼等教所追求之至善,"汉"则有种族思想,二者皆韩宋所标榜,而田九成又改元龙凤,似为林儿之臣属,故啸聚陇西,自洪武初年即聚众作耗也。又《英宗实录》景泰八年四月戊寅:

> 直隶霍丘县民赵玉山自称宋后,潜以妖术扇惑流民谋乱,总督漕运左副都御史王竑擒获以状闻,且言凤阳流民甚众,多为玉山所扇惑,今玉山既就擒,恐其余党忧惶,致生他变,宜及时抚捕。诏令竑设法抚捕,务期尽绝,勿遗民患。

霍丘在淮西,为元末红巾昌炽之地,赵玉山称宋后,或与龙凤亦有关。又《宪宗实录》成化元年五月丁巳记：

> 妖人赵春、张仲威伏诛。春，宁夏中护卫军余，游食山东及京畿间，自称宋后，与景州人张仲威等倡造妖言，众颇信之，而事觉，至是，于市枭其首示众。

山东景州亦红巾炽盛之所，其所倡造之妖言疑即此，而其自称宋后，或亦师韩宋故智者。又《神宗实录》万历二十八年三月甲辰，凤阳抚臣李三才奏：

> 赵古元者，自以宋朝后代，生有异姿，久蓄不轨之念，将发大难之端，易名而游四方，挥金而结亡命，流寓丰、砀，潜至房村，题诗见志，显为不道之词，伪帖总兵济以妖邪之术，而孟化鲸等遂欲藉此摇惑大众，称世道之将变，尊古元为真人。至王松感九泉之梦，献女乞二官之封。古元且悬示通逵，自称国王，邂逅群小，辄授将军，观其书与化鲸招兵七千，约以二月二日各处兵马八路齐起，先取淮扬，次取徐州、新河口，阻绝粮运，次取金陵、燕都，大事可定，又称有精兵十万，夹杂粮船帮内，其反状甚真。

赵古元，浙人，以妖术倡乱，事觉窜徐州，其势始大。李疏有夸功之嫌①，兹不论，所可注意者，徐州亦红巾炽盛之所，而古元复托为赵宋后人，岂亦衍韩宋之余绪者欤？夫元以歧视汉人，故红巾倡复宋

---

① 见《万历野获编》"妖人赵古元"条。

口号,易受拥戴,若明之执政者则既为汉人,宋亡已久,更无复遗思,无怪诸人假此之相继失败也。

总之,历史上,一种改革运动之造成,每为适应客观之需求所产生,而以社会复杂,需求时变之故,倘执行政策者,墨守旧规,一成不变,则改之于此者,未始不失之于彼。惟识时俊杰,能随时改善,虽凭借旧时势,而创辟新精神,以适应新环境。明乎此,则太祖与其他群雄虽起事相同,而成败悬判者,不足异矣。

(原刊于《中央研究院历史语言研究所集刊》第 10 本,1948 年)

论元末农民起义的发展蜕变及其在历史上所起的进步作用

一、元末的农民起义及其发展

在元末,民族压迫与阶级矛盾交织成一面残酷的剥削网,而尤以民族压迫表现得最突出。这时蒙古贵族和辅助这个统治阶级的色目人无情地屠杀汉人和毫无止境地压迫剥削,使绝大多数的农民再也无法活下去。因此全国各地的农民渐渐地暴动起来,对于压迫他们的人加以反抗。

1325年,河南息州赵丑厮、郭菩萨首先起义,他们倡言弥勒佛下世为农民撑腰,蒙古王朝即被打倒。[①]

1337年,广东增城县民朱光卿起义,牵连的地面相当广,一直到惠州归善县等地都有人响应。[②]

同年,陈州人棒胡在信阳起义。棒胡是白莲教徒[③],他很快地便攻占了鹿邑。

[①] 《元史》卷二十九《泰定帝纪》,泰定二年六月丁酉。
[②] 参看《元史》卷三十九《顺帝纪》,至元三年正月癸卯、四月己亥及五月戊申条。
[③] 《元史》卷三十九《顺帝纪》,至元三年二月壬申记:"棒胡本陈州人,名闰儿,以烧香惑众,妄造妖言作乱。"又同月己丑记:"汝宁献所获棒胡弥勒小旗。"所谓"以妖言作乱"及具有"弥勒小旗",是白莲教徒之证。

次年，袁州白莲教徒周子旺起义，称周王①。

在全国各地还有很多小型的农民起义。

一般说来，这些起义的农民都有着反对蒙古贵族的民族色彩，但他们的暴动则是属于个别的、自发的。他们固然由于不堪蒙古统治者及地主阶级的压迫之苦，愤起反抗，可是他们的号召力既小，组织力又差，因此影响的地区也就相对的小，而掀起大规模的起义运动遂不得不落在生于富有起义传统的河北、河南、山东交界地带，而又以白莲教世家著称的韩山童、韩林儿父子身上。

韩山童世代信奉白莲教，他家原住在河北滦城县，因为他的祖父和父亲叠次组织农民暴动和地主做斗争，在当地农民中很有威望，因而招致统治者和地主阶级的嫉妒，把他迁谪到永年。可是永年这个在冀、鲁、豫三角地带有起义传统的地方，不但使韩氏的白莲教信仰不陷于孤立，相反地，使他组织暴动和起义首创精神更得到发扬，在白莲教的号召之下，韩山童把一般贫苦的、受压迫的农民都团结在他的周围。

历来农民起义首先发动的地方，往往是土豪劣绅、不法地主为恶最甚的处所，同时，这个地方的统治阶级的武力防备又必须是比较单薄才成。

在元末，黄河流域与淮河流域的农民，一般地说，比起长江以南的农民还要苦，而河南、山东、安徽等地，也不像在京畿附近那样有蒙古大军弹压，是个防御薄弱的地带。因此，在这一带，白莲教所组织的反抗蒙古贵族和地主阶级的势力特别大。《明史》记，这

---

① 《元史》卷三十九《顺帝纪》，至元四年六月辛巳；并请参看权衡《庚申外史》卷上。

时韩山童号召:天下大乱,弥勒佛降生了,明王出世了。于是河南江淮的农民,群起响应①。这是客观条件发展应有的现象,绝不是偶然出现的。

先是,河南、江淮一带大荒旱,一般穷苦的农民以至于吃草根、啃树皮②,可是这一带的地主阶级对于农民的收租却并不减轻,元末御史余阙记:

> 至正四年(1344),河南北大饥,明年(1345)又疫,民之死者半,朝廷尝议鬻爵以赈之,江淮富民应命者甚众,凡得钞十余万锭,粟称是。会夏小稔,赈事遂已。然民罹此大困,田莱尽荒,蒿藜没人,狐兔之迹满道。时予为御史,行河南北,请以富民所入钱粟,贷民具牛种以耕,丰年则收其本。不报。③

只有"江淮富民"在照旧剥削的情况下,他们才拥有"钱粟",不受荒年的影响,农民在天灾人祸的压迫下,所受的痛苦是非常大的,时人谢应芳《伤田家诗》曾说:"初春脱寒衣,典米事东作,岁旱谷不收,且无衣可着,饥寒去何之,前途半沟壑。"④这固然不一定是为河南、江淮的农民而发,但可做他们生活的写照。

散漫的、个体经济的农民本来不容易集中行动,偏偏这时元朝

---

① 《明史》卷一二二《韩林儿传》。
② 朱元璋《皇陵碑》记:"值天无雨,遗蝗腾翔,里人缺食,草木为粮。"又《明太祖实录》卷一记:"岁甲申(1344)……值四方旱蝗,民饥,疾疠大起。"与余阙《书合鲁易之作颍川老翁歌后》续集合看,知当时河南北与江淮一带情形相同,受灾的地区很广。
③ 余阙:《青阳集》卷八《书合鲁易之作颍川老翁歌后续集》。
④ 谢应芳:《龟巢稿》卷二。

的统治者发动民夫修河,为他们起义创造了好条件。

事情的经过是这样:荒旱而后,黄河在河南决了口,几百里内发生了空前的大水灾。农民的庄稼被淹没,房屋也被冲毁。

大水连续了整五年,农民的粮食收不到,但地主的租子却仍然要缴,饥饿这条打人的铁鞭,对于他们丝毫不留情,纵使典妻卖子,劳作终日,但死神仍然在时时窥伺着。

大水毕竟影响了元政府的税收,因此统治者们不得不筹划补救的办法。在1351年,元政府采纳了丞相脱脱的建议,以贾鲁为工部尚书兼治河防使,征调大批农民修治黄河。贾鲁在汴梁和大名,亦即在受灾最重而有起义传统的这带地方征调了十五万民夫,又在庐州一带调有两万军队,军队则是除挖河外,兼为监视和镇压民夫"造反"的。①

大规模的治河,便得需要很多的款子,"羊毛出在羊身上",于是给这些挣扎在死亡线上的农民又增加了很重的负担。即使如此,但修筑费大半为治河官吏所中饱,所以河夫们还得自备干粮吃食去做工。②

在军队的严密监视之下,农民们固然不敢不去修河,但在种族与阶级的双重压迫下,使他们生活窒息,实在没有心肠做这事。

这十五万应征的民夫,都是劳苦群众,他们累世受欺负、被压迫的情形是一致的,面临水灾,无法过活的苦况,也是相同的,顾瞻远景,正像谢应芳所说,"饥寒去何之,前途半沟壑",于是他们心中

---

① 据《元史》卷四十二《顺帝纪》、卷一八七《贾鲁传》。《庚申外史》作发河南淮南北军民二十万人治河,《草木子》作二十六万余人。
② 叶子奇《草木子》卷三上记:"濒河起集丁夫二十六万余人,朝廷所降食钱,官吏多不尽给,河夫多怨。"

都涌现出一种思想——起义。

一向鼓吹起义、在十五万穷苦的民夫中最有威望、最受崇拜的白莲教领袖韩山童抓住了这个好机会,他和他的重要门徒刘福通、杜遵道、罗文素、盛文郁等偷偷地做了一个石人,并故意把石人的眼睛凿掉一个,他们埋在即将开凿的河道上,并编制了两句谶语说:

莫道石人一只眼,挑动黄河天下反!①

通过有组织的白莲教徒的口头传播,所有的河夫,很快地便都知道了这个歌谣。

这时因民族压迫,蒙汉两族的矛盾冲突已达到极点,人们对于代表汉族的宋朝总是寄一线希望,愿意它复兴。②

针对这种心理,刘福通等又编造了一个鼓动农民起义的故事。他们说:南宋灭亡时,逃到占城的丞相陈宜中曾偷偷地跑回国,他传来了这样的一个消息,说丞相陆秀夫背负宋朝最后的一位小皇帝赵昺投海而死的传说是元朝假造的,赵昺实际没有死,而是逃往日本了。他们声称韩山童就是赵昺的后人,宋徽宗赵佶的八世孙,他新从日本回来,并在那里搬取救兵,准备重建大宋王朝。

同时,又结合白莲教中的弥勒教义,说现在弥勒佛降生了,他将拨乱反治,使农民丰衣足食,满足他们的一切要求,给予他们美

---

① 参看胡淬中:《元史续编》、钱谦益:《国初群雄事略》等书。《草木子》以两句谶语镌刻在石人之背。
② 《元史》卷四十二《顺帝纪》至正十二年五月庚辰记:"监察御史彻彻帖木儿等言:河南诸处群盗,辄引亡宋故号,以为口实。"是其证。

好的远景。因此,韩山童又结合摩尼教义,把这个弥勒佛叫做"明王",也就是指的他自己。

韩山童起义时,号召农民、檄告天下的文书里,有这么几句话:

> 蕴玉玺于海东,取精兵于日本;贫极江南,富夸塞北。

前两句是说他是从日本搬取"精兵"而来的赵宋子孙,这是抓住了民族压迫、蒙汉冲突的实质。"贫极江南"是指的受压迫的汉人,"富夸塞北"是指的剥削汉人的蒙古贵族。后两句抓住了民族与阶级混和而成的矛盾与压迫。这些正是压在农民心头所亟待解决的大问题。

所以在开河民夫掘得石人后,大家认为是谶语的应验,惊相走告,一传十,十传百,不久便宣布起义了。

起义布置得不够周详,尤其是太不机密,因而使蒙古统治者事先得到消息,打听清楚谁是这个运动的发起人,派遣大兵去搜捕。至此,刘福通不得不仓卒应战,结果使这次起事没能成功。后来刘福通虽然侥幸逃脱了,没有遭到反动者的毒手,但他们的首领韩山童则被捉去杀了头。幸而韩山童的妻子杨氏很机警,她带着小儿子韩林儿逃往河北武安县的山里去,白莲教徒众多的处所。

蒙古统治者的血腥镇压,并没有把农民们吓倒,他们仍然继续不断地和蒙古统治阶级做斗争。

所以白莲教农民军的领袖韩山童之死,并不象征着农民军势力的瓦解,恰好相反,它更点燃了农民起义的怒焰,于是在河南、山东、湖北、安徽白莲教盛行的处所,农民最受压迫的地方,大家以木

附 编

杷竹枪,纷纷四起,①朱元璋后来从这支农民起义的队伍里蜕化出来,他追记当时的情形说:

> 昔当辛卯(至元十一年,1351),有元至正。君弱政不务,臣弄权擅威福,海内失驭,邪术者(白莲教)倡乱,遂致王纲解纽,天下纷纭。其年,汝颍蕲黄民皆为逆,次年,徐宿炽然盗起,蔓及钟离、定远,民弃农业执刃器,趋凶者数万,当时贪官污吏,莫敢谁何!②

农民把骑在他们头上的蒙古统治者或赶走,或杀掉,在短期之内,便占据了很多的乡村和城市。

蒙元帝国正像一件破旧的衣衫,它是用破烂布片,以蒙古贵族与地主阶级这条线缝缀而成的,由于韩山童起义,农民们已经把这条缝线拆毁,只要一处剪断,全部衣衫就分裂成一块一块的布片,蒙古帝国遂全部瓦解了。

农民军以红巾为志,所以也称作红巾或红军,它们的分布是这样的:

在安徽颍上起义的是刘福通。他是颍上白莲教支会的首领。在挖河起义失败后,他跑回颍上,推举一位曾做过元朝小官而在本地有相当号召力的杜遵道为首领,揭起了反抗蒙古贵族的大旗,他

---

① 《元史》卷一九五《魏中立传》记:"贼既陷湖广,分攻州郡,官军多疲懦不能拒,所在无赖子多乘间窃发,不旬日,众辄数万,皆短衣草屦,齿木为杷,削竹为枪,截绯帛为巾襦,弥野皆赤。"

② 朱元璋:《纪梦》(《明太祖文集》卷十四)。又《元史》卷一三八《脱脱传》记:"汝颍之间,妖寇聚众反,以红巾为号,襄樊唐邓,皆起应而应之。"并可与此相参证。

们占领了临近的朱皋,打开仓库,赈济穷人,很快便发展成为几十万人,攻陷了汝宁、光州、息县和信阳①。

在湖南浏阳的白莲教首领是彭莹玉,他是一个被人公认为能推算休咎、预知祸福的和尚,他和他的徒弟周子旺曾一度在江西袁州起事,但被元官发觉,因而他们师徒逃向白莲教盛行的淮西,由于当地教徒们的秘密保护,才没有被元兵搜捕到。②

刘福通起义后,彭莹玉等在湖北的蕲州与黄州一带也动了手,他们推选体貌魁梧的布贩徐寿辉做领袖,并以铁匠邹普胜和渔夫倪文俊做丞相,彭莹玉则任为军师。他们攻占了德安、沔阳、武昌、江陵和江西诸州县。

此外,还有一些零星小股的起义队伍,他们一般都附属于北路韩林儿部或南路徐寿辉部。

这个起义是由白莲教发动的,所以在韩山童被害后,刘福通这支起义的军队,又到武安山中,把韩林儿母子找回来,他们宣传说:韩林儿也是弥勒佛降生,对于韩山童说,可算做"小明王"。在1355年,他们把韩林儿扶上王位,在亳州登基,尊韩林儿的母亲杨氏为皇太后,建元龙凤(龙凤也是白莲教的标记),国号大宋。

在以白莲教作为起义旗帜、以复兴宋朝作为反民族压迫的口号之下,韩林儿的确起了作用。1358年,刘福通破汴梁,迎龙凤皇帝韩林儿迁都于此。《元史》说他号召起义群雄,"巴蜀荆楚江淮齐鲁辽海,西至甘肃,所在兵起,势相联结"③。各地农民军既然在韩林儿的号召之下,"势相联结"起来,可见他在农民军中很有威望,

---

① 参看《庚申外史》卷上。
② 《庚申外史》卷上。
③ 《元史》卷一四一《察罕帖木儿传》。

人们都拥护他。

但是,这仅标识着农民军一定程度的连合,其实这种连合,也正像农民个体经济在其他方面所表现的缺点一样,是散漫松弛的,并不能建立坚固的统一。

刘福通本来尊奉杜遵道为颍上起义的首领,迎立韩林儿后,也把杜遵道推为丞相,而自己则屈居于枢密院平章,但后因嫉妒杜遵道专政,以至把他杀掉,自己做丞相,又以弟弟刘六做平章,总揽大权。

以韩林儿、刘福通为首的这支军队是异常庞大的,他们分兵进攻:打向关陕的是李武、崔德。攻向山东、河北以逼近大都的是毛贵。打向河北转往山西的是关先生、破头潘、冯长舅、沙刘二,这部分起义军最勇敢,他们之中的一支出沁州,越过太行山,攻破了辽潞等县,又转到河北,从完州等地奔向大同、兴和,攻下了上都(今多伦,元行都),尽毁诸宫殿,才东转辽阳,直到与东北接界的高丽境上。攻向陕西的另一支军队是白不信、大刀敖和李喜喜,他们攻克兴元、凤翔,一直到四川,而这一支的别部则攻克宁夏灵武诸边地。刘福通本人,则攻占大名、曹、濮、卫辉诸地。

他们是勇敢善战的,这即使在地主阶级的诬蔑记载里也可以看出来。张翥咏李武、崔德等进攻潼关诗:"火飞华岳三关破,血浸秦川万马奔。"①而元朝的色目大员驻守安庆时,也时时感到"淮西之地,尽为盗有"②的威胁。

但是,这些农民军陷于人自为战的分散状态,他们彼此之间没

---

① 张翥:《蜕庵集》卷四《潼关失守,哭参政述律杰存道》诗。又同卷《寄野庵察罕平章大军下济南》等诗,并可见农民军声势之壮大。
② 余阙:《青阳集》卷五《上贺丞相书》。

有连系,或者连系很少。《明史》记:"韩林儿……无大志,又听命福通,徒拥虚名。诸将在外者,率不遵约束……且皆福通故等夷,福通亦不能制,兵虽盛,威令不行。"①就是说,这支军队是相当散漫无组织的,大家没有领袖,谁也不能管束谁,因而在整个战略上,没有全盘计划,而在很多战役上,也不能彼此呼应。

在徐沛一带最初起义的是位绰号叫芝麻李的农民,他也受韩林儿的统率,他和邻人赵均用和樵夫彭大等一同占据了徐州,后来被元朝的军队打败了,芝麻李被擒,赵均用、彭大则逃向濠州(凤阳在元朝名濠州,明初改为临淮),那里则为韩林儿的部将孙德崖、郭子兴及另外姓俞、鲁、潘的几个人据守着,但赵、彭之间有矛盾,孙、郭之间也不和,结果互相吞并,彼此掣肘,以至于赵、彭、俞、鲁等人都相继失败。②

大约彭莹玉等人在韩山童生时还是受他领导的,而在韩山童被害以后,南北两派便分化。所以韩山童死后一个月,彭莹玉、倪文俊便拥护徐寿辉在蕲水做皇帝,国号天完,建元治平(后改天定),这是说,他们已经和北方白莲教所领导的农民军分道扬镳了。因此,《元史》所说的各地"势相联结",仅是在反抗元朝上,南北有一定程度的联合,而没有彼此隶属的君臣关系。

徐寿辉拥有长江上游以迄陕西、浙江一带的地盘,但他和其他农民军一样,散漫无纪律,《草木子》等书记徐寿辉本人"资性宽纵,权在群下,徒存空名"③。而他的部下则是分散的、多头的。

后来倪文俊要杀徐寿辉,没有成功,反被部将陈友谅杀死。

---

① 《明史》卷一二二《韩林儿传》。
② 参看《明本纪》《明实录》等书。
③ 《草木子》卷三上《克谨篇》。

1360年，陈友谅更杀死徐寿辉，自立为皇帝，建国号大汉，改元大义。

徐寿辉的部下自然对陈友谅很不服，驻守四川的大将明玉珍遂公开宣布不受陈友谅的管束，以重庆为首都，建元天统，国号大夏。

陈友谅这一支军队因此比以前势力削弱了，后来他和韩林儿部将、据守南京一带的朱元璋，叠次争锋，而终于战死在九江口，他的儿子陈理在武昌即位，改元德寿，不久为朱元璋所灭。

明玉珍是地主阶级出身①，他重用的参议刘桢，也是地主阶级的人物。他在四川，大约与地主阶级全部妥协，因此不能号召群众，也就不能有大的发展。他三十六岁便死了，他的儿子明昇即位，改元开熙，又维持了一个相当时期。但明玉珍死后，大臣彼此争权，因此更不能有所作为，1371年，灭于明。

总之，元末起义的农民军，分散而不统一，又彼此牵制着，谁也不帮助谁发展。

在此，我们应该特别提出的是盘踞在高邮、苏州十四年(1353—1367)的张士诚的起兵性质问题。

张士诚于1353年在高邮举起反元的大旗，蒙古统治者曾发动

---

① 明玉珍是地主阶级所组织的寨堡军队之一，杨学可《明氏实录》记此事甚详，文云："至正辛卯(1351)，兵起颍蔡间，玉珍一日谓耆曰：'元君无道，天下兵起荼毒，吾侪将亦不免也，为之奈何？'耆老对曰：'明公平日勇略，人所信畏，集乡兵屯青山，量力审时，大则进取，小则自卫，亦策之上。'曰：'善。'因部署诸乡豪分屯要害，且修栅治城，有众十余万，遂推为屯长。会壬辰(1352)，徐寿辉兵起于蕲、越……遣使招玉珍曰：'予起兵举义，期靖中夏，若归共图大事，不来且先诛之。'珍惧，且欲保护乡里，不得已从焉。"

大批的人马前往镇压,①但由于张士诚的奋力抵抗和蒙古统治者的内部矛盾,终于使调去的军队全部解散,无力再对付其他的起义军,这对于隐蔽淮泗汉沔一带的农民起义,是起了很大作用的。因此当时人也把张士诚这支队伍称做"红军"(红巾军)②,他在这时的反元功绩是应该肯定的。

可是张士诚是泰州贩运私盐的游民,他虽然也受过地主和其他恶霸的欺负、巡检衙役的压迫,③但他是个流氓,和地主阶级及元朝统治者有着千丝万缕的关联,所以从他初起兵时起,就看不出他对于这些人的深切仇恨!

张士诚所领导的军队,大半是盐丁,④这些人是失了土地的农民,而由于盐官们的苛刻剥削,使他们专靠做工,无法维持生活,因此很多盐丁,不得不靠贩卖私盐为活。他们冒着很大危险,才能赚得一升半合,因而他们的生活很不安定,作为一个阶级来说,他们和张士诚一样,可划为游民无产者。

游民无产者虽然也勇敢奋斗,但他们毕竟是"旧社会最下阶层腐化过程的消极产物"⑤,也能做卑下的败德行为,被人收买去做反动的勾当。因此元将脱脱不花围攻徐州起义的农民军时,最出力

---

① 《草木子》卷三《克谨篇》谓元丞相脱脱统兵四十万,号百万,进攻高邮。《高丽史》卷三十八《恭愍王世家》记高丽曾出兵二万三千人从往。
② 见《辍耕录》卷三十。
③ 参看《明太祖实录》吴元年九月己未《张士诚传》。
④ 《草木子》卷三上集:"张(士诚)为盐场纲司牙侩,以公盐挟带私盐,并缘为奸利,然资性轻财好施,甚得其下之心。当时盐丁苦于官役,遂推其为主作乱。"
⑤ 马克思、恩格斯:《共产党宣言》33页(人民出版社本)。又请参看毛主席:《中国社会各阶级的分析》(《毛泽东选集》卷一,9页)。及马克思:《法兰西阶级斗争》(解放社本,第34页)。

附 编

的并不是元政府所豢养的官军,而是在苏北一带招募的盐丁和地主阶级的武装部队。①

在高邮胜利不久,元朝政府便派人去招降张士诚,②事虽未成,也可见张士诚和他所带领的盐丁部队的立场是十分动摇的。后来张士诚渡江占据苏州,更接受元朝的封爵为太尉,并一度漕运江南的粮食去接济北京。他派兵进攻农民军的政治中枢安丰,并把农民军的领袖之一刘福通杀死。他的部将全都贪污聚敛,他的文臣则是一些落魄的、农民所极端反对的地主阶级文人。《明实录》记:"当是时,浙西民物蕃盛,储积殷富。士诚兄弟骄侈淫佚,懈于政事……士诚……欲以好士要誉,士有至者,不问贤不肖,辄重赠遗,舆马居室,无不充足。"③《农田余话》记:"张氏割据时,诸公自谓化家为国,以底小康,大起第宅,饰园池,蓄声伎,购图画,民间奇石名木,必见豪夺。国弟张士信后房百余人,习天魔舞队,园中采莲舟楫,以沈檀为之,诸公宴集,辄费米千石。"④

由此可见,张士诚自始至终便与元朝统治者以及大地主阶级站在同一立场,一鼻孔出气;他和起义的农民军,并不相同。唯其如此,在张士诚这一派人看来,像后来朱元璋这样转化为地主阶级立场的队伍,和他们相比,还是不同,所以他们沿用地主阶级咒骂

---

① 《庚申外史》卷上:"(脱脱)兵出,有淮东元帅逯善之者,上言:'官军不习水土,宜募场下盐丁,可使攻城。'又有淮东豪民王宣者,亦上言:'盐丁本野夫,不如募城墅趫勇惯捷者,可以攻城。'前后各得三万人。"又陶宗仪《辍耕录》卷二十八记:"花山贼毕四等……纵横出没,略无忌惮……朝廷召募醝徒朱陈率其党羽,一鼓而擒之。"毕四起义在韩山童起义之前,是盐丁早就参加元政府镇压农民起义的工作。

② 参看《元史》卷一九五《孙㧑传》。

③ 《明实录》卷二十。

④ 《国初群雄事略》卷七引。

农民军的旧名词,称做"红寇"①,这可见张士诚与农民起义的距离该有多么远!

在张士诚统治之下的农民是十分痛苦的,他们的生活并没有得到改善,所以甚至像杨维祯这种反动的文人也批评他"用吏术以括田租"②。

因此,在1364年,朱元璋派徐达、常遇春打向苏州时,地主阶级的死党虽然为张士诚拼命死守,但农民们对于这个地主阶级政权却丝毫不支持,所以经过一个多月的困守便瓦解了。

朱元璋这时虽然蜕化转变了,但他对于某些地主还是给予很大的打击,例如把苏松一带的大地主迁往临濠屯田,罚他们劳作,同时又重课地主租税,这些都是农民十分拥护的。

所以我们叙述元末农民起义时,必须把张士诚这一支军队除外。

以贩盐浮海为业的方国珍③,他是浙江台州的土豪④,乘元末统治者的势力衰微时,在浙江割据了很久,但他和张士诚一样,时而降元,时而附明,和农民起义也有着若干区别。

---

① 见谈迁《枣林杂俎》卷一《保越录》条,今日通行《保越录》刊本无此字样。
② 见《群雄事略》卷七引杨维祯致张士诚书,今传《东维子文集》无此文。
③ 《明太祖实录》洪武七年三月壬辰《方国珍传》:"国珍名珍,以字行,台之黄岩人,世以贩盐浮海为业。"
④ 《方氏事迹》(《群雄事略》卷八引):"谷真(即方国珍)乃台州之土豪。至正初,造舰千艘于海上,劫掠商贾,集蛮卒数万阻元之海运,霸占浙东西濒海州邑。"

二、韩林儿、徐寿辉、陈友谅、明玉珍等农民起义军失败的原因

上述韩林儿、徐寿辉、陈友谅、明玉珍是元末农民军的正支和主流,他们的起义运动既然已经很快地高涨起来,但何以又迅速地衰落下去,分析他们起义的经过,解释他们失败的原因,从而指出农民革命的一般弱点是非常必要的。

他们在军事、政治方面失败的主要原因是:

第一,由于农业个体经济所造成的组织性不强、觉悟性不高,因而农民不能单独担负起伟大的革命运动,并使这个运动进行到底。

在元末,农民于水深火热的生活情形下,虽然藉开河聚集的机会起义了,但毕竟由于过去分居于各个农村,附着于各个土地,使他们彼此隔绝,无法理解阶级的一致性,作为一个阶级来反抗压迫他们的全部经济体系,他们好像一盘散沙,各不相属。刘福通、徐寿辉各自为政。刘福通的部下,不论是向北方发展的毛贵、关先生、破头潘,或是向南方发展的郭子兴、孙德崖,都彼此倾轧,相互矛盾。徐寿辉部,则因倪文俊、陈友谅等彼此屠杀,而分裂为若干支。总之,从农民的内部看来,他们一无起义的全盘计划,二无革命的远大目标,只是一小撮一小撮的小集团,彼此互相忌刻着、牵制着。对于元朝统治者及某些地主阶级的个别的人,他们是深恶痛绝的,但不能把这些人当作一个阶级来反对。

因此元末的农民起义,也正像列宁所批评的19世纪俄国起义

的农民:对于旧秩序的仇恨并不是充分自觉的,因而斗争也不可能坚持到底,在追求更好的生活方式上,他们把自己限制在狭隘的范围之中。①

复次,参加起义的因为是破了产的农民,他们的思想意识反映在作战方面,就是流动游击,而不愿做建设工作(在以韩林儿为首的这个系统里,除毛贵在山东一带有些设施外,其余北进各军,无一作比较长远打算的),所以就农民军发展的情形说,的确很快而且面很广,但正像《明史》所记:"兵虽盛,威令不行,数攻下城邑,元兵亦数从其后复之,不能守。"②只是到处游击而已。

第二是由于地主阶级的顽强抵抗。在元末,民族矛盾表现得最突出时,一切阶级斗争的要求,都以民族斗争的需要为出发点。因此,在农民军初起时,他们的主要任务只是在推倒元朝的统治者,对于地主阶级的反抗并不很明显,所以很多地主保持中立,并不积极参加元朝去反对农民军。而且,有些中小地主甚至参加到农民军这方面来,如郭子兴、明玉珍、邓愈等即是很好的例证。但随着起义军的蓬勃发展,元政府的逐步削弱,农民军渐渐地把重心转向于反抗压迫他们的地主。元明历史对于这一方面的记载虽然不详细,但由于以下所引的片断记载,我们相信这种推测是可以成立的。

《龟巢稿·王佛子行状》记:

---

① 列宁:《论托尔斯泰》。
② 《明史》卷一二二《韩林儿传》。

> 至正十二年(1352)十月,红巾据常州,时佛子(武进县地主)方卧疾于家,贼众坌至,尽掠其所有,意恐为里人御夺,发仓廪诱之。①

发富人的仓廪,招诱邻里的穷人共同分享,这是农民朴素的平均主义,他们想力求平等以推翻地主!②

又王逢《梧溪集》记:

> 刘冀之,衡水人……适同郡曹泰财……红巾陷河朔,曹故大家,避县西聊城村,贼掩至大掠。③

红巾军攻占衡水,大约在1358年,在他们开河起义的七年以后,据陶宗仪记:红巾军对一般百姓"不杀不淫",纪律非常好,④那么"大掠"像曹泰财这样的"大家",不消说是具有着阶级的仇恨,这时农民起义已经声势浩大,因而把阶级矛盾提到应有的高度。

因此,一般地主都起了恐慌,于是联合起来,共同抵抗。这时农民起义军的坚强敌人,已不是腐朽的蒙古王朝,而是地主阶级的反动武装。这些人到处组织"寨堡",狙击农民起义,使他们站不稳,也走不动。元朝在各地招募"义兵",所谓"义兵"大半是地主阶级帮助组成的,在打击农民起义上,也起了很大的作用。

---

① 《龟巢稿》卷十九《王佛子行状》。
② 参看列宁《纪念盖尔村》。
③ 《梧溪集》卷四《刘节妇诗序》。
④ 陶宗仪《辍耕录》卷二十八。

第三是由于农民的迷信和落后性,使他们感觉迟钝,保守固执,而不能随着时势的变迁,改换他们那些已经过了时的起义老办法。

在元末,民族矛盾与阶级矛盾极端尖锐时,韩山童、刘福通等把被压迫的农民团结在白莲教的周围;高呼着"明王出世""赵宋复兴",是完全必要的,因为这个口号抓住了时代的特点,代表了农民的要求,故能掀起大规模的起义运动。

但这也是不可讳言的事实,白莲教是有着落后的、迷信的一面,随着起义形势的发展、起义任务的加重,单靠宗教迷信是不能发动群众和号召群众的,统治阶级、地主阶级把白莲教徒领导下的农民军叫做"妖人",固然是诬蔑的名词,但也确实抓住了这一批人的弱点。他们迷信落后的方面,必定为很多人所识破,因而对他们不满,对他们唾弃,这时白莲教已不是号召农民的象征,而是代表落后的标识了!

可是这个落后的、过了时的宗教招牌和他们在最初起义时所提倡的民族口号,却始终为一些感觉迟钝的农民所胶执着。在朱元璋建立了地主阶级政权,韩林儿、陈友谅等相继失败后,但他们的部下和受他们影响的农民,在湖广、四川、淮河两岸以及红巾军攻占过的西北广大地区,却始终顽强不倦地反抗朱明政权,这个斗争,据现在查到的记载,一直延续到16世纪。

这些反抗的农民,在有的地方是相当强大的,可是他们斗争的方法仍然是继承白莲教的老一套:首先,他们仍然宣传弥勒佛降生、明王出世。在明初,很多起义的人,有的自称为彭莹玉复活[①],

---

① 《明太祖实录》乙巳八月辛亥条。

有的伪托是徐寿辉再生①,有的则尊奉龙凤年号②,但他们有两个共同的特点:第一,他们都宣称自己是弥勒佛、是明王。他们不知道弥勒佛降生与明王出世的老口号,经过无数次的证明,早已被人揭穿识破,在很多农民面前失了作用。其次,他们仍然残存着失了时代效用的民族思想,托称为宋朝的后裔。如永乐间,农民田九成等在阶州起义,他们一方面沿用龙凤年号,自称为弥勒佛降生,一方面又自称为"汉明皇帝"③,所谓"明",不消说是和"明王""明教"有关系,而加一"汉"字,正是表示他和旧日的"蒙古"皇帝不同,仍然是承袭着以往的民族思想。又如景泰时,在安徽霍丘起义的农民赵玉山④,成化时,在山东景州一带起义的赵春、张仲威⑤和万历间在徐州一带起义的赵古元⑥,他们都在元末白莲教最流行和农民军最昌盛的地方起事,他们都被反动统治阶级称作"妖人",显然是有着浓厚的白莲教色彩,而他们又都自称为宋朝后人,也就是说,还沿袭元末韩山童父子起义时的老口号。他们忘却韩山童父子托称宋朝后人是在绝大多数的汉人在少数蒙古贵族的压迫践踏之下提出的,人们遭受歧视,因而回想起已经亡国的汉族皇帝——宋朝。对它追思留恋,希望复国。可是后来他们反抗的封建统治阶级已经是汉人做皇帝的明朝,他们不能依据新的环境制定出反抗

---

① 同上洪武十九年五月戊辰:"妖僧彭玉琳与新淦县民杨文、曾尚敬等谋作乱……玉琳……自号弥勒佛祖师,烧香聚众,作白莲会……称晋王,伪置官属,建元天定。"案天定为徐寿辉所建年号。
② 《明成祖实录》(应为《明太宗实录》——整理者注)永乐七年七月戊戌条。
③ 同上。
④ 《明英宗实录》景泰六年四月戊寅条。
⑤ 《明宪宗实录》成化元年五月丁巳条。
⑥ 《明神宗实录》万历二十八年三月甲辰条。

阶级压迫代替反抗种族压迫的方针，他们的口号便落了空、失了效。

元末农民领袖的失败之点，在于因循成规，胶执不变，他们对于那件已经穿惯了的肮脏衬衫不肯脱掉，改换一件新的、清洁的，因而使他们的起义运动没有新的式样、新的精神，而被推移转变了的客观过程把他们抛弃掉。

第四是由于农民具有狭隘自私的特性，他们只顾自己，对于社会改革和群众福利，是没有计划，不很关心的。

刘福通、陈友谅等人最初之所以声势浩大，席卷全国，是因为他们曾一度抓住了社会矛盾的本质，提出的口号和主张，也是站在广大农民的全体利益之上的。可是到后来，他们为了狭隘的、个人的名位权势，彼此倾轧，相互攻伐，刘福通杀掉杜遵道，陈友谅又杀掉倪文俊和徐寿辉，郭子兴和俞鲁、孙潘争权，朱元璋又和郭子兴反目。因为在他们的思想意识之中，虽然反对地主，却拥护好皇帝，在民族仇视的情况下，他们认为蒙古人中是出不了甚么好皇帝的，只有从汉人之中出"明王"，于是你也想做明王，我也想做明王，遂由韩山童、韩林儿为首的一个头，变成了许许多多的头，这是一方面。另一方面，刘福通刚在亳州站住脚，便拆毁旧庙宇，营造宫殿，陈友谅更制造镂金床，他们在生活享受上已不像朴素的农民而渐渐奢侈腐化。总之，他们后来渐渐变了质，他们的行动既然与农民革命无关，因而也就得不到广大农民的支持。

斯大林论17世纪俄国的农民领袖拉辛（C. T. Разин）起义失败的原因说："个别的农民起义，即使不像拉辛暴动那样带有'强盗性'和无组织性，也是不能达到任何重大结果的。农民起义只有在与工人起义结合起来,只有由工人领导的时候,才能得到胜利。只有由工人阶级领导的联合起义,才能达到目的。"①

毛主席分析我国历来农民革命失败的原因也有同样的英断,他说:"只是由于当时还没有新的生产力和新的生产关系,没有新的阶级力量,没有先进的政党,因而这种农民起义和农民战争得不到如同现在所有的无产阶级和共产党的正确领导,这样,就使当时的农民革命总是陷于失败。"②

元末的农民起义,正像历史上的其他农民革命一样,由于没有新的生产力和新的生产关系,所以无从与工人革命结合起来,而由于时代的限制,他们的起义领袖又是些狭隘自私、委琐不识大体、没有远见、没有能力的人,所以不可避免地走向同样失败的命运。

三、朱元璋的蜕化转变

朱元璋生于安徽凤阳的一个贫农家,1344年,安徽、河南一带普遍荒旱,同时又流行着可怕的传染病,那年他只有十七岁,他的父母和大哥都得病死了,穷困无依,才跑到附近的一个庙里做和尚。可是庙里的存粮也不多,所以他出家不到两个月又被师父撵出去乞讨。

他四方游走,在光、固、汝、颍等处叫化了三年,而这些地方正是当时白莲教最盛、农民军最多的地方。他耳濡目染,藉此不但熟

---

① 斯大林:《与德国作家路德维希的谈话》。
② 毛主席:《中国革命和中国共产党》(《毛泽东选集》卷二,595页)。

悉了农民起义的组织者——白莲教,同时也结识了一些农民起义的个别人,这和他后来被邀参加红巾军,并在相当时期之内为这个起义奋斗有关系。

可是由于朱元璋曾有过三年的流浪生活,使他久历艰辛,也使他饱更世故,因此他的一切行动都十分深沉机警,所以尽管他是贫农出身,可是他参加农民起义,却是经过再三考虑才投军的。①

还有,郭子兴这支农民队伍也是略有问题的。郭子兴是濠州地主,鉴于各地农民纷纷起义,遂散家财,阴结宾客,②参加了农民的队伍。但毕竟由于他本人是地主,和其他同事的几位农民领袖意见不相同。据明朝的官书记:俞鲁、孙番等人"出于农,其性粗直"③。又说他们的"智识皆出子兴下,子兴易视之,每议事,独与四人异"④。这是说郭子兴和其他农民出身的领袖在思想意识上有距离,因此造成了他们之间不能密切的合作。

朱元璋在郭子兴部下,最初是很受宠信的,郭子兴以义女许配他,人称元璋为"朱公子",他和郭子兴的关系非常密。

郭子兴的思想意识既然如此,朱郭之间的关系又很密,那么朱元璋对于农民起义的态度、看法,自然也就很容易受到郭子兴的影响。

所以在1353年,彭大、赵均用调朱元璋把守盱眙和泗州,朱元璋则因"二人粗暴浅谋,不可与共事"没有去,⑤他独自在定远一

---

① 参看《明太祖实录》卷一。
② 参看张来仪:《滁阳王庙碑》。
③ 《明本纪》。
④ 《明太祖实录》卷一。
⑤ 同上。

带,招兵买马,收编了一些地主阶级的军队,并攻占和州,为以后渡江在南京建立根据地打下基础。

随着农民军的散漫自流,使他们在军事上、政治上造成了很大损失,而由于地主阶级的顽强抵抗,更使他们的势力日渐缩小。因此在1355年,朱元璋渡江以后的态度便大改变,他竭力拉拢地主阶级的读书人,如攻下太平,便以著名的学者李习做知府,请陶安做幕客。1356年,克南京,起用夏煜、孙炎、杨宪等十数人;占镇江后,征聘秦从龙和陈遇,他对于秦、陈两人出而做官,非常高兴,甚至把他们比作古代的名相。1358年,请范祖幹、叶仪、许元等十三人讲论经史。1360年,又把代表浙东学派的大地主刘基、宋濂、叶琛、章溢等人礼聘到南京。在明朝开国的前几年,刘基对于朱元璋的影响非常大,而刘基本人则是元朝的官僚地主,他曾组织地主阶级的武装,坚决反对农民起义。①

自然这并不是说,朱元璋已被地主阶级的知识分子所完全同化,而像传统史书所称为"尊崇儒术"等,由贫农出身并具有丰富的社会经验的朱元璋,他不会和地主阶级的知识分子如何投契,用中国历史的旧术语说,他倒是"王霸杂用""儒释道兼施"的。他起用这些江南浙东的文人,正是想通过他们收买地主阶级,藉以减轻在统一全国的道路上所遇到的阻力。举例说,这时他收编了很多地主阶级的"寨堡"军队,而这些军队在打击元朝和削平其他的农民军是起了很大作用的。

朱元璋从此由韩林儿所领导的农民军中蜕化出来,他后来深

---

① 《明史》卷一二八《刘基传》。

以曾参加过这支军队为可耻,极力回护,并站在地主立场,咒骂他们是"妖人",说自己起义时,只是"匹马单戈",而没有参加过白莲教所领导的农民军队。①

在朱元璋和他的继承者的专制高压下,明朝人对于朱元璋参加红巾军和后来蜕变的历史是不敢说也不敢写的。所以后人对于朱元璋曾否参加韩林儿所领导的农民起义已经不清楚,至于他什么时候才转变态度,历史上更没有明文记载,但是这段转变的历史是非常重要的,我们必须做一番仔细的考察。

朱元璋虽然矢口否认和白莲教号召的农民起义有关系,但是在《皇陵碑》中,他描写1352年,元兵撤濠州之围,他奉郭子兴之命到定远一带招募新兵时,有这样的几句话:

> 已而解去(指元兵解濠州之围),弃戈与枪,予脱旅队,驭马控缰,出游南土,气舒而光,倡农夫以入伍,事业是匡,不逾月而众集,赤帜蔽野而盈冈。②

白莲教领导之下的农民军是以红布包头和以红旗为号的,这和反抗农民的地主阶级以青布包头和以青旗或黄旗为号的军队是截然不同的。朱元璋带领的军队既然是用红旗(赤帜),可见他在"出游南土",召募军队时,还是用的韩林儿的老旗帜,也只有使用这种标识,才能号召农民,得到"蔽野盈冈"的群众拥护。

---

① 朱元璋《太祖文集》卷五《与元臣秀鲁书》:"昔者朕被妖人逼起山野,不过匹马单戈,那有百万之众。"
② 陵碑。

这可以充分证明,在 1352 年时,朱元璋还是在白莲教领导之下组织农民军,他既不是孤军作战的"匹马单戈",也没有脱离农民军的队伍。

1355 年 2 月,朱元璋攻克和州,升总军元帅,三月,郭子兴死,韩林儿封郭子兴的儿子郭天叙继任为都元帅,而以郭子兴部下的两员大将张天佑和朱元璋为左右副元帅。《明实录》等书记,朱元璋辞谢右副元帅的封爵,说甚么"大丈夫不受制于人"。①

这是说,明朝官书记朱元璋这时已经脱离了农民军。

可是铁一般的事实证明:这种记载是后来伪造的。在同一书里记载,这年进攻和州很困难,因为守城的元兵势力非常大,朱元璋自度兵力单弱,攻不下,因而命三千名先锋部队,换上地主阶级的青色军服,伪装做帮助元兵守城的队伍混进城,然后以他们自己以红巾包头的部队尾其后,结果里应外合,才把元兵打垮。② 他们既然伪装做地主阶级的士兵,可见朱元璋还没有转变态度,既然以红巾裹头,可见这时还没有脱离白莲教所领导的农民起义。

这年五月,朱元璋由和州渡江,攻下了采石南京,因此被韩林儿提升了一步,所以有的记载称他为"丞相"③,他这时沿用龙凤年号,拥戴大宋皇帝韩林儿,是毫无问题的。但就在这时,他已经改用黄旗做标识,而不再用农民军的红旗。④ 黄旗虽不是以青旗为标识的地主阶级军队的旗徽,但毕竟是灰色的态度,它已不像红旗那

---

① 《明太祖实录》。
② 同上书。
③ 《国初群雄事略》卷一引叶子奇上孙炎书。
④ 俞本《皇明纪事录》:至正十八年十二月,"克婺州,设浙东行省于金华府,上于省门建立二大黄旗……旗上书云:'山河奄有中华地,日月重开大宋天。'"又请参看《明太祖实录》庚子闰五月康茂才约陈友谅攻应天,偃黄旗伏兵故事。

样有鲜明的反封建色彩。我疑心从这时起,朱元璋和以韩林儿为首的农民起义便逐渐脱离。

这个裂痕,伴随着朱元璋的势力日益发展而渐渐扩大,后来在消灭了陈友谅,而同时在刘福通被害、韩宋势力衰微时,更把它表面化。朱元璋在1366年进攻张士诚时发布了一道《平周榜》,榜文虽然还沿用龙凤年号,但他已改变了以前的语调,说:

> 近睹有元之末,主居深宫,臣操威福,官以贿求,罪以情免,台宪举亲而劾仇,有司差贫而优富,庙堂以为虑,方添冗官,又改钞法,役数十万民湮塞黄河,死者枕藉于道途,哀苦声闻于天下。不幸小民误中妖术,不解其言之妄诞,酷信弥勒之真,有冀其治世以苏困苦,聚为烧香之党,根蟠汝颍,蔓延河洛,妖言既行,凶谋遂逞,焚荡城郭,杀戮士夫,荼毒生灵,无端万状。元以天下兵马钱粮大势而讨之,略无功效,愈见猖獗,然事终不能济世安民。是以有志之士,旁观熟虑,乘势而起,或假元氏为名,或托香军为号,或以孤兵自立,皆欲自为,由是天下土崩瓦解。予本濠梁之民,初列行伍,渐至提兵,灼见妖言不能成事,又度胡运难以立功,遂引兵渡江。

可见这时朱元璋一方面要打倒贪污腐化的蒙古统治者,一方面又反对"聚众烧香""根蟠汝颍""蔓延河洛"白莲教领导之下的农民军。元末的农民暴动,本来是由于民族与阶级的压迫引起的,因而他们奋斗的目标,一方面要打倒贵族,一方面又反对豪绅地主,这时朱元璋只提到反对蒙古的民族口号,而不再谈贫富的阶级冲突，①这是说，他只是继承以往农民起义斗争的一面，而放弃其另一面，因此缓和了地主阶级的反抗，大大地促进了自己势力的发展。后来把元统治者赶出长城，他更把这个狭义的民族口号也抛掉，主张"华夷无间"，他说："蒙古色目，皆吾赤子"②，又说："姓氏虽异，体字如一。"③使一般蒙古、色目的农民安心耕种，不受歧视，所以他能顺利地统一全国，并使社会日渐安定。

总之，朱元璋后来虽然脱离了农民革命的队伍，但推倒了元朝、解放了生产力，在推进社会向前发展上，是起了重要作用的。

四、元末农民起义在历史上所起的进步作用

元末的农民起义虽然有的失败，有的转化了，但他们的血并没有白流，在历史上却起了很大的进步作用。

首先，随着蒙古贵族的打倒，他们霸占着的牧场和庄田都交了出来，使无地或少地的农民获得了土地。这种情形表现得最明显的是在北方。

在京畿河北一带，无论在元末农民战争期间，或后来徐达、常遇春等攻占大都时，都没有打过激烈仗，照理人口的死亡或逃徙率不很大，不应该有甚么空闲荒地。可是明初这一带是土旷人稀的"宽乡"，原因是蒙古贵族逃走后，有大量的土地空出来。

明初对于经营北京一带是非常注意的。在很多书里都可以看

---

① 并请参看1367年《谕中原檄》（见《明文衡》卷一）。
② 《明太祖实录》洪武元年八月己卯《大赦天下诏》。
③ 见《明太祖实录》洪武三年六月丁丑条。

到由山西或塞外(长城以北)向这一带移民的事实。明政府对迁移的农民很鼓励,发给他们路费,拨给他们荒田,并且规定三年之内不收租税。现在这一带的农民对于他们的祖先籍贯还有两个最流行的传说:一说是由山西洪洞县迁来的,另一说是从热河小兴州迁来的(滦平县西北有宜兴州,俗呼小兴州,永乐初废),正是由于明初这些移民事实造成的。

在河南、山东以迄淮水流域,经过十几年的农民起义战争,把大部分的地主打垮了,消灭了,他们所占有的大量土地也同样交与无地少地的农民。这可由1370年郑州知府苏琦和济南知府陈修所上的条陈中看出来,苏琦主张"垦田以实中原",他说:

> 自辛卯(1351)河南兵起,天下骚然,兼以元政衰微,将帅凌暴,十年之间,耕桑之地,变为草莽。方今命将出师,廓清天下,若不设法招徕耕种,以实中原,深虑日久国用虚竭。为今之计,莫若计复业之民垦田,其余荒芜土田,宜责之守令,召诱流移未入籍之民,官给牛与种,及时播种。①

陈修说:

> 北方郡县,近城之地多荒芜,宜召乡民无田者垦辟,户率十五亩,又给地二亩,与之种蔬;有余力者,不限顷亩;皆免三年租税。②

---

① 《明太祖实录》洪武三年三月丁酉条。
② 《明太祖实录》洪武三年六月丁丑条。

附　编

　　大约在"近城"一带,多是地主、土豪霸占的土地,经过农民起义战争,把他们打垮了,因而空出来很多土地,使农民有地可种。

　　1371年,明政府下诏:"古者井田之法,计口而授,故民无不授田之家。今临濠之田,连疆接壤,耕者亦宜验其丁力,计亩给之,使贫者有所资,富者不得兼并,若兼并之徒,多占田为己业而转令贫民佃种者罪之。"①经过农民战争,在安徽一带,已是"百里无儿家,但见风起尘"②。可见地主阶级遭受严重打击,因而在临濠才有"连疆接壤"的土地重新分配给本地以及其他"狭乡"的贫民。③

　　在江南最富庶的苏松一带,把以张士诚为首的地主阶级打倒后,将他们迁调到别处去种田,而把他们所占的广大土地没收了,于是无田少地的农民得到土地耕种。据1423年的统计,苏州一府(包括太仓州及长洲等七县)缴纳的秋粮共二百七十九万九千石,其中民粮只有十五万三千一百七十石,官田则有二百六十二万五千九百三十石,也就是说,那里没收归公因而使农民得到耕种的土地,占全府总粮数的十五分之十四,这个数字可能夸大一些,但没收地主的土地,必定是很多的!

　　明初以贫民垦荒,就是使他们耕种以前地主丢荒的土地,叫做"民屯"。"民屯"的办法,一般是发给每户十八亩左右的土地,三年之内,不收租税。有时在初种之时,还发给耕牛、农具和种子。每年分配的土地是很多的,在《明实录》里有一些零碎的记载,为便

---

① 《明太祖实录》洪武四年三月辛丑条。
② 张羽:《蜕庵集》卷一《杂诗》。
③ 《明太祖实录》洪武三年六月辛巳:"上谕中书省臣曰:'苏松嘉湖杭五郡地狭民众,细民无田以耕,往往逐末利而食不给。临濠朕故乡也……宜令五郡民无田产者往临濠开种,就以所种田为己业,官给牛种舟粮以资遣之,仍三年不征其税。'于是徙者凡四千余户。"《明史》卷七十七《食货志》记,迁江南民十四万户于凤阳。

论元末农民起义的发展蜕变及其在历史上所起的进步作用

于比较,我把它归纳起来,如下表:

年代	分配给贫民的土地数(以顷为单位)	附 注
1368	七七〇	据前江苏国学图书馆藏钞本《明实录》,此本错讹甚多,以无善本与校,姑据之。
1370	二一三五	
1371	一〇六六二五	
1373	三五三九八〇	
1374	九二一一二四	
1375	六二三〇八	
1376	二七五六四	
1377	一五一三	
1378	二*七三一〇四	*日人清水泰次引《实录》作"一七三一〇四",见《史学杂志》三十二卷第七号氏所作《明代田地面积考》。
1379	五三九三一	
1383	一二六五	

必须指出:这里的"荒田",大半是指的内地,尤其是指的经过农民战争的地方。如1370年的开荒,仅限于山东、河南和江西三省①。1375年,仅限于宁国及江西、浙江等地②。1383年,仅限于镇江、太平等四府及山西平阳府③。由于根据的史料不完全,我们虽不能肯定自1375年以后,内地的荒田便大量减少,但相对地可以说,自1368至1374年,开垦的顷数,逐年增加,而自1375年以后,则逐渐减少,自1383年以后,在《明实录》上便不特别标明内地增垦的土地顷数,可以想象,这时地主丢荒的土地已大致分配完了。

民屯垦荒,在朱元璋的大力推动下,收到了很好的效果,《明诗

---

① 《明太祖实录》洪武三年十二月。
② 《明太祖实录》洪武八年十二月。
③ 《明太祖实录》洪武十六年十二月。

综》记陶安知饶州,由于积极倡导民屯,很受老百姓的爱戴,后来他因事调往南京,民为歌曰:"千里榛芜,侯来之初;万姓耕辟,侯去之日。"①以此例彼,可以推想到其他的地域。

自然在个别地方,如苏松一带,明政府把一些没收的土地仍然照元末地主以高额私租率分配给农民,对于农民说来,好像是换汤不换药。其实不然,至少在明初吏治清明的时期,明政府只向分得土地的老百姓要固定的租额,而且时常蠲减,并不像旧地主时代有很多的额外勒索,故在剥削方面比较轻。又明朝初年,以一部分没收的官田做官吏的俸禄,因而减少国库的开支,对于农民也有间接的利益。

由于农民战争把旧地主打垮,也解决了明朝的军饷问题。

朱元璋自从攻占南京后,便利用地主丢荒的土地,实行军队屯种,叫做"军屯"。兵士无事便屯田,有警则打仗,这种"且耕且战"的办法,在江阴龙江一带施行得很有效,后来更推广到其他的地方。

在明初,军队屯垦并不像后来仅限于边远地方,而是在河南、山东、北平、陕西、淮安等地主阶级打垮了的腹地。

每个兵士开垦田地的数目不一定,一般地说,每人约得五十亩左右,在个别地多人少的处所,可以尽量多种,所以每人有分到七十亩、八十亩,甚而至于一百亩的。"军屯"也和"民屯"一样,由明政府分给耕牛、谷种和农具,三年以后才收租税,而且收得很少,每亩只要一斗粮而已。

明政府定出种种优待、褒扬和处罚的办法来鼓励兵士屯田,在

---

① 朱彝尊:《明诗综》卷一百《饶州歌之一》。

"军屯"方面收到很好的成绩。朱棣"靖难"而后,把国都从南京迁到北京,同时把重兵驻扎北方以抵抗蒙古,他统有四十八万大兵,其中除十二万人选入所谓"禁卫营团",由明政府供给口粮外,其余三十六万人都分配在顺天府内,设置卫所,让他们屯田种地。① 内地垦完,渐及边远,这时《明史》记:"东自辽左,北抵宣大,西至甘肃,南尽滇蜀,极于交阯,中原则大河南北,在在兴屯矣!"②

据1388年的统计数字,全国"军屯"的收获量为五百多万石,单只北平一地军兵收获的米麦就有八十多万石③,全国"军屯"的总收入足敷所有军队的开支,所以朱元璋很自豪地说他养兵百万,不费百姓一粒米!④

军队在内地屯田,最初是"且耕且战"的,后来由于无仗可打,于是变成了一般种田的老百姓。他们本来是被地主剥削,失了土地的农民,现在又分回被兼并的土地,这正是由于农民战争造成的结果。

第二,朱元璋虽然建立了地主阶级的政权,但他却没收了蒙古贵族和反抗过他们的大地主的全部土地。为了缓和阶级矛盾,对于一般地主也加以限制。所以朱明王朝和以前地主阶级所支持的蒙古政府毕竟是有些区别的。

最初,朱元璋还提出相当强硬的反抗蒙古贵族的口号,1367年,他追击元兵,传檄北方农民,强调"中国居内以制夷狄,夷狄居

---

① 郝敬上明神宗疏:"永乐时,靖难功成,剩精兵四十八万,内一十二万选入十二团营,余三十六万给赐屯田牧地……分置七十八卫于顺天府所属州县。"
② 《明史》卷七十七《食货志》。
③ 参看《古今治平略》卷五。
④ 谭希思:《明大政纂要》卷九,洪武二十五年正月。

外以奉中国"。并痛斥那些投靠元朝、认贼作父的大地主(指元将王保保及张思齐、李思道等。此处应为"李思齐、张思道"——整理者注)。① 这表明,他可以和汉人地主阶级合作,但不能向蒙古贵族让步,也不同汉奸地主妥协,而蒙古贵族和汉奸地主拥有广大的土地及财富,他们和汉人的冲突,正是当时社会矛盾主要的方面。

后来朱元璋虽然不再做反阶级压迫的宣传(所谓"明王出世"),但对待曾反抗过他的地主是十分严厉的。以苏州为例,张士诚的部下都是大地主,他没收了这些人的土地,并把他们罚往临濠去种田。同时又没收了苏州大地主沈万三的家产,把他充军到云南。

至于对待一般地主,朱元璋也加以限制,他不准"富者""兼并",又禁止部下占田②。他迁移浙江等九布政司和应天等十八府的地主四千三百余户于南京,永乐时,他的儿子朱棣复迁移应天及浙江地主三千户到北京。很明显,地主不能离开他原籍的土地,一离开,便大大削弱,不成为地主。而朱元璋父子这种策略却给他们很大的打击。

明政府何以要这样做?不待说,它知道这样才满足农民的要求,平息农民的忿怒,并瓦解农民所发动的反抗地主的战争。换句话说,这些措施乃是农民起义促成的。

第三,朱元璋深刻地了解到:农民起义是封建统治王朝最有力的颠覆者,因而在惩治贪污、苏养生息方面很努力。

他手订了三本惩处贪污、豪猾的法典——《明大诰》、《续编》及

---

① 《明太祖实录》吴元年十月,《论齐鲁河洛燕蓟秦晋檄》。
② 参看《明太祖实录》洪武三年四月丁丑及《明大诰》《大诰武臣》等书。

《三编》,颁行天下,使家喻户晓,①并令乡村学校以此作教本,当时诵读《大诰》而到南京朝见的师生就有十九万多人。②

这三本法典惩处的对象是赃官地主,据《明史·刑法志》记:依《大诰》条文检查,当时犯凌迟处斩的赃官地主有几千人,犯死罪的有几万人,其中以后来《大诰三编》所订的惩处条例比较宽大,然所列进士监生等不法地主,自初犯到四犯,还有二百六十多人,这是朱元璋缓和阶级矛盾政策的一方面。

另一方面,是朱元璋的重农政策,表现在他的轻征薄敛和奖种桑枣上。1394年,他更派大批国子监生督导各处兴修水利,共开塘堰四万九百八十七处,开筑河渠四千一百六十二条,修理陂渠堤岸五千四十八处,对于农业生产量的提高起了很大的作用。

后来历史上有名的"仁宣之治",便是由于惩治不法地主和积极推动重农主义的结果,而这种政策的采取,正是农民十几年的战争换来的。

(原刊于《历史研究》1954年第4期)

---

① 时家藏《大诰》者,犯罪减刑,故乡间自地主迄农民,无不学习此事。《龟巢稿》卷七《周可大新充粮长》诗:"田家岁晚柴门闭,熟读天朝大诰篇。"又卷八《读大诰作巷歌》诗:"天语谆谆祸福灵,风飞雷厉鬼神惊,挂书牛角田头读,且喜农夫也识丁。"是其证。

② 《明史》卷九十三《刑法志》。

读高青邱《威爱论》

上

高太史《凫藻集》卷一有《威爱论》,为泛述统兵驭将之文,亦反映时势之论也。关于统兵驭将之义勿庸诠释,至反映时势之处则读史者尚少论及,本篇试为之解。

威爱之义实兼对吴王张士诚及元朝之兵制而发。惟青邱身世,后人已不甚详,故对此具有历史背景之论文,亦未加索解。今首应钩稽证明之者,为青邱少有用世之志,且与张士诚有密切关系,再以当时之兵制利弊与文中所述者相比附,庶于此文疑滞之义可通解矣。请依次论证之。

《明史》二八五《文苑·高启传》[①]:

> 张士诚据吴,启依外家居吴淞江之青邱,洪武初被荐,偕同县谢徽召修《元史》,授翰林院国史编修官。

案此文系总括朱竹垞所撰《高启传稿》而成。传稿见《曝书亭集》卷六十二,视此文略详,谓"张士诚据平江,承制以淮南行省参政饶

---

① 《明史稿》二六六本传同。

介为咨议参军事,介见启诗惊异,延为上客,启谢去,隐于吴淞江之青邱,号青邱子"。是以青邱未受张吴封爵,且避之惟恐不速,与《明史》初无二致也。竹垞博参群书,此事自亦有其根据,检《凫藻集》,李志光所撰《青邱传》:

> 张士诚有浙右时,群彦多从仕者,启独挈家依外舅周仲达居吴淞江上,歌咏终日以自适焉。陪臣饶介之、丁仲容辈以诗自豪,及见启为叹服。启尤好权略,论事耸人听,故与饶如投左契,定交者若王彝、杨基、杜寅、张宪、张羽、周砥、王行、宋克、徐贲之徒,胥不羁胆才,爽迈有交,谈辩华给,慨然以为天下无人,一时武勇多下之。

《槎轩集》载吕勉所撰传:

> 年十六,淮南行省参知政事临川饶介之分守吴中,虽位隆望尊,然礼贤下士,闻先生名,使使召之再,先生畏避之,强而后往。

又谓:

> 元季傲扰,张士诚据浙右,时彦皆从之,先生独弗与处,挈家依外氏,以歌咏自适,故有《青邱子歌》并《江馆一集》寓志焉。先生尤好权略,论事稠人中,言不繁而切中肯綮,人莫不耸动交听,而厌服其心。故饶及方镇丁仲容缔交如验左契。所与王彝、杨基、张宪、张羽、周砥、王行、杜寅、徐贲、宋克、余

尧臣、释道衍辈皆豪宕不羁,谈辩精确,憪然以为天下事可就,一时武勇多下之。

自明世以迄清初为青邱作传者,以余所知不下十余家,叙其与张吴之关系大都取材于是,凡此皆竹垞所参考,亦即其下笔之根据也。李传作于洪武八年,即青邱被戮之次年,吕为青邱门人,或亦作于洪武之世。两传撰著虽早,惟值明祖雄猜之余,冤狱未白,故多隐饰遁辞,不敢显言青邱与张吴之关系。然两传字里行间尚依稀可辨,迨竹垞檃括成篇,意渐湮晦,《明史》因之,更泯其迹矣。

两传皆谓青邱擅权略,一时武勇皆下之,此义征之青邱诗集,颇多旁证。《高太史大全集》四《感旧酬宋军咨见寄》:

> 顾余虽腐儒,当年亦峥嵘。小将说诸侯,捧盘定从盟。大欲千万乘,献策登蓬瀛。

又《赠铜画李壮士》:

> 我岂白面郎,少年亦困穷。起为壮士歌,迅商薄高穹。初饮五斗尽,再饮一石空。与君岂乐祸,西方见妖红。莫谓著鞭晚,艰难殊未终。

同书三《赠马冠军》:

> 我亦方薄游,低头向人下。有志事竟成,古人不欺余。留将一白羽,待射鲁连书。

同书八《草书歌赠张宣》：

> 嗟余少本好剑舞，学习晚方从父兄。终焉懒惰不得就，尘满砚田长废耕。览时抚事每有感，胸次肆矶何由平。空斋往往出怪语，吟声相应饥肠鸣。篇成请君为我写，墨沈洒壁从奔崩……手随意到不留阻，正似突骑山阴行。令严不闻戈甲响，一夜下尽名王城。安得师行亦如此，顷刻坐见乾坤清。呜呼作歌聊赠汝，愈使流泪沾衣缨。

凡此皆其少年自述或追述少年之所作。诗人浮夸，自难尽信，然可藉以推知者，其时青邱有用世之志，固非仅一肱挚之文人也。

张士诚于至正十六年陷平江，扩地江浙，时青邱二十一岁。迨二十七年明祖平张吴，青邱三十二岁，据金坛撰《年谱》，青邱于至正十八年依外舅居吴淞江，是冬出游吴越，二十年归青邱，二十二年迁娄江，二十五年以后居郡中。自十六年至二十七年皆青邱之少年，用世之心正切，与吴臣饶介以下诸人酬唱应和，均在此时。其出居吴淞江，历时甚暂，且其地亦为张吴之领域，然则李、吕两传谓独挈家就外氏，弗与士诚共处者，非实录也。

青邱集中有赠蔡参军诗，兹具录如下：

> 林旦未升旭，岩深稍祛霏。凤兴达仙曙，在公遑告腓。良俦信可怀，弥月旷容微。偶兹解华绥，沽酒酬芳厄。铃驺俨卫斋，妓乐出房帷。放吏命决漏，留宾教阖扉。谈笑竹下尘，赌墅花间棋。欢庆展宿好，言长蠲积思。佳辰子所惜，高谊子攸希。时艰胜睽阻，安此嗟为谁。愿各保太和，长年乐施施。飞

佩倘可接,东方候安期。①

  鸡鸣起趋府,事至纷善惑。应兹苟弗推,在理宁免忒。归来坐深念,恒恐有惭德。缺政何以裨,厚责何以塞。岂徒省厥躬,庶用匡尔国。昔闻独乐叟,中夜忘寝息。愿君守勿渝,明明此遗则。②

  击筑无人识渐离,客依孤馆独凄其。著书未解成新语,把酒聊因觅旧知。燕塞风多寒水急,梁园雪早冻云痴。年来只念江东去,下马碑阴看色丝。③

寻绎诗意,诸首所指之蔡参军实系一人,由此可见两人交情之笃。考陈基《夷白斋稿》三一有《退思斋记》,略云:

  会稽蔡君彦文,由诸生起宪曹,历郡漕史,辟掾行中书,擢江浙行枢密府为都事,所至以材谞贤劳著称,盖三十余寒暑矣。今年逾五十,经儒纬律,师古不少懈,敏事力行,未尝择利害,及退而思,则又未尝不拊躬自讼者,其自刻勤笃概如此。尝读书至晋士贞子所称荀林父之事君也,进思尽忠,退思补过,因叹曰:此春秋之贤大夫所以为社稷之卫者乎?吾虽无能为役,当受教于君子矣,乃自题其藏修游息之处曰"退思斋"。

           至正二十年五月甲子记。

与上引青邱《退思斋为蔡参军赋》诗相参证,知参军即蔡彦文。《夷

---

① 全集四《燕客次蔡参军韵》。
② 同卷《退思斋为蔡参军赋》。
③ 同书十四《感怀次蔡参军韵》。

白斋稿》及杨铁崖诗集载与彦文酬唱之诗甚多，盖为风雅之士。张士诚于至正十七年降元，而彦文于至正二十年顷为江浙行枢密府都事，时枢密府受士诚节制，是彦文所受者实张吴官爵，参军虽微官，然彦文在士诚部属之中则极有权势，故青邱诗以"独乐叟"即司马温公相比拟也。刘辰《国初事迹》载：

> 士诚弟士信，惟务花酒，引江浙省将丞相塔失帖木儿从于嘉兴，自为丞相，夺其位。不久，令潘平章守杭州，士信回苏州，用王敬夫、叶德新、蔡彦文谋国。三人出自小人，顺从行事……时有市谚十七字曰："丞相作事业，专用王蔡叶，一朝西风起，干瘪。"

又杨铁崖有《蔡叶行》诗，序云："刺佞幸臣蔡彦文、叶德新也，张氏亡国由太弟，太弟致此实由二佞。"①诗中于彦文等备极讽刺，盖因事后咏史，每以成败论前事，所言未必可信，然可决知者，彦文必极擅权柄，青邱适与之相厚。此青邱与张吴之关系可考者一也。

全集十四有《闻朱将军战殁》诗：

> 江浦戈船赤帜稀，孤军落日陷重围。镜中蛇堕占应验，牙上枭鸣事已非。残卒自随新将去，老亲空见旧奴归。闻鸡此夜谁同舞，西望秋云泪洒衣。

---

① 此诗四部丛刊本及董刊本《铁崖古乐府》俱不载，此据钱谦益《国初群雄事略》七所引。钱氏《列朝诗集》甲集前编七载此诗作《蔡文叶德》。

附 编

金坛《诗注》：

> 《群雄事略》，"徐达攻湖州，张士诚遣平章朱暹及五太子率兵屯旧馆，为常遇春、薛显所败"。暹字秦仲，载启诗。

案《明实录》《平吴录》及《明史·士诚传》等皆谓暹与吕珍降常遇春，并未战殁。是以有谓此诗系咏朱英者①，殊误。寻杨基《眉庵集》八有《怀悼朱秦仲总制》诗：

> 力尽戈铤援不回，犹挥赤手搏风雷。波涛失意蛟龙伏，肝胆如杠虎豹摧。谩使张辽说关羽，谁将全武易秦裴。烦君更缓须臾死，要对春风酒一杯。

是暹投降之前，已为遇春俘掳。暹为士诚重将，本有必死之谊，故基悼之如此，而在其初被俘时，或有战殁传说，故青邱哭之如彼也。暹虽武人，雅好交士，杨基曾受张吴封爵②，谅与往还甚多，其怀悼之深，殊不足异，青邱诗亦极沈痛，由末二句更可觇交谊之笃，然则青邱与张吴之关系，亦可推证，此其可考者二也。

全集卷八《答余左司沈别驾元夕会饮城南之作》：③

> ……故人念我有二子，省内郎官府中佐。别离两月不相

---

① 任致远辑《吴王张士诚载记注》此诗："朱平章英子清与朱吴战败被获，死之，青邱此诗盖吊朱英。"
② 苏州破后，谪戍临濠。
③ 原注："时在围中。"

逢,身佩弓刀从戍逻。欲寻旧赏慰劳役,笑拂尊前且安坐。老兵折简走相呼,谓我闭门无乃懦。黄昏远就向城南,敢惜春衫冻泥涴。军中有会异寻常,牛炙麤肥酒卮大。胡奴帐下出琵琶,复拊银筝与相和。烛残未听荒鸡号,舷断忽惊哀雁过。须臾颜热起叫嚾,不记乱离仍轗轲。更声柝柝绕旗门,剑匣榾头容醉卧。归来又辱寄新诗,锦水湔肠珠落唾。豪吟自欲继燕歌,悲调岂将同楚些。览之几度感深情,曲高和难非懒惰。……颇闻原野多杀伤,风雪呻吟苦无那。吾侪斯乐岂易得,应愧皇天恩独荷。明年此夕会升平,把酒相邀更相贺。

又《兵后逢张孝廉醇》:

问我胡为亦憔悴,十月孤城陷围内。

又《次韵周谊秀才对月见寄》:

去年围中在北郭,何异孤豚落深阱。登楼强欲揽清辉,刁斗连营不堪听。

诸诗所述围城皆指一事。考徐达于至正二十六年八月伐张吴,十一月围平江,次年九月破之。所谓"十月孤城陷围内"者当即指此。《答余左司马沈别驾》诗应作于二十七年元夕,时围城已月余,流连文酒,复多雅兴,具见其与张氏部属往还之密。左司马疑即余尧臣,新郑人,城破,劫往金陵,全集九有《答余新郑》诗:

前年吴门初解兵,君别故国当西行。有司临门暮驱发,道路风雨啼孩婴。仓黄不敢送出郭,执手暂立怀忧惊。我时虽幸脱锋镝,乱后生事无堪营。

时张吴官属及流寓之人多西徙,青邱既同困围城,且与吴官交好,意亦在迁谪之列,然则未捆缚建康、屯田淮右者,不过偶然脱免,此青邱与张吴之关系可考者三也。

准上所述,青邱少负济世之心,长值张氏据吴,曾否受士诚封爵虽无考,然饶介、蔡彦文以迄其他吴将既待以上宾,情好备笃,则于其兴衰成败关键,苟灼知症结所在,能无一言献替乎?此不待论也。

下

元季兵士逃亡,已无劲旅,其派赴各地平乱军队,多以民壮为之。兹揭举数事以为例。权衡《庚申外史》上:

庚寅至正十年,南阳总管庄文昭来言:本郡鸦路有上马贼,百十为群,突入富家,计其家赀邀求银为撒花,或劫州县官库,取轻资约束装载毕,乃拘妓女,置酒高会三日,乃上马去。州县初无武备,无如之何,于是始命立天下兵马分司。

《元史》一四二《答失八都传》:

至正十一年,特除四川行省参知政事。拨本部探马赤军三千从平章咬住讨贼于荆襄……十二年,进次荆门,时贼十万,官军止三千余,遂用宋廷杰计,招募襄阳官吏及土豪避兵者,得义丁二万,编排部伍,申其约束。

陶宗仪《辍耕录》二九《记隆平》:

江南自兵兴以来,官军死锋镝,荐罹饥馑,乡村农夫投充壮丁,生不习兵而驱之死地,以故乌合瓦解,卒无成功。

《明太祖实录》洪武二年三月庚子,太祖谕诸将校曰:

朕昔下金华时,馆于廉访司。有给扫除老兵数人,能言元时点兵事。使者问其主持将曰:"尔兵有乎?"曰:"有。"使者曰:"何在?"主将举所佩系囊出片纸,指其名曰:"尽在此矣!"其怠弛如此。及天下乱,无兵可用,乃集农夫驱市民为兵,至不能弯弓发一矢,骈首就戮,妻子为俘,国之所以亡者,实此辈亡之也。

是此种募集之兵,大都无军纪,无训练,不足以御寇止乱,而易一击瓦解。《太祖实录》载癸巳(至正十三年)六月,太祖以壮士三千袭元知院老张,获精兵二万,谕之曰:"尔众初非不多,一旦为吾有,何也?盖将无纪律,士不素练故尔。"可谓洞鉴其故矣。

张士诚初起事时,其兵似尚守纪律,追据吴既久,遂骄矜有惰气。《明史·士诚传》:

当是时,士诚所据,南抵绍兴,北逾徐州,达于济宁之金沟。西距汝、颍、濠、泗,东薄海,二千余里,带甲数十万,以士信及女夫潘元绍为腹心,左丞徐义、李伯昇、吕珍为爪牙,参军黄敬夫、蔡彦文、叶德新主谋议,元学士陈基、右丞饶介典文章,又好招延宾客,所赠遗舆马居室什器甚具,诸侨寓贫无籍者争趋之。士诚为人,外迟重寡言,似有器量,而实无远图。既据有吴中,吴承平久,户口殷盛,士诚渐奢纵,怠于政事。士信、元绍尤好聚敛,金银珍宝及古法书名画无不充牣,日夜歌舞自娱,将帅亦偃蹇不用命,每有攻战,辄称疾,邀官爵田宅然后起。甫至军,所载婢妾乐器踵相接不绝。或大会游谈之士,樗蒲蹴鞠,皆不以军务为意。及丧师失地还,士诚概置不问,已复用为将。上下嬉娱,以至于亡。

俞本《皇明纪事录》:

至正二十六年十一月初二日,湖州守将李司徒并秃张右丞降……张氏弟四丞相领精兵十万援湖州,驻旧馆,怯不敢进,乃立栅以自固,夕携妓歌舞蹴鞠为戏,遇春领兵攻之,全军倒戈而降,四丞相仅免遁去。

杨铁崖《蔡叶行》:

君不见伪吴兄弟四六七,十年强兵富金谷。大兄垂旒不下堂,小弟秉钧独当国。山阴蔡药师,云阳叶星卜,朝坐白玉堂,暮宿黄金屋。文不谈周召,武不论颇牧。机务托腹心,边策凭耳目。弄臣什什引膝前,骨鲠孤孤纳囚梏。去年东台杀普化,今年南垣杀铁木。凤陵剖棺取含珠,鲸海刮商劫沈玉。粥官随地进妖艳,笼货无时满坑谷。西风卷地来,六郡下破竹,朽索不御六马奔,腐木那支五楼覆。大钺先罪魁,余殃尽孥戮,寄谢悠悠佞倖儿,福不盈筐祸连族,何如吴门市,卖药卖卜,饿死心亦足。

又《铜将军》诗:

刺伪相张士信,丁未六月六日,为龙井炮击死。

铜将军,无目视有准,无耳听有神。高纱红帽铁篦子,南来开府称藩臣,兵强国富结四邻,上禀正朔天王尊,阿弟柱国秉国钧。

僭逼大兄称孤君,案前大事有妖嬖,后宫春艳千花嫔,水犀万弩填震泽,河丁万锸输茅津,神愁鬼愤哭万民。

铜将军,天假手,疾雷一击粉碎千金身。斩妖蔓,拔祸根,烈火三日烧碧云,铁篦子面缚西向,为吴宾。

又谢应芳《龟巢稿》四《淮夷篇》:

大邦浙河西,吴郡称第一。淮夷著柘黄,来作豺虎窟。交邻无善道,西顾拒劲敌。一鹗婴网罗(谓弟士德为太祖所擒),同气顿萧瑟。正朔仍奉汉,天恩满床笏。赋粟岁倍蓰,鄙坞金日积。非无舶舻风,海运不挂席。包藏狼子心,反复莫可测。壹阁两重臣,忍为枭獍食。井龟自尊大,出入复警跸。爱弟日宠骄（谓士信），开府门列戟。提兵几百万，势热手可炙。甲第连青云，囿涵亦丹碧。瑶池长夜饮，天魔舞倾国。帷幄皆面谀，忠鲠即摈斥。权门竞豪奢，婪夫务怀璧。淮南旧巢穴，坐视成弃掷。出师理侵疆，所向辄败绩。邻兵贾馀勇，一举数州得。群凶纳降去，孤城独坚壁。奈何围数重，楼橹比如栉。炮车拂云汉，昼夜飞霹雳。宠弟既斋粉，左右皆股栗。短兵屡相接，苗獠与勠力。南濠百花洲，流血水尽赤。闭关甫期月，人面多菜色。蔬茹犹八珍，骸骨爨下析。众叛已不知，豕突犹亲出。前途忽投戈，回骑不数匹。一炬齐云楼，妻子随烟灭。缚虎送台城，咆哮气方息。嗟哉尔淮夷，亡命起仓卒。横行十五载，贵富亦已极。雕墙底灭亡，其理信弗忒。

案杨铁崖、谢应芳等诗亦作于平江既破之后，犹系以成败论是非，自难视为定评。然由此可决知者，士诚待下较宽，国事尽委乃弟，而士信骄蹇，复假手于王、蔡、叶诸人，兵败不加诛，失地不加罚，参以《明史》及《纪事录》所述者，其事甚明，此杨铁崖致士诚书所谓"阁下之将帅有生之心，无死之志"者也。

《威爱论》即系针对以上两种情实而发。《凫藻集》或青邱手自编订（《四库提要》说），其书类分之中实以年代次先后，此论在第一卷第一篇，自为其早年之作品。且证以当日时势，尤多吻合。文云：

> 近世之聚而为兵者，非田野之惰夫，则乡里之恶少，亡命行剽，椎埋鼓铸之流也。政教不习而节制不闻，苟无威以临之，则其桀骜狠戾，悻悻自肆者，可胜道哉！

似对元末之募兵积弊而发。又谓：

> 战者所以驱之于死也。好生恶死,人之至情。非得尊君死上之人,则视白刃之交于前,流矢之集于左,不震慑辟易,颠倒而奔走者几希矣。故兵法曰：畏敌者不畏我,畏我者不畏敌。何以使其能畏我也,杀之者而已矣。盖非嗜杀而自残也,恐其畏敌而先后,敌或乘而覆之,是举军而弃之于敌,其自残不已多乎？

则似为张吴之兵将而发。其济之之法,在归根威爱。故又曰：

> 专爱则亵,亵则怠,专威则急,急则怨,怨与怠其败一也,故爱而恐其至于怠也,则摄之以威而作其气,威而恐其至于怨也,则济之以爱而收其心,爱非威恩不加,威非爱势不固,威爱之道所以兼施并行而不可偏废者也。

惟吴之大弊在爱而不威,非威而无爱,故文中于威之重要,反复不厌其详,于爱之申明, 点便即收笔,非故可畸重畸轻,以当时之情势然也。末云：

> 岂特偏将之事哉,使国君而知此,则国可以治,天子而知此,天下可得而理矣。

士诚降元受爵为太尉,青邱诗中亦时以元民自任,威爱之义原针对元、吴两方,所谓国君,实影射士诚,天子则指元室。数句总贯全篇，用意弥显。不然，若其作于入明以后，不特太祖军纪森严，威爱之义无所附丽，即国君与天子对举，在大一统之朝，尤为无谓。得兹明证，则如上假定倘可成立乎？青邱立谕之旨既明，当时一般史事之解释亦可由此窥其绪，盖元之所以覆亡，吴之所以失败，与夫明太祖之所以能平群雄而壹中国，胥可于此推之也。

民国三十一年五月，于南溪李庄
本文承傅孟真先生指导修正，书志谢忱
（本文原刊于《中央研究院历史语言研究所集刊》第12本，1947年）

明成祖与佛教

明太祖幼曾出家为僧，故其早年生活与佛教关系甚密，至成祖之思想行事，全本儒家，一时辅弼诸臣亦复彬彬儒雅（如三杨、蹇、夏），则似与佛教全无关系，《太宗实录》中且尝载其斥责信佛语，如永乐二年五月戊午记：

> 上御右顺门，永春侯王宁侍，从容论及皇考时事，上戚然动容，宁曰："世人竭诚诵经，饭僧奉佛，可以福利先亲。"上不答，既而论之曰："为庶人能继承家业不失坠，或又能扩充增益于前，可以为孝；士居官食禄，能持身循理，建立功业，荣亲于当时，显名于后日，可以为孝；天子以四海为家，能思天位者亲之所传，大业者亲之所建，天下生民亲之所保，而敬以奉天，勤以守业，仁以临民，使万物得所，四夷咸宾，光昭祖宗，传之子孙，可以为孝，何必能事佛乃为孝乎？"……宁惭而退。①

又永乐五年三月壬申记：

> 守卫官有于皇城下口诵经不辍者，上闻之，召至，谕之曰：

---

① 《明史》卷一二一《怀庆公主传》谓宁"自是恩礼渐衰"。

"尔爵禄自诵经得之耶？身备宿卫，不于此时用心防奸，乃一志诵经可乎？若意欲修善，当存心忠孝，不越分违法，自然有福，如无是数者而望有福无祸得乎？……今后若仍于宿卫之所诵经者必罪不宥。"

同年五月癸酉记：

上问侍臣曰："闻近俗之弊，严于事佛而简于事其先，果有之乎？"对曰："间有之。"上叹曰："此盖教化不明之过。朕于奉先殿旦夕祗谒，未尝敢慢，或有微恙，亦力疾行礼，世人于佛老竭力崇奉，而于奉先之礼简略者，盖溺于祸福之说而昧其本也，率而正之，正当自朕始耳。"

案凡此堂皇冠冕之词，皆官书故为回护之语，后修诸史多承其误，遂使成祖好佛之真相茫昧不明矣。

人之思想、行事，每受其家世遗传及环境熏习之影响，而成祖之遗传熏习，则确与佛教有关。帝生于至正二十一年，去太祖为僧之时虽远①，然太祖假红巾起事，迨至正二十六年始去其号，时成祖已七岁，红巾本杂糅白莲教、摩尼教及弥勒教而成，所谓"明王出世"或"弥勒佛降生"者，纯系出自佛典，然则成祖幼年之环境固与佛教接近也。明初储王之国，例有高僧相辅，时派赴燕府者为姚广孝，广孝参赞靖难，颇为成祖倚重，所著《道余录》，排诋程朱，为佛张目，此种思想自亦可能影响成祖。

---

① 太祖以至正四年入皇觉寺。

成祖即位后，力反建文之政，其所希踪效法之者厥为太祖，然则太祖对佛教之态度如何，亦极可注意。考太祖即位后，接近亲附之者固系儒生，惟其信仰佛教，则迄未改变。兹举宋濂以为例。濂本金华醇儒，然与僧人往还极密，后人裒选其论文，所谓《宋文宪公护法录》者，皆有关佛教之著作，孙蒉送其致仕诗云：

> 事业文章满汗青，白头归去世缘轻。双溪水绕长松下，只读楞伽一卷经。

是濂之好佛，垂老不倦，以此颇为太祖所称赏，尝戏以"和尚"呼之，则其受知进用，并不全恃儒术，亦即太祖后来之思想，并未全准儒家也。检方孝孺《逊志斋集》卷二一《张孟兼传》[①]谓孟兼以忤僧印论死：

> 升（按察司）副使，移山东，而山东布政使吴印乃钟山主僧，上亲选官，妻女用金帛，宠之甚厚。印以见知人主自尊重，礼节少简。孟兼自负其能无敌，且印新用，又僧也，易之。印候孟兼由中门入，孟兼以为印虽位大，然我风宪司，不当由我中门，召守卒答之。月朔望，入学，谒孔子毕，令诸生执经讲说，孟兼故以语侵讥印，印不平。时初刊大明宝钞，印不令使兵民更自至库贾钱，民以为便，而孟兼谓此诏印擅行之，是违制也。骑马入布政司，谪箠僚吏问罪，且言将上封事言于朝，其僚吏皆大慑，劝印即上封事，言孟兼见陵侮，然孟兼封事终不上也。

---

① 参看《明史》卷二八五本传。

上览印言，以为孟兼凌我任用臣，不逊，治答之。孟兼既辱，愈愤，即捕为书封事者，欲论以罪，印复上书言状，请去位，避孟兼之横，否者且为所挤，上大怒曰："彼乃敢与我抗耶，吾今乃与尔抗！"遂械孟兼至阙下，廷诘之，命卫士捽发摘拿，垂死，特谕弃市，诏印曰："吾除尔害矣，善为之！"

案明朝入仕正途有进士、乡科及岁贡，其任子及明初贤良方正，人才举荐之选则次之，印以僧人而官至布政使，根本不由仕宦手续，具见为太祖所宠信。孟兼入学谒孔子毕，令诸生讲说，以语侵讥之，当是援儒以辟佛，太祖所以深罪之者，自与卫教有关。《太祖文集》卷七有《谕布政使吴印敕》，知此事发生于洪武十年六月，此盖其初年对于佛教之态度也。

又《明史》卷一三九《李仕鲁传》记与陈汶辉并因谏用僧人而致死：

> 帝自践阼后，颇好释氏教，诏征东南戒德僧，数建法会于蒋山，应对称旨者辄赐金襕袈裟衣，召入禁中，赐坐，与讲论，吴印、华克勤之属，皆拔擢至大官，时时寄以耳目，由是其徒横甚，谗毁大臣，举朝莫敢言，惟仕鲁与给事中陈汶辉相继争之。汶辉疏言："古帝王以来，未闻缙绅缁流杂居同事可以相济者也。今勋旧耆德咸思辞禄去位，而缁流憸夫乃益以谗间。如刘基、徐达之见猜，李善长、周德兴之被谤，视萧何、韩信，其危疑相去几何哉！伏望陛下于股肱心膂，悉取德行文章之彦，则太平可立致矣。"帝不听。诸僧怙宠者遂请为释氏创立职官，于是以先所置善世院为僧录司。设左右善世、左右阐教、左右

讲经觉义等官，皆高其品秩，道教亦然。度僧尼道士至逾数万。仕鲁疏言："陛下方创业，凡意指所向，即示子孙万世法程，奈何舍圣学而崇异端乎？"章数十上，亦不听。仕鲁性刚介，由儒术起，方欲推明朱氏学，以辟佛自任，及言不见用，遽请于帝前，曰："陛下深溺其教，无惑乎臣言之不入也，还陛下笏，乞赐骸骨，归田里。"遂置笏于地。帝大怒，命武士捽搏之，立死阶下。陈汶辉字耿光，诏安人，以荐授礼科给事中，累官至大理寺少卿，数言得失皆切直。最后忤旨，惧罪，投金水桥下死。仕鲁与汶辉死数岁，帝渐知诸僧所为多不法，有诏清理释道二教云。

检乾隆四十二年补纂本《明史本纪》，知仕鲁之死在洪武十五年四月，可以反映其时太祖对于佛教之态度，《仕鲁传》所谓数年有诏清理释道二教者，不过指对于一般僧人之整饬与限制，其实太祖对于佛教之衷心信仰并未发生动摇，故在洪武二十六年顷御制《周颠传》中，载其《赠进药赤脚僧》诗：

　　方广昔闻仙委迹，天池今见佛来由。神怜黔首增吾寿，丹饵来临久疾瘳。

复载周颠答诗：

　　我王威得龙颜喜，大兴佛法当此时。

时帝已六十六岁，皈心佛法，老而弥坚，此种精神当为效法向慕之

附编

者所深悉也。

准此观点推测,则成祖与佛教之关系,可略窥其迹,《诸佛世尊如来菩萨尊者名称歌曲》有成祖御制序,备称念佛之益,其略云:

> 是故诸佛世尊如来菩萨尊者神僧劝人为善,广修阴骘,于五浊恶世,化导种种众生,俾咸跻善途,以登觉道,誓愿弘深,愍念三界,济度迷误。若人所积杀生害命之罪,称念诸佛世尊如来菩萨尊者神僧名号,即得此罪消释,永绝杀害之报。若人缠绕贪嗔痴恚,称念诸佛世尊如来菩萨尊者神僧名号,即得远离贪嗔痴恚之业。若人素造奸盗诈伪及种种罪业者,称念诸佛世尊如来菩萨尊者神僧名号,即令诸造种种罪业咸得解脱。若人起种种恶念,欲回心向善,称念诸佛世尊如来菩萨尊者神僧名号,忏悔前愆,即得种种恶念消除,善根不灭……诸佛世尊如来菩萨者神僧行深愿重,愍济众生,诚能发心向善,广布阴骘,至心顶礼,无不立应。

由此可见成祖编撰佛曲之动机与用意,又曲后有永乐十七年七月、十月及十一月御制《感应序》,中载施布佛曲名经时之灵应祯祥甚多,虽或为文臣希旨之作,亦可见成祖之信佛。《明史》卷二八六《王洪传》记:

> 帝(成祖)颁佛曲于塞外,命洪为文①。逡巡不应诏,为同列所排,不复进用,卒官。

---

① 《列朝诗集》"洪传"作"诏作佛曲序"。

又《列朝诗集》乙集五《瞿佑传》载：

> 永乐间下狱，谪戍保安……其在保安，当兴河失守，边境萧条，永乐己亥，降佛曲于塞下，选子弟唱之，时值元宵，作《望江南》五首，闻者凄然泣下。

《明史·胡广传》仅谓帝缀佛曲，令宫中歌舞，御制《感应序》则谓曾散于南京、五台及淮安，《双槐岁钞》复谓颁行于陕西、河南（见下引），据上引史料，则佛曲且行于塞外①，可见其流布之广远。朝鲜世宗李裪《实录》卷三，元年（永乐十七年）正月丙辰，载参赞金渐曰：

> 皇帝崇信释教，故中国臣庶无不诵读《名称歌曲》者，其间岂无儒士不好异端者，但仰体帝意，不得不然。

无怪王洪之拒撰序文，致使终身不迁。然则《实录》所载申斥诵经事，未必可信，此成祖与佛教之可考者一也。

又朝鲜太宗李芳远《实录》尝载明监求佛像事，择录如次：

> 卷十一，六年（永乐四年）四月己卯，朝廷内使黄俨、杨宁、韩帖木儿，尚宝司尚宝奇原等至，结山棚傩礼，上以时服率百官出盘松亭，陈百戏，迎至景福宫，敕曰："朕重惟先皇考皇妣恩德，欲举荐扬之典，特遣司礼监太监黄俨等往尔国及耽罗求铜

---

① 又《朝鲜实录》亦间载成祖赐佛曲事，则是间行于外国矣。

佛像数座,尚相成之,以副朕意。"

庚辰,上至(太平)馆设宴,酒酣,俨辞以醉,先入室。帖木儿曰:"济州法华寺弥陀三尊,元朝时良工所铸也,某等当径往取之。"上戏曰:"固当,但恐水入耳。"帖木儿等皆大笑。

俨等欲亲至济州迎铜佛像,或曰:"帝使俨等观耽罗形势,意有所在。"上忧之,谋诸群臣,急遣宣差金道生、司直朴谟驰往济州,以法华寺铜佛像来,盖谓若佛像先至罗州,则俨等不必入济州也。

卷十二,七月癸卯,黄俨、韩帖木儿、杨宁、奇原至自罗州……俨等奉铜佛像三座来,用龛十五,分盛佛像火光莲壹坐具,且将牡丹、芍药、黄葵等异花盛土于龛而种之,作柜用板十叶,铁六百斤,麻七百斤,其佛像火光之龛三,崇广各七尺许,内用隔白纸二万八千张,棉花二百斤,担夫数千余人,每至馆舍,以旧厅事隘陋,令别构新厅于馆左,极其宏敞。

己酉,黄俨等奉铜佛三座还京师。

案诸宦探办,自不无望风希旨之嫌,然正可反映成祖好佛之信笃也。

李朝《实录》卷五复记明求舍利事:

元年八月己丑,使臣太监黄俨至。

甲午,俨语元肃曰:"有圣旨求舍利,吾老病,欲速还京,宜速觅给。"乃命礼曹郎遣知印于各道求之。

九月庚申,黄俨、王贤还,就献印经纸一万张,上王(李芳远)及上饯于慕华楼,遣元闵生随黄俨奉进舍利,奏曰:"永乐十七年八月十七日,钦差内官司礼监太监黄俨到国,传奉圣旨:朝鲜国石塔寺塔中舍利不问几颗都请来,和别个寺有的舍利也请来,钦此。臣父、臣将先祖康献王供养有的释迦舍利并顶骨及境内遍行迎取诸佛如来菩萨并名僧舍利,差陪臣左军同知总制元闵生赍擎,一同钦差官奉进,计舍利总五百五十八尊颗。"

案《明实录》永乐五年十月乙巳记:"灌顶圆通善慧大国师哈剌思巴洛葛罗思遣其徒著失夹等来朝,献舍利佛像及马,赐白金钞币。"可与此事相参证。考明造报恩寺塔经始于永乐十年六月,迄宣德八年竣工,向朝鲜及西域所求之舍利,正为装点寺塔之用。而《明实录》永乐四年正月辛酉载:"西域贡佛舍利,礼部尚书郑赐请因是宽释罪囚,上曰:帝王之治,以刑赏为务,有功不赏,有罪不诛,虽尧舜无以治天下,梁武帝、元顺帝皆溺于佛,有罪者不刑,致法度废弛,纲纪大坏,而致于败亡,此岂可效?况佛亦有天堂地狱,善恶报应之说,用诱人为善,尔儒者,乃欲姑息为治耶!"一似成祖不喜佛教者,不过官书之回护,此成祖与佛教之可考者二也。

时有西域禅师哈立麻者,颇为成祖尊信,《明实录》虽载征聘之纪事,然语焉不详,如参以其他史籍,则知其声势固其煊赫也。黄瑜《双槐岁钞》卷三"圣孝瑞应"条记:

> 文皇帝在藩,闻乌思藏有尚师哈立麻者,异僧也。永乐初,遣中官侯显赍书币往迎,五历寒暑①。丙戌(永乐四年)十二月乃至,车驾躬往视之,无跪拜礼,合掌而已。上宴之华盖殿,

---

① 显以永乐元年二月往迎,四年十二月归,实仅四历寒暑耳。

赐金百两，银千两，彩币法器，不可胜纪。寻赐仪仗，与郡王同，封为万行具足十分最胜圆觉妙智慧善普应佐国演教如来大宝法王、西天大善自在佛，领天下释教，赐印、诰及金银、纱、彩币、织金珠袈裟、金银器皿、鞍马，其徒封拜有差。五年春二月庚寅，命于灵谷寺启建法坛，以为皇考皇妣，尚师率天下僧伽举扬普渡大斋，科十有四日，上伸诚孝，下及幽爽，自藏事之始，至于竣事，卿云天花，甘雨甘露，舍利祥光，青鸾白鹤，连日毕集。一夕，桧柏生金色花，遍于都城，金仙罗汉变现云表，白象青狮，庄严妙相，天灯导引，旖盖旋绕，亦既来下。又闻梵呗空乐，自天而降。群臣上表称贺，学士胡广等献《圣孝瑞应歌颂》，自是上潜心释典，作为佛曲，使宫中歌舞之。永乐十七年，御制佛曲成，并刊佛经以传。九月十二日，钦颁佛经至大报恩寺，当日夜，本寺塔现舍利光如宝珠。十三日，现五色毫光，庆云奉日，千佛观音菩萨罗汉妙相毕集。续颁佛经佛曲，至淮安给散，又现五色圆光，彩云满天，云中现菩萨罗汉天花宝塔龙凤狮象，又有红鸟白鹤盘旋飞绕。礼部行翰林院撰表往北京称贺，上甚嘉悦。明年五月十六日，命礼部尚书吕震、右副都御史王彰赍奉诸佛世尊如来菩萨尊者名称歌曲往陕西、河南颁给，神明协应，屡现庆云圆光宝塔之祥，在京文武衙门上表庆贺，上益嘉悦，知皇心之与佛孚也。中官因是益重佛礼僧，建立梵刹以祈福者遍南京城内外云。

又李芳远《实录》卷十一，六年五月甲寅记：

礼曹判书李文和启曰，往者有西域一僧来至京师，帝以为生佛,率千官冠带郊迎。

同书卷十三,七年(永乐五年)三月己巳载:

鲁生言(入朝使臣):"皇帝崇尚佛法,有僧来自西域,年二十余,尊敬奉戴,名曰生佛。闻其言行无异常人,好吃烂羊,然于夜中放光如灯,此其异常而惑众者也。"

卷十四,同年八月记:

戊子,上如太平馆,宴使臣,韩帖木儿谓上曰:"予奏皇帝,本国王为陛下每日焚香祝圣寿万年,帝曰,朝鲜国王向我有真实意思。"

庚戌,计禀使书状官郑穰来……上又问:"皇帝待若等何如?"对曰:"待以厚,臣(偰)眉寿之侍宴于帝者三,又别有赏赐,令礼部郎中及宦官数人引臣等遍观佛宇馆舍之奇胜,每于奇观设宴以馈。"

卷十五,八年(永乐六年)四月庚辰:

世子禔回自京师……礼部使李来、孟思诚、薛偶、李苍诣灵谷寺,各赍《御制赞佛诗》以进,御制诗曰:"世人解脱出世间,乾闼波城长不关,了知是境曾可繁,一尘剖却弥楼山。火云旋转浮云起,月影瞳胧映江水,忽然枕上梦初醒,已历恒河沙劫里。琉璃笼眼见山河,猛风吹海腾洪波,应同镜像是虚妄,从来未识庵摩罗。始言学道入三昧,岂信身心不相代,欲将分别是真心,无着龟毛有何在! 凿井出土井应空,方圆之器本相同,贮将千里以相遣,谁置频伽瓶口中。细观万物有消毁,孰解空虚是其体,若将生灭究根源,镜里灯花落红紫。眼前之境起心惑,颠倒因缘相纠缠,一点灵犀照九渊,毫端受得三千国。法王来自西天西,誓弘妙法开群迷,圆容遍涌海潮水,宝光显出真玻璃。自从说法住灵谷,瑞气絪缊霞彩煜,祇园日暖绽金莲,万树葳蕤播芳馥。胸中放出百千光,遥烛大地何茫茫,玲珑楼殿炫金碧,宝塔妙影敷回廊。更有长于几千尺,幡盖飞扬竟朝夕,树影飘摇鸟影过,众影纷纷度窗隙。如来宴坐转轮台,普令清净无尘埃,千秋万岁翼皇度,妙德圆湛莲花开。顿除六结释缠绕,白雪晴空光皎皎,大明日月丽中天,一统山河照春晓。"时有胡僧曷尼摩,号生佛,帝迎至京师,舍诸灵谷寺,甚加敬信,朝官士人皆奔趋摩顶授记焉。

案曷尼摩当即哈立麻之音对,《明史·西域传》于成祖敬礼哈立麻事,虽记载不详,然观卷一四九《夏原吉传》记:

> 西域法王来朝,帝(成祖)欲郊劳,原吉不可,及法王入,原吉见,不拜,帝笑曰:"卿欲效韩愈耶?"

又卷一四七《黄淮传》:

> 西域僧大宝法王来朝,帝(成祖)将刻玉印赐之,以璞示淮,淮曰:"朝廷赐诸番制敕,用敕命、广运二宝,今此玉较大,非所

以示远人,尊朝廷。"帝嘉纳。

则蛛丝马迹,仍可略见一斑,并可与上引史文相参证。又《明史》卷一五六《李英传》载:

> 番僧张达里麻者,通译书,成祖授以左觉义,居西宁,恣甚,以计取西番贡使资,纳逋逃,交通外域,肆恶十余年,英发其事,磔死,籍其家,西陲快之。

参以西域诸传及藏文所载成祖遣使召宗喀巴之纪事①,知成祖于其他番僧亦极尊礼,此成祖与佛教之关系可考者三也。

吾人纵观明初佛教之发展,殆可分为三时:洪武中,太祖以出身僧侣,故优容佛教,迨惠帝即位,情势一变,杨士奇《东里集》卷十四《虞谦墓碑铭》记②:

> 升杭州知府……在杭州,尝建议僧道民之蠹,今江南寺院田多者,或数百顷,而官府徭役未尝及之,贫民无田,往往为徭役所困,请为定制,僧道每人田无过五亩③,余田以均贫民。初是之,已而谓非旧制,遂寝。

案《虞谦墓碑》及《实录》本传皆有隐词,据《明史》谦传,知其请限

---

① 见《庆祝蔡元培先生六十五岁论文集》,于道泉译注《明成祖遣使召宗喀巴纪事及宗喀巴覆成祖书》。
② 《宣宗实录》本传略同。
③ 《实录》本传作"十亩",参以《姜氏秘史》所载建文诏文,盖误。

寺院田,实在建文时也,传云:

> 洪武中,由国子生擢刑部郎中,出知杭州府。建文中,请限僧道田,人无过十亩,余以均给贫民,从之。永乐初,召为大理寺少卿,时有诏建文中上言改旧制者悉面陈,谦乃言前事请罪,帝见谦怖,笑曰:"此秀才辟老佛耳。"释弗问,而僧道限田制竟罢。

又郑晓《建文逊国臣记》卷五《陈继之传》。

> 陈继之,莆田人,建文二年进士,为户科给事中,言江南僧道多田腴,请人给五亩,余以赋民,从之。

姜清《秘史》卷四,建文三年七月甲寅,载有惠帝敕礼部诏:

> 朕闻释道之教,其来久矣,本以清净空幻为宗,避事离俗为事,近代以来,俗僧鄙士,食著自养,货殖富豪,甚至田连阡陌,本欲以财自奉,然利害相承,遂不之觉,既有饶足之利,必受官府之扰,况因此不能自守,每罹刑宪,虽身遭戮辱,而教亦瘝焉。夫佛道本心,阴翊王化,其助弘多,至于末流,所习华奢,蠹蚀教门,致使讪毁肆行,贻累厥初,朕甚悯之。原其教驱,实自田始。今天下寺庵宫观,除无田产外,其有田者,每僧道一人各存田五亩,免其租税,以供香火之费,余田尽入官,有佃户者,佃者自承其业,无佃户者均给平民,如旧田不及今定数者不增,若有祖业及历代拨赐为辞告言者,勿理,如原系本朝拨赐者,不在此例。凡僧道一应丁役并免,其有自相告讦争

讼,非干军民词讼者,仍听有司受理,其入有司公厅理讼者,不许仍服僧道官,洪武年间已有清理及开设教民榜文,当申明各遵守本教之规,化缘者,不在禁限。非奉朝命,不许私窃簪剃,年未五十者,不许为尼及女冠……尔礼部及僧录道司如敕奉行。

姜书成于正、嘉间,于故案文集,甄探颇广,此诏必有根据。复参以上举两例及方孝孺等儒臣之得君专政,当时对佛教徒之施以压迫,盖无可疑,是为第二期。成祖虽不罪虞谦,然悉反建文之政,佛教努力自此复炽,《明史》卷一六四《邹缉传》记:

> 永乐十九年,三殿灾,诏求直言,缉上疏曰:"……今山东、河南、山西、陕西水旱相仍,民至剥树皮掘草根以食,老幼流移,颠踣道路,卖妻鬻子,以求苟活,而京师聚集僧道万余人,日耗廪米百余石,此夺民食以发无用也……至宫观祷祠之事,有国者所当深戒,古人有言,淫祀无福,况事无益以害有益,蠹财妄费者乎?"

时成祖甫迁都,北京人口谅不甚多,而当时聚集之僧道已逾万数,揆之全国,其数或甚夥。明代僧徒人数,似以宪宗之时为最多,惟此因政府滥售度牒之所致,为另一财政上之问题。至永乐间僧人所以骤增者,则似以帝王之提倡为主因,是为第三期。太祖虽优容佛教,然太祖思想实亦兼受儒道两道影响①,其经国治世,大都刑礼并施,虽一度宠信吴印、华克勤之徒,然对一般僧人仍严予裁制,《太祖

---

① 《见太祖文集·三教论》。

实录》《明会典》等书所载限制僧道之文,以其容杂后人文饰,兹不引,今仅举其较可征信者,如太祖《大诰》"僧道不务祖风"条:

> 僧尼道士女冠敢有不务祖风,混同世俗,交结官吏,为人受寄生放,有乖释道训愚之理,若非本面家风,犯者弃市。

又《清教录》内禁约条例:①

> 一、诸山僧寺庵院务要天下诸僧名籍造册在寺,互相周知。遇僧人游方到来,即问本僧系某处某寺某僧,年若干,然后揭册验实,方许挂搭,如是册内无名及年貌不同者,即是诈伪,许擒拿解官。
>
> 二、今后寺僧不许收养民间儿童为僧,儿童无知,止由父母之命,入寺披剃,及至年长,血气方刚,欲心一动,能甘寂寞,诚心修行者少,所以僧中多有泛滥不才者,败坏祖风,取人轻慢。令出之后,敢有收留儿童为僧者,首僧凌迟处死,儿童父母迁发化外。若有出家者,务要本人年二十三十者,令本人父母将户内丁口事产及有何缘故情愿为僧,供报入官,奏闻,朝廷允奏,方许披剃。过三年后,赴京验其所能,禅者问以禅理,讲者问以讲诸经要义,瑜伽者试以瑜伽法,事果能精通,方给度牒,如是不通,断还为民,应当重难差役。

---

① 此书为太祖敕翰林儒臣备录僧徒交结胡惟庸六十四人事迹,以示榜戒。今存佚不可知,此据《金陵梵利志·钦录集》所引者。

案《实录》《会典》所载限制僧道之文,其实施程度,今虽不能详知,然参之上引禁文,似非完全无效,故佛教在第一期之发展,究不甚大。迨永乐时则不然,观以上所述,百官皆诵佛曲,胡僧极受宠遇,是佛教势力骤扩张,至《实录》所载成祖反对佛教语,其为装点粉饰,则无可疑也。《奉天靖难记》卷一诋惠帝信佛云:

  宫中起大觉殿,于内置轮藏,出公主与尼为徒,敬礼沙门,狎侮宗庙。

及细案史实,惠帝与成祖之行径恰相反。盖太祖之立身行己,每有一绝对相反之二重作风,故能王霸杂用,儒释道并施,其垂法立制,有托义极高者,亦有弊端层出者,惠帝、成祖皆以遵奉祖训自命,其实惠帝所墨守者,多儒家治世之常轨,成祖所奉行者,多洪武偏激之弊政,如恢复廷杖、设立厂卫、宠信宦官等皆是显例。迷信佛教,今虽时移势异,吾人不必以传统儒家之伦理相责谴,然就积极治世之观点言,终为一相当之缺失。成祖尝毁惠帝变乱祖法,而以己为唯一之继承人,孰知其所踵武之制,正在此不在彼乎! 又道教在明初之发展与佛教同,以其溢出本义讨论范围外,故不述焉。

    民国三十二年六月十日脱稿于四川南溪李庄镇
    三十六年七月改订于南京鸡鸣山下
    (本文原刊于《中国社会经济史集刊》
    第 8 卷第 1 期,1949 年)

明成祖与方士

——成祖之死考异

明成祖以永乐二十二年北征蒙古,薨于班师途次,明世官书记此举无异词,而野史小史间有诬帝死于非命者。时大学士杨荣从行,所撰《北征记》于帝之往还经过,记叙綦详,成祖至答兰纳木儿河,既不见敌而还,则其他谰言可不攻自破,故纂修《明史》之时,仍以《实录》为据,亦馆臣之态度审慎也。

惟细究当日史事,则野史之言固失之诬,而官书所记亦偏于讳,且此事关系于明初之政治隆污及道教兴替,不可不深辨。

考成祖晚年时常患病,兹类次有关之史料以为证明。《明太宗实录》永乐十八年七月丙子《王贵妃传》:

> 妃有贤德,事上及仁孝皇后,恭谨始终,处宫闱之内,肃雍有礼,蔼然和厚,综理庶事,丝毫不紊,其为上所重。上晚年有疾,间或急怒,宫人惧谴,妃委曲调护,盖自皇太子亲王公主以下皆依赖焉。

二十一年五月己丑,记常山中护卫指挥孟贤谋逆事:

> 是时上以疾多不视朝,中外事多启皇太子处分。

《仁宗实录》永乐二十二年九月乙酉：

> 诛光禄寺丞萧成，罢光禄寺卿井泉为民……盖上在东宫，永乐十八年初至自南京，典膳局故有厨子二十人随至，治膳羞，居月余，太宗皇帝忽出内批云：典膳局厨子二十人曷为不奏悉遣归？命法司逮治之。二十人者实皆在，未尝归，法司以闻，得释。泉等悉取二十人入光禄寺，自是典膳局罢厨子给役，而光禄寺日给东宫二膳外，余一毫不给，虽索茶亦不得，云奉上旨不给，东宫既莫究所自，不自言，太宗皇帝时有疾，或竟月不一临外朝，盖终未知。

杨士奇《东里文集》卷十七《梁潜墓碣铭》：

> 永乐十五年，车驾巡狩北京，仁宗皇帝在春宫，监国南京，凡南方庶务，惟文武除拜，四夷朝献，边警调发，上请行在，若祭祀赏罚一切之务，有司具成式启闻施行，事竟，则所司具本奏达而已。上既有疾，两京距隔数千里，支庶萌异志者，内结嬖幸，饰诈为间，一二谗人助于外，于是禁近之臣侍监国者惴惴苟活朝暮间。

又《三朝圣谕录》记：

> 宣德三年十月，刘观有罪下狱。先是六月间，一日早朝罢，召杨荣及臣士奇至文华门，命光禄赐食既，上曰："吾三人商量一事，京师端本澄源之地，祖宗时朝臣无贪者，年来贪浊

之风满朝,何也?"对曰:"贪风永乐之末已作,但至今甚耳。"上问:"永乐何如?"对曰:"十五、六年以后,太宗皇帝有疾多不出,扈从之臣放肆无顾藉,请讦贿赂,公行无忌……"

案汉、赵二王之谋夺储位,固由于仁宗失宠,亦因成祖病后,数不视朝,二王及其党羽乃得以隔绝内外,乘间媒孽之,而永乐末年,宫人之惕惧、卫兵之逆谋与臣工之贪污,亦莫不与此有关也。成祖之病既远肇于永乐十五、六年,逮二十二年薨,前后共历七、八年之久,旧史常记其不能视朝,是帝病迄未痊愈,自为一种慢性病症。帝死于北征途中,死前犹能将兵,似患此病者,于治理繁剧,亦可支持,要言之,即非奇寒剧热之暴薨病症无疑也。

检朝鲜世宗李祹《实录》卷十二,三年(永乐十九年)五月戊子,记帝所患者实风痹:

> 通事林密回自京师,言以三月二十八至北京,帝以风痹,不视朝已久,太子受朝。①

又王锜《寓圃杂记》云:

> 太医院判刘公士宾,余妻祖也,永乐初,侍太宗左右,甚见信爱。暑中,上系一带,乃龙脑合成者,问公曰:"此带何如?"公曰:"龙脑寒肾,惟有香耳。"遽命解之。上晚得风疾,尝服麝

---

① 《明太宗实录》载是年三月辛巳,上御奉天殿,阅举人对策,甲申,贤妃喻氏薨,上辍朝一日。并无"不视朝"之痕迹,盖有隐讳。

脑诸香药,问曰:"可服此药否?"公曰:"香药如油入面,终不能出。"上遂已之,公之得君如此。

案朝鲜通事得自明廷传说,王锜《杂记》追述妻祖隆遇,而皆谓帝患风疾,当可征信。麝香(musk)据近代化验,本为刺激神经、增加血压之药,而在中医之传统说法,则误谓可医治中风,如李时珍《本草纲目》卷五十一记:

麝脐香 治中风中气中恶痰厥积聚症瘕。

又严用和《济生方》载:①

中风不省□麝香二钱,研末,入清油二两,和匀灌之,其人自苏也。

成祖之常服麝脑诸药者正以此。惟中医于麝香之使用亦有相当限制,如刘完素《六书》云:"中风之人,不宜用龙麝犀珠,譬之提铃巡于街,使盗者伏而不出,益使风邪入于骨髓,如油入面,莫能出也。若痰潮不省,昏愦不知事,宜用此药,下其痰涎。"又李杲《十书》记:"风中血脉,则口眼㖞斜,中腑则肢节废,中脏则性命危急,此三者治各不同。(略)若中血脉中腑之病,初不宜用龙麝、牛黄,为麝香入脾治肉,牛黄入肝治筋,龙脑入肾治骨,恐引风深入骨髓,如油入

---

① 此据《本草纲目》引,丁丙《当归草堂医学丛书》本系从永乐大典中辑出,中风项缺,无此文。

面,莫之能出。"① 然则刘士宾谏服香药,取譬油面,雅为成祖所听信者,不过掇拾刘、李旧说而晦其名耳。

又李朝《实录》卷二十六,六年(永乐二十二年)十月戊午(时成祖已薨),记明廷宫掖事:

> 使臣言,前后选献韩氏等女皆殉大行皇帝(成祖)。先是贾人子吕氏入皇帝宫中,与本国吕氏以同姓欲结好,吕氏不从,贾吕蓄憾,及权妃卒,诬告吕氏点毒药于茶进之。帝怒,诛吕氏及宫人、宦官数百余人。后贾吕与宫人鱼氏私宦者,帝颇觉,然宠二人不发,二人自惧缢死。帝怒事起贾吕,鞫贾吕侍婢,皆巫服,云欲行弑逆,连坐者二千八百人,皆亲临剐之,或有面诟帝曰:"自家阳衰,故私年少寺人,何咎之有?"后帝命画工图贾女与小宦相抱之状,欲令后世见之,然思鱼氏不置,命藏(葬)于寿陵之侧,及仁宗即位,掘弃之……初帝宠王氏,欲立以为后,及王氏薨,帝甚痛悼,遂病风丧心,自后处事错谬,用刑惨酷,鱼吕之乱方殷,雷震奉天、华盖、谨身三殿,俱烬,宫中皆喜,以为帝必惧天变,止诛戮,帝不以为戒,恣行诛戮,无异平日。

案王贵妃之薨在永乐十八年七月,据《明实录》,帝患中风远在此前②,上谓自此"病风丧心"者误。夫宫女私交宦官,即所谓"对食"者,自古之例甚多,本不足异,所可注意者,此案发生在雷震三殿之

---

① 其详可参乔吴崑《医方考》中风方论。
② 见前引王贵妃传。

时,《明实录》记,永乐十九年四月庚子,"奉天、华盖、谨身三殿灾"。又李棪《实录》(卷十二)是年五月戊子记:"通事林密回自京师,言(略)四月初八日夜,大雨雷电,至翌日晓,奉天华盖谨身等殿灾,须臾而尽,即日大赦,至三日诏曰:'比者上天垂戒,奉天等殿灾,朕甚惊惧,不遑自安,今礼部以朕初度之辰,奏请奉贺,甚非所以敬谨天戒,而盖重朕之不德焉,其止勿贺。'"①是此宫廷惨狱肇于永乐十九年四月。帝以至正二十年四月生,至此整六十一岁,照通常体力,不应太衰,而观宫婢丑诋之语,则帝之精力已甚亏损矣。

成祖因患风痹,又感虚弱,祷神祈药之事,时所恒有,《明史》卷二九九《方技·袁忠彻传》记:

> 礼部郎周讷自福建还,言闽人祀南唐徐知谔知诲(证),其神最灵。帝(成祖)命往迎其像及庙祝以来,途建灵济宫于都城祀之。帝每遘疾,辄遣使问神,庙祝诡为仙方以进,药性多热,服之辄痰壅气逆,多暴怒,至失音,中外不敢谏。忠彻一日入侍,进谏曰:"此痰火虚逆之症,实灵济宫符药所致。"帝怒曰:"仙药不服,服凡药耶?"忠彻叩首哭,内侍二人亦哭,帝益怒,命曳二内侍杖之,且曰:"忠彻哭我,我遂死耶!"忠彻惶惧,趋伏阶下,良久始解。②

案洪恩灵济宫之建立,具载《实录》永乐十五年三月辛丑条,《千顷

---

① 此诏亦载《明实录》,是年四月己酉。
② 李贤《忠彻墓表》:"若公效忠傥论,则人不及知者甚多,如……谏服药,勿信方士,如此之类,皆有人所难者。"盖不欲显言成祖失德,与此可相参证。

堂书目》"道家类"有《洪恩灵济真人文集》八卷①，《道藏》壹字号《洞玄部·威仪类》有《洪恩灵济真君自然朝仪》等书九种，知宫中所祀之徐氏兄弟实为道教神，据袁钧《赡裒堂文集》卷七《家乘列传·忠彻传》，知庙祝为句容女子焦某，自称为真武前奉迎女者，而揆以后来世宗命邵元节、陶仲文提督灵济宫领天下道教例，知亦此类之方士无疑也。

《道藏·洪恩灵济真君事实》载有永乐十五年御制碑，略云：

> 乃者朕躬弗豫，用药百计，罔底于效，神默运精灵，翊卫朕躬，顷刻弗违，随叩随应，屡显明征，施以灵符，天医妙药，使殆而复安，仆而复起，有回生之功，恩惠博矣盛矣。

又系以诗曰：

> 四时报享繁献酬，卫朕之功畴与埒，惟矢铭心与刻骨，书恩著德勒坚碣，垂示万古昭日月。

又载御制《二真成仙》文：

> 比者朕躬遘疾，默运化机，大阐灵祝，翊卫左右，顷刻不离，施以灵符，济以天医妙药，随言随效，感应如响，使困敝之体既危而即安，沈痼之疾尽脱而复旧，斡旋之力，同于更生，感神之惠，铭刻不忘。

---

① 原注："元道士编辑，南唐徐知谔、徐知证乩笔。"

又载御撰诗：

> 灵符妙药出天医，翊卫微躬不蹔离，起疾神功难报称，再生感惠此心知。

御制诸作，容出文臣代笔，然亦可反映帝对方士诡进之药物极相信，袁钧家传谓永乐二十二年，帝北征至沙河，腹痛殆，忠彻犹以速屏符药奏，其服用仙方，盖至死不易也。此类药物之详细成分，今虽不能尽知，惟如方士习制之小涵丹、三元丹、百花酒等，传为补精益气之剂，适足诊帝之虚弱，而小涵丹内有麝香附子等熟药，所谓常服麝脑诸香药者，岂即此欤？又此类药性往往熟猛，故服后易于暴怒使气，旧史记此之例甚多，兹不举，今仅引明仁宗、世宗两帝为旁证，《明史》卷一三七《罗汝敬传》记仁宗之死因：

> 宣宗初，上书大学士杨士奇曰："……先皇帝（仁宗）嗣统，未及期月，奄弃群臣，揆厥所由，皆憸壬小夫献金石之方以致疾也。"

案明世官书不著帝死因，野史小说则竞腾异说①，汝敬以敢言御史，致书于当道大臣，所言仁宗死因谅可信，所谓金石之方者未必定即指丹铅，要以方士诡进药视之可也。《明史》卷一六三《李时勉传》，记帝死前暴怒事：

---

① 见陆釴《病逸漫记》、祝允明《野记》等书。

> 洪熙元年,复上疏言事,仁宗怒甚,召至便殿,对不屈,命武士扑以金瓜,肋折者三,曳出几死,明日,改交阯道御史,命日虑一囚,言一事,章三上,乃下锦衣卫狱。时勉于锦衣千户某有恩,千户适莅狱,密召医,疗以海外血竭,得不死。仁宗大渐,谓夏原吉曰:"时勉廷辱我",言已,勃然怒,原吉慰解之,其夕帝崩。

仁宗秉性宽厚,乐受谠言①,惟于此深憾时勉,则极度反常,若以药发性燥释之,固无可异也。

世宗因服方药致死,旧史记述已详,无庸举证,而其死前之喜愠失态,亦约略同此,如《明史》卷二二六《海瑞传》记:

> 时世宗享国日久,不视朝,深居西苑,专意斋醮,督抚大吏争上符瑞,礼官辄表贺,廷臣自杨最、杨爵得罪后,无敢言时政者。(嘉靖)四十五年二月,瑞独上疏曰,(略)帝得疏大怒,抵之地,顾左右曰:"趣执之,无使得遁。"宦官黄锦在侧,曰:"此人素有痴名,闻其上疏时,自知触忤当死,市一棺,诀妻子,待罪于朝,僮仆亦奔散无留者,是不遁也。"帝默然。少顷,复取读之,日再三,为感动太息,留中者数月,尝曰:"此人可方比干,第朕非纣耳。"会帝有疾,烦懑不乐,召阁臣徐阶议内禅,因曰:"海瑞言俱是,朕今病久,安能视事!"又曰:"朕不自谨,惜致此疾困,使朕能出御便殿,岂受此人诟詈耶!"遂逮瑞下诏狱,究主使者,寻移刑部论死。狱上,仍留中。户部司务何以尚者揣

---

① 见《明史·弋谦传》。

帝无杀瑞意,疏请释之,帝怒,命锦衣卫杖之百,锢诏狱,昼夜榜讯。越二月,帝崩。

同书卷二一三《徐阶传》记:

> 帝服饵病躁,户部主事海瑞极陈帝失,帝恚甚,欲即杀之,皆力救得系,帝病甚,忽欲幸兴都,阶力争乃止,未几,帝崩。

既以海瑞为忠,复下狱论死,可见其举措已失常,病亟,犹欲南幸兴都,更可见其神经之错乱,盖药燥之所致也。

成祖死前之行径亦类此,《明史·盛寅传》载:"帝晚年犹欲出塞,寅以帝春秋高,劝毋行,不纳,果有榆木川之变。"寅本当时名医,其所以谏阻北征者,或知帝病痼已深,难肩艰巨,而参以前举袁钧家传,知帝于行师途次,犹服符药,故其措处失常,亦意中事也。《明史》卷一五一《方宾传》记成祖罪宾事。

> (永乐)十九年,议亲征,尚书夏原吉、吴中、吕震与宾共议宜休兵养民,未奏,会帝召宾,宾言粮饷不足,召原吉,亦以不给对,帝怒,遣原吉视粮开平,旋召还下狱。宾方提调灵济宫,中使进香至,语宾以帝怒,宾惧自缢死,帝实无意杀宾,闻宾死,乃益怒,戮其尸。

是帝一意孤行,诬罪谏者,与仁宗服药之罪李时勉,世宗之罪海瑞,正相似。而参以前举《明实录》《朝鲜实录》等记载,成祖往往暴怒使气,亦与服食药饵之情形合,此则与永乐季年之政治措施极有

附 编

关也。

李朝《实录》卷二十五,六年九月癸酉,记明监王贤述成祖之死曰:

> 皇帝(成祖)与鞑靼相遇交兵,阿禄(阿鲁台)大战,死头目李英云。忠勇王(金忠)自请招安鞑靼,扈驾而行,未知去向。皇帝行在所雨冰如瓦,军人或折臂,或碎头而死,马亦多折项而死,皇帝以此劳心而崩。

又卷二十七,七年(洪熙元年)二月丁巳记:

> (使臣)尹凤谓总制元闵生曰,"总制年前赴行在,艰难而还"。闵生答曰:"皇帝特赐羊酒与料而送,何艰难之有?"凤曰:"其时事不可说,不可说。"北京距榆木川不迩,自榆木川以北,奚止八九倍,銮舆入幸,逐中山王阿禄,大王使人曰:"予自昔受赏与爵,不可以拒大军,自东逐我,则我乃西走,自西逐我,则我乃东走,终不与战。"不幸皇帝病亟,还至榆木川而崩,崩后,大军与三卫兀良哈再战,我军被虏,不知其几千人也。

王贤、尹凤皆中国使鲜之太监(皆朝鲜人),亦即当侍成祖左右者,所传北征折损兵将状,似较可信。据此,不特可以揭发明世官书之回护,且可证野史谰言之所从出也。成祖本抱病而发,长途跋涉,复值冰雹,劳顿伤感之余,遂致不起。往余撰《明成祖与佛教》文,以为明初佛教之发展,可分为三时期:即始受太祖优容、中遭惠帝压迫、终为成祖所弘扬者是,实则明初道教之发展,亦与此同:太祖虽僧侣出身,然对张铁冠等亦极宠信,是于道教初未歧视,迨惠帝定僧道限田制,始予一严重打击,成祖篡位复弛其禁,又访张三丰①,修武当庙②,祀灵官神③,谶纬祥瑞之言靡不深好,信用方士与服食符药,亦其一端,道教势力至此骤扩张,《太宗实录》虽间载申禁之文,非其实也。

民国三十二年六月十五日脱稿时在四川南溪李庄
(本文原刊于《中国社会经济史集刊》
第 8 卷第 1 期,1949 年)

---

① 陆深《玉堂漫笔》载"成祖致张三丰书",备极钦羡。
② 成祖敬礼道士,张雨《岘山集》记之甚详。
③ 参看乾隆《杭州府志·周思得传》。

明初之屯垦政策与井田说

元末以君主昏愚，有司贪渎，民间穷苦，火热水深，因而农民之流离散迁徙，亦较历代为甚：白莲教倡乱，聚众岂止数千？黄河兴工，役民不下十万。自兹而后，各地起兵，若张士诚、陈友谅、朱元璋、明玉珍、芝麻李等，皆割据一方，与元抗衡。众者多至数万，少者亦不下千人，糜烂所及，广被于大河南北，江淮各区，北及于朔漠，南达于贵州，则人民之死于兵燹，逃处穷荒者，为数当甚夥矣。

朱元璋崛起濠梁，兴师吊民，以"不嗜杀人"相号召。凡师旅所至，居民安堵，因而于数年之间，敉平内乱。惟当时土田既多荒秽，户口又半流亡，行军所需，不能尽取诸民，于是不得不行屯垦政策。屯垦之法有三：曰军屯，曰民屯，曰商屯。军屯领于卫所，民屯领于有司，商屯则纳粟中盐，所以济军屯之不足者。三者设施之细则虽殊，组织之方法亦异，要其为调和土地力与劳动力，增加生产以维持税收则一也。

朱元璋既恃屯垦以得天下，后更严立科则，督其勤惰，惨淡经营之余，不三十年，而屯政大举。惟时忽有一奇特之现象，即井田学说之盛行是也。深识远虑之士，每持此以建议当局，若方孝孺、解缙等，皆其选也。方孝孺于井田之实施，主张最力，惜今《明史》

本传,于此乃忽而未举,仅于《王叔英传》①云:

> 建文初,孝孺欲行井田,叔英贻书曰:"……事有行于古,亦可行于今者,夏时周冕之类是也。有行古,不可行于今者,井田封建之类是也。可行者行,则人之从之也易,而民乐其利,难行而行,则从之也难,而民受其患。"

透露出有孝孺欲行井田之事实。惟吾人读方孝孺《逊志斋集》,载其《与友人论井田书》②云:

> 仆虽不才,亦尝三思而熟究之(指井田),非偶为是谈也。

则知其于此筹思极熟,信仰甚笃,史馆诸臣,不谙经国大计,又以孝孺经济之才,为其文章、道德所掩,故于其死义前后,淋漓痛书,而于此等经国宏略,反不著一字,知人论世之难,有如此者!

次为解缙,《解文毅公集》卷一《太平十策》,有云:

> □参井田均田之法,本无难事。但以江南地狭田少,不可井治沟洫,劳民而不易成……为今之计,参井田均田之法而行之,不以拘拘于方里而井,劳民动众,设沟治途,而事事合古也。合民二百丁为一里,里同巷……每丁受田若干亩,树艺各随其所宜,山林牧畜之地亦如之。民年二十受田,老免及身后

---

① 《明史》卷一四三。
② 卷十一。

还田。卖买田地,则有重刑……有地狭人稠,土地硗瘠之乡,有司资以舟车,给其衣食,徙之江淮之间,闲旷之地,孰不欢然以相从哉!

又《大庖西封事》(同书同卷)云:

土田之高下不均,而起科之轻重无别,或膏腴而税反轻,瘠卤而税反重……欲拯困而革其弊,莫若行授田均田之法……

是于方孝孺所提之井田制度,本极赞同,惟于施行时上,变通细目耳。

即对方孝孺持反对态度之王叔英,亦尝叹:

……自唐以后,恒产之制不行,富强兼并,至有田连阡陌者。贫民无田可耕,故往往租耕富民之田,亦输其收之半。由是富者愈富,贫者愈贫,此恒产未制之害,是以贫富不均也。①

然则王氏亦同此分配不均之慨。故所谓"不可行于今者"云云,仅系反对将天下土地,一依周法,分成方板式之井字,而于平均地权,限制地主之意,则初无二致也。《明史》卷二二六载海瑞(万历时人)尝言:

---

① 《皇明经世文编》卷十三,王叔英:《资治策疏》。

> 欲天下治安,必行井田,不得已而限田,又不得已而均税,
> 尚可存古人之意。

是所谓井田也,限田也,均田也,貌异神同,皆不过方法上之稍有差异。后人不谙此意,遂据《王叔英传》,指方孝孺为疏阔迂缓,而并此一代井田运动风气,亦泯而不彰,宁不可惜!

然则明初何以有井田学说?而此学说,何以能高唱云汉?斯固有待于急切申明者。盖当时以战乱经年,流亡未复,土地荒废,州里萧条,斯则凡读明太祖《实录》者,类能知之。如山东于南北交通,要地也,但洪武三年,济南知府尚谓:"北方郡县,近城之地,多荒芜,宜招乡民无田者垦辟"①。开封于控制中夏,亦重都也,但开封流民,未即复业,于洪武四年,始置柘城、考城②。和州向为物产富庶之区,至洪武二年,历阳知县复谓"人多流亡,地尽荒秽"③。汉中亦为文化较高之所,在洪武八年,人民犹藏处深山,不来平地,大部田土,仍"灌莽弥望,虎豹所伏,暮夜辄出伤人"④。斯虽为明初之社会状况,然至宣帝嗣位,杨士奇复以"流亡未归,疮痍未复"对⑤,则在建文之世,当亦荒凉。土田荒废,则其重新分配也易均,且承洪武努力于屯垦之余,贫富尚未悬殊之际,其限制土地之集中也亦易行。故方孝孺于此,曾深切言之:

---

① 洪武三年六月《实录》。
② 见洪武四年八月《实录》。
③ 见洪武二年九月《实录》。
④ 见洪武八年三月《实录》。
⑤ 见《明史》卷一四八《杨士奇传》。

> 今天下丧乱之余,不及承平十之一,故均田之行,莫便于此时。

利用丧乱之余,因生井田之议,此其一。

次则历代战乱,虽原因各殊,然推原其故,莫不由于分配不均。富者可连田千亩,而贫者乃身无立锥。又复被榨取,受压迫,无法自存,于是不得不铤而走险,从事革命。"不患寡而患不均",正不只孔子所叹也。元代胡人专权,举凡良田牧场,尽为所据,汉人流离失所,始相率起师。方孝孺曾亲历其境,故道其故亦最详,其言曰:

> 仆鄙固之意,以为不行井田,不足以行仁义者,非虚语也。仁义之行,贵人得其所。今富贵不同,富者之威,上足以持公府之柄,下足以钳小民之财。公家有散于小民,小民未必得也,有取于富家者,则小民已代之输矣。富者益富,贫者益贫,二者皆乱之本也……使陈涉、韩信有一厘之宅,不仰于人,则终身为南亩之民,何暇反乎?仆故曰:"井田之废,乱之所生也。"

其意盖谓设使元代财产均衡,闾里小民,相安无事,则朱元璋必不至于穷困为僧,问卜起事;张士诚操舟贸利,必不至于见辱富室,愤而起兵;方国珍贩盐为业,亦不至于亡命海上,聚众倡乱……种种争端,均由分配,一治一乱,如环无端。明初,赏赐均以田土,亲王皆使垦荒,土地之利有限,而侵占之欲无穷,势非至攘人之田,据为己有不止。是贫富悬殊之乱,又渐启矣。为防蹈胡元故辙,安定将来之社会计,井田之议,因以产生,此其二。

又屯田施行,固至洪武晚年为最盛,而诸种弊端,亦于斯时而渐萌。将领得擅役军士,得私扣军粮。军士得纳贿逃亡,得不事田作。而逃亡者之租税,复分配于未逃亡之兵丁,逃者固流离失所,而居者更无法自存。于是军官渐成地主,而兵士不复如佃户矣。井田之议,乃所以济屯田之穷,此其三。

具此数因,故井田说之产生,殊非无故。而自来人士,每不谙斯议,几视方孝孺之行井田,乃泥古不化,一若王莽之仿周礼者,则皮相之谈也。

日人清水泰次,曾评方孝孺之立论,形式浅薄,内容亦复空洞①。不知明初主行井田者,并不止孝孺一人,且孝孺之施行井田,亦非如想象划天下为方板式者比。孝孺不其言乎?

> 流俗之谓不可行者,以吴越言之,山溪险绝而民稠也。夫山溪之地,虽成周之世,亦用贡法,而岂强欲堙卑夷高,以尽井哉?但使人人有田,田各有公田,通力趋事,相救相恤,不失先王之意则可矣。而江淮以北,平壤千里,画而井之,甚易为力也。

是则所谓井田,不过平均地权之意,而仍斟酌人情,依据地势,又岂浅薄空洞者,所克从事!

---

① 见氏之《明初开垦与庄田发生》文,(民国)十八年五月,《天津益世报·学术周刊》。

又清水泰次以为方孝孺井田说之得名,不过假《日知录》之推重。查顾亭林本无推重孝孺之说,《日知录》卷十《开垦荒地》条谓:

> 明初承元末大乱之后,山东、河南多是无人之地,洪永中,诏有能开垦者,即为己业,永不起科。

其下有自注,仅云:

> 是时方孝孺有因其旷土,复古井田之议。

于孝孺并无谀辞。凡一学说之有无价值,往往在其本身能否补偏救弊,是否有益当时。井田之议,所以济屯田之弊,防贫富之争者,初不待亭林之推许而增价,况并未推许乎?故清水之说殊不值一哂。

然亦有于井田原则,倍加推崇,而欲以屯田代之者,则清初之黄梨洲是。此则防分配不均,适所以倡贫富悬异,所谓以火济火,治丝而棼者也。黄氏谓:

> 余盖于卫所之屯田,而知所以复井田者,亦不外是矣。世儒于屯田则言可行,于井田则言不可行,是不知二五之为十矣。每军拨田五十亩,古之百亩也,非即周时"一夫授田百亩"乎? 五十亩,科正粮十二石,听本军用;余粮十二石,给本卫官军俸粮,是实征十二石也。每亩二斗四升,亦即周之乡遂贡法也。天下屯田见额六十四万四千二百四十三顷,以万历六年

实在田土七百一万三千九百七十六顷二十亩律之,屯田居其十分之一也。授田之法未行者,特九分之一耳……况……官田者,非民所得而自有者也。州县之内,官田又居其十之三,以实在田七均之……每户授田五十亩,尚余田一万七千三十二万五千八百二十八亩……吾故于屯田之行,而知井田之必可复也。①

岂料军豪可以权逾地主,而士兵反势不及佃农?故井田与屯田之分配土地法,貌同而神异,吾人亦可讥梨洲为"知其一而不知其二"!

明成祖靖难功成,屠戮建文功臣,一反当时之议,因而准旧法,师成规,遂奠明朝二百余年施政之基。自此以还,于土地分配之流弊,亦有可得而言者:

其一曰军豪之占田。军屯之权,出自卫所,故军豪得擅权垦荒。又下诏能开垦者,即为己业,永不起科,垦田遂漫无限制。于是塞下腴田,全归权贵,军士利益,尽被剥削。

其二曰屯政之荒废。以土田之分配不均,军豪之权势过重,为士兵者日驱使于军豪之门,职打柴烧炭等贱役。又以重征苛敛,一饱无时,因而相继流亡,屯政荒废。

其三曰边防之不修。屯田固所以垦地,而其要尤在于防边。明初行"且耕且守",其后易为"分守分屯",视地势之险夷,因敌情之缓急,而定为三七、二八、四六等比例。自军豪跋扈,屯者固苦于苛敛,而守者亦疲于力役,于是相继逃亡,而边陲萧瑟矣。明中叶

---

① 《明夷待访录·田制二》。

以降,边塞苦兵,鞑靼长驱,几无宁岁,其弊盖源于此。

其四曰庄田之发生。自垦田制行,权贵有力之家,渐成地主。更以经界不正,赋税不均,而彼此告讦投献者,遂所在多有;王府勋戚,因得从中取利,是曰"庄田"。后则皇家亦别立田地,名曰"皇庄"。是直以天子为地主,兼并之弊,至此极矣。弘治时,尚书李敏谓:"皇庄共地万二千八百余顷,管庄中官庄田三百三十有二,共地三万三千余顷。管庄官校,招集群小,称庄头、伴当,占土地,敛财物,污妇女,稍与分辨,辄被诬奏,官校执缚,举家惊惶。"后虽历革旧弊,然积重难返。世宗初,承天六庄二湖地,尚有庄田八千三百余顷,后又增八十顷,合计又不下九千余顷。至神宗嗣位,赍予过多,求无不获。潞王、寿阳公主,得赏甚渥。而福王分封,括河南、山东、湖广为王庄,至四万顷。后虽群臣力争,得灭其半①,然为数亦至惊人矣。则农民之被剥削侵扰,当何如耶?

其五曰流民之聚乱。贫富悬绝,穷者无法图存,于是相率为盗。如晚明之张献忠、李自成等,流劫各地,到处烧杀。以其痛愤地主缙绅之剥削,故报复之手段亦最惨。如:

> 张献忠进陷成都……大索全蜀绅士。至成都,皆杀之,既而悬榜试士,诸生远近争赴,献忠以兵围之,系杀数千人,咸挟笔握策以死,蜀中士类俱尽。②

农民于压迫之余,已深识弱者苦况,于此等阶级式之骚乱,自亦表

---

① 见《明史》卷七七《食货志》。
② 《明史纪事本末》卷七七《张献忠之乱》。

相当之同情。如朱之冯守宣府：

> 俄贼(李自成兵)且至……将士皆散，之冯登城太息，见大炮，语左右："为我发之！"默无应者。自起爇火，则炮孔丁塞，或从后掣其肘，之冯抚膺叹曰："不意人心至此！"仰天大哭。贼至城下，(王)承允开门入之，讹言贼不杀人，且免徭赋，则举城哗然皆喜，结彩焚香以迎。①

吾人固非称许此等流寇，对于财产分配即有何等主张，亦非承认此等饥民，对于社会革命，将有何等贡献，要之为明季贫富不均，悬殊甚巨，则于上述故事中，颇可透露出若干消息。设自成祖以来，即注意社会间之财力均衡，使张献忠、李自成等，"有一廛之宅，不仰于人"，亦将"终身为南亩之民"，则晚明流寇之势，乌克有此！是以恍悟前此二百四十余年之井田提议，乃有其相当背景，非尽为书生迂阔之谈也。

(民国)二十五年，二月二十三日，于北平
(本文原刊于《禹贡》第 5 卷第 5 期，1936 年)

---

① 《明史》卷二六三《朱之冯传》。

明代民屯之组织

一、民屯的发生

元朝末年,因为军事战争和租税过重,许多地方的农民全部逃避一空了。因此元朝的租税受了很大的影响,一切军饷全仰给江南。所以在至正十二年(1352)正月,会计天下租税的中书省臣便极力提倡注意民政,他说:

> 河南、陕西腹里诸路,供给繁重。调兵讨贼,正当春首耕作之时,恐农民不能安于田亩,守令有失效课。宜委通晓农事官员,分道巡视,督勒守令,亲诣乡都省谕农民,依时播种,务要人尽其力、地尽其利。其有曾经盗贼水患供给之处,贫民不能自备牛种者,所在有司给之。①

同年十二月,照托克托的主张,在京畿附近召募南人,屯种田地,每年收获米麦一百万余石,开垦的荒地也很多②。到了至正十三年(1353)正月,乌兰哈达乌克逊良桢兼大司农。他是个比较有眼光

---

① 《元史》卷四二《顺帝纪五》。
② 同上。

有干才的人,屯垦田地,"西自山西,南至保定、河间,北至檀、顺州,东至迁民镇,凡系官地及元管各处屯田,悉从分司农司,立法佃种"①。后来中书省因为要想在北方招募江浙淮东一带种水田和修筑土堰的农夫屯种,曾"敕牒一十二道,使赍往其地。有能募农民一百者,授九品;二百名者,正八品;三百名者,从七品"。应募农夫,每名给银十锭,教种以一年为期,期满后得归还乡里②。对屯种的技术,也似乎很讲求。

可惜这样杯水车薪的办法,并不足以救济元末官吏的贪污和政治的腐败,所以流亡的户口,仍然很多。结果让明太祖取了天下。

明太祖施行民屯,便是沿袭元朝而来的。《明史》称"太祖以军兴民失农业,命康茂才为都水营田使"③,是至正十八年(1358)的事。《太祖实录》中记载的很清楚:

> 戊戌(至正十八年,1358)春二月,迁康茂才为营田使……上谕茂才曰:"比因兵乱,堤防颓圮,民废耕耨,故设营田司以修筑堤防,专掌水利。今军务实殷,用度为急,理财之道,莫先于农。春作方兴,虑潦旱不时,有妨农事,故命尔此职,分巡各处,俾高无患干,卑不病涝,务在蓄泄得宜。"④

同年,明太祖还命令过中书省臣:

---

① 《元史》卷四三《顺帝纪六》。
② 同上。
③ 《明史》卷一三《康茂才传》。
④ 《明太祖实录》卷六。

>为国之道,以足食为本。大乱未平,民多转徙,失其本业,而军国之费,所资不少,皆出于民。若使之不得尽力田亩,则国家费用,何所资赖焉。①

因为他看清了理财之道莫先于农,农民不尽力田亩,国家的开支便无所资赖,所以兴办农屯的确是太祖早年的事。

还有一个附带的原因,明太祖是农家出身,他自己尝说过:"朕家本业农,祖父皆长者,世承忠厚,积余庆以及于朕。"②对于农家的辛苦艰难,知之最详,所以对于休养生息,蠲免租赋,十分注意。他尝说:"善政在于养民,养民在于宽赋。"③又说:"天下初定,百姓财力俱困。譬犹初飞之鸟,不可拔其羽;新植之木,不可摇其根。要在安善生息之而已。"④重农政策,在消极方面,固然在免赋,在养民,在安养生息,而在积极方面,则在招抚逃亡,救济失业,开辟地利,于是才施行民屯。

二、组织

关于民屯之组织,大概可分为四种办法:第一,便是所谓"移民就宽乡"。元末因为历年战争,农民大半逃亡,许多田地全都荒芜

---

① 戊戌正月《明太祖实录》。
② 明太祖洪武元年《实录》(北大图书馆藏残本第二册)。
③ 《明史纪事本末》卷十四《开国规模》。
④ 同上。

了,所以到天下平静了,便需要设法招徕①。还有好多的流民团体,聚集在山寨里,也需要把它解散了,使再为平民。我们可举一个招抚流民复业的实例。《实录》载:

> 乙巳三月,赐邓愈书曰:"予命尔戍守襄阳,法度既定,切宜谨守。已遣张德山招徕山寨,若其……旧为民者,宜归之有司,俾安农业。"②

永乐年间,侍郎廷瓒招抚山东青州府莒州等郡县复业民一万三千四百户③,也是招抚流民的例。将流离失业的人民,抚之还乡,定其居处,可以减少流民聚集谋乱,此其一。

洪武二十六年,辽东开元卫军士马名广上言:"狭乡之民,宜迁于宽乡,地有余而力不给,则分兵以屯之。如此,则民无游食之忧,兵无坐食之害。"④这是说,民屯不足以尽地利时,再行军屯。这种计划,不知是否施行,不过在洪永之际,常常将地狭人稠地方的居民,迁移到土地广阔的地方,如"迁苏州府崇明县无田民五百余户于昆山,开垦荒田"⑤,如"青、兖、济南、登、莱五府,民稠地狭,东昌则地广民稀,虽尝迁闲民以实之,而地之荒闲尚多。因令五府之民,五丁以上,田不及一顷,十丁以上,田不及二顷,十五丁以上,田

---

① 洪武三年三月丁酉《明太祖实录》,郑州知州苏琦言时宜三事,其三曰垦田以实中原,即详阐此意。
② 乙巳三月《明太祖实录》。
③ 永乐八年七月己丑《明太宗实录》。
④ 洪武二十六年二月乙未《明太祖实录》。
⑤ 洪武二十七年二月《明太祖实录》。

不及三顷,并小民无地可耕者,皆令分丁就东昌,开垦闲田"①。政府因为希望贫民迁徙开垦,还有时帮助迁移的路费;迁去以后,可以暂免田租。如永乐年间,令"挈妻子,徙北京良乡、涿州、昌平、武清为民,授田耕种……给路费;三年,始供租调"②。这是以政府为主动,使人民迁徙的。还有许多因为地狭人稠,人民自请迁移到宽乡的,其待遇也和政府主动者差不多。如《永乐实录》载：

> 湖广、山西、山东等郡县吏李懋等二百十四人言,愿为民北京,命户部给道里费遣之③。
>
> 山西平阳、大同、蔚州、广灵等府州县民申外山等诣阙上言："本处地硗且窄,岁屡不登,衣食不给。乞分丁于北京、广平、清河、真定、冀州、南宫等县宽闲之处,占籍为民,拨田耕种,依例输税,庶不失所。"从之,仍免田租之半④。

以上是政府有意的,或人民自动的,施行民屯,将土地和劳动力调和均匀,此其二。

第二,是使罪人屯田。在农业国家的农民,往往有安土重迁的习惯。因为一则农民所用的生产工具太笨重了,所使的日常用品也太复杂了,不宜于迁徙搬运。一则搬家的农民往往是无产或小资本的贫民,到另一个生地方,不易购置大批的生产工具,适当的房舍及日常用品。宁在本乡受罪,不到异地发财,直到现在还是惯

---

① 洪武二十八年二月《明太祖实录》。
② 永乐十年正月壬子《明太宗实录》。
③ 永乐四年正月《明太宗实录》。
④ 永乐十五年四月辛丑《明太宗实录》。

见的事。因此为了充实开垦某一地方,不得不使罪人屯田。

使罪人屯田,也是洪武初年的事,在洪武五年就找到这样的例:

> 五年春正月,诏今后犯罪当谪两广充军者,俱发临濠屯田。①

在洪武七年颁布的赦罪令,有一条为:

> 一、各处犯罪见屯种人数,既各安生业,不在释放之例②。

两三年的工夫,当然不能使屯垦的罪犯各安生业,所以我疑心罪人屯垦当在洪武五年以前。

在《明实录》里,流放罪人屯田的地方,有两处最明显:第一是首都及首都附近,第二是比较偏僻的地方。

明太祖建都南京,而南京附近的凤阳,便是个荒凉的战场。为了加速的开垦凤阳,所以流放罪人去屯垦。《皇明实纪》载:

> 乙卯洪武八年十一月,拨罪人工役,屯种于凤阳。令各处人民,杂犯死罪者,免死,工役终身;徒流者,照年限工役。其官吏受赃,及犯私罪当罢职者,发凤阳屯种。犯流罪者,凤阳工役一年,然后屯种。③

---

① 洪武五年正月《实录》。
② 洪武七年十一月诏(见《明典章》第一册)。
③ 《皇明实纪》卷三。

附　编

可见不但犯罪的平民,就是犯罪的官吏,也同样充到凤阳去。在洪武初年,将有罪的官吏,凡笞以上的,全都发到凤阳去种田。集聚的官吏,一直到一万多。① 后来因为他们既受过苦了,将四十岁以上的官吏,又调京录用。不过录用的人数太少了,才刚有一百四十九人。② 洪武八年,又敕刑官:

> 官吏受赃及杂犯私罪当罢职役者,谪凤阳屯种。民犯流罪者,凤阳轮作一年,然后屯种。③

这些屯种的罪犯们,几时"年老衰惫"了,才可以入籍为民。几时"年老残疾"了,才可以归还乡里。④ 对于土地的开垦成绩,当然很可观。

永乐年间,迁都北京,为了充实北京和北京附近的地方,也曾用同样的方法垦田。惠帝四年(1402)曾定有武官军士赎罪例。"军士及其户丁,杂犯死罪,发北京卫所屯田"⑤。永乐三年(1406)又定例在北京附近屯田:

> 工部尚书宋礼言:燕山右卫吏赵成告犯笞罪、无力准工,自愿北京为民种田。命户部依例给牛具种子。自今有犯笞罪无力准工,悉如之。仍敕杖罪八十以上,即时发遣;七十以下,

---

① 《明史》卷一三九《韩宜可传》。
② 洪武七年十一月壬午《明太祖实录》。
③ 洪武八年二月《明太祖实录》。
④ 洪武七年九月癸未《明太祖实录》。
⑤ 洪武三十五年九月《明太宗实录》。

放回乡里,备赀自诣屯所。①

永乐十年(1412)又定例在北京及北京附近屯田:

> 上以奸民好讼,由无恒产,而北京尚多闲田,乃下令法司,越诉虽得实,而据律当笞者免罪,令挈妻子徙北京良乡、涿州、昌平、武清为民,授田耕种,依自愿为民种田例,给路费,三年始供租调。诬告犯徒流笞杖者,亦免罪,挈妻子徙卢龙、山海、永平、小兴州为民种田,不给路费,一年供租调。其诬告十恶及机密重事,不在此例。②

当时曾有人说:犯人屯垦,在犯人可以得赦免的恩惠,在国家可以使荒地开垦,实是公私两便的事③,大概因为施行这种方法,很受"得罪吏民"的欢迎。

以上是首都的地方,其次说边远的开垦。边远地方往往因为安土重迁的农民,不愿去屯种,所以使罪人屯田。汉州德阳县知县郭叔文言:"四川所辖州县居民鲜少,地接边徼,累年馈饷,舟车不通,肩任背负,民实苦之。成都故田数万亩,皆荒芜不治,请以迁谪之人,开耕以种边食,庶少纾民力。"④宣德时,"命陕西、四川徒流迁徙罪因,发汉中沔县为民"⑤。在其他的边陲,也有过同样的情

---

① 永乐三年七月《明太宗实录》。
② 永乐十年正月壬子《明太宗实录》。
③ 巡按北京监察御史周新曾作是语,见永乐二年五月《明太宗实录》。
④ 洪武二十年三月丙子《明太祖实录》。
⑤ 宣德二年三月《明宣宗实录》。

形,举一反三,不细举例了。

第三是使屯垦的农民军事化,就是选拔一部分民众隶属于卫所之下,施行屯田。这本来应该算作军屯的,不过这种民众的职务,不在于打仗而在乎屯田,所以勉强也算作民屯。如徐达打败了元兵,"帅盛熙等赴北京,练军马,修城池,徙山后军马,实诸卫府。置二百五十四屯,垦田一千三百余顷"①。洪武五年(1372),"户部奏:四川民总八万四千余户,其伪夏故官,占为庄户者,凡二万三千余户,宜令户满三丁者,金一军"②。二十五年(1365)"命开国公常昇等,往太原府阅民户四丁以上者,籍其一,为蠲其徭役,分隶各卫,赴大同等处,开耕屯田"③。又"籍太原平阳民为军,立卫屯田"④。

将屯垦的农民军事化了,是有两种意义的:一、军事生活可以使之整齐严肃,便于统治。如正统时:

> 巡按河南监察御史丁璿,以直隶宁山卫远在山西泽州之境,其屯田布于河南大名诸郡县,屯卒散居,卫官巡视不及,往往纵恣为盗⋯⋯请⋯⋯将散居之卒,编之成屯⋯⋯有为盗者,连坐之。事下兵部议⋯⋯从之⑤。

---

① 《明史》卷一二五《徐达传》。
② 洪武五年二月《明太祖实录》。
③ 洪武二十五年八月《明太祖实录》。
④ 《明史》卷一二九《冯胜传》。
⑤ 正统三年七月《明英宗实录》。

兵士散漫了,还可以变成盗匪,民屯亦然,所以必须编之成屯,有约束,有长官,号令严明,屯田才有成绩。

二、有组织有训练的农民屯垦,是可以补充军队的。洪武十一年(1351)《实录》载:

> 籍凤阳屯田夫为军。先是徙浙西民户无田粮者,屯田凤阳,至是籍为军,发补黄州卫。①

这种例证,在洪武初年很多。明太祖在至正十八年,立的管领民兵万户府,便是拣选各县"武勇之材"的机关。将他们"加以简拔,编辑为伍……俾农时则耕,闲则练习,有事则用之"②。克取了衢州以后,也是籍县丁壮,"六中简一为兵,无事则为农,有警则出战"③。以后因为海内澄清,军事(士)化为农夫,没有补充军队或作战的必要,所以第二个意义就渐渐地消失了。

第四是利用新发现的膏腴之田,施行民屯。这些地方,有的因为地处荒僻,没有被人发现过,如:

> 蔡天佑……巡辽阳,岁歉,活饥民万余。辟滨海圩田数万顷,名之曰"蔡公田"。④

---

① 洪武十一年四月《明太宗实录》(应为《明太祖实录》——整理者注)。
② 戊戌十一月辛丑《明太祖实录》。
③ 壬寅□月《明太祖实录》(卷十)。
④ 《明史》卷二百《蔡天佑传》。

有的是官吏整治得法,对于土地有新开垦,如:

> 聂豹……除华亭知县,浚陂塘,民役业者三千余户。①

还有的土地被湖水淹没了,后来水退了,又重新现出来,如:

> 直隶凤阳府宿州知州甄德("德"应为諰——整理者注)奏:所辖地名龙山湖坡等处,俱系湖水退滩,土膏地饶,易为耕种,山东、山西诸处逃来之人,动以万计,往往团住。已招抚男女四千一百余口,计七百八十余户,分拨田地省令生理,相继来者络绎于道。②

三者在明初差不多每年都有新发现,招抚的流民当然也不少。

三、 政府的奖励和惩罚

政府对于屯垦的民众,是有奖励和惩罚的。《大明律》中便有所谓《抛荒律》:

> 凡里长部内已入籍纳粮当差,田地无故荒芜,及应课种桑麻之类而不种者,俱以十分为率,一分笞二十,每一分加一等,

---

① 《明史》卷二〇二《聂豹传》。
② 正统十五年(应为正统十年——整理者注)五月庚子《明英宗实录》。

罪止杖八十。县官各减三等，长官为首，佐职为从。人户亦计荒芜田地，及不种桑麻之类，以五分为率，一分笞二十，每一分加一等，止征合纳税粮还官（应课种桑枣黄麻苎麻棉花蓝靛红花之类各随乡土所宜）①。

新开垦的土地，在洪武时，可以免杂任差役②；三年以后，才依民田例收租。洪武元年（1368）诏③：

> 一、各处荒闲田地，许令诸人开垦，永为己业，与免杂泛差役。三年后，并依体民田起科租税。

可惜这种办法施行了不久，到了永乐时，官吏们对于蠲租除赋，便都"因循玩愒，视为虚文……拘于岁额，一概征收"④了。

其次是蠲免租赋。蠲免租赋，也是奖励屯田的好方法。明太祖在位三十一年中，据我调查，蠲免租赋共有四十九次，以凶年饥馑而行赈济之事共有二十五次⑤。这种政策，历成祖仁宣一直到英宗还"惟蠲租赈荒，尚仍之不改"。其实不但尚仍之不改，蠲免的数目反而增多，可作个有趣的小统计⑥：

---

① 《大明律集解》卷五《田宅·荒芜田地》条。
② 应为"杂泛差役"——整理者注。
③ 洪武元年八月十一日诏（见《明典章》第一册）。
④ 永乐元年四月《明太宗实录》。
⑤ 参考《明史》卷一至卷三《太祖本纪》。
⑥ 参考《明宣宗实录》《明英宗实录》。

年　代	减免米麦石数
宣德九年	一八二三七八
正统五年	五九〇六九二
正统九年	七三七八二一
正统十三年	七四八四〇八

自然使许多民众乐于开垦。

政府对于土地荒瘠或新开辟的土地,往往发给耕牛,助之屯种。所以洪武年间,山东有些地方,常以牛羊代秋税①。政府也常向各地方去买牛,有时到湖广和江西,洪武二十五年(1392):

> 命户部遣官于湖广、江西诸郡县买牛二万二千三百余头,分给山东屯种贫民。②

有时到河南和山东,如洪武二十八年(1395):

> 遣官分诣河南、山东、湖广诸府州县买牛,分给山东屯种之民。③

这种办法,一直维持到永乐年间,惠帝建文四年(1402,时永乐已

---

① 《明史》卷二八一《循吏·吴履传》:"洪武初迁潍州知州,山东民(通行本《明史》"民"作"兵"——整理者注)常以牛羊代秋税。脱与民计曰:'牛羊有死瘠患,不若输粟便。'他日上官,令民送牛羊之陕西,他县民多破家,潍民独完。"
② 洪武二十五年闰十二月己卯《明太祖实录》。
③ 洪武二十八年八月辛未《明太祖实录》。

即位）：

> 上以北平、山东、河南累年经兵，民缺耕牛，特命工部于直隶凤阳、淮安等处，以官牛给之①。

又《明史·宋新传》亦谓②：

> 永乐二年拜工部尚书，尝请给山东屯田牛种。

农民除了开垦荒田以外，还要作许多副产物。明太祖于至正二十五年（1365）就规定"农民田五亩至十亩者，栽桑麻木棉各半亩，十亩以上者倍之。其田多者，率以是为差……不种桑，使出绢一疋；不种麻及木棉，使出麻布棉布各一疋"③。洪武时，因为"大乱之后，民多废业"，也有的官吏自想办法。如：杨思义"令民间皆植桑麻，四年始征其税。不种桑者输绢，不种麻者输布，如周官里布法"④。洪武二十五年（1392），下诏使凤阳、滁州、庐州、和州等处民户，种桑枣二百株⑤。二十七年（1394），又命户部行文书，"教天下百姓，务要多种桑枣，每一户初年一百株，次年四百株，三年共六百株……违者全家充军"⑥。种植的数目一年多于一年，规定的法律也一日严于一日。

---

① 洪武三十五年八月《明太宗实录》。
② 《明史》卷一五三《宋新传》。
③ 乙巳春三月乙卯《明太祖实录》。
④ 《明史》卷一三八《杨思义传》。
⑤ 洪武二十五年十一月壬寅《明太祖实录》。
⑥ 《皇明实纪》卷四。

种植桑麻的办法历永乐、仁、宣、英宗四朝而不衰。宣德时,"令州县每里择耆老一人,劝督每丁种桑枣各百株……违者究治"①;正统时,令开荒的田地,"所种桑枣,有司时加提督,力求成效"②。

(本文原刊于《禹贡》第七卷第一、二、三合期,1937年)

---

① 宣德七年九月癸亥《明宣宗实录》。
② 正统四年三月初一日诏(见《明典章》第十五册)。

明代的商屯制度

这是我草的《明代的屯田制度》文中之一章。明朝的屯田,本来分三种:一、军屯,二、民屯,三、商屯。商屯是救济军屯之不足的。

一、开中制度与商屯

在缘边荒凉的地方,军人屯垦,是不能自给自足的,于是需要农民运粮去补充,这叫作"民运粮"。在交通不方便的古代,向边地运输粮饷,是一件最困难的事,不得不更想比较经济的办法。除了民运粮而外,运粮的方法,还有三种:

一、使犯罪的人输粟。政府于推行民屯时,曾使犯罪的人屯田,后来因为边陲缺饷,更使犯罪的人输粟。到了正统时,对于"罪人运米的令"愈严①。

---

① 正统三年三月《明英宗实录》:"严罪人运米令。行在户部奏:金吾右卫千户高礼等三人犯斩罪,当运米四十四石赴边,告无车辆装运,乞减米数,愿于附近自买上纳。又有逃避不运者一百一十人,俱请定夺。上以边陲急用粮饷,若听其自买米纳,必至迁延妨事,第如例输运。其奸猾逃避者,期以一月内自首,运米免罪。顽梗不遵者,悉发戍大同威远卫。"按使罪人运粮,恐由来已久,特明代行此,未审昉于何时,于边陲需粮之际,使罪人输米,此亦利用罪人之一法也。

二、奖赏运米的人官爵。这就是所谓"冠带纳粮"。如景泰时，山西的平阳、太原、大同等府有旱灾，军士的粮饷，当然也很受影响，曾劝谕富民招商纳粟补官①。纳粟到某一地方，都有法定的奖赏。如运豆到宣府，纳一千石的为总旗，八百石的为小旗，九十石的授百户②。成化初年，又因为山西年景不好，也尝令民输粟授散官③。成化二十三年，因为陕西荒寒，令军民舍余纳粟授散官④。弘治年间，更规定向延安、庆阳纳米一百石，或银十六两者，为阴阳、医生、僧道，得免考候补。军民人等，得授散官⑤。向延平、镇东等卫纳粮八十石者，得补阴阳、医生、僧道官，纳银五十两者，授七、八品散官，二十两者给冠带⑥。大概用这种方法运输粮米，还有成绩。

三、开中。开中是使盐商输粟到边方，换取盐引，按引支盐。《明史·食货志》谓⑦：

---

① 景泰二年正月《明景帝实录》（应为《明英宗实录》，景帝没有专门的实录——整理者注。下同）。
② 景泰二年十月《明景帝实录》。整理者注：此处对原文存在误解。《明英宗实录》卷二二二，原文为："户部奏宣府急缺料豆，已开中盐粮，会计，尚少五万有余，请令所司谕军民仓舍余丁，有能赴宣府城仓纳豆一千石，总旗八百石，小旗九百石，俱授百户，本卫支俸、管事，子孙世袭……但纳五万之数足，即止不纳。从之。"即普通民众纳一千石可授百户职，总小旗则降低标准，并非"纳一千石的为总旗，八百石的为小旗，九十石的授百户"。
③ 《明史》卷一五九《李俊传》。
④ 成化二十年十二月《明孝宗实录》（应为成化二十三年，原文有遗漏——整理者注）。
⑤ 弘治十年十月《明孝宗实录》。
⑥ 弘治十三年四月乙未《明孝宗实录》。
⑦ 《明史》卷八十《食货四·盐（法）》。

> 有明盐法,莫善于开中。洪武三年,山西行省言:"大同粮储,自陵县运至太和岭,路远费烦,请令商人于大同仓入米一石三斗,给淮盐一小引。商人鬻毕,即以原引目赴所在官司缴之。如此,则转运费省而边储充。"帝从之,召商输粮,而与之盐,谓之开中。其后各行省边境多召商中盐,以为军储。盐法边计,相辅而行。

《郁新传》[①]也说:洪武中,"以边饷不继,定召商开中法,令商输粟塞下,按引支盐,边储以足"。所以开中纳粟,一定是洪武早年的事。

最初仅使商人输粟到边方,后来盐商多自己在边地开垦,就地纳粟,这就是商屯。隆庆《实录》谓:

> 祖宗朝廷,边备振举,虏不敢深入……而富商因得以私财,募人开垦塞下,输纳盐粮。当时公私饶富,不藉内帑而给,实由于此。[②]

所谓"祖宗朝廷",就是指的明初。《明史·食货志》谓:

> 明初各边开中,商人招民垦种,筑台堡,自相保聚。边方菽粟,无甚贵之时。

---

① 《明史》卷一五〇《郁新传》。
② 隆庆二年七月《明穆宗实录》。

叶向高也说：

> 国初盐政修明，输粟给引，贾人子以积粟为利，各自设堡伍，募众督耕。畚锸盛于戈矛，墩堠密于亭障。军民错居，守望相助。屯田之兴，于斯为盛。①

华钰的《盐筴议》更很肯定的指为洪永时代。他说：

> 洪武永乐时，内地大贾，争赴九边，垦田积粟，以便开中。

可见商屯的施行，并不是后来的事。

商人屯垦边地，对于军屯、防边，都有极大的帮助。它的优点，可分三方面来说明。第一，可以供给军士的粮饷。军屯目的，是在"足食足兵"，而在荒瘠的边陲，自给自足，是很难的。商人纳粟，正以济军屯之不足。从政府一方面说，在军士屯垦之余，又招一批农民去耕种，可以省去运粮的麻烦。从商人本身说，运用一部分财力，招集流民去垦边，可以"有偿盐之利，无运粟之苦"。第二，垦荒的农夫，多半是失业的游民。因为垦荒，而得到职业。直接可以减少社会上的失业人口，间接可以避免国内的纷争。第三，边地粮米，因商屯而激增了。兵士缺粮，可以用银籴米，米价不致抬高，同时势豪也不致操纵②。所以王圻最赞成开中，谓："洪永间，纯任此

---

① 叶向高：《屯政考》(《皇明经世文编》卷四六一)。
② 参看刘应秋：《盐屯考》(《皇明经世文编》卷四三一)。

法,所以边圉富强,不烦转运,而蠲租之诏,无岁无之。后来屯田盐法,渐非其旧,而边储不足,军民俱困矣"①。尤推许商人屯田,谓"商人上纳本色,则商人佃边地,不致荒芜,盐课有资,屯粮自办。苟不复盐法,止清屯田,则边人无力耕种,子粒仍无从出。适扰贫军以乱耳"②,的确是最可玩味的话。

二、 商屯制度的扩展与开中纳米

前言施行商屯,是所以济军屯之不足。而军饷不足的地方,往往在边方。所以商屯的推行,也是由边陲而内地。开中最早在大同,上面已经叙述过了。其次是在宁夏和四川一带。洪武六年,《实录》载:

> 太仆寺丞梁埜仙帖木儿言:"黄河迤北,宁夏所辖境内及四川,西南至船城,东北至塔滩,相去八百里,土田膏沃,舟楫通行,宜……行中盐之法,可使军足食。"从之③。

再其次是在云南。洪武廿二年曹震奏章中有:

---

① 王圻:《续文献通考》卷一四《田赋考·屯田上》。
② 王圻:《续文献通考》卷一五《田赋考·屯田下》。
③ 洪武六年四月《明太祖实录》。

一、请于云南大宁境,就井煮盐,募商输粟以赡边①。

永乐十七年,开中纳粟的办法,更达到贵州。《实录》载:

> 贵州都司普安卫言:"本卫山多地少,不足军士屯种。且舟楫不通,别无馈运。令召商中纳盐粮,以给军士……"上命依洪武旧例,每引米二斗。②

宣德年间,对于北方各卫的商屯,才渐渐的充实。《实录》谓:

> 行在户部奏:"边卫粮储不足,请召商中纳盐粮,不拘米麦豆。万全左卫仓,淮、浙、长芦盐,每引四斗,怀来卫仓,淮、浙、长芦盐,每引四斗五升。永平府及古北口仓,淮、浙、长芦盐并每引五斗。"从之③。

更从此而一方面伸展到辽东和广宁。

> 行在户部奏:辽东广宁卫,地临极边,宜积军饷,请召商于本卫仓纳粮,不拘资次,于淮、浙等处支盐。其开中则例,淮、浙盐每引米豆五斗,山东、河南、福建、广东、广西、四川盐,俱

---

① 洪武廿二年四月《明太祖实录》。
② 永乐十七年九月《明太宗实录》。
③ 宣德八年闰八月壬子《明宣宗实录》。

二斗。从之①。

另一方面伸展到陕西各边卫：

> 行在户部奏：陕西边卫，急缺粮储。宜召商中纳盐粮。令于西宁、庄浪上纳者，每盐一引，米麦豆四斗。甘肃、凉州、肃州上纳者，每盐一引，米豆三斗，俱于(淮)浙运司，不拘资次支给……从之②。

以上所举的商人开中，都是在边陲地方。开中为的纳粟，而纳粟就需要商屯，因此推想商人屯垦，是起自边地。但也有在内地屯垦的。如湖广宜阳县，"诸处商贾，给引来县生理，因见地广，遂留恋不归，甚至娶妻生子，结党为非"③。河南邓州内乡县，和湖广均州光化等县"居民鲜少，郊野荒芜，各处商客，有自洪武永乐间，潜居于此，娶妻生子，成家立业者。丛聚乡村，号为客朋"④。不过，这种例证很少，只可说是例外了。

其次，要说明的，就是开中每引纳米的数目，因为盐的种类不同，所以每引纳米的数量也不一样，而且随着各时代所规定而改变。列一表如下（表一）：

---

① 宣德九年八月壬申《明宣宗实录》。
② 宣德十年十月《明宣宗实录》。
③ 正统三年七月《明英宗实录》。
④ 正统元年四月《明英宗实录》。

表 一

盐引(大引)所纳米数(以斗为单位)

年代	两淮	两浙	长芦	山东	福建	河东	广东	海北	四川	黑盐井白盐井	安宁盐井	纳米所在地	出　处
宣德八年	4	4	4									万全左卫	宣德八年闰八月《实录》
	4.5	4.5	4.5									怀来	
	5	5	5									古北口	
宣德九年	5	5		2	2		2		2			广宁	宣德九年八月《实录》
	4											西宁	宣德十年十月《实录》
	3											甘肃	
宣德十年		10		5	5	5			5			赤城	宣德十年十二月《实录》
			4.5	4.5	4.5	4.5			4.5			哨马营	
	9	9	9	4.5	4.5							独石	
正统元年	3	3										西宁卫	正统元年四月《实录》
	2.5	2.5										甘肃	
	4	4										凉州	
	3.5	3.5										甘州	

续表

盐引(大引)所纳米数(以斗为单位)

年代	两淮	两浙	长芦	山东	福建	河东	广东	海北	四川	黑盐井白盐井	安宁盐井	纳米所在地	出 处
正统二年	1.5	1.5										肃州	正统二年十二月《实录》
正统三年	7	7	7	3	3	3				3		甘州	正统三年八月《实录》
正统四年							3		3			辽,广,宁,义州	
										1.5	1.5	云南	正统四年闰二月《实录》
正统七年	12	10	6									陕西	正统七年七月《实录》
	10	8	4									甘肃	
正统八年	12	10	6									独石,开平	正统八年三月《实录》
正统九年	10	10										甘肃	正统九年十二月《实录》
正统十二年	4	12										辽东	正统十二年三月《实录》
正统十三年	4	3.5							3.5	5	5	4	云南	正统十三年五月《实录》

续表

年代	盐引(大引)所纳米数(以斗为单位)												纳米所在地	出处
	两淮	两浙	长芦	山东	福建	河东	广东	海北	四川	黑盐井	白盐井	安宁盐井		
正统十四年	6								12	1.5	1.5	1.5	四川	正统十四年六月《实录》
景泰元年	10	4	3										大同,宣府	景泰元年正月《实录》
	6	6	5										保定	景泰元年三月《实录》
	8.5	8.5											山西	景泰元年四月《实录》
	12	10											肃州	景泰元年十月《实录》
	5	3	2.5										古北口	景泰元年九月《实录》
景泰二年	4.5	3											山西	景泰二年三月《实录》
													云州,龙门	景泰二年九月《实录》
	8	5											辽东	景泰二年十二月《实录》

续表

盐引(大引)所纳米数(以斗为单位)

年代	两淮	两浙	长芦	山东	福建	河东	广东	海北	四川	黑盐井	白盐井	安宁盐井	纳米所在地	出　处
景泰四年	5.3												贵州	景泰四年七月《实录》
	5	3.5	2.5							5.5	5.5		大同右卫	
	4.5	3.5	2.5										万全	
										8.5	8.5		四川	景泰四年十一月《实录》
景泰五年	5	3	2										万全,赤城	景泰五年正月《实录》
	6.5	4.3	3										长安岭	
	4.8	2.8	1.8										柴沟堡	

由上列表中，可以看如下的情形：

一、盐的种类不同，质有优劣。两淮的盐最好，两浙、长芦及其他盐次之。所以在同一地方，同等距离开盐，总是淮盐纳米最多，其他盐纳米较少。两淮产盐很多，淮商势力也极大，颇足以解释后来淮商请求折色纳银之故。

二、就大体上说，开中纳米的数量，是逐渐增加的。如同是在北方纳米，宣德八年，领淮盐一引，仅纳四斗五升至五斗，到十年，便纳九斗至九斗五升。所以当时陈枢曾提议：

> 行在户部招商纳米中盐，因其额重，趋之者少，乞量减升斗，多招中纳，以广储蓄。①

正统时，于谦也上疏：

> 近来客商开中者少，盖以纳米数目过多……取利不多，畏缩不行。乞将米数十减二分……俾商粟乐输。②

正统四年，因为征麓川，召商于大理、金齿，中纳盐粮，屯驻的日期过长了，也有减额纳米，招徕商贾的事实。③ 景泰年间，在北方招商纳米，也减低数目。景泰元年《实录》载：

> 先是命召商于密云、隆庆仓中纳淮盐者，每引米八斗，豆

---

① 宣德十年十一月庚午《明宣宗实录》(应为《明英宗实录》——整理者注)。
② 正统元年闰六月《明英宗实录》。
③ 正统四年六月《明英宗实录》。

五斗,或草四十束。于古北口中纳者,每引米七斗,豆三斗,或草三十五束。至是以价高遂损之。其于密云、隆庆仓中纳者,米豆俱减一斗,草减十束;古北口纳者,米减五升,豆减一斗,草减十束。①

景泰二年:

> 先是,召商输米豆于古北口仓中盐,客商以则例太重,米豆涌贵,日久无中盐者。至是,户部因右佥都御史邹来学言,请原定淮盐一引,米豆一石二斗,合减二斗;浙盐一引,米豆一石,合减三斗,从之。②

此外,对于湖广的清浪卫,也减低数目。景泰元年:

> 湖广巡抚大宁寺(应为"大理寺"——整理者注)卿蔡锡奏:乞减中盐则例,召商于清浪等卫仓纳米。事下户部议,中云南白盐井盐,每引纳米一石二斗,比原则减三斗,安宁、四川、上流等井盐,每引纳米一石,仙泉井盐,每引纳米八斗,比原则减一斗。从之。③

但我疑心这种减轻,不过是因特别情形,或偶尔为之的事。而大体上仍然是逐渐增加的。景泰以后,军屯渐渐破坏了。开中纳米,作

---

① 景泰元年正月《明景帝实录》。
② 景泰二年正月《明景帝实录》。
③ 景泰元年八月《明景帝实录》。

为军士的主要给养之一,纳米数量,当然更只有增添,不会减少。纳米愈多,开中者愈少,这也可以考见商屯逐渐败坏的情形。

三、 开中制度与叶淇

一提到商屯,一提到开中制度,就令人联想到与此有关系的叶淇。叶淇是明孝宗时的户部尚书,首先提倡折色的人。《明史》在《李敏传》里,有他的附传,说他:

> 变开中之制,令淮人以银代粟,盐课骤增,边储自此萧然矣。①

后人对于这件事情,弄不清楚,以为军屯的破坏,是由于商屯废除,而折色征银,是足以使"商屯撤业,菽粟翔贵,边储日虚"②的。所以大家都不约而同的抱怨叶淇。

其实,这是一个不大公平的评论。可以从三方面去分析。第一是叶淇的人格问题。钱薇说他折色的原因,是由于淮商多其乡人亲故,为了盐商们的方便而实行改革:

> 弘治中,有淮人长司农部,商人多其乡人亲故,因奏更旧法,第令输银于京,分送各边自籴。折银较为增,得引比粟甚

---

① 《明史》卷一八五《李敏传》。
② 《明史》卷八〇《食货四·盐(法)》。

易。于是一遇凶岁,边粟如珠矣。①

他所谓淮人,就是指的叶淇,《续通考》中说得更明显:

> 户部尚书叶淇,淮安人。盐商皆其亲识,因与淇言:"商赴边纳粮,价少而有远涉之虞。在运司纳银,价多而得易办之利。"淇然之。内阁徐溥,淇同年,最厚,淇遂请召商纳银运司。②

这都是说叶淇之所以"变法",是由于庇护同乡。但详考叶淇的生平私德,并不是那么龌龊不堪的。《明史》说他:

> 景泰五年进士,授御史。(一)天顺初,石亨谮之,下吏考讯无验……(二)弘治四年,代李敏为尚书,寻加太子少保。哈密为土鲁番所陷,守臣请给其遗民廪食,处之内地。淇曰:是自贻祸也,寝其奏。(三)奸民献大名地为皇庄,淇议归之有司。(四)内官龙绶请开矿,淇不可……(五)已,绶请长芦盐二万引,鬻于两淮,以供织造,淇力争……淇居户部六年,直亮有执,能为国家惜财用。每廷议用兵,辄持不可。

在以上所举的五例中,颇可以想见叶淇之为人。他是个清白廉洁的人,所以有人诬告他,"吏考讯无验"。他是个比较有眼光的人,如谏将土鲁番的人民徙居内地,谏国家轻于黩武用兵。他是个直

---

① 钱薇:《盐法论》(《皇明经世文编》卷二一五)。
② 《续文献通考》卷二十《征榷考·盐铁》。

言敢谏的人,如禁止奸民的投献,阻挠内官的开矿和鬻盐。他是个最有干才的人,所以理财得法,能为国家惜用。像这样一个才德兼备的人,假使没人给他栽赃也许会列在《循吏传》里去,我们真不信他因为护庇同乡亲故,而有改革盐法的事。

再说主张"折粟纳银"的,并不是叶淇一人。《续通考》说"内阁徐溥,淇同年,最厚,淇遂请召商纳银运司"。好像徐溥和叶淇,结党营私,共同作的事。但这段文字还嫌不清楚,可惜《明史·叶淇传》和《徐溥传》,都没提到这件事。只是从《明史稿·叶淇传》里,曾找这样的几句:

> 时内阁徐溥,淇同年也。变法开中,溥有力焉,详《食货志》。①

但是《史稿》在《食货志》里,对于徐溥主张变法开中,只字未提。也许作《明史》的人,参考史稿,见这句话没着落,所以才根本删了去。

徐溥是江苏宜兴人,虽然和叶淇同年,交最厚,但和淮商并不是同乡,没有亲故,不是直接的关系。岂肯以情面之故,帮忙叶淇去变法开中?而且徐溥也是个铁面无私的人。在弘治年间,他和刘健、李东阳、谢迁等,曾以直言敢谏博得了极好的名誉,皇帝有错,他还不肯"阿谀顺旨,惟言莫违"呢②,何况帮忙同年枉法?他又是个稳健老成人,"承刘吉恣睢之后,镇以安静,务守成法"。尝说:"祖宗法度,所以惠元元者备矣,患不能守耳"③。如果单为了嘉惠淮商,没有客观的需要,也决不会变更成法。

---

① 《明史稿》卷一六七《李敏传》。
② 《明史》卷一八一《徐溥传》。
③ 同上。

第二是开中折色的年代问题。普通人都以为开中折色,是起自叶淇的变法。但在变法以前,有没有解银在边地籴米的事实呢?这是急待研究的一个问题。《明史·食货志》谓:

> 成化间,始有折纳银者,然未尝著为令也。

这是承认在成化年间,已经有纳银的事实了。陈于陛也说:"户部每年解送边银也,有之自成化二年始。"① 其实,何只在成化间,在正统时,虽然没有纳银的事实,已经有纳银的流弊,《实录》载:

> 巡按陕西监察御史张政言边务二事:一、甘肃……近日中盐商贾,多就彼买米,以致谷价涌贵。②

正统四年征剿麓川思任发,因为运饷困难,也曾使布政司出银籴米③。八年,因为辽东缺饷,曾发帑银两万两去籴米豆④。林聪也说:"贪利之徒,不以边储为重,奸诈百出,未奉明文开中,预令家人伴当,将带银两,到于口外各城堡,籴买粮料,堆积在仓。"⑤ 是在成化以前,已经有纳银的事实了。《明史·刘大夏传》载:"初塞上籴头,必粟千石、刍万束乃得纳。"⑥ 到了成化年间,塞上籴米的事情,大概更普遍。

---

① 陈于陛:《披陈时政之要乞采纳以光治理疏》(《皇明经世文编》卷四二六)。
② 正统二年二月《明英宗实录》。
③ 正统四年七月《明英宗实录》。
④ 正统八年四月《明英宗实录》。
⑤ 林聪:《修德弭灾二十事疏》(《皇明经世文编》卷四五)。
⑥ 《明史》卷一八二《刘大夏传》。

开中变法是始自弘治五年①,但这种解边纳银的事实,在五年以前,已极普遍。如弘治元年《实录》载:

> 以陕西兰州等处并甘肃、榆林、宁夏各边缺饷,命开中两淮、两浙成化二十三年、弘治元年见在存积盐三十八万引,并发户部原收折粮草价银,及太仓库银十万两。再预支弘治二年分岁例银十三万两以济之,从巡抚陕西都御史贾爽请也。②

弘治三年:

> 命运太仓银二万两于榆林,作弘治五年岁例之数。③

叶淇便是鉴于这些解送边银的事实,和输银开中的必要,将这种不成文的事实,作成了明文制定的法规。

第三是客观需要问题。明中叶以后,多昏庸之君。只知道挥霍金钱,而毫没有理财的办法,所以对于财政上很感困难。自从改折以后,"盐商每引输银三四钱有差,视国初中米值加倍……一时太仓银,累至百万"④。其实岂但"视明初米加倍",从前面表中看,在景泰以前,淮盐一引,最多不过纳米一石五斗,弘治改折时,每石

---

① 见《明史》卷八〇《食货四·盐(法)》。
② 弘治元年正月乙丑《明孝宗实录》。
③ 弘治三年十一月《明孝宗实录》。
④ 《明史·食货志》。

才值银二钱①。改折以后,商人每引纳银三四钱,当然是政府得利了。在商人一方面说,因为开中制度,施行得过久了,流弊太深了,所以常常苦于纳米之后,不能立即支盐。支盐的时候,"次同鱼贯,累同积薪"②,甚至有永乐中候支,父子孙相代,到正统时还支不到的③。况且支盐的时候,又有官吏的勒索,缴粮到边地,又有市侩的敲诈,处处使商人感到痛苦。折色纳银,就在这种政府收银加倍,和"商无守支之苦"的互惠条件之下而施行了。

总上所述,可以断定叶淇和徐溥个人的品德都很好。淮商请求折色纳银是有的,但他们决不会单因淮商便利而改革盐法。折色征银,是自然的趋势,在弘治五年以前,已经有纳银的事实。这种办法,可以救济政府的困穷,同时又便于商人的转运。所以叶淇将此法变成明文规定,使他更通行,更普遍化。

四、 商屯制度的破坏

自从改纳粟为征银,商屯制度,因而废弛了。所以"菽粟翔贵,边储日虚"。明中叶以后的边防,因而呈两种现象:

一、边地的米价,渐渐贵起来。户部不向边地运米,而改为输银。但兵士的军饷,是靠米来维持的。米少银多,只有抬高物价。单以榆林一镇为例,榆林从前商屯很好,银一两可籴米两三石。自

---

① 朱庆永:《叶淇与明代的开中纳粟制度》。此文除阐明开中法之外,复于改折之责任问题,研讨颇详。
② 李廷机:《盐屯考》(《皇明经世文编》卷四六〇)。
③ 正统五年正月《明英宗实录》。

从改折以后,土地荒芜,就是丰收之年,一两银,不过籴米八九升,若是遇到荒年,才籴五六升。在荒寒的边方,丰收的年景最少,而不收的年景极多,所以兵士名义上每月支粮一石,实际上仅支本色粮二三斗,或支折色粮七八斗。本色一斗值银一钱五六分,折色一斗,值银七分;折色粮两斗,还敌不过本色一斗。因此"贫困无极之军,衣无完褐,室无完堵,每日止食粥汤三四碗,若得一饭以宿饱者,则矜以为难"①。竟困穷到这种可怜的地步!

二、输边的银额,渐渐地增加。因为折色征银,所以才抬高物价,更因为米价膨涨,所以政府不得不向边方大量运银。弘治正德间,各边饷银,通共才四十多万,嘉靖初年,增到五十九万,十八年以后,增到一百万,二十八年,增到二百二十万,三十八年,增到二百四十万,四十三年增到二百五十万。到了隆庆初年,竟加到二百八十万②。从嘉靖初年,到隆庆即位,不过四五十年,输边饷银,竟从五十九万,增到二百八十万,相去便差四倍多!再把九边增银的数目,列一个表③:

镇名	嘉靖以前银饷数目 (以两为单位)	隆庆时之银饷数目	增加数目
蓟镇	67000	389000	312000
密云	15000	394000	379000
永平	29000	246000	217000
宣府	51000	333000	282000

---

① 唐龙:《大虏住套乞请处补正数粮草以济紧急支用疏》(《皇明经世文编》卷一八九)。
② 陈于陛:《披陈时政之要乞采纳以光治理疏》。
③ 杨俊民:《边饷渐增供亿难继酌长策以图治安疏》(《皇明经世文编》卷三八九)。

续表

镇名	嘉靖以前银饷数目（以两为单位）	隆庆时之银饷数目	增加数目
大同	50000	420040	370040
山西	200000	213000	13000
延安	100000	367000	267000

各边饷银，增到原数的四倍，或多到二十五倍。明中叶以后，边饷遂成了顶重要的问题。因此苛征暴敛，加速的促成明朝亡国。

商屯制度，何以要破坏呢？破坏了以后，为什么就不能恢复？读者至此，或者禁不住要问。关于商屯破坏的原因，我可以分四点来说明。

第一，凡是破坏了的制度，恢复起来都困难。况且折色征银，商人可以省去运输的困难，政府可以多得征银的实惠，纵使商屯破坏有害，恢复旧制，也不容易。叶向高说得好：

> 愚以为非守法易，复法难，法在而复之易，法亡而复之难。今盐引纳银，从来已久，一旦督粟于边，吾恐度支之令未下，而输挽之怨先兴也。兼之军国军费，半倚商缙，必欲以粟易金，弊且捉衿见肘，吾恐边士之腹未充，大司农之计先窘也。①

在上面第三节中，曾说明叶淇的变法，是由于事实需要，此处不详举例了。

第二，是势豪扰乱盐法，使商人无法开中。明初中盐，仅限于

---

① 叶向高：《屯政考》。

商人及平民。四品以上的子弟家人,不许开中纳盐和小民争利。①景泰年间,因为蒙古寇边,北方缺饷,曾下令,"不分军民官校之家,许于口外缺粮处,开中淮、浙、长芦运司引盐"②。在从前本来就有的军卫势豪,"纵容厮役,沮坏盐法,私出兴贩,辄数百艘。挟持兵器,所至劫掠,巡司官兵,莫敢谁何"③。这时因为禁令废弛了,官吏势豪,一听到要开中纳米,便派家人听差,到边方买粮,还故意说道路太远,运输太难,要求减低每引纳米的数目④。他们更提高纳米的最低量数,使小本商人无法开中。《明史·刘大夏传》谓"初塞上籴买,必粟千石、刍万束乃得告纳,以故中官武臣家得操利权"。毛宪也说:"近来输边粮料,多为奸豪包纳,百计迟延。中盐等利,亦为势家所侵,类皆虚数。"⑤弘治、正德间的势豪,作弊更大,李廷机说:

> 乃私卖之开也,自弘正间始也。或勋戚恩泽,或权幸请求,皆予以余盐,容其夹带。而复有各年未尽,各日零盐,有掣余积堆,名曰所盐,一以供权要之报中。侵商利,亏国课,则非法也⑥。

后来,他们竟包办政府的盐引,而以重价转卖与商人。可以不用向

---

① 正统十二年十二月《明英宗实录》。
② 林聪:《修德弭灾二十事疏》。
③ 宣德十年五月《明宣宗实录》(应为《明英宗实录》——整理者注)。
④ 林聪:《修德弭灾二十事疏》。
⑤ 毛宪:《陈言边患疏》(《皇明经世文编》卷一九〇)。
⑥ 李廷机:《盐屯考》。

边地运粮,不用在边方买米,便可以坐致厚利,叫作"买窝卖窝"①。一般无势力、无资本的商人,只得俯首帖耳,仰鼻息于势豪权贵,受他们的剥削,被他们所榨取,才可以卖他们的引,冒他们的名,风尘仆仆,过转运小贩生活,那能得多少利益!盐法因此紊乱了,商屯当然也就更谈不到。

第三是每引纳米的数目太多了,使商人无利可图。纳米的数目,渐渐增多,商人缴纳,也就逐渐困难。在景泰以前,已经有纳米逐渐增多的趋势了(见第二节表),但到后来更甚。就以蓟镇为例吧,蓟镇开中,初行于嘉靖三十七八年,不到几年的工夫,商人纳米,就有这样剧烈的增长:

盐的种类	第一次每引纳米数目(以斗为单位)	第二次增长数目	第三次增长数目	第四次以米价腾贵酌减数目
两淮	2.5	3	5	4.7
长芦	1	1.3	3.17	3.038

这个表是根据庞尚鹏隆庆二年的奏疏而制的②。从嘉靖三十七八

---

① 胡松:《陈愚忠效末议以保万世治安疏》(《皇明经世文编》卷二四六)于"买窝卖窝"之弊,述之甚详,兹节录其文于下,以见势豪舞弊梗概.

一、清耗蠹……闻之边人言:每岁户部开纳年例,方其文书未到,则内外权豪之家,遍持书札,预托抚臣,抚臣畏势,而莫之敢逆。其势重者,与数千引,次者亦一二千引,其余多寡,各视其势之大小而为之差次,名为"买窝卖窝"。每占盐一引,则可不出大同之门,坐收六钱之息。至于躬身转贩,真正商人,苟非买诸权豪之家丁,丐诸贵幸之仆隶,则一引半缯,曾不得而自有。夫一引自得银六钱,积而千引,则可坐致六百金,万引则又得六千金。以游手游侠之人,不移跬步,而坐致千金之利。

② 庞尚鹏:《清理蓟镇屯田疏》(《百可亭摘稿》卷三)。按《明史》卷二二七《庞尚鹏传》载:"明年(隆庆二年)春,朝议兴九边屯盐,擢尚鹏右佥都御史,与副都御史邹应龙、唐继禄分理……其秋……命尚鹏兼领九边屯务,疏列盐政二十事,盐利大兴。乃自江北,躬历九边,先后列上屯政便宜:江北者四,蓟镇者九,辽东宣大者各十一,宁夏者四,甘肃者七。奏辄报可。"故吾定是疏上于隆庆二年。

年,到隆庆二年,不过十一二年,而纳米的数量,竟从二斗五升增到四斗七升,由一斗增到三斗三合二勺,不能说不惊人!当然是"各商观望,日月迁延。在官司取盈于锱铢,以足原额;在商人较量于升斗,以规厚利,彼此牵制,非惟不相济,而反相病"①。而且当时"盐商上纳,则有经纪、包览(揽)、侵渔之弊;官粮衙门,则有劝借私增斗头多收火耗之弊。及搬运粮草,则有合场官攒,取索常例,刁证留难之弊;粮草既纳,则又苦于守候查盘勘合难得之弊"②。在这种层层剥削之下,自然使商人不愿纳粟,而废弃了屯田。

  第四是因为余盐的贱售,使商人不愿开中正盐。甚么叫"余盐",什么叫作"正盐"呢?我可以引晚明沈懋孝的一段解释:

> 国初之法,尽收盐筴,以佐边储。故边商之官引盐,谓之官盐。其引外之盐,官常出金,收小灶所余者,贮之各场,以待商之至,谓之余盐,犹之乎官盐也……无别盐矣。③

政府怕商人贩运余盐,所以收归官有,用意本来很好的。后来因为余盐成本太便宜,而且贩卖余盐,也有种种的方便,所以销售极多,正盐反倒拥塞了。涂宗浚曾指出余盐盛行的原因有七:

> 缘江南盐吏盐官失政,城社之徒,依附为奸,巧立名色,恣肆渔猎,弊卖多端。如边盐每引每包重至五百斤,例也。而彼

---

① 庞尚鹏:《清理蓟镇屯田疏》(《百可亭摘稿》卷三)。
② 《大明会典》卷(原文如此——整理者注。案:这段文字,整理者在《大明会典》中并未查到,怀疑是注释错误)。
③ 沈懋孝:《答盐运壅滞疏》(《皇明经世文编》卷四〇九)。

盐每引每包重至二千五百斤。人情孰不欲利？孰肯舍多而就少乎？是彼得利四倍，而边盐利少，无人承买，坐困一也。边盐堆积，三四年方得发卖，亦例也。而彼朝中募矕，无容堆积，人情孰不愈于趋利？孰肯舍速而就缓乎？……二也。盐志开载，商盐必挨单顺序，候盐院委官盘掣，而后发卖。彼盐不登单目，任意中发，既免守候之艰，又无掣盘之费……三也。且彼盐发卖，执有小票，联艚贩运江浙吴楚之间，何处不到？夫行盐之地有方，食盐之人有限，彼之余盐既已盛行，虽有边盐，寻无买主……四也。先年盐法通行，或边商安于故土，不乐远涉，则有南商来边收买盐引，引亦无壅。今小票便而得利，谁有驱驰数千里遐荒之路而买引乎？……五也。边方淮盐，每引官价五钱，并在彼加纳余价，共七钱五分。今江南银价，只得四钱五分，是亏本银三钱一分。边方浙盐，每引官价银三钱五分，今江南价银，止得一钱六分，是亏折本银一钱九分。然皆强而后售，共计淮、浙二十二万六千余引，亏短价银五万七千余两，四五年间，不能周转还乡……六也。①

正盐的银价解京，有转运之费，分送到各边，有驿递之苦。银至于边，往往不及新熟之时，增价买米，亏本很多。② 反之，要贩卖余盐呢？可以随处发卖，可以多赚银钱，所以余盐既行，盐法、商屯，便没有恢复的希望。

私自盗卖余盐，谓之私盐。明代因为要使盐业国有，所以对于

---

① 涂宗浚：《边盐壅滞疏》（《皇明经世文编》卷四四七）。
② 葛守礼：《与庞惺庵中丞论盐法》（《皇明经世文编》卷二七八）。

私盐的禁令很严。可以随便举几个例。如①：

> 正统元年二月壬寅，行在户部言：向者陕西甘肃卫仓，客商中纳盐粮，虚出通关，事觉遇赦，宜令仍行抚巡按官覆勘，果纳米者，准令支盐，虚出通关者，追盐还官，庶革奸弊！从之。
>
> 正统十二年十一月，严私盐之禁。时户部奏在京各衙门，遣官吏人等，于长芦运司，关支食盐。有将批文不投运司，照买私盐，装载各处，贩卖一二次者；又有夹带私盐，沿途发卖者。中盐客商，支盐不循旧例，每包添私盐至二三百斤者；请令沿途巡检司批验所等处，务要拘验此及盐引数目，严加盘诘秤掣。若有批文违限，夹带私盐者，依律入官。官吏人等，如违例送问，仍行巡盐御史通行严禁！从之。

后来又下令说：

> 贩私盐者绞，挟余盐者绞。②

所以贩卖私盐的，在明初并不多见。后来因为钞法不行，地方官吏，无钱收买余盐，同时又禁止余盐的私卖，所以当时呈两种现象：一方面是民间感觉食盐缺乏，盐价渐渐地提高，一方面是仰赖余盐为生的灶丁极苦，所以更形成私盐的盛行，"商人避正课之害，不得

---

① 以下两条均见《明英宗实录》。
② 刘应秋：《盐屯考》。

不借影于私盐,灶户无余盐之利,不得不私卖以聊生"。① 为了生活问题,他们不惜以"多艘结党朋,操利器,与官司捕役抗,争一旦之合,赴眉睫之利",后来政治腐败,盐禁废弛,检查私盐的官吏军警,和盐商们通同作弊,所以从前的余盐,全变作私盐,可以风行天下。② 因此开中正盐的商人更少了,所以商屯也就没法再恢复。

(本文原刊于《禹贡》第 5 卷第 12 期,1936 年)

---

① 刘应秋:《盐屯考》。
② 沈懋孝:《答盐运诸公论余盐》。

明代户口的消长

一、元末户口的流亡

14世纪之初是中国社会最扰乱，农民生活最不安的一个时代。一方面因为天灾流行，五谷不丰收，一方面因为政治紊乱，农民极穷困，结果便造成了户口的流亡。在元顺帝至正六年（西历1346），京畿、山东、河南先后都演过饥民谋乱的惨剧；到至正七年（1347），通州、集庆路以及沿江各处，也发生了同样的事情；至正八年（1348），海宁州沭阳县也发难起事①；从此，接连不断的，一波未平，一波又起，西至于土蕃，东延及大海，各地都起了响应。

这时候，元朝皇帝和他的臣僚们，不但不躬自返省，力图革新，反而更荒淫，更无道，加速地促进了流亡的数目。昏愚的元顺帝，执政已经十几年，深感到人寿几何，不能常保作帝王的舒服，所以骄奢淫佚，不顾一切的去享乐。他招致了好多喇嘛在宫里学"摈揲儿法"——摈揲儿法是句喇嘛话，就是"大喜乐"的意思。大概这些喇嘛都懂得房中术，能以特别的方法，引诱着顺帝胡闹，所以博得他的喜欢。又选了一千多宫女，教她们学跳舞，习音乐，每逢到宫

---

① 《元史》卷四一《顺帝本纪》。

中赞佛的时候，便丝竹笙簧，燕飞蝶舞的表演起来①。宫里充满了喇嘛和女人，享乐固然是达到极点了，而一切军国大事，却都屏弃在九霄云外。

当时元朝的臣子又是怎样的呢？我们可以概括的说，也是尸位素餐，于家国大事毫无所补。只能作威作福，苛苦平民，所谓"台宪举亲而避雠，有司差贫而卖富"②，在元末是惯见的事。农民安得不流亡，聚集众多了，又安得不为乱！

这时候的元朝君臣，不但不想方法，施惠于民，使既流亡的农民渐渐平复，反而兴工动役，让未流亡的农民也感受压迫。至正十一年(1351)，因为黄河泛滥，发汴梁、大名十三路的农民和驻在庐州的十八翼军士，开发河道③。当时反动的谣言本来很多，有一个童谣是："石人一只眼，挑动黄河天下反。"开河的工人，果然在黄陵冈掘得一个眼睛的石人，大家以为是童谣的应验。于是蜂起云涌，各地倡乱，好像火山崩裂般的不可制止了④。

元末起义的农民很多，单就有名的论：像陈友谅，徐寿辉，张士诚，方国珍，刘福通，芝麻李，郭子兴，朱元璋等，他们所拥的兵士最多可以到几百万，少的也有几万，可见户口的流亡够多么厉害！真要整个社会天翻地覆了。这些起义的人，有的是采取积极的破坏政策，夺取统治者的政权，有的主张消极的抵抗，以保境安民为主，还有的打算在"保境安民"的口号下，更进而作大规模的政治企图。所采取的手段虽然不同，但他们的目的，都是想怎样铲除元朝

---

① 《昭代典则》卷一《太祖高皇帝》。
② 《明典章》第一册，载龙凤元年十一月，吴王令旨语（北平图书馆藏钞本）。
③ 《元史》卷四二《顺帝本纪》。
④ 《皇明实纪》卷一。

的弊政,怎样使流民归里。后来,明太祖统一天下,很快的革尽元朝弊政,第一步算成功了,但招抚流民却几乎成了他终身努力的事业。

二、明代鼎盛时期的户口

明代的政治,大约可以分作四期:一、由太祖①至宣宗(1368—1435),可以说是鼎盛期。明太祖建立法度,成祖步武成规,再经过仁宣二宗的休养生息,国势慢慢的达到最盛,同时户口也最多。二、由英宗至孝宗(1436—1505)可以称做守成期。这一期虽然遇到也先入寇,虽然也发生过宦官专权,但终究去开国未远,鼎盛势力并没有丧尽,加以景帝的努力,于谦的用兵,还可以支撑守成时期的局面。三、由武宗至穆宗(1506—1572),武宗的荒淫和世宗时的任用权奸,已经有亡国的萌芽了,不过,这时祖宗的遗泽还没有完全丧尽,社会上的不安还没有完全掀动,并且世宗是一个比较聪明的人,没有把国家弄到不可收拾的地步,所以穆宗还可以维持下去。四、由神宗至崇祯帝(1573—1644),万历时的聚敛,和天启帝的昏聩,已经把国家弄得不堪了,所以到了崇祯帝即位时,虽然不

---

① 朱元璋本农家子,穷困为僧,迫不得已,始起兵。此外,如"陈友谅沔阳渔家子也"(《明史》卷一二三本传)。"徐寿辉,罗田人……业贩布"(同上)。"张士诚有弟三人,并以操舟运盐为业……常鬻盐诸富家,富家多凌侮之,或负其直不酬,而弓手邱义尤窘辱士诚甚。士诚忿,即帅诸弟及壮士李伯升等十八人,杀义并灭诸富家,纵火焚其居,入旁郡场,招少年起兵。"(《明史》卷一二三本传)。"方国珍,黄岩人……以贩盐浮海为业。"(《明史》卷一二三本传)……足见英雄均起身寒微,其起义也,盖不得已。

是亡国之君，毕竟亡了天下。户口的增减，是随政治隆污而转移的，所以明代户口的消长也可以分作如上所述的四阶段。现在先说第一期。

正如第一节所述，元末以政治贪污，混乱，引起了各地起兵革命。经过十几年的撕（厮）杀，流血，死于兵乱的当然很多。此外，还有的结寨自保，不受政府的命令；有的逃避在深山，不向政府纳粮，所以一时户口，颇形减少。明太祖在未作皇帝以前，便注意到这种可怕的现象：

> 戊戌（西元1358，元顺帝至正十八年）五月朔，上还自濠州，谕中书省臣曰："吾往濠州，所至州县，见百姓稀少，田野荒芜，由兵兴以来，人民死亡，或流徙他郡，不得以归乡里，骨肉离散，生业荡尽。……尔中书其命有司遍加体访，各还乡土，仍复旧业，以遂生息，庶几斯民不致失所。"①

其实，荒凉并不限于濠州，只要我们一打开《太祖实录》，就可以见到当洪武初年，大河南北，缘边要塞，从前繁华富庶之区，当时却无处不荒凉，无处不残破。如山东在元明之际，原是军事上、运输上的要冲，但到洪武三年，济南知府还说："北方郡县近城之地，多荒芜，宜招乡民无田者垦辟。"②开封府也是控制南北的重镇，但开封在洪武四年，才置设柘城、考城二县，原因是前此的流民，始终就没有归复。③ 和州是后来最富庶的地方，在洪武二年，历阳知县

---

① 戊戌五月《明太祖实录》。
② 洪武三年六月《明太祖实录》。
③ 洪武四年八月《明太祖实录》。

还说:"人多流亡地多荒秽。"①郑州是南北交通的咽喉,在洪武三年,还是"桑耕之地,仍变草莽"②。汉中也算南方文物发达的地方,在洪武八年人民还藏处深山,不来平地,所以大部分田土,仍然"灌莽弥望,虎豹所伏,暮夜辄出伤人"③。……以上所举,都是交通便利,物产富庶的地方,还这样荒凉,偏僻的边塞,更不用说了。

这时明太祖所苦心焦虑的,就是怎样使生齿蕃殖？怎样使流民归复？他在龙凤元年十二月十一日,就下诏:

> 人民果能复业,即我良民,旧有房舍田土,依额纳粮,以供军储,余无科取,使尔等永保乡里,以全家室。……敢有千百相聚,抗拒王师者,即当移兵剿灭,迁徙宗族于五溪、两广,永离乡土,以御我边。果有贤哲,或全城归附,或弃刃来降,予所赏赐,非敢有吝。④

又洪武元年诏:

> 一、避兵人民,团结小寨,诏书到日,并听各还本业,若有负固执迷者,罪在不原。⑤

在这样恩威并施的政策下,把好多流民团体分散了,使纳租缴税

---

① 洪武二年九月《明太祖实录》。
② 洪武三年五月《明太祖实录》。
③ 洪武八年五月《明太祖实录》。
④ 《明典章》第一册,龙凤十二年十二月诏。
⑤ 洪武元年九月《明太祖实录》。

"以供军储"的人,增加了许多。

同时,他又用屯田的办法,把流亡的户口,从人烟稠密的地方,迁移到地广人稀的处所。每户给种五谷地十五亩,种菜地两亩,有余力的人家,还可以随便多种。① 官家供给耕牛和种子,开垦后,免征租税三年②。这叫作民屯。时当军队的数目很多,户口既然减少了,那么所有的军饷,要都出自民间,岂不负担很重?所以把军队分成两组:一组还防御敌人,一组则实行屯垦。其分配的比例,内地军队,三分守城,七分屯种;边塞士兵,七分屯种,三分守城③。这叫作军屯。沿边各地,荒田很多,不能供给屯驻的军饷,因此行开中纳粟法。盐商有钱,往往可以带人到边地去屯种,这样一方面可以"纳米中盐",一方面又使"地无弃土"。这叫作商屯。明初荒凉残破的社会情形,经明太祖二十几年的惨淡经营,居然大江南北,沿边要塞,北至于朝鲜,南达到交趾,到处都屯田了。④

此外,明初又因为户口流亡,社会凋敝,所以对于将士官吏的升赏,和亲王宗室的分封,不赐金钱而封予田土,更使荒凉无用的土地,加速地垦辟。

这么一来,使元末流民,遂渐渐地归复。

建文帝在位暂短,他的内治如何,我们无从考见了。不过到成祖即位,对于招抚流亡,的确能继承太祖的遗志。而且更经心,更注意,我们单看他即位以后,历年所下的恤民诏令:

---

① 洪武三年六月《明太祖实录》。
② 《大明会典》卷一八《屯田》。
③ 此处存在笔误,按文义,应改为"三分屯种,七分守城"——整理者注。
④ 《明史》卷七七《食货一》。

永乐三年,"上谕户部臣曰:数年用兵,北京,顺天,永平,保定,供给特劳,非休息二三年,不能复旧,可免三府田租二年"。①

永乐五年,"广东布政司言:揭阳诸县,民多流徙者,近招抚复业……此皆逃避差役人民,宜罪之!上曰:'人情怀土,岂乐于迁徙,有不得已而去者。既复业则当抚绥之,何忍复罪!'……遂敕广东布政司及郡县,善抚辑之。"②

永乐十九年正月二十日,诏:"一、各逃移人户,悉宥其罪,许令所在官司首告,发原籍原业,其户下亏欠税粮,尽行宥免。"③

又四月十三日诏:"一、各处逃移人户,招回复业,仍免杂泛差役。"④

可见明成祖对于招抚流民是十分注意的。要知道尽管明太祖注意民政,努力招抚,但因为时间短暂,当时流亡未复的仍然不少;像苏州,凤阳,宁国三府,及浙江,湖广,四川,广东,江西,福建,河南,尚有绝户荒田三万五千一百八十余顷⑤,苏州府昆山县尚征两万七千

---

① 永乐三年正月《明太宗实录》。
② 永乐五年八月《明太宗实录》。
③ 《明典章》第一册。
④ 同上。
⑤ 永乐三年四月《明太宗实录》。

七百石的荒废田租①,山西解州闻喜县尚征荒地税粮四千六百一十石②……这许多荒地,都等着成祖来开垦,许多蠲租的仁政,还等着成祖去施行。经过他二十年的抚恤,社会上的不安才渐渐地平复。当时不但避居僻地的人民都已经复业,就是逃在外国的也先后归复。像永乐二年,兵部奏辽东人多逃亡到朝鲜,现在招抚回来的有一万七百人。其余没回来的,也责成朝鲜使臣遣送归国③。永乐七年,又命暹罗使臣"勿纳逋逃,以取罪戾"!流居暹罗的,因此也先后回来。④ 当时抚民的官僚,为了讨成祖欢心,甚而至于有以少报多,希图进用的事⑤,可见政府是如何的提倡招抚了。所以明代户口,要以此时为最盛。

在历史上有名的"仁宣之治",据我看,正是明朝的盛极衰始。本业到明成祖时,一切弊端的种子,都渐渐地埋下了,所以到仁、宣两朝就发育滋长起来。同时社会上的不安,也微微地摇动。此时首先感到痛苦的是山西,山西的饥民,流向河南的不下十几万⑥,单以一县而论,像游山县的逃民,就有一七六四户⑦。安邑县的逃民达三〇七一户⑧,万全县的逃民竟到三〇七四户⑨……其他的各县,

---

① 永乐三年九月《明太宗实录》。
② 同上。
③ 永乐二年六月《明太宗实录》。
④ 永乐七年十月《明太宗实录》。
⑤ 永乐三年十一月《明太宗实录》。
⑥ 宣德三年四月《明宣宗实录》。
⑦ 宣德五年闰十二月《明宣宗实录》。这里的游山县应为(山西)浮山县——整理者注。
⑧ 宣德六年正月《明宣宗实录》。
⑨ 宣德七年十一月《明宣宗实录》载:"山西平阳府蒲州万全县……旧有军民匠凡四七七七户,今存供赋役者,止一七〇三户。"逃亡达三一七四户,几占总数的四分之三,可以说是厉害了。

可以想见了。此外,在其他的各省,也有相当的逃亡,像河南开封等府的逃民竟达一一五六〇〇余户①,湖广长沙县的逃民有一六七〇户②,山东沾化、寿光、乐安等三县逃民有五二八〇户③,保定涞水县的逃民有九九五户④,最少的,像赣州府信丰、会昌县逃民,也有四九六户⑤。

虽然仁宣二帝,都不是昏庸的君主,他们也知道厉行节俭,也知道免赋减役,洪熙元年,正月十日,曾下诏:

> 一、各处逃移人户,诏书到日,即回复业,其户下递年拖欠税粮,悉与蠲免,自行复业之后,再免税粮差役二年。如乏牛具种子者,所司劝谕粮长里长并有力之家,互相给助耕种,不许生事扰害!⑥

宣德时,也曾同样的三令五申:

> 宣德二年十一月十五日诏,"一、各处人户,自宣德二年十一月十五日以前在逃者,诏书到日为始,限三个月之内,赴所在官司首告,除免本罪,各回复业,户下递年所欠钱粮等项,尽行蠲免,仍免差役一年。有司官吏里老人等,善加抚恤,不许

---

① 宣德五年十一月《明宣宗实录》。
② 宣德六年十二月《明宣宗实录》。
③ 宣德六年四月《明宣宗实录》。
④ 宣德五年六月《明宣宗实录》。
⑤ 宣德八年六月《明宣宗实录》。
⑥ 《明典章》第十册。

指以取索钱债为由,因而生事扰人,违者罪之!"①

宣德五年二月二十日诏,"一、各处百姓,近因饥窘逃移他处者,速行各布政司,按察司及府、州县,招谕复业,仍善加抚恤,免其户下税粮及杂泛差役一年"②。

但是,此时的吏治,已经不像洪永时清明,公文自公文,而催征自催征。我们可以随便举一个例:

宣德十年六月丁未诏,免河南彰德等府逃民复业者所负税粮。时各府逃民复业者万余户,而有司仍追累年负欠税粮,民不聊生。③

所以夏原吉曾很怀疑的问:"从前下的诏书,叫把抛荒田土,招人开垦,按照税轻的民田起科,但各县官吏,仍然照旧粮重租收税,这样,岂不是政府失信吗?"④还有巡按山西御史张政,他曾到山西各县去调查,也是说:"流民虽然被赦复业了,但我到山西各县亲自去视察,看见有许多县农民逃亡了,地方长官因为怕得罪朝廷,根本就没报部,所以招抚回来的流民,还追他们积欠的旧粮,还按重税催征。"⑤

---

① 《明典章》第十二册。
② 同上。
③ 宣德十年六月《明宣宗实录》。
④ 宣德元年二月《明宣宗实录》。
⑤ 同上。

附 编

在这样贪污,蒙蔽的政治之下,自然有一部(分)农民逼得要逃亡。所以我说仁宣之治,正是明朝的盛极衰始,并不是没有根据的。在宣宗时,曾发生过一个有趣的故事,当时有人上疏歌颂太平,宣帝(宗)夸示诸大臣,大臣们也觉得很满意,那时杨士奇为内阁大学士,很感慨的劝宣帝(宗)说"陛下德泽,虽然广被天下了,但流亡的户口并没有招回来,社会上的痛劫并没有恢复,谈到甚么太平!再好好的休养几年,也许真正太平才可以做到吧!"宣帝点头称叹①。大概宣帝(宗)目击当时种种的裂痕,想到社会上种种的矛盾,自问良心,也觉得所谓"仁宣之治",仅是表面上的安定。

我们可以列一个表,把这一期的户口,作个大概的比较②。

年代	户数	口数	田地(以顷为单位)
洪武廿六年	10652870	60545812	8507623
永乐十年	10992436	65377633	
永乐廿一年	9972125	52763178	
宣德二年	9909906	52070885	3943343
宣德五年	9778419	51365851	4501565
宣德九年	9635862	50628346	4278934

由此可知,明初要以洪永之际,户口最多。永乐晚年一直到宣德,就渐渐地衰减了。不过,还有要附带声明的,就是户口增减,不一定和田地多寡成正比,如宣德五年的口数比宣德二年少七十多万,但田地的总数却多了五十多万顷。大概就是因为将逃户应纳的租税,都分配在没有逃的农民身上,所以尽管田土荒弃了,官家的表

---

① 《明史》卷一四八《杨士奇传》。
② 参考明太祖、太宗、宣宗实录,《明会典》卷十九《户口总数》,《明史》卷四〇《地理志》。

册数目上,并不显减少。

三、 守成时期的户口

从明英宗到孝宗,一共六七十年,在这一期的政治,虽然有英宗、宪宗等昏君,虽然有王振、汪直一类的宦官,但开国时规模并没有完全废掉,社会上的情形还没显十分凋敝。例如正统时,王振是个极坏的小人,把国家政治弄得不堪。但正统《实录》中还说:

> 时太皇太后专以养民为务,每四方水旱,振动亿万计,蠲免灾粮,或数百万石,闾阎安乐,虽灾不为害。迨王振用事,悉反初政,惟蠲租振荒,尚仍之不改。

其实,"蠲租振荒",不但"尚仍之不改",比起宣德年间来,反而增多。自从洪武以来,蠲免租赋成了历代帝王例行故事。凡是一件事情习之若常了,便不知不觉的作下去,虽然有昏君奸臣,也就不轻易更改了。我们可作一比较表[①]:

年代	蠲免米麦石数	较前增加石数
宣德五年	182378	
正统五年	590692	408314
正统九年	737821	147129
正统十三年	748408	10587

---

① 参考《明英宗实录》《宣宗实录》。

固然，各年蠲免的数量并不一定。而且也不是按照几何级数而激增，但就大体来看，总是逐年增加的。这里有两种表现：一方面是社会就大体上看，并不很穷，所以能大量的蠲免租赋；一方面是表现国家有局部的不安，所以必须要蠲免租税才可以维持社会上安宁。

当时社会最不安定的是河南。河南武安县以旱蝗流徙的，竟达一千六百四十八户，官方竭力招抚，还招不到三分之一①。临近太行山的林县，因为土地荒瘠，又当上荒旱，逃亡的也为数不少。②河南府逃户积逋的租粮，一直到十四万七千余石③。以上是河南本地的流民。此外还有外省的饥民，也来此凑热闹。因为第一，河南虽然有的地方闹饥荒，但有的地方还未开辟，无家无业的游民，来此作游牧式的耕种，可以不纳租，不缴粮，免受政府的干涉。河南右参政孙原贞曾奏述流民逃去的情形谓：

> 陈州项城县南抵颍州归德州，鹿邑县（东）抵太和县，地方数百里，田土膏腴，亡命者多聚居焉。近令占籍，此县追之，则称占籍于彼，彼州追之，则称占籍于此，互相影射，有违国法。④

第二，因为河南有局部的地方很（应为"有"——整理者改）收成，邻省逃去的游民容易谋生。于谦的奏疏中，曾提到此点：

---

① 正统四年二月《明英宗实录》。
② 正统十一年□月《实录》。
③ 正统三年十月《实录》。
④ 正统二年二月《实录》。

  陕西、山西饥民流至河南,多恃物货易米度日。……河南去岁薄收,民间积米甚丰……①

所以于谦调查山东、山西、直隶淮安等府,逃向河南趁食的饥民,就有二十万户②,年富调查山西、山东、陕西在河南的逃民,也有七万户③。数目总算很惊人了。

  其次要算山西。如山西繁峙县户口共两千一百六十六,逃亡到别处的竟有一半人。此外又以六十人打柴,一百人"监厂",二十五人修坛场,一百人采青草,三百人充荆越等巡检司的弓兵;其余还有时在军营里烧饭、洒扫,作种种勤务工作。几乎再没有种地的余丁了④。翼城县逃民到一千一百七十五户,积欠的租粮到一千二百石⑤。平定州逃民达一百九十户⑥。此外,像代州、忻州、垣曲县,也有不少的流民⑦。在平定、岢岚等州和寿阳、静乐、灵丘等县,居民以至于穷困到"车载幼小男女,牵扶瞽疾、老赢,采野菜煮榆皮而食,百十为群,沿途住宿,皆因饥饿而逃者"⑧,更令人有目不忍睹的惨状。

  再其次要算两直隶。在北直隶,如真定府所属冀州等二十二州县,及山西太原等府所属代州等几十四县,逃亡的就有三万六千

---

① 正统十年二月《实录》。
② 正统二年二月《实录》。
③ 正统□年十月《实录》。
④ 正统三年八月《实录》。
⑤ 正统三年九月《实录》。
⑥ 正统四年十月《实录》。
⑦ 正统十二年六月,七月,《实录》。
⑧ 正统五年四月《实录》。

六百四十户①。保定府所属的州县,穷困到"有鬻其子,以养老亲"的实事②,单就清苑一县而论,在正统元年,逃亡的有九百三十七户③,正统三年,又逃的有五百九十余户④。在河间府静海县逃亡的也有七百户⑤。

在南直隶呢?像池州府,据正统三年,池州知府报告:本府所属六县,洪武间户口二百七十余里……自宣德以来,止存三之一。⑥

池州府所属六县的渔户,最初为两千一百零三户,后来或逃徙,或死亡,还有一千三百九十六户,到了正统五年,只剩下七百户⑦,锐减的速度,总算惊人了。所以不到五年的工夫,政府就在黄河沿岸的亳县,设立了一个巡检司,专为盘诘询查来往行人⑧,就是因为逃户过多的缘故。

此外,像山东青州府昌乐县逃民,负积租粮达一五三〇石⑨,兖州府所属州县逃民积欠租粮有一三九五〇石⑩,济南府逃户积欠租粮有六三二二九石⑪,青州,莱州等府,所属二十县逃户抛荒田地达二一九八〇顷⑫,沂州逃户达五五〇〇户⑬。像福建:

---

① 正统五年正月《实录》。
② 正统五年二月《实录》。
③ 正统元年四月《实录》。
④ 正统三年正月《实录》。
⑤ 正统十一年三月《实录》。
⑥ 正统三年九月《实录》。
⑦ 正统五年十二月《实录》。
⑧ 正统十年十二月《实录》。
⑨ 正统十年七月《实录》。
⑩ 正统十三年十月《实录》。
⑪ 正统十年五月《实录》。
⑫ 正统十二年八月《实录》。
⑬ 正统十二年六月《实录》。

> 延平府将乐县民奏,邻邑强寇作孽,杀虏人财,烧毁房屋,千里一空,良民逃避,田地抛荒,租岁无征。①

像浙江:

> 浙江布政使黄泽言:金华府七县户口二百五十六万有奇……台州四县户口十八万八千有奇……自宣德迄今,户口,金华已耗五千二百,台州止存三之一。②

也感觉同样的严重。

这时大部分流民逃亡的方向,有两个:一是逃向丰收的地方"趁熟",一是逃到"外国"避乱。前者多发生于内地,像前面所举陕西的居民,多逃往河南,便是一个佳例。后者多发生于边远,像正统八年,出使女直的锦衣卫指挥佥事吴良曾有这样的报告:

> 臣奉命使海西,见女直野人家多中国人,驱使耕作。询之有为掳去者,有避差役罪犯逃窜者……③

不过无论趁食也罢,逃亡到外国也罢,只要聚集众多了,就难免有轨外的行为。此时湖广上津县和陕西洵阳县,在山路崎岖,层峦迭障的地方,就常发现往来趁食的游民出劫行旅④。河南左右布政使

---

① 正统十四年二月《实录》。
② 正统六年十一月《实录》。
③ 正统八年四月《实录》。
④ 正统十年十月《实录》。

也尝奏：

> 外境逃民，占籍河南……甚者，聚党为非，不加禁戢。①

他们有时也要自组政府，抵抗官厅。正统九年《明实录》载：

> 上（英宗）谕户部臣曰：近闻山西等处民，递年多有逃于河南地方居住，不才有司，不能招抚安辑，以致迁徙不常，或于田多去处，结聚耕种，豪强之徒，自相管束……②

而且时日长久了，这种无拘无束的生活，他们也"安之若素"了，往往乐不思蜀，所以愈是逃亡日久的居民，愈不易招复。

正统年间，既然有这许多流亡的户口，所以当时政治，急要举办的，就是怎样使流民复业，怎样使社会安宁？正统帝曾一再的蠲免租赋，一再的收买人心。可惜这样"杯水车薪"的救济，不足以奠定整个社会的治安。所以当时尚宝司司丞夏瑄深叹：

> 今日所忧者，不专于虏，而在于吾民……今四方多事，军旅数兴，赋役加繁，转输加急，水旱之灾，蝻蝗之害，民扶老携幼，就食他乡，而填沟壑者，莫知其数。而存者北为虏寇之屠，南被苗贼之害，兵火之余，家产荡尽，欲耕无牛，欲种无谷，饥馑相继，盗贼滋多，中土骚然……③

---

① 正统十一年十月《实录》。
② 正统九年九月《实录》。
③ 正统十四年十一月《实录》。

幸而天福中国，不到十五年的工夫，便酿成土木之变，把个祸首王振杀掉了，将英宗也掳了去，容景帝整顿了若干年，不然，也许使明朝从此灭亡了。

景泰初年，因为值正统户口逃亡之余，所以第一步的工作便是招抚流亡。景泰元年即位诏：

> 一、各处流移缺食人民，无所依托，相聚一处，或不得已抢夺财物过活……诏书到日，悉宥其罪。果无田地房屋，可以耕住，无粮可食者，许赴所在巡抚镇守三司及府州县官具告，即与量直分拨安插处置，令不失所，免差役三年。①

又八月十九日诏：

> 一、顺天府、直隶各府并山西布政司所属人民艰难，多有抛弃耕种产业，逃移各处趁食者，所司即便取勘，设法招抚回还复业，免其差税三年。见在人民有缺食者，官为劝借区划赈济。来岁春耕有缺牛具子种，亦与措置，务令得所。②

不过，当时因为对外的战争，国防上的准备，使农民负担也不曾减轻，所以一遇到荒年，还有不断的流徙。如山西因为供给军饷太多，积欠粮米达四十九万石，青草达八十一万束③，单太平一县，逃

---

① 《明典章》第十九册。
② 同上。
③ 景泰三年六月《明景帝实录》。

户拖欠的租粮就有一千四百石①,文水一县,逃户拖欠的租粮也有一千六百余石②。在直隶广平府,逃户积逋的租粮到二万二千二百余石③,在天津、玉田以及保定、河间一带,也常有"岁歉民饥,多有流徙"的报告④。同时趁食河南的还有不少流民,《明史》载孙原贞奏:

> 臣昔官河南,稽诸逃民,籍二十余万户,悉转徙南阳、唐、邓、襄、樊间,群聚谋生,安保其不为盗?……⑤

此外,如开封、凤阳的穷民尝逃亡到济宁、临清间⑥,淮安和徐州以至于"道馑相望"⑦。都显示着社会上极度的不安。

还有好些地方的居民,因为遭到军事战争而流徙。

这时在内地骚扰的是流寇。如广西在景泰四年,巡按广西监察御史沈义奏:

> 广西人民,多被流贼劫杀逃散,所遗田地,无人耕种。⑧

---

① 景泰三年四月《实录》。
② 景泰五年二月《实录》。
③ 景泰三年正月《实录》。
④ 景泰七年二月《实录》。
⑤ 《明史》卷一三七《孙原贞传》。
⑥ 《明史》卷一七八《商辂传》。
⑦ 《明史》卷一七七《王宏传》。
⑧ 景泰四年五月《实录》。

在北方边陲上骚扰的是也先。当时北方各地,据景泰元年大理寺卿孔文英报告:

> 直隶保定并山西大同等府州县居民,先被虏寇惊散,各处潜住,官招抚未还……①

山西太原府因为也先入寇,以至于"无商贾往来"②。直隶隆庆州和永宁县荒凉到像这样的凄惨:

> 提督宣府军务右佥都御史李秉奏:一、直隶隆庆州,民原有十四里,永宁县原有八里,自变乱以来,死亡逃窜者众,今见在民,隆庆不过四百余户,永宁不过一百四十余户,合不过五里有余。③

单就保定府完县一县而论,被敌人杀死的,有十六户,逃亡的有一千六百一十三户④,就可以想见这是多么凄凉的一个"浩劫"!

不过就大体来看,因为当时君臣的努力,政治的改革,户口总数,终究比正统时多起来,可以作个简明的统计.⑤

---

① 景泰元年正月《实录》。
② 景泰五年六月《实录》。
③ 景泰六年三月《实录》。
④ 景泰元年五月《实录》。
⑤ 参考明英宗景帝《实录》。

年代	户数	口数	田地(以顷为单位)
正统十三年	9530933	5353449	4153218
景泰三年	9540966	53507730	4266862
景泰五年	9406347	54811196	4267341
景泰七年	9444655	53712925	4267449

英宗复辟,连续不断的发生宦官专权和权臣执政,结果酿成曹吉祥和石亨造反。后来虽然平定了,但社会上更因此显出极度的不安。到宪宗即位,更任用汪直,设立西厂,把在朝的正人,都一一杀光了,从此社会上又造成了大紊乱。有名的大盗刘千斤,便是这种政治之下逼成的①。他当时反到了荆襄之间,集聚了饥民十几万,政府手忙脚乱的调兵遣将,一直打了十几年才平息。《明史·原杰传》记载他平流民很详细:

> 荆襄流民数十万,朝廷以为忧……(成化)十二年命杰出抚,遍历山溪……大会湖广、河南抚按官,籍之得十一万三千有奇,口四十三万八千有奇。②

可见户口逃亡,的确很严重!此外,还有平两广藤峡盗,用兵也有几十年。国力兵力,消耗得太多了,因此户口又急转直下的锐减。所以到孝宗时最积极的工作,又是招复流亡。如弘治三年:

> 上井监奏:蕃育、良牧二署人户,近被水灾,逃移过半……

---

① 参看《明史纪事本末》卷三八《平郧阳盗》。
② 《明史》卷一五九《原杰传》。

上命以钱八十五万赈之。①

弘治十七年又下令：

> 抚按官严督所属,清查地方流民,久住成家,不愿回还者,就令附籍,优免粮差三年,如只身无产,并新近逃来军匠等籍,递回原籍,仍从实具奏稽考。②

毕竟弘治帝能理政,他曾汰冗官,节费用,综核名实,讲求文治,一时政治颇为清明。当时的大臣,像王恕,丘濬,马文升,刘健,刘大夏等,也多是知名之士,在《明史纪事本末》上,有一卷专论"宏治君臣"③,记载的很详细,这里不一一的介绍了。

经过这十几年的休养,安定,社会上的人口,又渐渐多起来,看下表便知。④

年代	户数	口数	田地(以顷为单位)
成化廿三年	9102630	50027034	1253821
弘治四年	9807173	50503356	8255881
弘治七年	9909725	50614196	8256881
弘治十一年	10304374	50855370	8267981
弘治十六年	10503874	50981289	8307489

---

① 弘治三年四月《明孝宗实录》。"上井监"应为"上林苑监"——整理者注。
② 《大明会典》卷一九。
③ 《明史纪事本末》卷四二《宏治君臣》。
④ 参考明宪宗、孝宗实录。

这里须要解释说明的,就是弘治时代,号称中兴,户口自然比成化时候增多了,但要比起洪、永时,却相形见绌。——不用说洪、永,就是连景泰时候都不及。《明史·食货志》①引周忱的话,说明所以减少的原因,谓:"(或)投倚于豪门,或冒匠窜两京,或引贾四方,举家舟居,莫可纵迹。"(此点容后详述)想来是很对的。现在我们更可以举一个实例,《明史》载:

> 弘治十八年……时承平久,生齿日繁。孝宗览天下户籍数,乃视国初反减,咎所司溺职,欲厘正之,敕(何)鉴往河南、湖广、陕西阅实户口,得二十三万五千有奇,口七十三万九千有奇②。

三省藏匿的流亡就有七十多万,推之天下,数目当很惊人了。

四、中衰时期的户口

武宗时代,又使孝宗十几年"休养生息"的社会,遭到一个大打击。当时刘瑾当权,上下左右,皆其党羽,在朝的正人君子都排斥净尽了。剩下的一班官僚仅能作巴结、奉承、贿赂等工作。所以当时至有所谓京债。《明史纪事本末》谓③:

---

① 《明史》卷七七《食货一》。
② 《明史》卷一八七《何鉴传》。
③ 《明史纪事本末》卷四三《刘瑾用事》。

> 先是诸司官朝觐至京,畏瑾虐焰,恐罹祸,各敛银赂之,每省至二万两。往往贷于京师富豪,复任之日,取官库贮倍偿之,名曰"京债"。上下交征,恬不为怪。

在这样乌烟瘴气下的政治,自然使许多有气节的人,不肯受屈服,遭凌辱。所以就是未被排斥的正人,也自行告退了。

在这种剥削,压迫之下,首先起事的流民,要算北直隶。《纪事本末》记述流寇起事的原因很详细:

> 时刘瑾用事,专恣骄横,京师之南,固安、永清、霸州、文安地方,京卫屯军,杂居其地,人性骄悍,好骑射,往往邀路劫掠,号响马盗,至是聚党益炽①。

当时流民的领袖中,有赵鐩、刘三、邢老虎、杨虎等,分掠河南;有刘六、刘七、齐彦名等,分掠山东。赵鐩等由河南窜山西,复从西而东,逾曲周、威县,直抵文安,经河间、泊头、庆云,入山东省境,窜向西南。刘六和刘七经山东、湖广、江西,仍由故道入长清、齐河等县,直抵霸州,也窜向东南。他们都绕了一个大圈子,到处勾引穷人,烧杀抢掠。这样一来,几乎把天下的饥民,都聚集在一起。此外,还有四川的流民:蓝廷瑞自称顺天王,鄢本恕自称刮地王,廖惠自称扫地王,集聚有几万人,也横冲直入,打进了湖广。

这时政府已经感觉到手忙脚乱没办法。因为追剿的官兵,只

---

① 《明史纪事本末》卷四五《平河北盗》。

是能屠杀良民,而不能削减贼势。《纪事本末》谓①:

> 时刘六、刘七、齐彦名,虽拥众数万,然多劫掠胁从之徒,其亲信骁勇善骑射者,不及千人。官军每追及,贼首驱胁从良民对敌,并弃所掠财帛,奔逸而去。官军竞取财帛,斩获胁从首级,屡执捷音。陆完、谷大用降敕奖励十余次,前后报功万计,而正贼卒无获者。甚至贼已去,而官军遇平民,亦杀之以报功。

讲到外廷的权臣呢,如宸濠在江西造反时,虐焰不可一世,受害的人很多,而助纣为虐的人更夥。胡世宁奏疏中曾说:

> 江西患非盗贼。宁府(宸濠)威日张,不逞之徒,群聚而导以非法,上下诸司,承奉太过,数假火灾,夺民廛地。采办扰旁郡,蹂籍遍穷乡。②

所以大家以至于筑寨相保。③

至于在朝的大吏呢,像江彬,像钱宁,更是骄纵的不得了,他们除了开皇店,营豹房,引导武宗于骄侈淫佚外,便无所事事。

昏愚的武宗,对于朝内朝外向来是不过问的,他只知道享乐游

---

① 《明史纪事本末》卷四五《平河北盗》。
② 《明史》卷一九九《胡世宁传》。
③ 《明史》卷二八九《忠义·宋以方传》:"方宸濠之谋为变也,西江士民,受害不可胜纪。初,还陶四出,籍民田庐,收缚豪强不附者。有万本郑本郑俱新建人,集乡人结砦自周。"

玩,一味的剥削民众。我们单举他南巡苦民的故事作一例。《明史·张曰韬传》载①:

> 武宗南巡,江彬纵其党横行州县。将抵常州,民争欲亡匿。时知府暨武进知县咸入觐,曰韬兼绾府县印,召父老约曰:"彬党至,若等力与格。"又释囚徒,令与丐者各具瓦石待。已彬党果累骑来,父老直遮之境上,曰:"常州比岁灾,物力大屈,无可啗若曹。府中惟一张推官,一钱不入,即欲具刍秣,亦无以办。"

汪应轸疏中,也描写到南巡苦民:

> 自下诏(指南巡诏)以来,臣民彷徨,莫有固志。临清以南,率弃业罢市,逃窜山谷,苟不即收成命,恐变生不测。②

黄巩疏中,说得更痛快:

> 陛下始时游戏不出大庭,驰逐止于南内,论者犹谓不可。既而幸宣府矣,幸大同矣,幸太原、榆林矣,所至费财动众,郡县骚然,至使民间夫妇不相保。陛下为民父母,何忍使至此极也。近复有南巡之命,南方之民,争先挈妻子避去,流离奔踣,怨讟烦兴,今江淮大饥,父子兄弟相食,天时人事如此,陛下又

---

① 《明史》卷一九三《张曰韬传》。
② 《明史》卷二〇八《汪应轸传》。

重戚之,几何不流为盗贼也。①

的确,"天时人事如此",再加上以极端的剥削,榨取,骚扰,人民怎么会不流亡呢?

世宗即位,接着维持这种不安的局面。社会上的景况,都显著异常萧条。当时户口流亡最多的是庐州、凤阳、淮安、扬州、滁州、和州、徐州。其次的是应天、太平、镇江诸府②。诸地因为惨遭水灾,以至于"百里之内,寂无爨烟,死亡流徙,难以数计。所在白骨成堆,幼男稚女,称斤而卖,十余岁者,止可数十,母子相视痛哭。……"③

幸而明世宗是个比较聪明的人,同时他在位又很久。即位以后,就下令将正德时"滥军功","将校夤缘","监织","榷税"等弊政,加以改革,又经过了若干年的赈济和招抚,才使下层的民众们,渐渐地喘过一口气来。

不过,一方面因为自从正德以来,积弊太深了,逃亡的户口不容易全归复,一方面又因为世宗晚年崇拜道教,一心要想成神仙,把朝政全都靠给严嵩等一班小人掌管,所以仍然有不断的逃亡。像福建,《明史·赵炳然传》载:

(福建流民起,)炳然言:"福建所以致乱者,由将吏抚驭无

---

① 《明史》卷一八九《黄巩传》。
② 嘉靖三年六月《明世宗实录》:"户部言:去岁灾伤,惟庐、凤、淮、扬四府,滁、和、徐三州为甚,而应天、太平、镇江次之。其余府州县灾,各有差。"
③ 嘉靖二年十二月《明世宗实录》载杨廷和疏语。

术,民变为兵,兵变为盗耳。"①

最甚的像山西,王宗沐疏谓:

> 山西列郡俱荒,太原尤甚,三年于兹,百余里不闻鸡声,父子夫妇互易一饱,命曰人市,宗禄八十五万,累岁缺支,饥役死者几二百人。②

还有陕西和甘肃,梁材疏说:

> 臣……巡历平凉、临、巩、西、凤五府地方……若平凉、临、巩三府,则村落萧条,荒芜弥望,延、庆二府,谅亦同之……大荒之后,民多逃亡,有一里一百一十户内,止存十余户者,有一甲十一户内,止存十余丁者,有数甲全逃者……③

穆宗大概也是一个比较谨严的人。他守成祖业,不加损改,并且任用张居正作阁臣——张居正固然有不少骄纵,跋扈和结党营私的地方,但平心而论,他平倭寇,恤流民,曾立下不少的功劳,而且功足以掩过的。只要一看下表④就可以知道当时户口比武宗、世宗时增多了,所以还能支撑这个中衰的残局。

---

① 《明史》卷二〇二《赵炳然传》。
② 《明史》卷二二三《王宗沐传》。
③ 《皇明经世文编》卷一〇五,梁材《议覆陕西事宜疏》。
④ 参考《明会要》卷五十,"户口"条,及明世宗、穆宗《实录》。

年代	户数	口数	田地（以顷为单位）
正德元年	9151773	46802050	
嘉靖元年	9721652	60861273	4387526
隆庆三年	10008805	62537419	4677750

五、极衰时期的户口

明朝一切亡国的因素，全部埋伏在万历朝。万历帝几十年不接见大臣，不管理政事，就在鼎盛的仁宣时，也会把国家断送了，别说到了隆庆以后。当时行政上，有两个极显著的情形：一方面是任用宦官，一方面是征收矿税。因为仕路贪污了，人材败坏了，有点廉耻的人，大半都耻于奔竞，不屑于同流合污，一切大权，自然都让接近皇帝的太监抢了去，弄得政治更混乱。又因为国库空乏了，不得不想特别的方法搜括，于是矿税的征收更重要。但是剥削的愈甚，流民的骚动也愈深，冯琦描述当时的情形最好：

> 比来天下赋额，视二十年以前十增其四，而民户殷足者，则十减其五。东征西讨，萧然苦兵。自矿税使出，而民间之苦更甚。加以水旱蝗灾，流离载道，畿辅近地，盗贼公行……诸中使衔命而出，动以千百，陛下欲通商，而彼专困商，陛下欲爱民，而彼专害民。[①]

[①] 《明史》卷二一六《冯琦传》。

而且先见之士,早已看出乱机已动,一触即发,大有不可挽回之势。吕坤曾上书:

> 今天下之势,乱象已形,而乱势未动,天下之人,乱心已萌,而乱人未倡。今日之政,皆播乱机使之动,助乱人使之倡也。……自万历十年以来,无岁不灾,催征如故。臣久为外吏,见陛下赤子,冻骨无兼衣,饥肠不再食,垣舍弗蔽,苦藁未完,流移日众,弃地猥多,留者输去者之粮,生者承死者之役。①

果然,不到几年,就弄得"湖广江浙,十室九空",各地起了大骚乱。像搜刮荆州的陈奉,就引起了商民的反抗,以至于"鼓噪者数千人,飞砖击石,势莫可御"。同时武昌居民,也有驱逐陈奉的呼声,苏州和饶州的民众,也先后响应。此外像辽东锦州和广东新会,也有抗捐拒税的实事②。农民在反抗政府官僚以前,是受不了大压迫,在这种大压迫之下,自然有不少流亡的。

天启时,一切因循苟安都因袭万历帝,只是更变本加厉了。先用了个魏忠贤,把许多正人君子全杀光,后遭到一个极严重的国难,将辽东的土地渐失掉。此外像租税的征收,农民的困苦,都比万历时有过无不及,所以户口更显减少了。当时户口最少的是辽东,辽东"是时,三岔河以西四百里,人烟断绝,军民尽窜"③,其次如四川的奢崇明和山东的徐鸿儒,都先后造反,带领的流民也不在

---

① 《明史》卷二二六《吕坤传》。
② 《明史纪事本末》卷六五《矿税之弊》。
③ 《明史》卷二四八《方震孺传》。

少数①。到了崇祯时,流民愈聚愈多,他们举张献忠和李自成作领袖,由四川打到河南,由河南杀到陕西。因为他们用的手段最毒辣,到处屠杀,劫掠,所以人民死亡的很多。像:

> 贼(张献忠)屠重庆,取壮万余,刳耳鼻,断一手。②

又张献忠破黄冈:

> 驱妇女堕城,稍缓,辄断其腕,血淋漓土石间,三日而城平,复杀之以实堑焉。③

又:

> 张献忠进陷成都……大索全蜀绅士,至成都,皆杀之……蜀中士类俱尽。复大杀蜀民,全蜀数千里,萧条无人迹。④

这种萧条荒凉,并不限于四川,像"河南北大饥,流民就食襄汉者,日数万"。⑤从鱼台到南阳因遭流寇杀戮,"村市为墟,其他饥疫死者,尸积水涯,河为不流"。⑥像山东,左懋第曾亲眼见到这

---

① 参看《明史纪事本末》卷六九《平奢安》,卷七〇《平徐鸿儒》。
② 《明史纪事本末》卷七七《张献忠之乱》。
③ 《明史》卷二三三《樊玉衡传》。
④ 《明史纪事本末》卷七七《张献忠之乱》。
⑤ 《明史》卷二九二《忠义四·张克勤传》。
⑥ 《明史》卷一七五《左懋第传》。

种情景：

> 自静海抵临清，见人民饥死者三，疫死者三，为盗者四，米石银二十四两，人死取以为食。①

这还是崇祯十四年的情形，到了崇祯十六年，徐标视察江淮一带，他的报告是：

> 臣自江淮来，数千里见城陷处，固荡然一空，即有完城，仅余四壁，蓬蒿满路，鸡犬无声，曾未见一耕者。土地人民，如今有几，皇上亦何以致治乎？②

的确，崇祯帝奋发激厉，并不像亡国之君，不过他承万历、天启积弊之余，户口的逃亡，以至于几千里内，不见一耕者，真成了光杆的皇帝了，怎么会不亡国！

关于这一期户口的精确数目，我收的材料不多，无法比较。现在我先把明代户口的消长大势，列个总表：③

年代	户数	口数
洪武四年	10652870	60545812
宏治四年	9113446	53281158
万历六年	10621436	60692856

---

① 《明史》卷一七五《左懋第传》。
② 《明史纪事本末》卷七二《崇祯治乱》。
③ 参考《明史》卷四〇《地理志》，《大明会典》一九"户口总数"。

附 编

再将各地户口消长的大势,作一个分表①,便可以指出历代社会上的安定与不安定。

甲、省

省名	年代	户数	口数
浙江省	一	2138225	10487567
	二	1504124	5305843
	三	1542408	5153005
江西省	一	1553923	8982481
	二	1363629	6549800
	三	1340015	5859026
湖广省	一	775851	4702660
	二	504870	3781714
	三	541310	4398780
福建省	一	815527	3916806
	二	506039	2106060
	三	515307	1738793
北平	一		
	二	334792	1926595
	三		
山东省	一	753894	5255876
	二	770555	6757675
	三	1372206	5664099
山西省	一	595444	4072127
	二	575249	4360476
	三	596097	5319359

① 参考同上。一为洪武二十六年,二为宏(弘)治四年,三为万历六年。按,《会典》户口分数与《明史》三次总数,多寡不符,册报之难凭如此。

续表

省名	年代	户数	口数
河南省	一	315617	1912542
	二	436843	2614398
	三	633067	5193602
陕西省	一	294526	2316560
	二	306644	3912370
	三	394423	4503067
四川省	一	215719	1466778
	二	253803	2598460
	三	262694	3102073
广东省	一	675599	3007932
	二	467390	1817384
	三	530712	2040655
广西省	一	211263	1482671
	二	459640	1676274
	三	218712	1186179
云南省	一	59576	259270
	二	15950	125955
	三	135560	1476692
贵州省	二	43367	258693
	三	43405	290972

乙、州府

州府名	年代	户数	口数
应天府	一	163915	1193620
	二	144368	711003
	三	143597	790512
苏州府	一	491514	2355030
	二	535409	2048097
	三	600755	2011985

续表

州府名	年代	户数	口数
松江府	一	249950	1219937
	二	200520	627313
	三	218359	484414
常州府	一	152164	755513
	二	50121	228363
	三	254460	1002779
镇江府	一	87364	522383
	二	68344	171508
	三	69039	165589
庐州府	一	48720	367200
	二	36548	486549
	三	47373	622698
凤扬府	一	77107	427303
	二	95010	931108
	三	111070	1203340
淮安府	一	80689	632541
	二	27978	237527
	三	109205	906033
扬州府	一	123097	736165
	二	104104	656547
	三	147216	817856
徽州府	一	125548	592364
	二	7251	65861
	三	118943	566948
宁国府	一	99132	532259
	二	60364	371543
	三	52148	387019
池州府	一	35826	198574
	二	14091	69478
	三	18377	84851

续表

州府名	年代	户数	口数
太平府	一	39290	259937
	二	29466	173699
	三	33262	176085
安庆府	一	55573	422804
	二	46050	606089
	三	45296	321053
广德州	一	44267	247979
	二	45043	127790
	三	45296	321053
徐州	一	22683	180821
	二	34886	354310
	三	37841	345766
滁州	一	3944	24797
	二	4840	49712
	三	6717	67277
和州	一	9531	66711
	二	7450	67016
	三	8800	104960
顺天府	二	100518	669033
	三	101134	706861
永平府	二	23539	228942
	三	25094	255646
保定府	二	50639	582482
	三	45713	525083
河间府	二	42548	378658
	三	45024	419152
真定府	二	74738	1093531
	三	59439	597673
顺德府	二	27633	281957
	三	21614	181825

续表

州府名	年代	户数	口数
广平府	二	31420	364898
	三	27764	212846
大名府	二	66207	574972
	三	71180	693058
延庆府	二	1787	2544
	三	2755	19260
保安州	二	445	1560
	三	772	6445

六、流民的抚招

因为户口逃亡可以影响税收,可以影响治安,所以历代对于招抚流民很注意。在上面我们叙述户口逃亡时,已经附带提到了。综合起来,关于招抚的方法,不外三种:一、编查户口,二、设置抚民官,三、赈济。先说第一种:

明初有个叫陈灌的,他作宁国知府,因为防备豪右兼并,曾创了一种户帖法。将户丁的籍贯姓名,写在户帖上,稽查时最方便。后来明太祖见了很喜欢,到洪武三年,他把这个方法推行于各省①。并且把户口帖编成号码,盖上铃记,一半交给民人,一半订装成册,藏在官家。以后检查对看,户帖有不合的,要发配充军,官吏隐瞒的就当众处斩②,遂使户口的调查很方便。到了洪武十四年,下诏

---

① 《明史》卷二八一《循吏·陈灌传》。
② 《大明会典》一九〇《户口总数》。

各地,编赋役黄册,令各地户口,随着田土一同登籍。分户作上中下三等,并且立军民灶匠等籍,以一百十户为一里,推举里中丁粮最多的十户作里长,其余分为十组,每一个里长管一组①。使农民的组织愈严密,同时逃亡也就愈不容易了。

这种办法,奠定了明朝二百几十年立国的根基,后来凡是注意民政的君主,都遵守这个老办法,一直到万历以后才渐渐地废掉。

再说设抚民官。关于逃亡了的人民,固然律例上定着充军,不许占籍,但实际上,因为邀好于人民,并没有实行过。《明史·食货志》谓:②

> 凡逃户明初督令还本籍复业,赐复一年,老弱不能归及不愿归者,令所在著籍授田输赋。

而且在《世法录》上,还有这样的实例:

> 洪武二十四年四月癸亥,繁畤县奏,逃民三百余户,累岁招抚不还,乞令卫所追捕之。太祖谕户部臣曰:民窘于衣食,或迫于苛政则逃……今逃移之民,不出吾疆域之外,但使有田可耕,足以自赡,是亦国家之民也。即听其随地占籍,令有司善抚之。③

本来农民逃亡,是因为纳不起租赋,若因此而更受处罚,岂不是使

---

① 王圻:《续文献通考》。
② 《明史》卷七七《食货一》。
③ 《皇明世法录》卷四《高皇帝实训仁政》。

之加倍的逃亡吗？所以贤明的君主，他不处罚逃民而责备抚民的官吏。如：

> 宣德五年七月丁巳，上谕行在户部曰：人情皆欲安居，谁肯弃业他徙？只缘有司不善抚恤，横征暴敛，致其如此。比闻漳州强贼皆是逃民，罪虽可诛，情亦可悯，推原其始，责在有司。尔即榜示各处戒约务从宽恤，若有扰害致其逃亡者，必罪不贷！①

就是到了后来政治黑暗了，官吏贪污了，但国家也常注意逃民，设置抚民的官吏。如：

天顺八年添设湖广布政司参议一员于荆、襄、汉阳等府，抚治流民。

成化元年，添设四川按察司副使一员于汉中府，抚治流民。

成化十七年，设四川按察司副使一员于重、夔、保、顺四府，抚治流民。

弘治八年，添设河南布政司参政一员于南阳府，抚治流民。

弘治九年，令河南分巡汝南道佥事兼理抚民。②

不过，这种"不揣其本，而齐其末"的办法，终不是好方法。尤其是后来设置的官吏，他们不但不能使农民流亡的数目减少，反使民间的骚扰更深。

次说赈济流民。从平民出身的明太祖，他看清了社会所以扰

---

① 《皇明大训记》卷十五。
② 以上诸条均见《大明会典》卷十九"流民"。

乱是由于流民过多,所以即位以后,一再的厉行节俭,保养生息。在位三十一年中,据我调查,蠲免租赋,一共有四十九次,以荒年饥馑而行赈济之事,共二十五次①。差不多平均每年至少要有一次至两次之多。

上文说过,明成祖一切的设施都是仿明太祖,所以永乐间蠲免租赋的事也是不在少数。在他刚打下南京的时候,恰好山东青州闹蝗灾,放赈以至于到二十万锭,赈济了三万九千多家,数目总算很惊人了。此外还贷给耕田的牛,赈给播种的谷,分给民间粮食②,他在位的时候,据我约略的统计,蠲免租税,有四十四次,因年灾而赈济者,有四十五次③,比起太祖来,可以说毫无逊色。

此外像兴水利,置农仓,开屯田,都是辅助赈济的方法。这种恤民的老方法,世世相承,一直到正统的时候才衰替。《皇明实纪》载正统时对于水利的设施,已不像从前了。

> 正统四年冬,杨士奇等上言:……我太宗皇帝……其备荒皆有定制,天下皆郡县,悉出官钞籴谷,各于四乡置仓贮之,以时散敛。又相其地宜,开浚陂塘,修筑圩岸闸坝,以备水旱,而上下之民安其业……历岁既久,奸弊日滋,豪猾侵渔,谷尽仓毁,诸水利亦多湮没,或被占夺,稍遇凶灾,民无所赖,风宪不举,守令漫不究心……④

---

① 参考《明史》卷一至卷三《太祖本纪》。
② 洪武三十五年十月《明太宗实录》。
③ 参考《明太宗实录》。
④ 《皇明实纪》卷九。

但赈灾的办法，一直到王振当权时还没有改，而且反倒加多，上文已述，在此无需重举了。

毕竟洪、永的成法，禁不住长期的破坏，后来不但不赈灾救恤，反而搜刮起来，所以逃户又很快的激增。假使我们要把历代蠲免租赋的数目作一个比较表，一定也可以看出赈济锐减的情形。后来户口逃亡，岂是偶然的！

七、逃亡的原因及逃亡的方式

关于农民逃亡的原因，我们也可以按情据理的来推测。第一，是因为荒年，本地难以谋生，才逃到别的地方去。这我们只要一打开《明史》就可以见到：像成化间，像正德间，尤其是像崇祯间，在西部的山西、陕西，在东部的山东，在南部河南、江苏，都遇到荒年，饥馑最甚的时候，以至于掘草根，剥树皮，甚而至于"易子而食"。在这种饥馑的状况下，自然有不少的居民要逃亡。

第二，是受不了租税的负担。洪武年间，因为租税很轻，新辟的田地，几乎可以不纳税，并且还常常的得到抚恤和救济。但到永乐时，新开辟的土地，三年以后，便纳租了。后来，一则因为屯田荒废，边地需要运送大量的军粮，一则因为朝廷侈奢，中央需要征收大批的租税，农民负担才渐渐地加重。到了万历、天启、崇祯时，因平流寇，打满洲，于是军饷之外有练饷，练饷而外有加征。再加上官僚的榨取，势豪的剥削，更使平民无生活的余地。怎么会不逃亡呢？

第三，是受不了官吏的逼催。在朝的皇帝昏聩了，下面的地方官吏也随之贪污。他们不问民间疾苦,不管年景好坏,只知道一意的催征、逼索。而且有时朝廷下令蠲免田租了,下面官僚还仍然征收,遂使蠲租招抚的办法也失其效力。就是中央想用放赈的方法救济,但流弊太多了,剥削的方法太妙了。结果,只是"颇过之家,滥支米食,而穷饥之夫,反待毙茅檐"。① 我们单举正统时,一个有亲自经验人的报告作一例:

> 臣待罪泗州,适江北大饥,臣始至,稽其簿籍,本州已赈济两月,仓赈钱谷已竭矣,而民父子相食不能救,盗民潢池者日益炽。臣深求未得其故。既而有民投于河者,问其赈济,则曰:无钱与里长,不得报名也。又审贼犯于狱,问其赈济,则曰:未也,而稽其簿籍,已支两月粮,盖里长冒支也。又收饿莩于野,问其赈济,则曰无有,何以不济,曰户有四口,二口支粮,月支三斗,道途往复,已费其半,一口粮四口分之,每口只得六七升,是以不济也。②

这样一来,遂使放赈抚民的方法,也失其效力。

第四,是因为社会骚乱。农民逃亡,聚集众多了,可以形成社会变乱,因为变乱,更可以影响逃亡,这是互为因果的。明朝中叶以后,国内终年变乱。像武宗时的河北群盗,嘉靖时的沿海倭寇,天启时的徐鸿儒造反,崇祯时的张献忠、李自成为乱,他们到处烧杀劫掠,造成极度的恐怖和不安。使无业的游民,自然要相从起事

---

① 《皇明经世文编》卷一六二,林希元《荒政丛言疏》。
② 同上。

了,就是较为充裕的平民,也往往离乡背井去避乱。

周忱曾分析苏松二州农民逃亡的方式有七项。① 其实,岂但苏松,就是其他各处逃亡农民,也是一样的。不过,我们可以将他说的七项,合并成五项:

第一是投靠势豪。明朝的仕宦阶级和在野的土豪是很僭越的。他们因为折债关系或势力压迫,往往用许多平民作奴隶,作家人,当假子。这是属于强迫的。也有因为在豪家作工,可以免租免税,可以假势凌人,所以甘愿投靠,受其伺养。这是属于志愿的。明朝自中叶以后,虽有的帝王也努力招复,也休养生息,但户口之盛,终不能和洪、永相比,这是一个顶重要的原因。

第二是冒充匠人。明代的工程建筑顶多,为了奖励匠人,令在两京作工的可以不纳租,不抽税。因此无以为生的贫民,往往冒充匠人,逃亡两京。而且许多姓冒作一家许多人联成亲戚,大家却开铺店,作生意。不入籍的人丁也不少。

第三是逃避到偏僻的地方。像苏松等地,因为赋税顶重,同时又是三江五湖,水地顶多的处所,许多住民,往往离开陆地,逃居船上。在户籍上,可以没有名,在征收租粮上,可以不纳税,这是水上的逃亡。还有的为了逃避差粮,避居在深山,或迁徙到他处。周忱描写这一种逃亡的情形最尽致:

> 居东乡而藏于西乡者有焉,在彼县而匿于此县者有焉。畏粮重者必就无粮之乡,畏差勤者必投无差之地。舍瘠土而就膏腴者有之,营新居而弃旧业有之。倏往倏来,无有定志。

---

① 周忱:《双崖文集》卷三《与行在户部诸公书》。

官府之勾摄者，因越境而有所不行，乡村之讥察者，每容情而有所不问……①

这是陆地上的逃亡。

第四是因为军屯扩张。贫苦农民往往投靠到边荒的军队中，在营盘中作"余丁"，为军官们当差役。这和明初"移民就宽乡"的情形不同，因为这也等于投靠。在军队的庇护之下，也可以不报籍，不纳粮，而且里长也不敢管，地方官也不问。

第五是出家作僧道。僧道也可以不纳税，不入籍，所以逃归僧道的人也很多。成化中，倪岳上疏谓：

> 我朝定制，每府僧道各不过四十名，每州各不过三十名，每县各不过二十名。今天下一百四十七府，二百七十州，一千一百四十五县，共该额设三万七千九十名。成化十二年度僧一十万，成化二十二年度僧二十余万，以前所度僧道，不下二十万，共该五十余万。②

这样累年的激增，自然影响到户口的总数了。

(民国)二十五年，一月十六日，于北京大学新宿舍

(本文原刊于《燕京学报》总第 20 期，1936 年)

---

① 周忱：《双崖文集》卷三《与行在户部诸公书》。
② 倪岳：《青溪漫稿·止给度牒疏》。

明初汉人之胡化

元主中国,不及百年,而天下土崩,群雄蜂起,溯其本源,固由于胡人统驭之术无方,政治天才幼稚,亦以民族间畛域攸分,礼俗各异,足以招中原人民,鄙薄厌弃,起抗拒心。吾人观吴元年(1367)十月,明太祖兴师北伐传檄齐鲁燕蓟秦晋之民云:

> 自古帝王,临御天下,中国居内,以制夷狄,夷狄居外,以奉中国,未闻以夷狄居中国治天下者也。自宋祚倾移,元以夷狄入主中国……此岂人力,实乃天授。彼时君明臣良,足以纲维天下,然达人志士,尚有冠履倒置之叹!自是以后,元之臣子……废毁纲常,有如大德废长立幼,泰定以臣弑君,天历以弟鸩兄。至于弟收兄妻,子烝父妾,上下相习,恬不为怪,其于父子君臣夫妇长幼之伦,渎乱甚矣……我中国之民,天必命中国之人以安之,夷狄何得而治哉?余恐中土,久污膻腥,生民扰扰,故率群雄奋力廓清,志在逐胡虏,除暴乱,使民皆得其所,雪中国之耻,尔民其体之!如蒙古色目,虽非华夏族类,然同生天地之间,有能知礼义,愿为臣民者,与中夏之人,抚养无异!①

---

① 《明太祖实录》。

便可知两民族间之感情,阻阂不通,已至何等程度。故此革命宣言,着眼之点,即在攻击胡人与汉族习尚不同。于元初之开国,仅归之于幸运天授,而于元季之渎礼乱伦,则深恶而痛绝之。末复谓:"胡人之习华礼,知仁义者,与中夏之民,抚养无异",可见胡人与汉,如民族不殊,风俗如一,则革命暴发之机,亦或可暂时稍缓也。

元之臣民,亦有鉴于此,故多有请革原始陋习,改从中土礼俗者,惜当时未克施行耳。《元史》卷一八七《乌古孙良桢传》:

> 顺帝至正三年,监察御史乌古孙良桢以国俗父死则妻其后母,兄弟死则收其妻,父母死无忧制,遂上言:纲常皆出于天,而不可变,议法之吏,乃云国人不拘此例,诸国人各从本俗,是汉人南人当守纲常,国人诸国人不必守纲常也。名曰优之,实则陷之,外若尊之,内实侮之,推其本心,所以待国人者,不若汉人南人之厚也。请下礼官有司,及右科进士在朝者,会议,自天子至于庶人,皆从礼制,以成列圣未遑之典,明万世不易之道。奏入,不报。

同书卷四四《顺帝本纪》:

> 至正十五年正月辛未……大鄂尔多儒学教授郑咺建言:"蒙古乃国家本族,宜教之以礼,而犹循本俗,不行三年之丧,又收继庶母叔婶兄嫂,恐贻笑后世,必宜改革,绳以礼法!"不报。

盖元为游牧骑射民族,去野蛮陋习未远,故杂婚乱伦,毁弃礼法,原始民族遗风,犹可斑斑考见,太祖尝谓礼部臣:"先王之治天下,彝伦为本,至于胡元,昧于教化,九十三年之间,彝伦不叙……此古今大变,中国之不幸也。"①即针对此种习俗而发。

然元以临御华夏既久,文化风尚,其摹拟中国者,固所在多有,而中国之习效胡人者,亦不乏其例,《明太祖实录》洪武元年十二月载:

> 初元世祖起自溯汉,以有天下,悉以胡服变易中国之制。士庶咸辫发椎髻深襜,胡俗,衣服则为袴褶窄袖及辫线腰褶,妇女衣窄袖短衣,下服裙裳,无复中国之旧。

按明礼衣冠系复唐旧制:

> 士民则束发于顶,官则乌纱帽,(圆)领袍束带黑靴。士庶则服四带巾,杂色盘领,衣不得用黄玄。乐工冠卐字顶巾,系红绿帛带。士庶妻首饰,许用银镀金,耳环用金珠,钏镯用银,服浅色,团衫用纻丝绫罗䌷绢。其乐妓则戴明角冠皂褙子,不许与庶民妻同,不得服两截胡衣,其辫发椎髻,胡服胡语(胡姓),一切禁止!②

是在此制之前,中国臣民,有胡服胡语者矣。然此犹可谓或异族统

---

① 洪武二十七年三月《实录》。
② 同上。

治者之强制执行,但人民自动景仰胡风,倾心胡化者,亦有斯例:

> 元世祖……悉以胡俗变易中国之制……甚者易其姓氏为胡名,习胡语,俗化既久,恬不知怪!①

国破种亡,固有文化,荡然无所主,习俗移人,如风偃草,致当时景慕胡风,滔滔者举世皆是,又非独一二人然也。故丧礼不尚忧戚:

> 洪武元年十二月辛未,监察御史高原侃言:"京师人民,循习元代旧俗,凡有丧葬,设宴会亲友,作乐娱尸,惟较酒殽厚薄,无哀戚之情……不可不谨,乞禁止!"②

官民习演胡礼:

> 洪武四年,诏定官民拜揖礼。初上以军民行礼,尚循胡俗,饮宴行酒,多以跪拜为礼,乃命省臣及礼部官定为仪式,申禁之……一切胡礼,悉禁勿用!

后虽官场渐革胡习矣,而人民仍依旧俗,故洪武五年五月诏谓:

> 朕本草茅之士,失习圣书,况摧强抚顺,二十有余年,常无宁居,一概粗疏,故道里未臻,民不见化,市乡间里,尚染元俗。

---

① 洪武二十七年三月《实录》。
② 《明太祖实录》。

天下大定,礼节风俗,可不正乎？兹有所示,谕尔臣民,诏书既到之后,敢不遵者问以如律①。

此诏中有一款即涉及民间之胡服者：

囊因中国衣冠,狃于胡俗,已尝考定品官,命妇及士庶衣冠通行中外俱有定制。惟民间妇女,首饰衣服,尚循旧习,宜令中书省集议冠服定制,颁行遵守,务复古典,以革旧俗。

盖当时胡化已深,故改革之难,有如是者。

明太祖既以复兴中国民族相号召,又统一海内,与群臣定法,悉"革胡元胡俗,去姑息之政,治旧习污染之徒"②,其统驭胡人之法,一为迁胡人于内地,俾渐染汉族遗风,此所谓"用夷变夏"策也。一为令居中国之胡人,不准自相通婚,而使之同汉人相配,此混合血统之策也。洪武五年五月诏：

今后蒙古诸色目人民,既居中国人结为婚姻,不许于本类自相嫁娶,违者,男女两家,俱没入官为奴。其色目钦察,若中国之人,不愿与结婚姻者,听其色目钦察,自相婚姻,不在禁限。③

吾人观明太祖初平江左,即聘元将王保保之妹,纳为子媳,即以身作倡之意耳。于是雷厉风行,逐革元旧,斟酌损益,另定新规,故洪

---

① 《明典章》第二册,北平图书馆藏钞本。
② 引明太祖语,见洪武五年《实录》。
③ 《明典章》第二册。

武九年十月海州学正曾秉正奏：

> 窃观近来蒙古色目之人，多改汉姓，与华人无异，有求仕入官者，有登显要者，有为富商大贾者。①

斯则同化胡人之两策，成效已卓著矣。

然亦有因历史积习，终未能厘然尽革者，《广阳杂记》卷一载：

> 明禁中，端午，有龙舟骠骑之戏。骠骑者，一人骑而持帜前行，后骑继之，各于马上呈弄技巧，盖以习骑乘云，实元制也。龙舟似亦有水师之意。

又谓：

> 永乐时，禁中有"萷柳"之习，萷柳即射柳也。陈眉公云："胡人以鹁鸽贮葫芦中，悬之柳上，射之，射中葫芦，鸽辄飞去，以飞之高下为胜负，往往会于清明、端午日，名曰射柳。"

岂以明人习元俗既久，遂忘其为胡风欤？然纵名曰胡风，殆已成强弩之末也。

至就大体言之，所以能终革胡俗者，厥亦有故：明太祖既以复兴汉族相号召，遂渐形成一种狭义的民族主义观，举凡一切胡风胡俗，均歧视之，因而于改革之际，提倡最力，一也。元为游牧骑射民

---

① 《明太祖实录》。

族,风俗习惯,与城郭农业之汉人,诸多不同,且彼等之文化,又远逊于汉人,故改革之也易,二也。汉族文化,此时孕育之机已熟,故春雷一声,而众葩怒放,火山乍裂,而热石翻飞,文若刘基、宋濂、陶安,武若常遇春、徐达、沐英辈,或抒诸文章,或见之功业,皆发扬蹈厉,气魄浑雄,隐示民族复兴预兆,渐使汉人于自己文化,发生信心,因而于往日习俗遗风,颇多眷注,三也。胡人统治中国,无组织,无法度,尤以末年,君昏臣暗,僧侣横行,生民有苛敛之苦,军士有征伐之劳,人民以积怨元政之贪污,兼憎其风俗之不醇,四也。具此四因,故明初改革既行,而世风不变矣。

(民国)二十四年八月十八日晚,稿于北大东斋

(本文原刊于北平《华北日报·史学周刊》第 53 期,1935 年 9 月 19 日)

读《明史·朝鲜传》

上

近以朝鲜李氏《实录》校读《明史·朝鲜传》,藉知其错迕互异之文不胜举,盖清代修史多袭明人记载,明记外国史事本已隔膜,其缘情增饰之处又势所难免,馆臣既以此等文献为根据,复删汰其关系建州者(亦有删汰未尽处),是《明史》此传除无心之误不计外,已经两重曲笔矣。兹以牵涉太广,非短文所能尽,本篇姑置不论。今之所欲言者两事:一为《明史》所据材料原有局部残缺,一为所改史实闻徇朝鲜贿请,前者所以补《明史》之阙,而后者则以揭修史之隐也。

考《朝鲜传》所据史料,实以《明实录》为主,以其他史乘订补之。明之惠帝、代宗、思宗均无《实录》,惟景泰间事附载于《英宗实录》中,时对外交涉本无所讳饰,及参以其他史传,又可相互印证;至崇祯朝事去修史之时甚近①,文献保存者更多,故皆无材料贫乏患。独建文史事则不然,《奉天靖难记》卷四,洪武三十五年(建文四年)六月丁丑记成祖焚建文诸臣所上疏:

---

① 《明史》第一次开馆在顺治二年。

> 上得群臣所上谋策,即命焚之,有请上观者,上曰:"一时之言不必观。"①

又《太宗实录》是年八月丙寅亦记:

> 上于宫中得建文时群臣所上封事千余通,披览一二有干犯者,命翰林院侍读解缙等遍阅,关系军马钱粮数目则留,余有干犯者悉焚之。

《明史》卷一七一《杨善传》载永乐间藏方孝孺文集者坐重罪:

> (永乐元年,)其为(鸿胪寺)序班,坐事与庶吉士章朴同系狱,久之相狎,时方穷治方孝孺党,朴言家有孝孺集未及毁,善从借观,密奏之,朴以是诛死,而善得复官。

又同书卷一四一《方孝孺传》:

> 永乐中,藏孝孺文者罪至死,门人王稔潜录为《侯城集》,故后得行于世。

是建文史料除军马钱粮而外,余均燔毁。方集在宣德以后始稍稍传播,然不过搜采散落之余耳②。《奉天靖难记》谓惠帝诏檄多出

---

① 《明太宗实录》作"当时受其职,食其禄,亦所当言,何必观"。盖《实录》纂修在《靖难记》后,故意尤委婉。
② 见范刻《逊志斋集·凡例》及《四库提要》。

孝孺之手,自为研究靖难史事之重要文献,而今方集全不收载,以此例彼,当时人之记载失传者盖已多矣。时官书所载,曲解史实,而野史记述又毫无根据,皆不足以尽史事之真相,遑论于外国事迹又记载甚少乎!

据朝鲜《实录》,其国王世系:太祖康献王李旦(初名成桂,后更名)之后,为定宗恭靖王曔(初名芳果,后更名),曔后为太宗恭定王芳远。曔为旦第二子,以洪武三十一年八月立为世子,建文元年正月,旦请老,以曔权知国事,曔《实录》卷一,元年(建文元年)六月丙寅,载有明礼部核准之咨文:

> 贺登极使右政丞金士衡、陈慰使政堂河崙、进香使判三司事偰长寿捧礼部咨文回自京师。上冕服躬迎,百官具公服上笺称贺。咨文曰:"建文元年四月二十五日,准朝鲜国咨,该本国王年老疾病,已令男曔权署勾当,咨请奏闻,明降施行。本月二十六日早朝,本部尚书陈迪等官于奉天门钦奉圣旨:已先太祖皇帝诏谕本国仪从本俗,法守旧章,听其自为声教,今后彼国事务亦听自为,钦此。拟合移咨照验施行。"

曔立二年,逊位于弟芳远,即旦之第五子也。惠帝初以情节离奇,颇疑其诈,礼部迻咨朝鲜查询之,芳远《实录》卷一,元年(建文三年)三月乙丑:

> 判三司事禹仁烈、金书义兴三军府事李文和等赍礼部咨文回自京师,咨曰:"建文三年正月初八日,钦奉敕旨,朕惟天地之常道不过乎诚,人君之为治不过乎信,苟为下者于信有所

不足,人君亦岂可不信待之哉。近尔礼部奏朝鲜权知国事李
曔欲以其弟李芳远继其后,及请诰印历日,朕见其使来意恳
切,即可其请,遣使赉印诰往正其名,且许以其弟为嗣,使者去
不旬日,忽辽东奏至,李曔又报忽得风疾,眩于视听,已于建文
二年十一月十一日令其弟代知国事,朕甚异焉。噫!李曔之
以疾让弟果出于诚心欤,抑其父李旦宠其少子而易之位欤,无
乃其弟阴为不义欤,或者尝试朝廷而有侮玩之意欤,岂其国中
有内难而然欤?孔子不逆诈,不亿信,然而以先觉者为贤,已
令追使者还,复念其伫望已久,朕虽以诚信待人,然印诰则立
者未定,未可轻付,前者所遣使臣想已至其国,待其回日,更为
区处。尔礼部可遣其使回,谕以朕意,如敕奉行,钦此。除钦
遵外,今将钦奉旨意备书前去,合行移咨知会。"

又闰三月甲辰:

  参判义兴三军府事朴子安、佥书义兴三军府事李詹等赍
礼部咨文回自京师,咨曰:"建文三年正月十六日,准本国咨,
权知国事李曔因患风疾,眩于视听,于建文二年十一月十一日
令弟李芳远权署国事。本月十七日早朝,本部于奉天门奏,奉
圣旨,朝鲜本礼文之国,辞位袭职之事,前已敕尔礼部移文报
他知道,今其使臣到,恁礼部家再回文书去,他若果无亏天理
悖人伦的事,任他国中自主张。

后经朝鲜辨释曔之患病是实,遂颁封诰,同年六月己巳:

读《明史·朝鲜传》

帝遣通政寺丞章谨、文渊阁待诏端木礼来锡王命,谨、礼持节至,设山棚结彩,备傩礼百戏,上御纱帽团领,具仪仗鼓吹出迎于宣义门外,百官具公服以从,导至无逸殿宣诰命。"奉天承运皇帝诰曰:古先哲王之为治,德穷施普,覆育万方,凡厥有邦,无间内外,罔不臣服,爱树君长,俾乂其民人,以藩屏夷夏。朕承大统,师古成宪,咨尔朝鲜权知国事李芳远袭父兄之传,镇绥兹土,来效职贡,率礼克诚,以未受封,祈请勤至,兹庸命尔为朝鲜国王,锡以金印,长兹东土。呜呼,天无常心,惟民是从,民无常戴,惟德是怀,尔其懋德,以承眷佑,孝友于家,忠顺于上,仁惠于下,俾黎民受福,后昆昭式,永辅于中国,启土建家,匪德莫宜,可不敬哉。"

案曔虽病废,其让位于弟,实被迫使然。惟曔之受封与芳远嗣立皆承惠帝诏敕,本末甚明。李旦建国于洪武二十五年,逊位于三十一年,芳远即位在建文三年,逊位于永乐十五年(传子祹),其父子之通明事迹,中国记载虽有削删,然大部尚载入明太祖、成祖两朝《实录》,独是曔之立为世子在洪武三十一年八月,太祖已先于是年闰五月薨,请封之典自不能载入《太祖实录》,其在位年限,则出建文元年至二年,惠帝既无《实录》可征,又无他书可证,故其事迹全部湮没,此《明史·朝鲜传》载:

> 建文初,旦表陈年老,以子芳远袭位,许之。①

---

① 中国史籍之记李王世系者多同此误,不备举。

盖不知旦与芳远之间尚隔一王。《皇明祖训》列朝鲜为东北不征之国,而统观惠帝前后诏敕及礼部咨文,文温诚虔,大抵遵守太祖"仪从本俗,法守旧章,听其自为声教"之成规,成祖尝毁惠帝背弃成宪,实则此正奉行祖法之具体例证。此一事也。

成祖藩封北平,其蓄意兴师,盖准备已久,朝鲜地势以与辽东毗连,互相犄角,故颇为所注意,芳远《实录》卷九,五年(永乐三年)六月辛卯平壤府院君《赵浚传》:

> 辛未(洪武二十三年)六月,入贺圣节,道经北平府,太宗皇帝在燕邸,倾意待之,浚退语人曰:"王有大志,其迨不在外藩乎?"

旦《实录》卷六,三年(洪武二十七年)十一乙卯:

> 我殿下(谓李芳远,时赴京送明朝犯人)回自京师……殿下过燕府,燕王(原注:"即太宗皇帝")亲见之,旁无卫士,唯一人侍立,温言礼接甚厚,因使侍立者馈酒食,极丰洁。殿下离燕,在道上,燕王乘安辇朝京师,驱马疾行,殿下下马见于路侧,燕王停驾,亟手开辇帷,温言良久乃过。

同书卷八,四年(洪武二十八年)十一月丙寅:

> 节日使金立坚回自京师,曰:通事宋希靖、押马权乙松等被流遐方。初计禀使金乙祥道经燕邸①,复于上曰,燕王谓臣

---

① 《明实录》洪武二十三年七月甲辰,高丽遣其臣金乙祥送元伯伯等到京。

曰："尔国王何不送马于我？"上信之，立坚去时，仍附鞍马以送，燕王受之以闻，帝曰："朝鲜王何得私交！"乃流希靖、乙松于金齿卫，再流腾冲府。

芳远《实录》卷四，二年(建文四年)十一月己丑(时成祖已即位)：

> 上与俞士吉等曰："我国自高皇帝时臣事朝廷，今圣上(成祖)在燕都，燕近东方，故待我国人偏厚。"

案明制藩王出城省墓亦须奏请，二王俱不得相见①，此为后来限制较严之法，非其朔义。惟明初藩王不得接见外国使臣，则彰彰可考。兹复揭举芳远《实录》中一则以为例，《实录》卷十五，八年(永乐六年)四月庚辰，记世子李禔赴南京朝贡事：

> 世子还至北京，诣赵王宫辞，王使左长史顾晟传旨免礼，曰："今在衰绖，不可受礼。"②赐表里各十四，曰："人臣无外交之义，来时礼物所不当受，然以世子之诚，受而奏闻，今还告归，无以为礼，聊此为赠。"

永乐初年矫建文之政，驭诸藩尚宽，赵王高燧为成祖爱子(时几夺储位)，视其他诸王尤为宠异，然尚云"人臣无外交之义"，受物必以上闻，则揆之太祖法严刑峻之世更可推想，故成祖之厚遇鲜使，

---

① 见《明史·诸王传·赞》。
② 案指仁孝皇后丧，后薨于永乐五年七月。

必非太祖所及知,其索马上闻,容为情势所不得已,而其所以冒兹属禁者,则为联络朝鲜以示好感也。

迨靖难兵起,惠帝颇以朝鲜之态度为疑虑,故亦力为拉拢,采怀柔政策,芳远《实录》卷一,元年正月辛巳:

> 赐崔润马一匹,润为圣节使李至书状官,还启皇帝(惠帝)待慰甚厚,且谓戊辰振旅之功莫大,使礼部主事陆颙、鸿胪行人林士英赍捧诏书赏赐,已过鸭绿江,上喜,有是赐。

案戊辰为洪武二十一年,时高丽国王辛禑以大将李成桂寇辽东,成桂中叛,废禑而立其子昌,此举明为成桂后来篡逆之张本,而惠帝在即位两年以后甫盛款鲜使,奖䘵其十三年前未侵犯中国,非故示怀惠,将何以诠解乎?同书是年二月乙未,载陆颙等将诏至:

> 朝廷使臣礼部主事陆颙、鸿胪行人林士英奉诏书来,设山棚结彩傩礼,上率百官以朝服迎于郊,至议政府……宣诏:"奉天承运皇帝诏曰:中国之外,六合之内,凡有壤地之国,必有人民,有人民必有君以统之。有土之国盖不可以数计,然唯习诗书知礼义能慕中国之化者,然后朝贡于中国,而后世称焉。否则虽有其国,人不之知,又或不能事大,而以不善闻于四方者亦有矣。惟尔朝鲜习箕子之教,素以好学慕义闻于中国,自我太祖高皇帝抚临万邦,称臣奉贡,罔或怠肆,暨朕祇受遗诏,肇承丕绪,即遣使吊贺,时在凉阴,不遑省答,及兹服除,会北藩宗室不靖,军旅未息,怀绥之道,迨今缺然。惟尔权知国事李曒能敦事大之礼,以朕生辰,复修贡篚,心用嘉之。今遣使赍

赐建文三年大统历一卷,交绮纱罗四十四,以答至意。尔尚顺奉天道,恪守藩仪,毋惑于邪,毋怵于伪,益坚忠顺,以永令名,俾后世谓仁贤之教久而有光,不亦休乎!故兹诏示,宜体眷怀。"

时𤋮已让位,惠帝犹未及知,故此诏载入芳远《实录》。建文三年以前,帝之所以未及怀绥朝鲜者,盖因燕之势力尚未强大,此时则成祖率兵深入,辽东孤悬,朝鲜可举足重轻,诏文以"毋惑于邪,毋怵于伪"相劝勉,明系惧为成祖所利诱。至"益坚忠顺,以永令名",似又希其积极之援助,持此与上条相印证,则惠帝之怀柔政策,更为明显矣。

时朝鲜不特未被成祖所收买,终且积极佐助惠帝,芳远《实录》尝载帝遣使易马,兹撮录如次:

> 芳远《实录》卷二,元年九月丁亥朔,朝廷使臣太仆寺少卿祝孟献、礼部主事陆颙奉敕书来……皇帝手诏曰:敕朝鲜国王,前使者还,王以中国军兴乏马,特贡三千匹,兹复遣人贡良马名药纤布诸物,礼意恭顺,朕甚嘉焉。昔周盛时,内有管蔡之乱,而越裳氏万里入贡,成王、周公喜之,其事著于传记,越裳氏之名荣华至今。今朕德不逮古,而朝鲜为国视越裳为大,入贡之礼有加,今特遣太仆寺少卿祝孟献、礼部主事陆颙赐王及父兄亲戚陪臣文绮绢各有差,以致嘉劳之怀,至可领也。夫守道者福之所随,违道者殃之所集,天之命也,朕奉天而行,乐与宇内同臻于治,尚其勖之,以绥多福。颁赐国王文绮绢各六匹,药材木香二十斤,丁香三十斤,乳香一十斤,辰砂五斤。前王李旦文绮绢各五匹,前权知国事李㬀文绮绢各五匹。别敕

附　编

颁赐国王亲戚李和、李芳毅等一十三员，每员文绮绢各四匹，陪臣赵浚、李居易等二十四员，每员文绮绢各三匹。（案此亦怀惠之意，可与上文参证。）

兵部咨曰：建文三年六月十二日，太仆官同文武百官早朝于奉天门，钦奉圣旨，朝鲜国多产马匹，前日国王好意思进马三千匹，已命辽东都司给与官军骑坐了，如今再用些堪战的马，差人运着段匹布绢药材，就教太仆寺少卿祝孟献、礼部主事陆颙去易换好马一万匹，恁兵部行文书教国王管事的官每知道，于官民有马之家照依那里时价易换，将来不要亏着他，钦此。本部今将圣旨事意备云前去，理合移咨知会，钦遵施行。易马一万匹，运去段匹等物，各色苎丝、生绢、棉布，药材木香、乳香、丁香、黄连、丹砂、谵矾、川芎、缩砂、肉豆蔻、良姜、白花蛇。

辛丑，朝廷国子监生宋镐、相安、王咸、刘敬等四人赍马价来，文绮绢棉布九万余匹及药材，用车一百五十辆，牛马三百驮入京。

十月庚申，上如太平馆，饯监生王咸，以咸领初运马一千匹还朝也。

辛未，监生刘敬押二运马一千匹还。

始给马价，上等马段子则四匹，绢则十匹，中等马绢则八匹，棉布则十二匹，以白花蛇、木香、乳香等诸般药材并给之。

癸未，监生宋镐押三运马一千匹还。

十一月乙未，监生相安押四运马一千匹还。

同书叁，

> 二年(建文四年)二月壬午,监生柳荣押五运马一千匹还。
>
> 三月丙午,监生董暹押六运马一千匹而还。
>
> 五月癸未朔,监生栗坚、张缉等押七运马而还。

总上各项共马七千匹,未足一万之数,即徇朝鲜之请而停止①,然合之以前所进三千匹,则仍足一万匹矣。当燕王兵起,虽于邻近诸地如居庸、怀来、永平等处先后攻取,然辽东重镇则始终归南朝统辖,由此捣虚西进,可以威胁北平,寻姜清《秘史》所载辽东兵之西向进攻者凡六次②,兹择钞其与本文有关者三次,并参以杨荣《孙岩神道碑》所载者一次,录如下:

> (一)《秘史》卷四,建文三年十一月,总兵辽东都督杨文帅师围永平,靖难兵还救永平。③
>
> (二)同书卷五,建文四年三月,辽东都指挥帅兵围蓟州,指挥李广以城降,指挥孙通拒之,北平指挥陈贤以靖难兵来救,诸军退,遂移师围保定,不克。
>
> (三)同年四月,辽东诸军复围保定,积四十日不克,引还。
>
> (四)杨荣《孙岩神道碑》:壬午(建文四年)春,南将平安督辽东兵十余万逼城(通州),公谓将佐曰:"彼众我寡,若城守不出,是示弱也,不若及其始至而击之,彼必灭亡。"乃率敢死士

---

① 芳远《实录》:"二年三月丁未,朝廷兵部咨文到,其咨文曰:本部钦奉圣旨,易马七千匹,今已易来,朝鲜不能充一万之数,则不可强易,使臣可回来。"

② 刘廷銮《建文逊国之际月表》所载者四次,他书所记与此亦不尽同。

③ 参看《奉天靖难记》三、《太宗实录》建文三年十一月庚戌条及《明史》一五五《刘荣传》。

数百犯其锋,而城上亦合势大呼,安众大溃,自是无复来攻。

案朝鲜于建文三年九月已贡马三千匹,至上引各条又皆在建文三年十月庚申(初五日)第一批运马之后,意者各役必有朝鲜战马参加,对于惠帝之帮助自甚大。至于后来辽东所以不常出兵及其失败情形,《明史》各传亦略载其原委,如卷一三〇《吴良传》:

> 子高嗣侯……燕师起,高守辽东,与杨文数出师攻永平,燕王(患之,)谋去高,曰:"高虽怯,行事差密,文勇而无谋,去高,文无能为也。"乃(遣人)遗二人书,盛誉高,极诋文,故易其函授之,二人得书并以闻,建文果疑高,削爵,徙广西,独文守辽东,竟败。

又《耿炳文传》:

> (子)璇,后军都督佥事,与江阴侯吴高、都指挥杨文帅辽东兵围永平,不克,退保山海关,高被间,徙广西,文守辽东,璇数请攻永平以动北平,文不听。

又卷一四二《铁铉传》①:

> 比燕兵渐逼,帝命辽东总兵官杨文将所部十万与铉合,绝燕后,文师至直沽,为燕将宋贵等所败,无一至济南者。

---

① 参看同书四《恭闵帝纪》,建文四年五月条。

是后来所以失败,乃因惠帝猜忌及辽帅谋虑不周之所致,非当时形势不可为,更非朝鲜助力之无济于事也。

野史记祝孟献等之使鲜易马者,以余所知,以《姜氏秘史》为最详,《秘史》卷四,建文三年六月:

> 遣太仆寺少卿祝孟献使朝鲜易马,孟献赍贮丝五千匹,绢四万匹,布二万匹,药材一万六千斤易马,未及还,上出奔。

案《秘史》成书颇早,此言应有依据,惟孟献虽未及还,其所易马则早到辽东,姜记并不了了;又姜书于朝鲜之态度,贡马之影响,亦茫昧不明,兹以芳远《实录》对照,则均可豁然矣。明官书于惠帝与朝鲜之关系概不记载,惟《太宗实录》洪武三十五年八月己巳记:

> 辽东都司言,缘边胡寇,窃发不时,骑士乏马操备,辽东行太仆寺旧所易朝鲜马二千六百余匹,请以给军士,从之。

又永乐元年五月甲申:

> 镇守辽东保定侯孟善奏,太仆寺少卿祝孟献往朝鲜市马千匹,已至辽东,未处分,上命尽以给辽东之戍边者。

专就本文寻索,似无深意,证以芳远《实录》,始知与伐燕有关。此又一事也。

又惠帝所遣诸使,大都儒雅风流,清不近货,兹略举数人以为例，如建文三年，遣通政府丞章谨封芳远，芳远《实录》卷一，是年六月庚午记：

> 上诣太平馆拜节，用一拜叩头礼，设宴，使臣却女乐，只听唐乐，上将出，章谨谓上曰："某等欲诣王宫以谢慰宴，但以天子之节在此，故不敢斯须离也。"上还宫，遣近臣馈鞍马衣服靴帽细布等物，使却而不受。又使判司农寺事偰眉寿善辞以馈，谨等曰："国王以君子待吾等欤？"固辞，竟不受。

后遣太仆寺少卿祝孟献等贸马，同书卷二，是年十二月庚午又记：

> 太仆寺少卿祝孟献、礼部主事陆颙等还，上率百官饯于西郊。孟献等之将还也，以黑麻布白纻布为赆，太上王（李旦）及上王（李曔）亦以黑麻白纻布赠之。孟献曰："衣服皆国王所赐，恩已厚矣，又何如此乎。辽东人知之，谓我受赠，不公于易马，则累及国王矣。"颙亦不受。监生郭瑄、柳荣、董暹曰："或受或不受则不可也"，亦不受。
>
> 孟献之始至也，上赠装金束香带，受而带之，及归，还之，唯求买鍮匕鍮筯各十，银汤罐一而归。

建文四年，遣鸿胪寺行人潘文奎往锡国王冕服，同书卷三，是年三月载：

> 甲申，上赠衣一袭于潘文奎，不受，文奎但至阙陈谢而已。
> 丁亥，使臣潘文奎还，上饯于迎宾馆，文奎温雅风流，清不

近货,唯求诗卷。

其余如兵部主事端木智、礼部主事陆颙等,虽偶纵情妓酒,绝无征索陋习,天启间姜曰广出使,以不携中国一物往,不取朝鲜一钱归,至传遍中国,誉洽东藩①。上举诸人行谊,方诸姜氏,殆无逊色,然一传盛名于永久,一泯事迹于来禩②,非得芳远《实录》对勘,何以发此久覆乎!又明代简派使臣,凡关封赏之事概以内监充任(其余正副使臣则派廷臣之有学行者),检朝鲜《实录》,永乐间所派之内监最多,骚绎亦最甚(洪武时间亦派遣内监,然远不如永乐时多),而惠帝则于封赏诏使亦以文臣为之,《奉天靖难记》以"倚信阉竖"为惠帝罪状之一,孰知与事实适相背!洪武间,学校与科举并重,国学出身,可选为州县正官,后来渐重科举,进士为入仕正途,监生资格不能与比并,太祖以监生督吏事,谓之历事监生,惠帝诏使征马,岂师其遗意?是又惠帝奉行祖法之另一例证,此又一事也。

基于上述种种,惠帝在鲜似遗念甚深,芳远《实录》:"四年九月己酉,召成石璘、赵浚等议事,上曰:大抵人心怀于有仁,建文宽仁而亡,永乐多行刑杀而兴,何也?浚对曰:徒知宽仁而纪纲不立故也。"今案赵浚论惠帝失败之故,颇中肯綮,惟时去南京沦陷已两年,追论旧事,犹以"人心怀于有仁"称道之,可见其景慕之笃。钱谦益《列朝诗集》闰集六载芳远指斥建文之《献大明永乐皇帝》诗:

---

① 见《明史》本传、《辀轩纪事》及《朝鲜仁祖李倧实录》等。
② 雷礼《列卿记·祝孟献传》,仅记其姓名爵里,无他事迹。黄淮《介庵集》有《送端木智使朝鲜市马》诗、《潘文奎使朝鲜》诗,皆无从知其作于建文时,他书记诸人使鲜事者亦不详,不具举。

  紫凤衔书下九霄,迟陬喜气动民谣,久潜龙虎声相应,未戮鲸鲵气尚骄(原注:"指建文君"),万里江山归正统,百年人物见清朝,天教老眼观新化,白发那堪不肯饶。(原注:"吴人慎懋赏曰,朝鲜乃箕子之国,然世远教衰,三仁之风泯矣,悲夫!惧生评芳远此诗,以其有未戮鲸鲵之句而深非之也。芳远父子弑王氏四君,杀忠臣而窃其国,其为此也,吾无讥焉尔。杀父而訾其袗他人之兄,不已迂乎!")①

今以此诗与芳远《实录》对照,则知此等谄谀之言,殊违其本衷,慎、钱两氏讥评,非笃论也。
  以上所述,《明史》以文献无征,故只字不载,今得朝鲜《实录》比勘,倘可略窥其端绪,凡此皆所谓补其阙佚者也。

下

  朝鲜服事明朝,忠悃无贰,崇祯间所以改投清朝,乃屈于武力。因汉化已深,故对明人所记其先朝美恶向所注意,恒遣使辨诬,对清所记者则否,盖仍以东夷目之,谓无足轻重也。惟对清修之《明史》则不然,康熙初,朝鲜户曹判书吴挺纬言:"谈者或以为事异往昔,不必辨明,此恐不深思也。元朝所成之《宋史》,后人不废看,则今日燕京所修之《明史》安保其不传信于后代,而任其诬捏不为辨

---

① 案此诗第三句指响应燕王者之多,第四句则谓南京虽陷,建文之义兵仍甚炽也,钱氏以鲸鲵指建文君殊误。

白？"①足以说明其当时之心理，此辨诬之使所以续为派遣欤。

朝鲜太祖李旦原为高丽王王颛之臣，其代王氏有国，自谓取于权臣李仁人所立之伪辛氏，明初记载则以为得自篡夺，后迭经朝鲜辨释，已予更正矣②。至天启间仁祖李倧废伯父光海君珲自立，朝鲜史书虽为讳饰，中国记载则概目为篡逆，《明熹宗实录》天启三年四月戊子：

> 朝鲜国王李珲为其侄李倧所篡，乃藉称彼王太妃顺臣民之心，以废昏立明，今议政府左议政朴弘耇移文总兵毛文龙乞为转奏。其词称：本年三月内奉王太妃教旨，谓光海君珲自嗣位以来，失道悖德，罔有纪极，听信谗言，自生猜隙，不以余为母，戕害我父母，虐杀我孺子，幽囚困辱，无复人理，屡起大狱，毒逋无辜；先朝耆旧，斥逐殆尽，政以贿成，昏墨盈朝，赋役繁重，民不堪命。不特此也，我祖先祇事天朝，殚竭诚悃，无敢或怠，而嗣王珲忘恩背德，罔畏天威，督府（谓毛文龙）东来，义声动人，策应不诚，未效同雠，神人之愤至此已极。何幸大小臣民不谋而同，合词举义，咸以陵（绫）阳君倧仁声夙著，天命攸归，乃于今月十三日讨平昏乱，已正位号，以嗣先王之后，彝伦攸叙，宗社再安。咨尔政府备将事意具奏天朝，一面咨会督抚衙门以凭转奏。朴弘耇等亦言：珲失道悖德，委不可君国子民，陵（绫）阳君倧乃昭敬王（即宣祖李昖）嫡孙，自少聪明仁孝，有非

---

① 见肃宗李焞《实录》伍，二年二月辛亥条。
② 辨诬之文具载《朝鲜实录》、《明实录》及《万历会典》等书。又《弇山堂别集》二六《史乘考误七》，"王颛之弑，固由李仁人，而昌、瑶之废与篡国实成桂也，后虽称成桂非仁人子，考之前史，实其党也"。

尝(此避光宗讳)之表,王异之,养于宫中,属意重于诸孙,今者人望所归,王太妃克顺人情,俾承先绪。文龙揭报。登州巡抚袁可立上言:"李珲袭爵外藩,已十五年于兹矣。倧即系亲派,则该国之臣也。君臣既有定分,冠履岂容倒置。即珲果不道,亦宜听太妃具奏,待中国更置,奚至以臣篡君,以侄废伯。李倧之心不但无珲,且无中国,所当声罪致讨以振王纲。倘为封疆多事,兵戈宜戢,亦宜遣使宣谕,播告彼邦,明正其罪,使彼中臣民亟讨篡逆之贼,复辟已废之主。若果李倧迫于妃命,臣民乐以为君,亦当令其退避待罪,朝廷徐颁赦罪之诏,令其祗奉国祀,如国初所以待成桂者,此又不得已之权也。"礼科都给事中成明枢亦言:"宜敕该部速议责问之檄,不失正罪之体,仍一面敕登抚以细讯属国之情,一面谕枢辅以详商讨逆之举。"诏付部议。

据此,则倧废珲篡位,假王太妃意以自饰,明人知之甚审。惟倧既诬珲不为明朝尽力①,又贿毛文龙代为请托②,明廷因无力制裁,不得不漫辞应之,《明实录》中亦具载其原委。《实录》既为纂修《明史》之主要资料,此事自为馆臣所熟知。

又修史以前私家著述之记载此事者亦多,兹择举数书以为例。钱谦益《初学集》卷五三《谭昌言墓志铭》:

(为登莱监军道,)朝鲜李倧弑其故主,介岛帅携重赂以请于

---

① 《光海君日记》极力暴扬此点,实皆诬辞。
② 见倧《实录》。

朝。故事使舟从登上，公斥而拒之，乃迁道由天津。

又卷四七《孙承宗行状》：

> 朝鲜李倧弑其主珲，数之以其背我通奴，戕辽人而谋毛帅也，称权摄国事，因文龙以请命。公报首辅曰：不如因而许之，使文龙市德于鲜以自固也。

黄道周《漳浦集》卷十一《论朝鲜不宜废立其主檄》：

> 天启三年之四月，朝鲜李倧废其主珲自立。越五月尚未请命。登莱边帅得其平章所赍牒问于政府，政府以国家典章听其自为声教，然而东道未清，恐有乖同，生其叵测，乃使巡抚先为檄以论之，其辞曰："……尔冠带礼义之国，沐浴皇泽二百四十年于兹，而敢自反侧灭所立主，自为孛蘖，尔即鸟兽荒蔽薮泽，以为我曷闻知，然而天畏伊迩，雷霆之于薮泽何碍乎！"

李应昇《落落斋遗集》卷·《抚时直发狂愚触事略商补救以备圣明采择疏》：

> 矧李倧身负篡逆之罪，虚托效顺之名，万一倚信保结，明受其欺，轻遣卑官，贪鄙辱国，彼坐邀其封爵，我难责其勤王，声实无凭，义利交丧。不能自立，何以平口？① 天启四年正月

---

① 此当为"奴"字。据盛刊"常州先哲遗书"本。

十四日。十七日奉圣旨……朝鲜议封，事出权宜，成命已颁，不得复出异议。该衙门知道。

毕自严《石隐园藏稿》卷五《朝鲜情形疏》：

迺若彼国易主之详，则亦有可得而言者。李珲原以前王李昖次子得立，素称仁柔，李倧其亲侄也，驰马试剑，谋勇著闻，眉竖耳垂，表伟异常，在李珲左右用事，掌管笔札之役。入春因见李珲有疾，遂令心腹陪臣建议将平山节度使李贵教练兵马五百人调赴王京防御，又密约继祖母王太妃，于三月初九日在宫中举火为号，李倧率李贵等以救火为名，领兵入宫，绑缚李珲投烈焰中，并其世子宫眷及左右亲信之人俱行杀戮，议政府有自尽者……李倧遂继王位……此臣唤集差官任国辅等反复查问而得其大概如此。

案以上所举诸书，细节容有可商①，大体并无违误②，凡此修史诸君未必皆完全参阅，惟毕疏所述，曾转引于《皇明从信录》《皇明十六朝广汇记》及《明纪辑略》中，诸书在乾隆禁毁以前，皆通行习见之册，馆臣谊不应不知之。

《明史》于倧篡逆之迹实隐约其辞。考修史之时，朝鲜国王会疏请昭雪。《东华录》康熙十五年十一月己卯：

---

① 如牧斋以李珲被弑，毕疏谓投于火，皆误，珲实善终。
② 皆以李倧得国由于篡夺。

礼部衙门议覆朝鲜国王李焞奏。顷陪臣使还，购买前明《十六朝纪》一书，中载本国癸亥年废光海君李珲，立庄穆王李倧事，诬以篡逆，今闻新命纂修《明史》，特遣陪臣福善君李柟等陈奏始末，伏乞删改，以昭信史。查本朝纂修《明史》，是非本乎至公，该国癸亥年废立始末，及庄穆王李倧实迹自有定论，并无旁采野史诸书以入正史，应无庸议……得旨……依议。

又毕际有跋其父自严《朝鲜情形疏》①：

此疏采入《从信录》诸书中，流传朝鲜。顷朝鲜嗣王因纂修《明史》，具疏为其前王力辨，且指此疏谓非事实。然先君当日所据以入告者使臣之言，而使臣则得之国人之口也。

案焞疏具载《池北偶谈》②、《同文汇考》③及李焞《实录》（卷五，二年八月丙辰条），文长不备引。《十六朝纪》即《皇明十六朝广汇记》，亦即以毕自严疏为根据者。礼部谓不采稗史入正史，当嫌其杂有虚伪，而所谓至公定论，则在据实直书，如《熹宗实录》"毕自严疏"及《广汇记》等所载以倧为篡位者是。此官书记康熙时之修史态度也。

《清朝文献通考》载雍正间忽允为改正：

---

① 载《石隐园藏稿》。
② 卷上"朝鲜疏"条。
③ 卷三，页二三。

附　编

  雍正五年正月，李昑疏请更正先世臣倧诬逆事。部议昑四代祖倧，故明天启三年请封，《明十六朝纪》以篡夺书实属冤诬，应如所请更正。俟《明史》告成后，以《朝鲜列传》颁示其国，从之。

又《东华录》雍正五年二月壬戌：

  朝鲜国王李昑遣使臣表谢改正伊祖李倧被诬史书恩，并献方物。

又《清朝文献通考》：

  雍正十年三月，昑以先臣李倧被诬事业蒙令史臣改正，乞早颁发。部议俟《明史》竣后刊发。得旨："朝鲜国王急欲表其先世之诬，陈情恳切，可将《朝鲜列传》先行钞录颁示。"十月，昑遣陪臣李宜显表贺孝敬皇后册谥礼成，并谢颁《朝鲜列传》稿本。
  乾隆三年十一月，昑奏请颁《朝鲜列传》刻本于其国。部议俟《明史》刊竣日印给。得旨："《朝鲜列传》可先刊刷颁给。"
  四年五月，昑遣使表谢颁《朝鲜列传》。

案此为《朝鲜传》改正经过。雍正五年礼部拟旨辞涉闪烁，盖如以为野史不足尽据，初无不可，然官书如《实录》，当时人之记载如毕疏等既皆于倧之篡逆同然一辞，何前此以为"至公定论"驳斥之者，

读《明史·朝鲜传》

遂为改口撤销乎？此官书记雍乾间改变之态度也。

《啸亭杂录》卷十"朝鲜废君"条曾怀疑此事：

> 明人《十六朝小纪》中曾纪朝鲜王李倧篡弑其叔珲事，朝鲜嗣王力辩其诬，具载于《池北偶谈》中。今《明史》依违其辞，亦无明文。然吾邸属有韩氏者，其谱言：先世明琏为朝鲜武臣，为珲所任用，后李倧因淫于宫闱，据夺大位，囚珲于某岛中，以石灰矐其目，韩氏尽被族诛，惟其始祖云与弟霓星夜逃窜，几被擒获，凡三月始至盛京投诚，太宗义其忠于所事，因授轻车骑都尉世袭云云。则是《小纪》所载未必尽诬也。

案《朝鲜传》为李倧掩饰回护之故，中国方面极少记载，故以昭梿之淹贯故实，仅知《明史》依违其辞，不悉其事之原委曲折。今以朝鲜记载对照，则可通解其故矣。李焞《实录》卷五，二年(康熙十五年)，三月戊子：

> 权大运等回还，上引见……上曰："今欲送辨诬使，于卿意何如？"大运曰："臣子闻此言何可不辨，臣不忧此事之不成也。于彼无利无害，持货财入去，则事必成矣。"①

其后虽经清廷驳斥②，然据朝鲜使臣别单谓：

---

① 页十四。
② 见上引是年十一月《东华录》文。

413

(清)货赂公行,衙役辈言及辨诬事,曰:"非二万金决不成云。"①

又卷六,三年(康熙十六年),三月甲午:

> 冬至正使吴挺纬、副使金禹锡、书状官俞夏谦还自燕。上引见,问彼中事。挺纬曰……臣等又言辨诬事,答云:"清人以为前朝史记不可增减,朝鲜非不知之,而谓我势弱,欲以此探试,决不可许,索阁老之意如此,故前亦欲拘留辨诬使而送查使云。"②

索阁老即索额图,时适有吴三桂之乱,朝鲜欲响应之,故清人疑为欺己势弱,藉以试探。综合上举两条观之,是其所以不允之故,一则因贿金过少,一则因时涉疑忌,非以史实不可更改也。

李焞《实录》卷五,二年十二月辛未载朝鲜再遣辨诬使:

> 辨诬使福善君柟、副使郑晢自燕还。上引见大臣,备局诸臣亦同入。柟曰:"今欲辨诬,万无激怒之事。"……上曰:"奏文措语何以为之?"许积曰:"彼以严禁野史而自有定论为言,今此奏文须问定论之为何如,而因请颁降国乘,俾得解惑。"……仍命以宗班中秩高者差送。③

---

① 焞《实录》卷五,二年十二月辛未条,页四九。
② 页十九。
③ 页四九。

读《明史·朝鲜传》

《同文汇考》卷三载焞辨诬奏疏上于康熙十七年十月,逾年二月,复为礼部所驳,其咨云:

> 查朝鲜国癸亥年庄穆王事迹始末,史臣惟据实纂修,虽有诬罔之言,事属私记讹传者,原不记载,况朝鲜国买去《十六朝纪》,因系野史,不足为凭,于康熙十六年,臣部具题,令其缴部销毁,已经咨行朝鲜国王甚明,今该国王姓某(李焞)又行渎奏,殊属不合,应将所请,无庸再议,其为此事进到礼物,交与来使带回,俟命下臣部之日,移文该国王可也等因,康熙十八年二月初一日题,本月初四日奉旨依议,钦此钦遵,抄部送司,奉此,相应移咨,为此合咨前去,烦为查照旨内事理,钦遵施行云云。

而焞《实录》卷八,五年(康熙十八年)三月丙辰则记:

> 贺至使福平君楎、副使闵黯等还自清国,上引见。楎进曰:"辨诬则虽得请,史记终不得来,可欠然。闻史记姑不修正云矣。"①黯曰:"外议以为既不得史记,则其伸雪与否难知云,臣亦为是之虑,谓彼曰,既无文书,何由知之?答曰,尔宜制送。臣等即以虽有文龙诬罔,明史元不载录等语制给,则欲依臣所制改之矣。中闻为汉尚书所沮②,至于优赉白金之后始为略改,而所制文字与臣等所制大意不背矣。"上曰:"得其改之

---

① 意谓《明史》姑不继续纂修。
② 案之下文八年四月己丑记颁《朝鲜列传》事,谓"汉侍郎王炳图"云云,炳图为礼部汉侍郎,此处似亦指礼部汉尚书。时礼部汉尚书为吴正治。

之诺诚幸矣。"①

是朝鲜以行贿之故,已得礼臣默允,故细审移鲜咨文,与康熙十五年《东华录》所载者,表迹略同,意义迥别。盖上次为批驳之辞,此次既委为野史,无殊为允准藉口,朝鲜使臣因谓辨诬已得请也。至吴正治之改审史稿,似不可信,因史事厘订,不全以礼部之然否为决定,证以康熙间尤侗及王鸿绪所撰《朝鲜列传稿》,亦知其未改(详下引)。惟吴氏既纳贿受托,或代朝鲜剖白,其直接间接有助于雍正初年之进一步承认,则意中事也。

《明史》于康熙间既未修成,此段公案亦无形搁置。故朝鲜于雍乾时仍重申前请。英宗李昑《实录》卷九,二年(雍正四年)二月辛未,遣谢恩使兼陈奏正使西平君李桡等仍赴清朝辨诬,奏文大意与《偶谈》所载者略同②,《同文汇考》载有雍正四年六月初三日礼部咨:

> (上略)今该国王李昑奏称,"先臣庄穆王倧系奉太妃之命,于昭敬王诸孙中,择贤而有德者迎立,一国臣民,莫不感服,称扬美德,至今不衰,诬被《皇明十六朝纪》直以篡逆书之,今闻皇朝方修《明史》,伏冀皇上哀怜,明命史臣删除讹诬"等语。臣等伏查从来稗官野乘之书,所记一时事迹,大都得之里巷传闻,家自为说,言人人殊,修辑正史者皆所不取。朝鲜癸亥废立之事,在明天启三年,岛镇毛文龙据朝鲜议政府移文揭报,

---

① 页二十。
② 原文见《同文汇考》卷三,页五九。

读《明史·朝鲜传》

当时朝议纷起,其说不一,登州巡抚袁可立请遣使查勘,其年冬,毛文龙呈送朝鲜国公结十二通,且言彼国自宗室至八道臣民,合辞共称倧为恭顺,吁请统理图事,于是遂封倧为朝鲜国王,此天启三年十二月礼部题请疏内所载也。今朝鲜国王李昑沐皇上绥抚之恩,申陈款曲,祈昭雪先世篡夺之污名,皇上念其情词恳切,爰命臣等公同会议,伏思善善长者,圣王劝世之大经,阙疑存信者,史氏记载之良法,况事涉外国,疑似之际,在所阙略,朝鲜国王李倧之立,明代诸书所载不同,而据毛文龙请封之疏,有彼国臣民称倧为恭顺之语,似亦可证篡夺之诬,臣等请将该国王李昑奏疏宣付明史馆,令纂辑诸臣于朝鲜癸亥废立之事,删除杂说,确考明代方册,著为定论,以慰该国王题请之悃忱。至所请将印本宣示等语,查史书虽有严禁出境之条,而我国家德洋恩溥,四海一家,朝鲜输诚最早,效顺最勤,与内地无异,应俟《明史》告成刊刻完日,将《朝鲜列传》内立李倧之事,颁发该国王,以示圣朝抚远字小之弘仁,我皇上推诚布公之至意,其陈奏礼物交与来使带回,恭俟命下之日,行文该国王可也等因,于雍正四年五月二十六日题,本月二十八日奉旨依议,钦此钦遵,抄出到部,相应移咨朝鲜国王可也。为此合咨前去云云。

案明代官书私乘于倧篡立之事,初无异说,今乃据毛文龙伪造公意以明野史之诬,自为礼部之遁辞①,然则上举康熙十八年咨文,余以为即礼臣允准藉口者,得此不愈为证实耶!惟此事为礼部所主张,

---

① 时礼部满尚书赖都,汉尚书李周望。

馆臣未必全无异议，李昑《实录》卷十一，三年(雍正五年)闰三月庚申：

> 上召见冬至三使臣，问辩诬事。副使郑亨益对曰："誊本比初稍胜，而犹不无碍逼之语，臣等不善奉使之罪大矣。"上慰谕。盖《明史》记我朝仁祖事，语多构诬，清国方修《明史》，故前后使行，每请改而不许。是行也，清国执政常明者为之周旋，略改字句，仍示誊本，使臣受还而犹未尽改矣。①

是所改者，仍未尽餍朝鲜人意，故有待于积极之求请，同书卷二十九，七年(雍正九年)四月癸巳：

> 谢恩使西平君桡等复命。上召见。教曰："辩诬之举善成矣，彼史未及见刊本，而所欲改者改之云。诚邦国之幸也。"桡曰："皆圣上诚孝所致，臣等何力焉。"仍出柜中誊本一卷以上之，其卷扁以《敕修〈明史〉稿》。桡曰："留保是彼国主文之人，与常明姻好，且是总裁官张廷玉之亲友也。常明于我国素所尽心者，邀留、张二人涕泣请改。两人感而许之。常明言于臣曰，国史中所欲改字句，并即拈示云。故臣等以朱笔点'篡'字'攫'字及'自立'等字而送之。常明示留保答书曰：丙午年(即雍正四年)皇上已特许之，可随意改之也。由是事得顺成。但'自立'云云，常明云是野史中语，而《明史》则无之，既云无之，则何必请改。盖彼言既可信，文势亦非仓卒间构出者。译

---

① 页二六。

官金时瑜与常明相面,则常明曰:刊本当出送于冬至使之行,当以五六千金为谢也。仍求善马及明珠。两个胡人,虽有文学者,于财则甚吝。独留保不受赂遗,曰:'送史册而国王有礼谢,则不当辞云矣。'"上曰:"留保尽磊落,然亦厚索意也。史局重大,留保虽权重,独何以私见擅改也,大臣以为疑,然予则曰彼人性本不欺人,而笔削之权更归别人,则岂无他虑?"栱曰:"两人之外,他无主史之人,且彼不受赂,何苦而诳我也。"①

卷三十,同年十一月丙寅:

谢恩兼冬至正使洛昌君樘、副使赵尚纲、书状官李日跻辞陛。上召见之,教曰:"本朝列传刊出先领事,当请之否乎?"樘等曰:"赍咨文以去,当相机以呈也。"上可之。又命以真珠名马前使之约与常明者,即与之,毋失信于蛮貊。(呈礼部咨文略)②

卷三十一,八年(雍正十年)四月己丑:

冬至使臣洛昌君樘等在燕京驰启,略曰:皇帝以史事特下查例议奏之旨,又下誊颁本国列传之命。仍以遵请厘改之皇旨先送于内阁,宣付循环簿,遍示十三省。三月十五日,始颁本国列传誊本于臣等。而汉侍郎王图炳招首译李枢语之曰:

---

① 页十七。
② 页四十。

"皇上感国王诚孝,全史刊布之前有此特颁,归告国王可也。史册臣等当陪往,而太祖、仁祖两朝事厘改处,誊作四纸先为封进。而始也廷论不一,或主防奏之议,或倡驳回之议,或持从《实录》之议,事之难谐十八九,而独礼部尚书三泰力主遵请,总裁官张廷玉傍加赞决,许多异同之说一并妥帖。"①

又是年五月甲子:

冬至正使洛昌君橙、副使赵尚䌷、书状官李日跻奉《明史·朝鲜列传》还自清国。上御时敏堂,受册披览,仍下问曰:"我太祖朝事不可厘正云者是谁之议耶?"尚䌷曰:"即汉人汪由敦也。"上曰:"此皆《明史》本文乎?"(意谓"**此皆因袭明朝所记之文乎?**")尚䌷曰:"因明史而清人修之也。"上曰:"自立之自字终不得改矣。"尚䌷曰:"《明本纪》亦有此二字,自古开国之际,此是例用之语也。"上曰:"蜀汉即正统,而朱子特书汉中王自立,我朝事亦类此,然予心犹未释然矣。"橙又奉进太祖、熹宗本纪曰:"《太祖本纪》载我太祖朝事,《熹宗本纪》载仁祖朝事,而皆略书大纲矣。"上曰:"诸臣以誊本谓不如印本,而予意则不然,雍正既御门亲颁,岂非信史乎?第必得全部刊本然后方为成功矣。"尚䌷曰:"臣等必欲购全部以来,而张廷玉难之。盖《明史》编摩自康熙时熊赐履、王鸿绪等始,而只撰进列传。康熙问:何不先撰本纪云?则对曰:明史文字多有忌讳。康熙曰:如奴字即辱说可削,如虏字从古有之,可存。仍成本纪二

---

① 页十六。

十余卷,列传七十四卷,而今则张廷玉总裁续修志表云。全部之姑未颁,似以忌讳字之尚未尽改也。"樫曰:"此册未见之前,忧虑实多,今则宗系事列圣朝事俱如意厘正,不胜万幸,实多常明及留保之力,银货及善马真珠等物,常明责征,故臣使首译弥缝答之,而不可无致谢之礼矣。"上曰:"文王囚羑里,武王有美女玉帛之用,既欲辨先诬,则何可避行货之嫌乎?银则名以润笔之资而给之,珠马则是无名之物,辞以耳目之烦可也。"①

卷四十二,十二年(乾隆元年)十月戊子:

上引见谢恩三使,赐貂鼠帽。上曰:"彼人所改册子必购全本而来。"盖清人所修《明史》载我朝仁庙事,极其谬诬,曾已请改准许故也②。

卷四十七,十四年(乾隆三年)七月乙亥:

陈奏使金在鲁等陛辞。……陈奏文略曰:"雍正十年春,先皇帝诞降恩旨,颁示钞录本国外传。先祖百年之诬,一时昭晰,信史正论,凿凿符实,而惟是史书刊刻又未告竣,印本恩颁,随以淹延,成书之未即快睹,犹为未了之案,若其被诬原委悉具于两先朝陈奏,今于刊刻告成之际,卒蒙完帙之颁示,则

---

① 页二一。
② 页二五。

岂独小邦之幸,抑或有光于字小之泽。"①

卷四十八,十五年(乾隆四年)二月己卯:

> 奏请使金在鲁等至自燕。以刊改《明史·朝鲜列传》来。上命具龙亭鼓吹,使臣陪进敦礼门,上御宣政殿,在鲁奉史册跪进,上跪受②。

雍正十年,查例议奏之时,意见纷呶,具征廷谕之水火。据上所述,后来此案所以顺利通过,系因朝鲜行贿常明、留保。朝鲜称常明为"胡人",李朌《实录》复谓"常明者彼国宠臣,而自谓我国被虏人之后,故我使之行,每介常明以图"。③ 或不无夸饰欺诈意,果所述是实,则系一鲜人之入旗籍者。其名位不著,职分当甚卑,然观《朝鲜实录》,其与朝鲜使臣过从及礼部关系则甚密,殆四译馆朝鲜通事之类欤？张廷玉、留保皆《明史》总裁,常明与廷玉为"亲友",留保则其"姻好",故以常明之介,馆臣中有阴为朝鲜左袒者。朝鲜使臣谓于清无利无害之事,携金以行,无不得请。证以上举吴正治例,此次礼部尚书三泰必亦受贿金。故由三泰力争,廷玉襄赞,李倧篡位记事得以完全改正。至其删改词句,系据朝鲜使臣点窜拈示之稿,留保等假雍正谕旨,以意更动者。

---

① 页三五。
② 页十一。朝鲜历次辨诬及请求钞发《朝鲜列传》文具载《同文汇考》卷三,可参看。
③ 见卷三十七,十年十二月丙申条。

复检《朝鲜传》历次改正之本,亦有线索可寻。尤侗《明史·朝鲜传》载:

> (洪武)二十四年……成桂复废瑶自立。

又谓:

> 天启三年,珲(琈)子倧废珲自立,奉昭敬妃金氏命请封。

案侗以康熙十八年入馆,至二十一年乞休,是稿之成即在此三四年内。侗稿极简,惟记"成桂废瑶自立"及"倧废珲自立",则颇近情实,此康熙间第一次之草稿也。

世传《明史稿》钞本,间标万季野著,以其不易证明,且难确定其成书之年月,姑不具引。兹录王鸿绪《明史稿》卷一九四《朝鲜传》所载者。

> (洪武)二十四年……十二月,瑶遣其子奭朝贺明年正旦,奭未归而成桂废瑶自立。

又谓:

> (天启)三年四月,珲为其侄倧所篡,倧称王太妃之意废昏立明,令议政府移文督抚转奏,文龙为揭报。登州巡抚袁可立上言:"李珲袭爵已十五年,倧则其臣也。珲果不道,宜听太妃具奏,待中国更置,奚至以臣篡君,以侄废伯,所当声罪致讨,

423

以振王纲。倘谓封疆多事,兵戈宜戢,亦宜播告彼邦,明正其罪,使彼中臣民亟讨篡逆,复归废主,果倧迫于妃命,臣民乐以为君,当退避待罪,俟朝廷赦罪之诏,然后袭位,如国初所以待成桂者,此又不得已之权也。"八月,昭敬王妃金氏疏请封倧,礼部尚书林尧俞奏:"据妃疏称,珲积为不道,淫佚忍虐,背恩天朝,阴通敌国,倧无攘夺之凤心,迫于群情之乐戴,其说似可为倧解矣。顾珲朝鲜君也,皇上朝鲜君之君也,珲诚得罪臣民社稷,夫不可谏正,即不可谏正,夫岂不有普天之共主在,一介行李,告于阙庭,一废一兴,谁曰不可,而偃然易数十年之旧君,奄有三韩之土宇,则固不能为倧解也。内外诸臣,抒忠发愤,有谓声罪致讨者,有谓勿遽讨且弗受方贡薮颠末者,或谓当责以大义察舆情之向背者,或谓此事但以通敌不通敌为主,珲诚通敌,则倧立非篡,当令之讨敌自洗者,众论咸有可采。其谓珲实悖德,倧讨叛臣以赤心奉朝廷者惟文龙一人耳。臣惟乱臣贼子诛不容朝,皇上奉天讨逆,扶植纲常,此正法也。毋亦念彼素称恭顺,迥异诸裔,高皇帝之处成桂原有故事。向者釜山之役,我且捐亿万之脂膏,分百万之貔虎,使立国于荆榛无砾之间,今一旦绝之而直暴其辜,当亦圣心所不忍也。金氏姑未足据,文龙旅寄箕封,地主寓公,或相回护。合无更遣贞士信臣会同文龙公集臣民,再四询访,如珲无悖虐之行,通敌之情,而倧不轨篡逆,则王法自在,谁得而宽。或珲果自绝于天,亲离众叛,倧前不与篡弑之逆计,后自值推戴之公情,袭位以来,一心中国,悉索敝赋,用张我军,忾海上新集之师,同义士敌忾之愤,则恭也,非篡也。祗是一擅,而罪非不赦,恩有可加。勘辨既明,再请圣断,则废立之事庶无遁情,天吏之威不至错贷。"报可。十二月,礼部复上言:"臣前会同兵部移咨登抚,并札毛帅,遣官往勘,务使觇人情之向背,定珲、倧之顺逆,今据登抚毛帅呈送彼国公结十二通,自宗室八道臣民合辞共称珲为悖逆,倧为恭顺,人情如此,大势了然,且彼之陪臣相率哀吁,谓敌国欲绝毛帅之牵制,先攻小邦为同仇,当此危急之秋,必须君国之主,若名号未定,征发难行,边疆为重,未可以经常例论,乞先颁敕谕,令倧统理国事,仍行发兵索赋,同文龙设伏出奇,俟恢复渐有次第,始遣重臣完此封典,庶几字小之中不失固圉之道。"从之。四年四月,遂封倧为国王。时封疆多故,阉寺专权,故徇其意许之。倧之得封,文龙实主之也。

同书卷十七《熹宗本纪》:

> 天启三年四月,朝鲜国王李珲为其侄倧所篡。

案此文大都根据《明实录》及上引诸书。王氏先于康熙五十三年撰成列传部分,即其早年所刊之列传稿。后又补撰本纪志表,于雍正元年进呈,即后所刊之《明史》稿。两书间有出入,就《朝鲜传》言,尚无大异。王稿视尤稿为详,以旦之废瑶,与倧之篡国,亦无二致。此康雍间再订之稿也。

追《明史》成书则反是,《明史》之纂修,原以王稿为蓝本,故以《明史·朝鲜传》与王稿对勘,大半相同,仅文字间略有润色及建州史事稍有删削而已。惟于李旦篡立之事则改为:

> 成桂自立,遂有其国。

删去"废瑶"二字,意义虽同,语气轻重则有间矣①。然此犹可谓系依据明世官书徇朝鲜声辨之文所改正。至书李倧篡位,更大加改易:

> (天启)三年四月,国人废珲而立其侄绫阳君倧,以昭敬王妃之命权国事,令议政府移文督抚转奏,文龙为之揭报。登州巡抚袁可立上言:"珲果不道,宜听太妃具奏,以待中国更立。"疏留中。八月,王妃金氏疏请封倧,礼部尚书林尧俞言:"朝鲜废立之事,内外诸臣抒忠发愤,有谓宜声罪致讨者,有谓勿遽讨且受方贡核颠末者,或谓当责以大义察舆情之向背者,或谓当令倧讨敌自洗者,众论咸有可采。其谓珲实悖德,倧讨叛臣以赤心奉朝廷者,惟文龙一人耳。皇上奉天讨逆,扶植纲常,此正法也。毋亦念彼素称恭顺,迥异诸裔,则更遣贞士信臣会同文龙公集臣民,再四询访,勘辨既明,再请圣断。"报可。十二月,礼部复上言:"臣前同兵部移咨登抚,并札毛帅,遣官往勘,今据申送彼国公结十二道,自宗室至八道臣民共称倧为恭顺,且彼之陪臣相率哀吁,谓当此危急之秋,必须君国之主,乞先颁敕谕,令倧统理国事,仍令发兵索赋,同文龙设伏出奇,俟渐有次第,始遣重臣往正封典,庶几字小之中,不失固圉之道。"从之。四月,封倧为国王。

又卷二十二《熹宗纪》改为:

---

① 案《明史·太祖纪》洪武二十五年九月载"高丽李成桂幽其主瑶而自立",是仍具"废瑶"意,《史稿·本纪》反无之。朝鲜不为辨明,盖亦百密之一疏。

> 朝鲜废其主李珲。

以废珲立倧出国人公意,于王妃教命既假为实情,明臣奏疏复删其原语①。设非礼部左袒朝鲜,常明、留保、张廷玉等受托斡旋于其间,何至全部隐讳耶?凡此皆所谓揭修史之隐者也。

或谓:朝鲜既纳贿请托,斤斤较量一字一义之长短,何传中遗李曔之事不载,独不为辨正?则答曰:革除史事,在明中叶以前有厉禁,朝鲜自不敢暴白与惠帝之关系,迨年世浸远,或渐遗忘,遑论朝鲜辨诬用意仅在掩饰先王惭德,且及倧得国不正,明清之人所深悉,故特求改正。芳远之袭封亦不正,中国之人所不知,故不为声张,亦情理之自然者也。

民国三十一年八月三十一日脱稿,时旅居南溪李庄

(本文原刊于《中央研究院历史语言研究所集刊》第 12 本,1947 年)

---

① 凡以倧为篡位之意,均删去。

李如松征东考

一、平壤之战

万历二十年,日本侵据朝鲜,鲜王李昖告急于明。初,先锋祖承训等奉命往征,以轻敌致败,游击史儒等死之,此役日本之夸张记载虽不可信,然师覆将歼,军心丧沮,故次年提督李如松平壤之捷在振作士气上极有意义,《明史》二三八《如松传》记:

> (万历二十年)十月①,如松至军,沈惟敬自倭归,言倭酋行长愿封,请退平壤迄西,以大同江为界。如松叱惟敬憸邪,欲斩之。参谋李应试曰:"藉惟敬绐倭封,而阴袭之,奇计也。"如松以为然,乃置惟敬于营,誓师渡江。二十一年正月四日,师次肃宁馆。行长以为封使将至,遣牙将二十人来迎,如松檄游击李宁生缚之。倭猝起格斗,仅获三人,余走还。行长大骇,复遣所亲信小西飞来谒,如松慰遣之。六日,次平壤。行长犹以为封使也,伫风月楼以待,群倭花衣夹道迎。如松分布诸军,抵平壤城,诸将逡巡未入,形大露,倭悉登陴拒守。是夜,袭(李)如柏营,击却之。明旦,如松下令诸军无割首级,攻围缺东

---

① 应为"十二月"——整理者注。

面①。以倭素易朝鲜军,令副将祖承训诡为其装,潜伏西南,令游击吴惟忠攻迤北牡丹峰②。而如松亲提大军直抵城下,攻其东南。倭炮矢如雨,军少却。如松斩先退者以徇,募死士援钩梯直上。倭方轻南面朝鲜军,承训等乃卸装露明甲,倭大惊,急分兵捍拒,如松已督副将杨元等军自小西门先登,如柏等亦从大西门入。火器并发,烟焰蔽空。惟忠中炮伤胸,犹奋呼督战。如松马毙于炮,易马驰,堕堑,跃而上,麾兵益进。将士无不一当百,遂克之。获首功千二百有奇。倭退保风月楼。夜半,行长渡大同江,遁还龙山,宁及参将查大受率精卒三千潜伏东江间道,复斩级三百六十。乘胜逐北,十九日,如柏遂复开城。所失黄海、平安、京畿、江源四道并复。

是平壤之战至激烈,而赖襄《日本外史》则以为平壤围城,纯因如松行间,行长退守牡丹台,明兵攻者死伤数千人。其最后撤兵,不过以日本之援军不继而已。至明方记载,亦间对如松有微辞,后因其不再进战,尤为时论所不满,故平壤克复在万历二十一年正月,迨次年九月始宣捷叙功,但反对之声仍绳继不绝③,然则其真相如何,固亟待证明者。

时宋应昌为御倭经略,所著《经略复国要编》,于任内之战功筹策,纪叙綦详,中载平壤攻城事甚悉,兹揭举两则以示例,卷五《致参军郑文彬赵汝梅书》:

倭奴鸟铳甚利,仰城公(李如松)并乃弟(如柏)肯以身先,一

---

① 茅瑞征《万历三大征考》作"东南面"。
② 茅考作"令吴惟忠攻牡丹峰,取西南"。
③ 见《神宗实录》。

中马腹,一中盔顶,不佞闻之,极为嘉羡,又极惊讶,盖昆玉为国忠心,虽艰险不避,而不佞事属同舟,谊如骨肉,私衷不得不悬悬也。

同书七《辨杨给事疏》:

> 攻城时,李如松弹中马倒,李如柏弹中盔穿,百死一生,彼兄弟者犹能奋不顾身,鼓众却敌,乃谊传者徒以妒臣之故,掩其百世之功,忍矣。

案应昌与如松交恶(详后),李为宋之部属,《要编》之渲染战绩,固为夸张己功,然特标李氏昆仲之冒弹攻城,足见其奋力。

又《朝鲜宣祖李昖实录》记平壤战事更详,兹择录如次:

> 二十七年癸巳(万历二十一年)正月丙寅,初,李提督如松领兵三万,以副总兵杨元为中协大将,副总兵李如柏为左翼大将,副总兵张世爵为右翼大将,副总兵任自强、祖承勋、孙守廉、查大受,参将李如梅、李如梧、方时春、杨绍先、李芳春、骆尚志、葛逢夏、佟养中,游击吴惟忠、李宁、梁心、赵文明、高彻、施朝卿、戚金、沈惟、高昇、钱世桢、娄大有、周易、王问等诸将属焉。壬辰(万历二十年)十二月二十五日渡鸭绿江,癸巳(二十一年)正月初五日,驻札于顺安县,先遣副总兵查大受约会倭将于斧山院,平壤贼将平行长令其裨将平后宽往迎之,大受拿致于提督军中,夜,贼数名见机而逃,众军追杀之,仍坚锁平后宽。初六日晓,提督进诸军,抵平壤城下,部分诸将,围住本城,竖白旗,书曰:"朝鲜军民自投旗下者免死。"倭贼出一千余

兵据城北牡丹峰，建青白旗，发喊放炮。又分军约五千余名，自北城至普通门，摆立城上，前植鹿角栅子，拥盾扬剑，其中大头儿领劲兵数百余名，立大将旗，吹螺鸣鼓，巡视城上，指麾诸贼，提督出一枝兵由牡丹峰上，佯若仰攻者，然贼乘高下放鸟铳，众军引却，贼逾城出追，天兵弃铁盾数十面而去，贼争取之，天兵回击之，贼入城。晡时，提督鸣金收军还营。是夜，贼数百余名含枚潜出，来袭右营，天兵一时扑灭旗灯，从拒马木下齐放火箭，光明如昼，贼遁还入城。初七日己未，三营俱出，抵普通门攻城，佯退，贼开门出追，天兵还战，斩三十余级，逐之及门口而回。初八日早朝，提督焚香卜日，传食三军讫，与三营将领分统各该军兵环城外西北面，游击将军吴惟忠，原任副总兵查大受攻牡丹峰，中军杨元、右协都督张世爵攻七星门，左协都督李如柏、参将李芳春攻普通门，副总兵祖承勋、游击骆尚志与本国兵使李镒、防御使金应瑞等攻含毬门，诸军鳞次渐进，望见冰路马跑，飞屑杂尘，如白雾涨空。初日下射盔铠，银光灿烂，眩曜万状，奇怪夺目。贼亦于陴上多张五色旗帜，束长枪大刀，齐刃向外，为拒守计。提督领亲兵百余骑进薄城下，指挥将士，俄而发大炮一号，各镇继而齐发，响如万雷，山岳震摇，乱放火箭，烟焰弥数十里，咫尺不分，但闻呐喊声杂干炮响，如蜂哄闹。少选，西风忽起，卷炮烟直冲城里，火烈风急，先着密德土窟，赤焰亘天，延爇殆尽，城下贼帜，须臾风靡，提督鼓诸军薄城，贼伏于陴中，乱用铅丸汤水大石滚下拒之，众军稍却，提督手斩怯退者一人，巡示阵前，提督挺身直前呼曰："先登城者赏银五千两"，吴惟忠中丸伤胸，策战益力。骆尚志从含毬门持长戟，负麻牌，耸身攀堞，贼投巨石，撞伤其足，尚志冒而直上，诸军鼓噪随之，贼不敢抵当，浙兵先登，拔贼帜,立天兵旗麾。提督与左协都指挥张世爵等攻七星门,贼据门楼,未易拔,提督命发大炮攻之,炮二枝著门楼,撞碎倒地,烧尽,提督整军而入。诸军乘胜争前,骑步云集,四面斫死,贼势缩进入诸窟,天兵次第烧杀几尽,臭闻十余里。贼将行长逃入练光亭土窟,提督命运柴草四面堆积,将为火攻计,已而七星、普通等诸窟之贼坚守不可猝下,提督会诸军仰攻之,贼从中放丸,天兵僵尸相续,提督所骑马中丸,诸将请提督少退休兵。晡时,提督以贼窟难拔,众军饥疲,退师还营。使张大膳谕行长等曰:"以我兵力足以一举歼灭,而不忍尽杀人命,姑为退舍,开你生路,速领诸将来诣辕门,听我分付,不但饶命,当有厚赏。"行长等回报曰:

"俺等情愿退军,请勿拦截后面。"提督许诺。其夕,令通官分付于平安兵使李镒撤回中和一路我国伏兵,夜半,行长、玄苏、义智、调信等率余贼乘冰渡大同江脱去。中和、黄州一路连营之贼,闻平壤炮声,先已掩遁,黄州判官郑晔截行长之后,斩九十余级,贼饥窘甚,或入人家,或投寺刹,而被斩者又三十余级。至凤山之洞仙岘,贼益疲倦,而黄海直路,绝无堵截者,渠魁俱得全还。是日天兵当阵斩获一千二百八十五级,生擒二名,并掳浙江张大膳。夺马二千九百八十五匹,救出本国被掳男妇一千二百二十五名。初九日,提督率诸军入城,先酹阵亡将卒,身自痛哭,慰问孤寡。翌日祭箕子庙,始遣先锋诸将声言追贼,至黄州而还。是战也,南兵轻勇敢战,故得捷赖此辈,而天兵死伤者亦多,呼饥流血,相继于道。①

---

① 日本景印朝鲜太白山本卷三四,页一三、四、五。又请参考同书是月甲子尹根寿、柳成龙启。

自正月初六至初八,如松躬督力战,迄未少衰,故能于三日酣斗之余,将敌击溃,行长哀乞无为邀截,胆怯张皇之态可想见。后如松碧蹄馆败,日反退还王京,固因遭值疫疠,然与此次之惨败教训有关系,自是清正主战,而行长主和者,或亦因此。要之,平壤大捷无可疑也。

二、碧蹄馆之战

《明史·如松传》续记碧蹄馆之战:

> 官军既连胜,有轻敌心。(正月)二十七日再进师,朝鲜人以贼弃王京告,如松信之,将轻骑趋碧蹄馆,距王京三十里,猝遇倭,围数重,如松督部下鏖战,一金甲倭搏如松急,指挥李有声①殊死救,(李)如柏、(李)宁等奋前夹击,如梅射金甲倭堕马,杨元兵亦至,斫重围入,倭乃退,官军丧失甚多。

案《复国要编·辩杨给事论疏》②:

> ……接邸报,伏睹吏科给事中杨廷兰一本……大都谓臣平壤斩获倭级千余,半皆朝鲜之民,碧蹄一战,士马物故者过半,据臣所报特十分之一,小胜则虚报为大,大败则隐匿为小,提督明知之而扶同,经略明知之而缘饰。

---

① 茅考作"昇"。
② 参考李昖《实录》三六,癸巳三月辛未《李如松辩疏》。

又《日本外史》十六,据倭方史料纪:

> 如松初以火器袭平壤,一战得志,谓和兵不足复畏,乃轻进,不具铳炮,以短兵接战。我军兵锐刃利,纵横挥击,人马皆倒,莫敢当其锋,我兵呼声动天,遂大破明军,斩首一万,殆获如松,追北至临津,挤明兵于江,江水为之不流。

科臣纠参,敌国记载,皆以此役为大败,并可与《明史》"官军丧失甚多"之言相印证,而细究其实不如是,眡《实录》癸巳二月庚寅①:

> 初李提督既拔平壤,乘胜长驱,正月初十日夜,入开城府,见本府士民饥馑,发银一百两,米一百石,令张世爵俵散赈救,牌催刘綎兵马以为进兵之计。二十六日,自临津下流涉滩以过,进次坡州。(二十)七日早朝,欲亲审京城道路形势,单骑驰向碧蹄,时京城之贼尚有数万,提督先遣查大受、祖承训等领精骑三千,与本国防御使高彦伯遇贼于迎曙驿前,大受与彦伯纵兵急击,斩获六百余级,诸将因此益轻敌,贼将闻其前锋为大受所破,悉众而来,阵于砺石岘,大受见贼骑势大,退屯碧蹄,贼分布山野,看看渐逼,提督方行路上,见彦伯军官,详闻贼势,遂驰往碧蹄,路上马蹶坠落伤脸。时南浙炮兵俱未及到,只有手下精骑千余,提督即麾已到之兵进阵于野,与贼对阵,先放神机箭,初一交战,贼少却而已,见天兵小(少),左右散出,冒死突出,直冲中坚,天兵全无器械甲胄,徒手博战,提督

---

① 是月乙未柳成龙报告、辛丑尹根寿报告、甲辰李德馨报告略同。又成龙著有《惩毖录》,记此役甚详,可参看。

与手下骁将数十人亲自驰射,势不能支,麾兵四退,提督殿后而退,贼三千余人直逼提督,提督且射且退,贼遂乘锐乱斫,天兵死者数百,李备御马千总皆死于贼,提督下马痛哭,本国粮饷在碧蹄者散失殆尽。先是提督以粮饷不敷,中分其一半留镇东坡,一半渡江,至是势急,急遣人促召后军,才过瓮岩,前军已罢还矣。贼追至惠任岭,望见大军,不敢逾岭,奔还京城①。

又钱世桢《征东实纪》:

> (万历二十一年二月)二十七日,候令调遣,辰时而令不至,遣人探之,提督公已率其家丁赴碧蹄矣。未暗,报马驰至云:贼于前军交扑,酣战已久。顷之,提督公率其属而回。是日两军互有损伤,亦得首一百六十有奇。三十日复收兵回开城,相持二十余日,忽有倭奴夷二人自乌山摆拨马,兵士逐之,掷书而去,如是者再,兵士以书呈上,书中意求封贡,其实恐吾兵之蹑其后。而经略以王京险峻不可攻,且吾师久疲于外,不若遣沈惟敬,嘉兴人而有口辨(以上七字疑为注文。)因势导以复王京,得寸则朝鲜之寸也。四月十九日,集大军进逼,倭奴离王京,渡汉江而南遁,及军济,尽焚舟以断后。

综贯以上所述,如松先遣查大受等击倭于迎光曙,已斩敌六百,碧蹄馆役即《日本外史》所谓斩级一万者②,实则如松所率不过千人,复无南浙炮手,倭以三千压逼,相形见绌,然酣战之后,杀敌百六十

---

① (页)三五、(三)六。
② 又日方记载如《黑田家谱》《朝鲜征伐记》《征韩录》等,皆谓如松率众十数万人,《征韩伟略》作二万人。

余人,所伤不过数百,是并非大挫。故倭兵追至惠任岭,遥见援军,不得不遁去。后递书乞和,过汉江,尽焚舟楫,皆恐明兵之蹑其后,则如松之余威犹在。世桢本南将,为如松反对党,此役南军虽间有快意之谈,而《实纪》态度忠厚,尚无宣传战败之语,亦一有力反证。《复国要编·恢复平壤开城战功疏》所载如松揭报,虽偶有隐讳开脱处①,然大体论之,与上举史文尚相去不远,可资比较参订也。

三、退兵原因

(甲) 天时

碧蹄馆之役虽未大挫,然自是以后,李如松不前进追击,沈惟敬议和之说又炽,故明朝诋毁封贡者皆致怨如松,因并扩大其失败之状,盖不如是,似无以解其撤兵之故也。

实则当时撤兵原有其客观之困难:考如松于万历二十年十二月至军,誓师渡江,次年正月四日,抵朝鲜肃宁馆,六日至平壤,围攻三日,始克据之,乘胜南追,十九日复开城,二十七日有碧蹄馆之战,已届正月下旬矣。长途跋涉,复经小挫,不得不休息整顿②,而朝鲜以节候差早,沼泽冰融,春雨既多,泥泞载道,如松所部多北兵,在此等气候与地形之下自不适于作战。兹将沈阳与朝鲜各地之气温、雨量列表比较,则两国间之相互差异,可不难考见也。

---

① 如不言未携火器。
② 如松过江后,几次欲休息整顿,以赶路不果,见眈《实录》壬辰十二月庚戌及癸巳正月壬戌条。

气温比较表（℃）

地名	一月	二月	三月	四月	五月	六月	七月	八月	九月	十月	十一月	十二月	全年	记录年代
沈阳	-13.0	-9.2	-1.0	8.6	15.8	21.7	24.7	23.6	16.7	9.0	-1.2	-10.2	7.1	1906—1929
平壤	-8.2	-5.0	1.3	9.4	15.2	20.5	24.0	24.3	18.7	11.8	3.1	-5.3	9.2	1908—1929
开城	-4.6	-2.0	3.2	10.7	16.1	21.2	24.6	25.5	20.0	13.1	5.1	-2.1	10.9	1908—1929
釜山	2.1	2.9	7.0	12.3	16.3	19.9	23.8	25.6	21.8	16.3	10.1	4.1	13.5	1905—1929

雨量比较表（mm）

地名	一月	二月	三月	四月	五月	六月	七月	八月	九月	十月	十一月	十二月	全年	记录年代
沈阳	5.3	7.3	18.3	26.6	58.8	87.8	62.4	51.4	77.7	38.7	23.9	9.1	667.7	1906—1929
平壤	17.4	12.1	24.6	43.6	66.0	66.9	259.4	203.3	124.8	45.2	39.0	19.6	921.9	1908—1929
开城	30.0	21.5	38.1	75.3	81.6	128.8	376.3	267.7	118.8	39.9	45.0	25.9	1248.9	1908—1929
釜山	51.9	38.7	61.5	146.3	122.2	198.2	303.6	182.2	168.7	67.9	45.2	29.1	1415.5	1905—1929

此表承本院气象研究所吴宝堃先生代制，谨志谢忱。

案此表记录年代虽非完全同时,然其大体相差必不甚远,仍可资为比较之用,而以今准古,亦必相去无几也。据此,朝鲜气温较我东北略暖,且愈南愈甚①。在春秋两季之雨量亦较我东北为多,亦愈南愈甚,通常地理书分朝鲜为雨晴两期,以阳历十月至翌年三月为晴期,自六月至八月为雨期,实则在晴期之末,雨季未临,即阳历三四月顷,其雨量已渐多。而持此观点以衡明兵之进退,则不难豁解也。《复国要编》三《报蓟辽郝总督书》叙应急图进取之故:

> 夫提兵异国,天道冱寒,况主客既分,劳逸自判,讵非兵家所忌,岂敢贪功冒昧如此,第明旨屡颁,严切特甚,不乘冬底春初一图进取,后日何以报命。

同书五《议取王京开城疏》:

> 据提督李如松禀称,平壤奔遁并各散去倭贼并集王京,约有一十余万,乘此屯聚之时,即当攻剿,否则春融冰解,飘忽海洋,难于分击。

同书《叙恢复平壤开城战功疏》:

> 臣虑春风渐南,朝鲜地暖,正月初旬,时若季春,江河解冻,若不乘此屯聚进剿,恐其飘忽海洋,为患甚大。

---

① 董越《朝鲜赋》注:"予三月十八日自其国启行,时棠梨花落殆尽,又行数日过鸭绿江,始见有初开者,盖其南渐近东南,地暖故也。"可与此参证。

又李昖《实录》壬辰十一月癸酉：

> 上将接见游击将军沈惟敬，出御龙湾馆……游击出，上迎至厅……上曰："见兵部札付，曰有讲和之意，不胜闷迫，小邦与贼有万世必报之雠，前日坚守五十日之约以待天兵，而今反有许和之意，以堂堂天朝岂可与小丑讲和乎？"游击曰："俺初以五十日为限者，非为倭也，只以道路泥泞，难于进兵，故欲待水田尽涸，秋谷毕收，然后方始举事故也，今始许和，使贼尽还贵国男女玉帛及二王子，然后徐待大兵之至，一举荡平矣。"……上曰："……南方之贼未能耐寒，勇气已挫，失今不讨，奄及春和，则非徒尽歼小邦之民，亦必有犯辽之患也。"①

案日人《朝鲜征伐记》谓沈惟敬以万历二十年阴历八月二十九日至倭营，许以和亲割地等条款，约定以五十日为期，盖藉此以待援师。惟总观上举各条，则华兵入鲜实有一定之时限，即在秋收冬冻以后及春雨未隔之前，惟敬语昖五十日为限之故，在待水涸秋收②。而其订约之时，在阴历八月底，然则此进兵之适当时期，约当阳历十一月下旬之后，及次年二月底以前。在此期内雨量较少，倭性畏寒，亦易克制。宋应昌受命经略在万历二十年阴历九月底，时将入冬，筹备期间已不充分，李如松自宁夏至军在十二月初，平壤克复已在次年正月初八日（阳历二月八日），故不事休息，即积极进兵，迨二十七日（阳历二月二十七日）碧蹄馆之败，则已渐入雨季③。夫明兵

---

① 三二・一七、八。
② 《阴德太平记》云，明之求和，实欲待鸭绿江冰坚，俾便越渡，非尽实也。
③ 朝鲜《宣庙中兴志》记碧蹄馆之役，倭诱如松入泥淖，使骑兵不得展，故败。

入鲜不外海陆两路,明自郑和以还,海师久不整练,难以远征①,若遵辽左陆路,则冬季祁寒,行军已感不便,追渡越鸭绿江,又气温渐暖,瞬届雨季,此实明兵平倭之最大困难也②。《征东实纪》载:"沿途解冻,淤泥泞滑,艰难万状",雨季之艰阻正如是,尚可望其长驱深入乎?又《复国要编》于下雨之经过记录甚详,兹照时代先后,择录数则如后。《要编》六《报石司马书》③:

> 倭奴屡败,其胆已丧,似宜乘此进剿,但其众颇盛,况天雨连绵,陆路泥泞,车马难骋,粮饷虽陆续可到,而马草缺少,因倭奴将开城等处周围地草烧尽,不能措处,故马多倒死,我兵久卧冰雪中,冷疫俱兴,食死马肉,疗毒又发,兵甚疲羸,是以近日分驻开城平壤便益诸处,调养休息。

又书④:

> 二月初一日,天雨两昼夜,初三日微晴,初四、五日又两昼夜,以致江水陡涨,行潦皆盈,泥没马腹,既无浮桥,又乏船只,大兵驻札开城,稍俟天晴地干,当议进剿。

又《报王相公书》⑤:

---

① 后虽调陈璘等水兵助战,终为少数。
② 此意由读陈寅恪先生《唐代政治史述论稿》"太宗伐高丽"节所启示。
③ 万历二十一年阴历二月十二日,即阳历三月十四日。
④ 同月阴历十三日,即阳历三月十五日。
⑤ 同月阴历十六日,即阳历三月十八日。

天雨连绵,军马夜宿,尽在淋漓中,马毛缩栗,弓角解散,是天时不在我矣。

同书七《报石司马书》①:

昨平壤八道等处克倭之易,以天道寒冷,地不污泥,军火器械俱备,大将甫临,各兵新集,勇气百倍,故军不留行,一鼓下之无难也。今时则不然矣,八道倭奴尽归王京,近日咸镜一并逃入,其胆虽寒,其势实众。且春时海润,作雨达绵不止,以致水畦浸渍,淹过马腹,故尔分兵休养,其粮饷虽足,但食味曾无入口,屋少兵多,露宿草野,马皆倒死,兵皆疲弱,驱之歼敌,必不能前,诸将意亟欲撤兵,待时后举。

《要编》讲张倭兵之盛,皆为后来退兵作伏笔,证以朝鲜纪事多非实,惟以天雨泥泞,无法行军,则李昖《实录》亦有记载,颇可与此相参究也。昖《实录》癸巳二月辛丑②:

(杨)元曰,顷者连日下雨,道路泥泞,其深没膝,马不得驰突,今若直进,则必多折伤,军马当分喂于平壤等有粮草各处,步兵则防守开城、坡州等地,待糗草积峙,道路亦干,又待后头兵马,方可进剿。

---

① 同年阴历三月六日,即阳历四月五日。
② 阴历十六日,即阳历三月十八日。

时在阴历二月中旬,阴霾之余,至泥泞没膝,继此以往,雨量更多。此为如松不得不急撤之故,后倭兵促处庆尚、忠清诸道,地益近南,气温愈暖,雨量亦愈多,故凡较大战役必于冬季发动者亦以此,所谓天时之限也。

(乙) 地理

朝鲜世宗李裪《实录·地理志》记京畿土地分水田旱田两种:

> 垦田二十万三百四十七结①,厥赋稻米②稷米豆……③

王京一带水田既占三分之一强,而如松所部多北方骑兵,驰马利于平行,冰冻期间,可飞骋无阻,正月初八日平壤之战,"冰路马跑,飞屑杂尘,如白雾涨空"④。知骑兵此时颇有用,但至春暖冰融,则完全失效。况以地气不适,因致人病马毙者,更不能作战矣。兹更略引史文,说明如次。《复国要编》六《檄李提督》:

> 访得王京一带地方,道旁皆系稻地,即今天气融和,冰解土滑,战马不便驰骋。况我兵深入,粮刍未集,王京等城倭奴占据,且客兵远追,众寡不敌,相应酌议进止,除一面催促辽兵

---

① 原注:"旱田十二万四千一百七十三结有奇,水田七万六千一百七十三结有奇。"
② 原注:"有粳米、白米、细粳米、粘粳米、糙米。"
③ 一四八·五。《朝鲜赋》注:"尽一牛之力,耕四日之地,为一结。"
④ 见前引昖《实录》。

并刘綎等兵马前来协济外,牌仰平倭提督即同各将倾选择便宜去处,暂行屯札,多差的当官车哨探倭奴情形,催并刍粮兵马齐集,果有机会可乘,方行攻进,倘泥泞不便,不妨另作区处,慎勿草率轻进。

又《报王相公书》:

王京山路,田仅一二尺,平地泥淖,车马不得驰骤,是地利不在我矣。千里追奔,累战力疲,疫气流行,马死千匹,粮草运艰,且乏盐菜。

又议《乞增兵益饷进取王京疏》:

据报称王京进(近)城,四面山林丛密,平地悉皆稻畦,时多春雨连绵,泥水深陷,仅以一线小径,不能并马,车步官兵,不便安营。且各道并集王京及对马岛续来倭贼共约二十余万……等因……今欲乘势进攻,而彼众我寡,彼逸我劳,山险畸岖,春雨地泞,千里馈粮,师不宿饱,是未可以仓卒进也。

李昖《实录》癸巳二月:

庚寅,时天兵远来疲敝,又有马疾,战马死者至一万二千余匹,及碧蹄之败,死伤甚众,已而清正还是咸镜道,合阵于京城,贼势益盛,提督因此不敢为再举之计①。

乙巳,引见接伴使……平安道监司李元翼……元翼曰:"……前于祖总兵处细问之,则骑兵只用短刀,步者以长枪触之,贼于水泽山谷间乱走以战,骑兵路险不能追战,步兵随后击之云矣。"……德馨曰:"北兵谓朝鲜多水田,不可驰突,故欲分兵辽右,以待秋冬地冻,然后征之。"上曰:"舍骑军而南兵可独当耶?"元翼曰:"南兵只有三千(实不止此数),若加一万,则可以成事,吴惟忠每言:若加二万兵,则使国王在阵后亦无患矣。"②

是朝鲜地势殊不适于北人作战,尤以骑兵为然,时虽有南兵,然数量较少,不亟撤退,有覆没之虞。日本入鲜以假道犯辽为藉口,宜则倭寇侵扰中国,大都在水泽崎岖之乡,即沿江沿海一带,若移辽左平原,则地利既殊,主客异势,明以车营骑兵拒战,宜可致胜也③。《神宗实录》万历二十一年九月壬戌,山东巡按周维翰言:

臣奉命驰过鸭绿江,前诣平壤,咨诹军情夷情,颇得梗概……夫军之所以久难再羁者何也?病势已迫而不可淹留也……盖军士自抚贡之说渐起,而战斗之心渐弛,及暑湿交侵,疫瘟大作,亡没多人,军中泣声震野,一经物故,尸輀烧焚,诸军悲且怨矣。即今途中,臣所目击,枕籍道旁者,气息奄奄,

---

① 三五·六。
② 三五·一二八、三九。
③ 李昖《实录》九六,陈寅曰:"彼贼不足畏也……若出于平原旷野,则以轻骑铁马四面冲之,烈炮利刃回薄驱之,芟之刈之,有如薙草,而无难矣。"

伛偻而行者,癯然鬼面,尚可为行伍备乎?

维翰奉差至鲜,所述皆其目击,此疏系于万历二十一年九月,其初覆朝鲜当在是年之春夏,时以地气不适,军士之瘟疫死亡竟至是矣!昣《实录》是年三月戊寅(二十三日)记:

> 上昼停于斧山院,本道观察使李元翼迎谒……上曰:"……天将之欲和者何意耶?"元翼曰:"碧蹄一败之后,畏缩如是。"上曰:"自古兵家胜败不可常也,岂以一跌而如是也。"元翼曰:"提督军中一闻和议之成,莫不喜悦,欢声如雷。"上曰:"沈惟敬来后如是耶?"元翼曰:"沈未来前,飞探入来,非但人人皆喜,提督亦甚喜。"①

自提督迄士兵皆渴望议和,盖已全无战斗意志矣。

又朝鲜自遭兵燹,粮供维艰,而以山川遥阻,中国之舟运车挽亦殊不易,以是车饷大成问题,前列史文已多具此义,兹更择举其尤要者,昣《实录》癸巳正月壬午:

> 备边司启曰,臣等伏见李提督牌文,病伤军人沿路不得口粮,勺水不得添唇,死者相继,未死者倒以路旁云。②

二月壬寅:

---

① 三六·四二。
② 三四·四四。

(李)德馨曰:"……提督到坡州,与三大将议曰,此地不合战场,粮运不继,欲退屯东坡云。翌日,退屯东坡,人马饥饿,且有雨征,以此回军于开城府。事多艰窘,而提督则已知我国之荡败,故不以为咎。"上曰:"粮饷措置几何?"德馨曰:"千里军粮,势必匮乏,而朝廷不为料理,使粮草不继,至于回军,甚无谓也。"①

《复国要编》六《移本部咨》:

> 我兵久驻外藩,日以淡饭聊生,并无蔬酱入口,人皆疲损,马倒过半。

同书七《报三相公并石司马书》:

> 况(朝鲜)遭兵火,萧条已甚。众兵自渡江至今,菜肉盐豉之类无由入口,甲胄生虱,衣履破碎,一遇天雨,浑身湿透,相抱号泣,马倒者且有一万六千匹,兵士可知矣。某虽发价给赏,亟行辽阳买布并牛酒犒劳,搭盖铺舍,然所给有限,或缓不济事,人情不安,大有可虞。

《征东实纪》谓围攻平壤已有绝粮者,后续追倭兵,粮饲更缺;又以雨季即届,不得不急进速战,但深入愈远,粮运愈艰,此则道里辽阔影响于军事之成败者也。

---

① 三五・三四、五。

（丙）人事

又更有甚于以上所述者，即南北军心之不和是。明自中叶以还，浙江时被倭寇，其他乡兵本慓悍，又经戚继光以新法训练①，故颇习兵事②。而北方边镇士卒则因占役逃亡，渐即腐化。征东之时即用此南北两系之军队也。《明史》二一二《戚继光传》记其在北方练兵事③：

> 继光至浙时，见卫所军不习战，而金华、义乌俗称慓悍，请召募三千人，教以击刺法，长短兵迭用，由是继光一军特精。又以南方多薮泽，不利驰逐，乃因地形，制阵法，审步伐便利，一切战舰火器兵械，精求而更置之，"戚家军"名闻天下……隆庆初，给事中吴时来以蓟门多警，请召大猷、继光专训边卒，部议独用继光，乃召为神机营副将。会谭纶督师辽蓟，乃集部兵三万，征浙兵三千，请专属继光训练，帝可之。二年五月，命以都督同知总理蓟州昌平保定三镇练兵事，总兵官以下，悉受节制……继光巡行塞上，议建敌台，略言："……边卒未骽，律以军法，将不堪，请募浙人为一军，用倡勇敢。"督抚上其议，许之。浙兵三千至，陈郊外，天大雨，自朝至日昃，植立不动，边

---

① 《纪效新书》与传统兵书不同。
② 《明史》九一《兵志》："乡兵者随其风土所长，应募调佐军旅缓急，其隶军籍者曰浙兵，义乌为最，处次之，台、宁又次之，善狼筅，间以叉橾，戚继光制鸳鸯阵以破倭。"又浙兵善战，可参《筹辽硕画》四六《陈寅题本》及魏禧《兵迹》六《华境篇》。
③ 汪道昆《太函集》八七《额兵额饷议》谓汤泉会阅南兵之技艺训练皆较北兵佳，可参看。

军大骇,自是始知军令。

北兵腐化无用,《继光传》疏辨甚明,至戚氏练北兵参用南法,未必完全适用(如用狼筅等兵器),史载张鼎思劾其"不宜于北",又谓"更历南北,并著声,在南方战功特盛,北则专主守"者,倘以此欤?然藉此可明两事:一、南兵纪律优于北军,二、南军作战适于泽薮之地。朝鲜水道崎岖,与我浙江同,南兵所受训练初为御倭而设,以此北兵东征时之战斗力殊不及南兵。

又所谓南北兵之分者,不必尽因地域,且有训练方法新旧之殊,南兵虽间杂北卒,北兵或间收南人,然无害其为不同之两系统。

明既决定征倭,即有募调南兵之议,惟以距离较远,筹备匆遽,南兵开往之数额并不多,且所谓南兵,大半为南人北戍者[1]。眹《实录》详载如松所部军将,兹节录其隶籍浙江者,癸巳正月丙寅[2]:

> 统领浙直调兵神机营左参将都指挥使骆尚志领步兵三千名。
> 统领浙兵游击将军都指挥使吴惟忠领步兵三千名。
> 统领南兵游击将军王必迪领步兵一千五百名。
> 统领浙兵游击将军叶邦荣领马兵一千五百名。
> 统领山东秋班经略标下御倭防海游击将军钱世祯领马兵一千五百名。
> 统领嘉湖苏松调兵游击将军戚金领步兵一千名。

---

[1] 其例可参看陈懿典《文集·密云康侯去思记》。
[2] 三四·一六、七。

《复国要编》四《檄李提督》载征调之兵有蓟、保、辽、宣、大五镇,骤视之似皆北兵,实则有南兵杂其内,如上举吴惟忠、骆尚志之调自蓟镇者即是一例,所谓南兵北戍者也。如松初抵朝鲜,所部兵士四万三千五百名①,除上举南兵万人外,北兵实有三万余人,时以原将统旧兵,南北系统井然不混,如松世为辽将,为北兵之领袖,而应昌杭人,为南兵所归附,应昌致如松书,以所调兵将并听指麾,不必稍分彼此,以二威权②,实则两军之系派不同,主帅各异,自易起摩擦也。

前言朝鲜水稻崎岖,马兵不易驰骋,而御倭与拒虏不同,北兵尤不及南兵,李昖《实录》壬辰十二月己酉载鲜人批评李如松:

> 上曰:"大将得其人然后事可济,此人(如松)只能御胡而已,未谙倭寇,而前日李好闵进去时,(如松)言俺尝以八千兵剿五六万贼,平此寇何难云云。新成大功,轻敌如此,心窃忧之。"③
>
> 上曰:"此人(如松)只知防胡而已,未惯与倭战,视此贼如北虏则不可也。"(吏曹判书李)山甫曰:"以八千众破四万贼虏,气甚自得,颇以为易,告以不可轻敌之意可也。"(刑曹参判李)希得曰:"多率浙江炮手,岂不知倭情乎?"④

如松骄矜轻敌,于碧蹄之败自有关系,然北兵不善与倭战,亦是一

---

① 见昖《实录》。
② 《要编》卷四。
③ 三三·二六。
④ 三三·二七。

因。朝鲜国王再三言如松只知御胡,可谓切中肯綮。至李希得谓多率浙江炮手自知御倭,虽未尽审当日情实,亦可见南兵之优于北兵矣。

平壤克复,南军出力最多,眎《实录》谓"提督挺身直前呼曰:先登城者赏银五千两,吴惟忠中伤伤胸,策战益力。骆尚志从含毬门城持长戟负麻碑,耸身攀堞,贼投巨石,撞伤其足,尚志冒而直上,诸军鼓噪随之,贼不敢抵抗,浙兵先登,拔贼帜,立天兵旗麾"。又云:"是战也,南兵轻勇敢战,故得捷赖此辈。"①骆、吴皆南将,是此次战役,南方兵将颇奋力。碧蹄馆之败,如松所率者皆北军。眎《实录》:"天兵三百余名,与倭博战,退北之际,摆拨急督南兵来救,若以此兵进击,则势似可捷。"②又谓"李德馨曰:北兵谓'朝鲜多水田,不可驰突,故欲分兵辽右,以待秋冬地冻,然后征之'。上曰:舍骑军而南兵可独当耶?李元翼曰:南兵只有三千,若加一万,则可以成事,吴惟忠每言:若加二万兵,则使国王在阵后亦无患矣。上曰:南兵壮耶?元翼曰:臣于牧(牡)丹峰撤毁土窟时,常目见之矣。"③据此,南兵廉悍,故平壤之克复,碧蹄之驰援,皆赖其力,但提督如松直属之部队为北人,于赏罚之际,不免偏袒,物议遂起,《复国要编》六《报王相公书》:

> 平壤首级大功未赏,各军意志似不如前,是人事不在我矣。

---

① 三三·二七。
② 癸巳二月甲辰。
③ 见上引。

应昌为南军之领袖,与如松为对立者,此言各军意志不如前,而不涉及地域派系,盖故为隐讳,如证以李昖《实录》及其他记载,则知其相互摩擦,纯因南北地域所引起也,昖《实录》癸巳二月:

> 壬辰,都体察使丰原府君柳成龙驰启曰:……提督攻城取胜,全用南军,及其论功,北军居上,以此军情似为乖张。①
>
> 乙巳,上曰:"……以公言之,(平壤之战)南兵之功为首耶,抑北兵为首耶?"(李)元翼曰:"南兵着五色衣者先为登城阑入,其功最重。"上曰:"登城时缘阶而登耶?"元翼曰:"李如柏谓曰:既造沙桥,又多聚空石盛沙而积之云,则南将不答,终不用其桥,扶其城石而上之,贼越而斩之,南兵又以手下其尸,相继而登,斩一贼头,军之死者五六人,争先阑入,无数以登,开门之后,北兵追后,骑马驰入,但斩死贼之头而已。前于祖总兵处细问之,则骑马只用短刀,步者而长枪触之,贼于水泽山谷间乱走以战,骑兵路险不能追战,步军随后追之云矣"。(李)德馨曰:"提督每言南兵之功,而李如柏、张世爵等性皆不顺,每毁短之,且毁王必迪之为人,南军以此怨之。提督至开城,诸将游击以下皆跪而听令,工必迪独立而言曰:老爷不智不信不仁如此,而可能用兵乎?提督怒曰:何谓也?必迪曰:平壤攻城之日不令而战,故军士不及炊食,为将者不念军士之饥而遽使攻城,是谓不仁也。围城之日,俺在军后闻之,老爷驰马城外督战曰:先上城者与银三百两或授以都指挥佥使,今者先登者众,而三百两银何在?指挥佥使又何在焉?是谓不信也。

---

① 三五·九。

大军不为前进，只率先锋往击，一有蹉跌，大军挫气而退（指碧蹄馆之战），以是言之，非不智为何？如此而可以攻城耶？提督闻其言，即出银给南兵云。"①

此言南军冲锋攻城，北兵尾随斩级②，自致南人之不满，而北将李如柏、张世爵辈反于提督之处媒蘖之。王必迪为南兵游击，其于如松不为跪拜，且当众折辱之，可见其抗拒甚烈。又同书二十八年甲午（万历二十二年），正月癸巳：

> 上幸南别宫，接见总兵骆尚志，游击吴惟忠、王必迪、胡尚忠、谷燧、葛逢夏六将……吴惟忠厉声曰："……前者攻平壤时，俺之一军皆上牡丹峰，得以献捷，平壤之收复，咸我绩也。"葛逢夏顾语惟忠曰："俺与君共破平壤矣。"③

> 丁酉，兵曹判书李德馨启曰：臣见吴游击，对坐款款，吐尽心曲……（惟忠）仍脱衣示铁丸所中处曰："李提督乃谓吴某非真中丸，必是假作而要上功，天下安有此耶？"④

《复国要编》于惟忠中丸事疏奏甚明，此谓如松掩其功绩，可见南北军之水火。同书癸巳三月己未：

---

① 三五·三七、八。
② 《征东实纪》略同。
③ 四七·一一。
④ 四七·一五。

上引见接伴使李德馨……德馨曰："天兵齐进，则事可易济，而怯于一跌(指碧蹄馆之败)，不欲造战，故南军叱提督者必曰鬆㹱子，怕他不战云矣。"……德馨曰："骆尚志言，俺只畏皇上，其余不足畏，若有皇上之命，则我率我军，虽死必击。骆之为人体甚肥大，而于平壤登城之日为投石所压，终无大伤，真壮勇之人也。"①

又钱谦益《初学集》二五《东征二士录》，记冯仲缨、金相等述平壤之战：

(万历二十一年)正月七日，(沈)惟敬遣其奴嘉旺报行长，质明，天使行册封礼，自南门入，行长候于风月楼，倭花衣夹道，欣欣望龙节，如松拥众袭之，弓刀击戛，倭知有变，退保风月楼、牡丹台二垒，诸营合攻不能下，行长夜半渡大同江，江冰，引还龙山，如松不知也。旦日下命进攻，良久始知倭去，乃建大将旗鼓，誓师入空城，命诸将上首功，西兵南兵奉军令不割级，而辽兵出所匿鲜人首以献，一军噪声如沸，争欲杀李大蛮，如松佯弗闻也。

案仲缨(山阴人)及相(吴县人)皆宋应昌党，其诋毁如松战功失实，个足异，惟谓南兵辽兵而外，尚有所谓西兵，考《朝鲜实录》并无西兵之目，西兵为南人北戍者(对辽东言，故称西)，抑指蓟、保、宣、大之卒，

---

① 三六·四五。又是年闰十一月壬午，"上曰：前闻平安监司李元翼之言，骆尚志谓提督鬆的人，鬆字何义耶？我国音声何音耶？柳成龙曰：与松字同音，其义与床花饼浮起状之也。"(四五·四)此"鬆㹱子"意义。

皆未可定,如系前者,则仍可目为南军,如系后者,则北军之中又自分派,要之,"鬆猭子"与"李大蛮"意义略同,可相参证。至南将骆尚志谓只畏皇上,不服提督,则如松之管辖权,不过仅限于其直属之部伍而已。又《征东实纪》之选者钱世祯,嘉定人,携有浙江家丁四十人①,所部蓟镇三屯右营兵无论隶籍南北,意必教以南法,实即可以南兵目之也。书中历叙与南将叶邦荣、吴惟忠交好,与北将查大受相妒,为宋应昌赏拔,被李如松所抑制,以迄论功不平,讥讪北军等,并因立场不同之故,凡此皆可反映两方之摩擦也。

时如松甫平宁夏,恃功凌厉,应昌致李成梁及石星书皆谓降格相待②,后叙平壤战功,又具揭详陈,一似能曲容悍将,相得甚欢者,及细究其实,亦不如此,眂《实录》壬辰十二月己酉:

>(西川君郑)崐寿曰:"……大抵宋与李似不和协矣。"上曰:"宋与李何不相得耶?"(兵曹判书李)恒福曰:"新立大功,且多气,必轻视侍郎矣。"③

是如松之傲物骄蹇,应昌虽表面曲容,然仍有芥蒂也。同书癸巳二月:

>壬寅,接伴使韩应寅、李德馨等驰启曰:……提督(李如松)与赵知县同坐,招译官韩应辅等屏人语曰:"宋侍郎拥兵不渡,而如平壤之捷掠为己功,我所上奏亦被壅遏,我欲与贵国王相

---

① 见《要编》。
② 见《要编》三。
③ 三三·二七。

会,各具奏本,以请添兵云。"盖其意欲令我国速为奏闻,暴扬其功矣。①

乙巳,(李)元翼曰:"无据之言,故不为状启矣。似闻宋侍郎即奏于朝廷故论劾云。(指劾李如松碧蹄失事及南北军待遇不平。)提督移咨于侍郎,其持咨之人,侍郎以棍杖打三十云。"②

如松诋应昌攘功,应昌杖其持咨之人,是两方之冲突甚明显。又是年三月:

壬戌,百官以进兵之意呈文于提督,则提督招康陵君洪纯彦谓曰:"今日厅上你知吾言势乎?经略南人,未知一分兵事,全惑于南军之言,谓吾进攻平壤,于倭奴既退三日之后,又于碧蹄轻进丧师,几死于贼,非但汝身可惜,大将一死,皇威大损,何其轻敌如此也。及其报功之时,以吾为第二,验首级之时,以其亲属未越江者并分给而录功。前在开城,吾岂欲撤兵而回,经略强我回来,故不得不来。且刘员外(黄裳)、袁主事(黄)亦与经略同心,主和不主战。大概文臣主和,武臣主战,古之道。今亦经略招我议事曰:你到平壤,必待我到彼,然后相议发兵。使我不得展布心力,故不敢即进兵,待经略到平壤,即当发行,此中意思你知之乎?"③

己卯,上幸平壤,申时,上幸大同馆,接见李提督……上就

---
① 三五·三。
② 三五·三八。
③ 三六·一二、三。

提督前掩泣曰："此贼灭人宗社,发掘先冢,若报此仇,万死何悔!"提督曰:"已领国王意,爱惜钱粮,保全将士,亦圣旨也。且吾亦受制于人,不自为擅,当移咨于经略云。"……提督谓洪纯彦曰:"你自吾父时出入中国,你不知天朝事耶?武官受制于人而不自擅,故累请于经略,催兵进剿,而经略以为讲和则朝鲜可以无忧云,今观国王群臣涕泣以请,心甚感动。"①

如松碧蹄败后,不再进兵,其故作豪语,不过藉以欺蔽朝鲜,惟谓应昌南人,论功行赏,故抑己功而党南军,则是事实。又同书甲午,二月辛酉:

> 上曰:"(宋应昌)尝谓我国人曰,宜谋害提督(李如松)云。提督同是天朝将官,而至曰,可越墙杀害云,其凶悖无状甚矣。"②

应昌拟越墙杀如松,是宋、李感情极恶,则《复国要编》所载《与如松书檄》,谓提携周全,爱护备至者,自为虚伪之具文已。

沈惟敬、刘黄裳、袁黄与应昌同为主和之党③,故亦与北军有芥蒂,昣《实录》壬辰十二月戊戌:

> 执义李好闵启曰:臣十九日到提督曲折,则已为驰启矣。

---

① 三六・四三、四。
② 四八・一六。
③ 沈、宋同承石星旨主和,刘、袁为宋所荐,沈嘉兴人,刘光州人,袁嘉善人,石东明人,凡此则以和战分党系,不尽因地域矣。

二十日黎明,臣具军马粮草数进去……(提督)仍语曰:"沈惟敬欲与倭奴讲和,割大同以东属日本,然则置国王于何地耶?倭奴且言待得贡舶开洋到浙省,方可退兵云。我不胜痛惋,无以泄愤,放大火炮三渡矣。且倭奴多有悖慢语云,可一一书来,沈惟敬所赏银几两,布几匹,木花几斤,亦可一一覆来否?欲凭查奏。"①

又癸巳二月乙巳:

上曰,"游击(**沈惟敬**)与提督相得乎?"(李)德馨曰:"岂有相得之理乎?"(李)元翼曰:"沈之所谋画及贼倭之情,提督虽问不言,以是观之,两情似不相好。"德馨曰:游击乃南将也,每以笔札示臣曰:'俺为你国敢不尽死力而为之,而提督若此奈何?'②

三月己未:

李德馨曰:……臣曾见沈惟敬,惟敬曰:"俺之初计欲诱出平壤之贼,观势进击,而提督不用吾计,使大贼逃去,天兵折损,俺每以为恨。提督今若听用我谋,则京城之贼庶可图也。"③

---

① 三三・一一。
② 三五・三七。
③ 三六・三。

据此，沈、李感情殊不融洽。夫如松最初主战，其对惟敬不满，犹可谓主张不同，迨碧蹄失事，亦同意讲和，然仍不相得者，恐非求之于"游击南将"一语不得其解也。

又同书壬辰十二月辛亥：

> 上将郊迎李提督，出御南门外幕次，提督至……上呈礼单，提督固辞不受曰："……明日，二赞画（谓刘黄裳、袁黄）当来到，而此与沈惟敬同意，勿信其言可也……"①

时如松誓师南进与惟敬左，而谓二赞画与惟敬同意，则袁、刘之立场及其与如松之关系，不问可知矣。又癸巳二月庚寅：

> 接待都监启曰：当日南兵千户吴惟珊以调兵事过去，言前月二十七日晌午，天兵为我国哨兵瞒报所误，谓倭贼已退，京畿已空，领兵前进，倭贼曾已埋伏，及被中截围，俺斩倭仅一百二十余，天兵死伤一千五百。提督今住临津江边，雨雪如彼，定然屯退开城云。惟珊乃袁主事差来体探人，南兵与提督有隙，虽不可信其必然，所言如此。且云将官死者十四人，姓名则未及知，我军无一人死伤云。②

碧蹄本小挫，此谓死伤将官十四及兵士千五百，明系南将宣传快意之词，此南将为袁黄所差，则黄与南军之关系，亦颇可注意。同月

---

① 三三·三。
② 三五·四、五。

乙巳：

上曰：向义猹子，或见我国之人必斩首削发云然耶？如此之事，提督岂能尽知。(李)元翼曰："然无人处见之，则必斩而献之，吏民及城中男女往来之人斩头断发者亦多矣。"上曰："如此之事南将亦知其由乎？"元翼曰："北军之所斩，南军必指而为朝鲜人之头也。袁主事与提督相对而言曰：老爷何为如此之事乎？提督怒曰：可恶老和尚，何处得闻此语？攘臂大叱，袁潢(黄)曰：此是公论。其后潢谢以所闻之误，则北将亦叩头谢罪云耳。潢之下人曰：主事同年二百余人布在台阁，此言必闻之，则大事必生，且主事以书遗骆尚志曰：凡论功之事，俱书而送之，皆以公等为首功以报朝廷，公等将有大功，宋侍郎亦已知之云云。"①

北军纪律远逊南军，至杀鲜人冒级，并不如所传之甚。惟黄与沈、宋党比，其同情南军(骆尚志南将)自系事实。后如松被参，或即黄所唆使，其是非曲直兹不论，然如松所以被参，固以党派不同及南北兵水火为背景。揆之天时地利，如松率兵南进，困难已多，遑论有此繁复攻讦之人事关系，此亦其亟为退兵之一因也。

(丁) 兵器

时两方所用兵器不同，《复国要编》三《檄大小将领》：

---

① 三五·三七。

一、议攻战之势，说者谓倭之鸟铳我难障蔽，倭之利刀我难架隔，然我之快枪、三眼枪及诸神器岂不能当鸟铳。倭纯熟故称利，我生熟相半故称钝，原非火器之不相敌也。倭刀虽利能死人，我刀虽稍不如，岂不能死倭哉……又谓鸟铳能击二层，尝试之矣，八十步之外能击湿氈被二层，五十步之外能击三层四层，诸所议障蔽事宜亦当从长。其实兵贵速合，障蔽先之，弱兵继之，强兵又继之，扑砍一处，分兵左右冲击之，倭无所施其技矣。

此应昌故作勖勉之词，实则倭刀锐利，华刀顽钝，中国之快枪、三眼枪及大将炮等之效力殊不及鸟铳，易言之，即明之兵器不及敌人也。同书六《与参军郑同知赵知县书》记破鸟铳法：

王京之倭，歼之定在刻下矣。但虑贵万全，事当慎重，我之火器固利，而彼之鸟铳亦足相当，如初角之时，当先施我火器，伴欲进兵，实且未进，诱其放尽鸟铳，然后一鼓下之无难也。

又《征东实纪》：

公（宋应昌）复问御鸟铳之法，是时献策纷纷，桢答曰："壮士临阵，不死则伤，不必过为惊疑以伤士气，鸟铳虽能杀人于百步之外，至短兵相接，不足虑也。"经略公壮其言。

案鸟铳之使用,在军器发展史上有划时代之作用①,此器于正嘉间虽已传入中国,但制造既不精良,使用又不普遍,故此次征倭,即精于火器之南兵,亦未具备,应昌谓诱敌放尽,世桢谓肉搏无虞,实皆未提出解决之办法,则此武器之威胁,固仍在也。

兹举平壤之战以为例:眂《实录》载攻城之时,"提督出枝兵由牡丹峰上,佯若仰攻者,然贼乘高下放鸟铳,众军引却"。"贼将行长逃入练光亭土窟,提督命运柴草,四面堆积,将为火攻计,已而七星、普通等诸窟之贼坚守,不可猝下,提督会诸军仰攻之,贼从中放丸,天兵僵死相续,提督所骑马中丸。"②由此可见鸟铳命中效力之大,明兵唯一破敌之法为火攻,但倭遁土窟,不易燃火,故攻者死亡相继也。《复国要编》七《辨杨给事论疏》:

> 其日,贼见(平壤)城守不住,弃城避入民舍,欲效去年七月用鸟机击打祖承训之法,屋内发铳,戕杀我军,不意我兵各持明火毒火等箭齐发焚熏,彼倭缓不及事,以故烧死甚众。赞画员外刘黄裳事定三日,随至平壤,所居户板有声,起板视之,尚有余倭潜匿在下就缚。

此文不特可以说明平壤难于攻取,且可证祖承训之败,以倭据民舍放铳之所致,然民舍犹可用火攻,至于土窟则更难,眂《实录》癸巳正月辛巳:

---

① 参看戚继光:《练兵实纪》。
② 见上引。

左议政尹斗寿又驰启曰:"臣在行在,每闻倭贼土窟未易攻拔之奇,及至平壤,历观贼之所筑,名曰土窟,而实非掘土所为,大同门内则石筑,普通门则土筑,只于平地开基,各于石筑土筑之上,作为柧壁,前后涂土,其上加第,或瓦壁中穿穴,拟放铳筒之地,其内所藏军兵多少,外人不敢知其的数,望见孔穴,应若有放铳之状,人不敢近,其为狡黠之计,不可形言。"①

二月乙巳:

上曰:"倭之土窟未知其制,意谓掘土而为屋,如土室之类也,今闻之,则以土为墙如涂壁云,如是而谓之土窟何也?是岂完久之计哉?"(李)元翼曰:"其制或宽或窄,宽者可容万余人,至为坚实,吴惟忠之军多死于土墙之前。"上曰:"土墙不可越亦不可毁耶?"元翼曰:"全地掘成,逾亦难,毁亦难。"上曰:"以石为之云然耶?"元翼曰:"从石势而筑之,无攀附之处矣。"②

此倭土窟规制,其建筑之坚,容积之大,远逾于近世之碉堡,明兵以旧土炮冒雨攻摧之,宜乎无能为役矣。

《复国要编》十二《直陈东征艰苦并请罢官疏》叙攻王京不下之故:

---

① 三四・四三。
② 三五・三九。

> 就沈惟敬讲贡之约,而赚之以兵,是以有平壤之捷,开城之收,继而转战深入,将士疲劳,负戴艰难,粮食不继,天雨淋漓,弓胶弛解,泥深陷膝,北地兵马不得驰驱,于是暂令大军休息,而倭且惩平壤之败,并集王京,王京固形势之地,为国之都,背阻岳山,面临汉水,倭乃连珠布营,城中立寨,广树飞楼,遍凿土穴,鸟铳自穴中出者触无不死,至此非特三万之众不能攻数十万之倭,即使我众倍之,亦难卒下。

此疏讈张倭兵,隐讳党伐,皆为自己开脱,惟谓天雨淋漓,地势泥淖及鸟铳难破,则是实情。应昌以力主讲和,因循误国,故明人之推原祸本者仅责其轻于撤兵,究其所以撤退之故,如松碧蹄馆败遂为论的,今故参稽中、鲜、日三国记载,以明当时并非大败,并就天时、地利、人事、兵器四端综合推考,以证时有进兵之困难。又征东七年,糜饷百万,而战事迄无胜算者,其故虽多,然以上四事实为主因,兹详论之,俾供推证。

四、论《经略复国要编》之刊刻背景及其隐讳不实

宋应昌《经略复国要编》为剖白和战经过而作,所载与阁臣王锡爵、赵志皋及兵部尚书石星书,于讲和一事并不讳饰,如卷二《报石司马书》:

> 承遣沈惟敬,昨与密谈,果堪大用,兹给发银两,随从且厚劳之,即日发行,不令延缓,台下在上,内有主持,不佞如不惮

竭心膂,冀图报称,是自失机遘,非失也。

同书十二《檄王君荣》:

一、为优处效劳人员以昭激劝事,照得倭奴远遁西生浦等处,恭顺不扰,虽出天朝恩威遐布,而游击沈惟敬宣扬晓谕之功实不可泯。况出入倭巢,已经数次,而今天气冱寒,不辞艰险,毅然前往,晓谕倭众,必欲令其尽数浮海,具表乞封,此其忠诚任事,尤可嘉尚……仰本官即将惟敬并从行员役应得廪月粮银,照册名数,按月查给,仍动马价一百两赏惟敬,以慰寒月劳役之苦,且示本部优待之意,候事竣功成之日,从优题叙,具由缴查。

案沈惟敬使倭,明人指为通敌辱国,几欲食其肉而寝其皮者,此则既称其谋,且赏其功,以应昌之热衷要功(详后),何至与时论违忤?是大可疑者①。又同书十一《报兵部尚书石星书》:

凡我东征官将,难以指名,有周舍赏罚,并以私事求为而未遂,中怀愠憾,背多后言,甚有假公借私,暗进谗谤于政府及我翁处者,望台下主张勿听,庶始终成全,德拟高厚,而不佞区区报效之心,亦不孤矣。

又书:

---

① 《要编》卷四、卷五虽有怀疑惟敬语,以适在平壤大胜前,不如是无以要功。

念五日得详言东征始末疏,捧诵数过,中闻力排群议,独主册封,谓将士血战之功,鄙人尺寸之画,不可泯灭,极力担当,词情恳切,真一字一泣,一字一感也。万一国家日后有事,犹有人出头肩任,台下为祀稷久远虑,信非浅薄可测识也。某即行提督差人往谕行长,速令归国,诸凡尤望台下主持,不特某戴高厚之德,诸将士亦衔扶植之恩无极矣。

又书：

东征事近日言者攻之愈急,必欲泯将士勋劳,陷某叵测重罪,幸荷台下一疏,慷慨激烈,读之令人泣数行下,台下之恩真天不足高,地不足厚,某与将士当如何戴之。外赚倭之说,另具外启,幸台下详察。某即具疏恳请归里,不复与人间事矣。

又书：

小疏中数语虽遵来命削去,但人心险薄,世道倾危,未有著今日之甚者。自倭讧以来,某奉命东行之后,台下选将调兵,庙谟神算,且不暇论,只日赐手书,积盈笥匣,精神命脉,殚竭其中,一点忠诚真皇天后土所共鉴者,终无一人见亮,而毁者迭出,深为台下扼腕也。即某虽不才,恐负重委,夙夜兢兢,幸仗指授,属国恢复无遗,岛倭敛重求款,似亦不为知己羞。

据此,应昌与星内外勾结,同主封贡,星以遣惟敬议和,论罪下狱,而应昌刻书乃自暴其与星之关系。又卷十九有《与李宗城书》,宗城为册封日本正使,以弃节论罪,应昌致书亦毫不隐讳,尤为可怪。

考东事初起,其主持内阁机务者有王锡爵、赵志皋及张位诸人,王以万历十二年入阁,二十一年晋首辅,二十二年五月致仕;赵以二十二年五月蹑首辅,二十九年卒。二氏皆力主封贡,反对用兵者①。时主战阁臣仅有张位,然名望较低,最初不敢别具异议②,此政府之态度也。

平壤胜利后,倭军退伏釜山,表示就范。而在阁臣主持、兵部提倡、经略执行、提督赞襄之下,封贡之说骤为盛炽。周永春《丝纶录》:

> 万历二十一年七月十一日,户科郭士吉一本,邪臣误国欺君,擅许倭贡等事。奉圣旨:"这事情原无经略奏请及倭奴通贡表文,如何便说他欺君误国?大兵远征,边臣任事之苦,未经优叙,若又苛责混淆,使之何以措手?兵部便传与宋应昌令其用心从宜处置,但保万全,虽谤书盈箧,朝廷一无所问,不必疑阻。"

> 九月十八日,兵部尚书石星一本,衰病愈甚,枢务难胜等事。奉圣旨:"览卿奏,知道了。中国之拒夷狄,来则拒,去不追,服则羁縻,乃千古不易之理。昨有旨:待倭奴尽数归巢,仍取有称臣服罪永无侵犯表文,许封不许贡。朕自定计,何畏多

---

① 王之主和言论可参《实录》万历二十二年四月丙子疏及所撰《宋应昌神道碑》,赵与石星、宋应昌比,可参《明史》本传及《实录》二十四年五月丁卯周孔教参本。

② 明首辅与次辅之权,相差甚远,见《廿二史箚记》三三"明内阁首辅之权最重"条,又阁臣沈一贯亦主战者,但沈以万历二十一年入阁,更不敢有所主张。

言。宋应昌劳苦运筹,功已垂成,朕切责其牵制议论,正欲以便宜委之,卿为本兵,方赖从中指授机宜,宣布威信,何亦畏阻,称疾求退,赵充国自荐任事,恐不如此,该部知道。"

时石、宋初主封议,论者哗然,而御旨指斥如此,此间自有阁臣操持①,亦可见和党之占压倒优势矣。

此书编次虽迄万历二十二年十月辞职止,书后所附书谕则颇有在此后者。余尝以《神宗实录》与比勘,知亦按年编排,而最后兵部一本,《实录》系于万历二十三年正月十二日乙酉②。《实录》十七日庚寅,有诏优礼小西飞,三十日癸卯,遣使册封日本③,二月初三日丙午,敕沈惟敬宣谕事宜,凡此荦荦诸端,是书皆不收载,疑未见及。时应昌罢官家居,得悉上述消息,恐在相当时日后④,惟杭城交通便利,亦不应历时过久。此书编次虽早,而附录可以随时续增,然则其刻成之时,或在正二月间乎？时议和已成,主和之党又据津要,惟反对之人仍啧有烦言,应昌为夸功息谤,因刊刻此书;故尽炫饰之能事,泯贪秽之鄙行,而于议和之旨,通结王、赵、石、沈诸书不为隐讳。又既和则必贡,沿海防守,势所当急,卷端刊《华夷沿海图》,有深意焉。

然则书中何以间载主战之奏疏耶？检《神宗实录》万历二十一

---

① 如王锡爵、赵志皋。
② 礼部题封日本国王本在是月初七日庚辰。
③ 《实录》不载封诏,日人尚有藏其原件者,末署"万历二十三年正月二十一日",谈迁《国榷》误系于二月丁亥,且二月甲辰朔,亦无丁亥也。
④ 疏敕可贿书办钞出,此明人习见例,不必定阅邸报也。

年九月壬戌记：

> 兵科都给事中张辅之言,昨接经略宋应昌两揭两书,总为倭事揭陈功伐,其词详,中间叙述始末料理,若无意于许贡也者,书吐真情,其词简,末言不用前法,安能奏功,又若决意于许贡也者……乃知公揭所以示众,私书聊以尝臣,托言于请封,实讳言于许贡。
>
> 山东巡按周维翰言:臣奉命驰过鸭绿江,前诣平壤,咨诹军情夷情……诸臣:"议封不议贡,请如封顺义王故事。"臣折之曰:"北虏之款服,徒以顺义王之封乎,抑以宣大之马市也?倘绝其马市,止驭以封衔,虏肯款服否?"经略先以请封疏稿示臣而旋自寝之,臣乃服经略之不胶于成心也。

是应昌仍主封贡,惟于示众公揭,模棱其词,非见其私书如张辅之,接其言对如周维翰者固不详知也。《实录》是日载应昌疏:

> 臣之心谓,宜乘彼乞贡之际,将倭将小西飞羁置不放,缓其数月之期,使我留守之兵分布已定,朝鲜之兵操练已熟,该国修设险隘,置造器械,俱已完备,斯可战可守,方无后虞,此又善后讲贡消弭祸萌之说也。臣前后讲贡之由,实是借贡以退倭,未尝轻许而误国。今倭将小西飞等见在前军,或械系献俘,或显戮示武,或应否许其通贡,并臣所陈稽时日以便修守为今日急务,不容斯须迟误者,但作速议覆,请旨颁发,以便遵行。

此文载《要编》卷十①,维翰所见疏草为请封,此言借贡退倭,盖改后之作,若究其心迹,则仍在媾和,《实录》二十二年庚戌:

> 经略宋应昌,赞画刘黄裳各疏款倭,兵部言:事机在外,情形难执,宜令总督顾养谦斟酌,从之。

此款倭奏疏,《要编》不载,盖有意隐讳②。夫既主封贡,而藉口退倭,已具封章,而故为删去,然则非与他书比证,固不悉其真情实意也。

或又谓:封贡宜分别论之,《要编》主封矣,未尝主贡也。案封贡本连带相关,不容分割,日本意在通商,非有爱于明封虚衔,周维翰、顾养谦疏论之详矣③。眂《实录》癸巳四月乙酉记应昌告朝鲜左承旨洪进曰:

> 近者倭奴悔罪,其辞极哀,至于再三,我姑许之,且以义责之,约于四月初八日尽还王子、陪臣等,渠即回巢,我当差官勒领倭众卷迖于关白处,受关白降书以回,方题本请旨,封关白为日本王,使之由宁波入贡。④

则其许贡宁波,又事实也。

---

① 上于万历二十一年八月二十九日,《实录》系于九月,据抵京之时也。
② 应系于卷十三。
③ 顾疏载《神宗实录》万历二十二年四月甲寅。
④ 三七·一。

《神宗实录》万历二十二年三月丙申,工科右给事中张涛言:

> 东封一事,石星折于众论,稍欲改悔,应昌苦于百口,明肆挟制,凡赍金行成,不惟欲发星私书,且形之札子矣。石星之指授应昌,但属厌兵而无远猷,应昌之迫胁石星,全是恶机而贻隐祸。

是应昌之明标党比石星,尚有迫胁诿过之意①,眎《实录》甲午五月戊子载胡泽之言曰:

> 宋经略胆小,军中之事多致依违,劫于科道之议,迁延不决,若使经略早断,贵国之事,前年八九月必已结局矣。②

泽为顾养谦差官,迫胁朝鲜上本请封日本者,其同情应昌媾和,以立场一致之故,初不足异,惟谓应昌劫于科道纠弹,致和局迁延不决,则颇可传出其当时之心曲,《要编》十四《辨明心迹疏》:"臣因奉有许封明旨,兼有本部咨文,故臣屡次差官诣营宣谕,不过敷扬圣旨,传达部文",可为上引张涛、胡泽之言作注脚也。③

《要编》七《报王赵张三相公书》述焚龙山仓事:

---

① 《要编》十《报石星书》言议和不成,十九言倭欲窥犯中国,皆此意。
② 五一·八。
③ 《要编》七《报王相公书》:"屡奉台旨,倭奴连日有书与沈惟敬乞封,欲姑许之,兹者复领尊教,鄙意遂决。"亦此意。

> 思得倭奴远栖异国，所恃惟粮饷，彼龙山堆积一十三仓，某命李提督遣将士带取明火等箭烧之。二十日往彼，举箭烧尽无遗，倭奴虽列营分守，不敢来救。又咸镜倭奴畏我袭击，并归王京。夫度其粮少，似难久持……

黄汝亨《寓林集》十七《应昌行状》：

> 王京城南有龙山仓，朝鲜所积二百年粮食资以饱倭，则倭必不退，乃夜令死士以明火箭烧龙山仓十三座粮尽，倭大窘，乃弃王京去。

《要编》及行状虽有渲染之处，但既焚其粮，似于倭兵之退不无影响，而李昖《实录》载：

> 上曰："（朱）应昌见其形貌，阴险人也。"（李）德馨曰："应昌曰，王京城子险峻，未易攻拔，故使查大受焚龙山仓，倭贼无粮宵遁云。当时城中粒米狼戾，何得云无粮饷乎？此则欺天矣。"①

是京城储米尚多，倭兵之退与此并无关系，亦即非焚仓之所致也。

《要编》十一《檄朝鲜陪臣尹根寿》，于所送砚刀微物皆拒不收受，似为操履方洁之人，而李昖《实录》癸巳三月记：

---

① 一〇一·一九。

己未,上以一单子与李好闵曰:"此何样文书耶?"好闵曰:"此冯相公(仲缨)请首级帖也。此人要见沈喜寿,欲得首级甚切,且言宋侍郎亦欲得之,喜寿答曰:是何言也?侍郎以天朝大将,岂有如是求索耶?答曰:你言一何愚也!侍郎有二子,而非文非武,欲官其子甚切,侍郎岂无其意也云矣。"(李)德馨曰:"宋侍郎在凤凰城,而其手下多预军功云矣。"上曰:"侍郎在凤凰城亦为此事耶?"德馨曰:"提督怒经略所为如此,愤骂曰:如是而反谓我论功不均乎?"①

庚申,上曰:"宋侍郎所为甚不好也,足不践朝鲜地方,而欲参平壤之功,受天下重寄,处事如此,未知其可也。"斗寿曰:"袁黄之为人亦如此。"②

辛酉,备边司启曰:"伏见领议政崔兴源状启,李提督言,北道斩倭之事,皆是刘员外、袁主事管下之人,提督前不为文报,且求见本道状启云。所谓本道状启者,前日北道斩倭首级与生擒一倭,具由状启,而路遇冯仲缨等并生倭首级、状启而夺之云。其状启终不得达,假令送之,无益有害。提督若又强索,则今当答之曰:天将愈越险阻,呈身往还,故首级之事,我国将官只得闻之,未有文报,不曾驰启,以此为辞。且仲缨等皆是袁、刘最亲之人,渠之所为,本来无理,而在我周旋,极为难处。今日所索首级,时未送之,而渠闻李提督即日当到,而先为发去,故令差备通事,周旋善辞,不为给送。"上曰:"依启,恐忤李提督之意,不可不详察而处之。奉命出征,瞻聆所系,

---

① 三六·五。《应昌行状》载夫人顾氏生二子:守一、守敬。一子封荫,殆即冒功之结果,惟后以和局不成,又褫夺之。
② 三六·九。

虚占首级以要功利,冯仲缨、金相之徒虽不足数,袁黄、刘黄裳则称是文儒,而亦不无预知之事,窃为中朝士大夫耻之。"①

宾厅大臣启曰:冯仲缨等前在定州时恳请首级,启禀蒙允,已为给送,而犹恨其少也。昨日又为加请,臣等不复再禀,即为许诺,而首级则未及送,今见下政院之教,不胜惶恐待罪。"答曰:"勿待罪,此人将以欺君,渠不足言,如此未安之事,朝廷虽勿为,似当如欲悦其心,多赠赂物,未为不可。"②

丙子,李好闵曰:"沈喜寿问安于袁主事(黄),主事入账内求首级甚恳,且曰:非但我也,经略之意亦如此云。沈喜寿曰:大司马以皇朝重臣,总兹戎重,官非不高,功即己功,岂肯为此云。则答曰:是何迂也,大司马岂不欲升职,且有不文不武两子,岂不欲得首级乎?"上曰:"此乃冯之事,勿乃讹传为袁之言耶?"李恒福曰:"袁主事亦如是矣。"上曰:"天朝人不如我国人,天禀才智则有之,而闻有义理不明处,是欺皇上也。"③

又同年六月庚寅:

海平府院君尹根寿来自安州,上引见……上曰:"……中朝必以经略所为非矣。且闻提督出书简视人曰,经略被论云。又言经略以倭贼退出为己功,欲使奏闻天朝云。两将不相得,奈何!"……上曰"……经略以倭出京城为己功,欲奏天朝,其间曲折虽未详知……大概经略之请我奏闻不过为邀功自明两

---

① 三六·九、十。
② 同上。
③ 三六·三八。

事也,不然,则举兵讨贼,此是堂堂大义,而欲以诱出(平壤倭寇)为己功者,何也! 人言经略甚为严厉,意待我亦为严简,今见之则甚为恭便,但未知文节次为何如也。"①

据此,冯仲缨、袁黄皆为应昌乞级是功,二氏皆其死党,纵为希旨,亦可见其左右无似。至侍从之在凤城者亦预战功,腑心如袁②、刘③、冯、金(相)之徒皆强索虚冒,则书中之所高自标置者,徒为欺饰遮盖而已。以其行狡性险,故足以欺世饰奸,《要编》之迷离扑朔,不易推明其真相者,亦在于是,今故比证异说,以为读此书者之参考焉。

又袁黄著有《立命篇》《祈嗣真诠》等书,以修德好善致通显④。《明史》有《刘黄裳传》,盛称其赞画功绩,至冯、金辈,则钱牧斋许为异人奇士,王志坚有《观冯生所藏倭王锦袍歌》,亦以其功高不赏为可惜,而细核其行径竟如是,甚矣,东征史事之不易究诘也。

迨和局中变,沈惟敬被擒,石星下狱,应昌数被论劾,且于万历二十七年二月冠带闲住,前此主和之党皆屏息蛰伏,噤不敢言,应昌于所刊之书当甚尤悔,意必固密深藏,削毁灭迹,故黄汝亨《应昌行状》⑤标举著作,独无《要编》一种,此书流布稀少,明清间人极少论及或著录者,倘以此欤? ⑥

---

① 三九·一一。
② 黄尝遭弹劾,应昌致书当道为左袒,见《要编》六《与袁赞画书》。
③ 《神宗实录》万历二十二年八月丙午载有黄裳侵染事。
④ 黄持功过格甚谨,俗传"立命说"戏,极炫其东征勋绩。
⑤ 应其子宋守一之请而撰。
⑥ 《千顷堂书目》作六卷,盖非完书。

黄撰行状在万历卅四年,和党罪谳久定之后,故文中除夸张劳绩攘人功勋外,对议和一事,辨正独多①。

> 是时倭奴以三十万众雄据朝鲜,我兵调集仅三万五千,而大将军(李如松)尚羁宁夏未至,石大司马(星)又计且缓师,俟西事定,遣沈惟敬以封贡议往,有旨惟敬以游击职衔着经略军前听用,至是道谒公,公呼惟敬前曰:"倭求封贡,第宜卑辞向阙,全军退釜山听命,何敢蹂朝鲜要我,而计缓我,我奉命讨贼,有战而已,汝毋以身尝法。"惟敬缩舌去……腊月,大将军李始抵辽谒见公,公曰:"倭众而悍,藐我中国,我兵粮足器精,灭此而后朝食,责在大将军。"李将军避席起曰:"谨受命。"相与誓师渡江。会惟敬至自倭营,执款议如初,公瞋目大怒曰:"天兵来如泰山压卵,贼亡无日,尚敢以谩辞侮我!汝怯辱国,罪当斩。"命力士缚惟敬军中,而议讨贼益急。

据朝鲜报告,倭实数万,应昌调兵,则确为七万余,此言敌众我寡,盖藉以烘托战功。惟敬为李如松所逮,应昌则许为才堪大用,功不可泯②,今乃故为颠倒之,诚以时移势异故也。行状又云:

> 公披图熟计,谓北山高逼王京,依山颊攻,可一鼓而下。又度原调三大枝兵当应时集,我兵刻期进击于陆,而令朝鲜以水兵截于海,倭即百万可随手尽。而本兵密令惟敬议款,忌公

---

① 又王锡爵撰神道碑,沈鲤撰墓志,与此略同,不具引。
② 见上引《要编》。

转战，所调兵悉令支解，李承勋兵留山东，陈璘兵夺蓟镇，沈茂兵中途遣还浙。公拊膺叹曰："令我以疲卒当锐师，抑徒手杀贼耶？"公又念倭不退王京，则朝鲜必不可复，而王京城南有龙山仓，朝鲜所积二百年粮食，资以饱倭，则倭必不退，乃夜令死士以明火箭烧龙山仓十三座粮尽，倭大窘，乃弃王京去。公复计南原系朝鲜南鄙要害地，倭必从此渡兵，屡檄提督刘綎守之，至是遣兵追及晋州，与清正夜战，大破之，贼相顾惊曰："天兵几何而所至策应，何神也！"自是悉众遁归釜山旧巢，又复远遁熊州西生浦，送王子陪臣及眳官眷百余人还。公欲乘此时转战驱倭渡海，而兵力不继，师老矣。于是咨国王选壮士万人，衣甲悉同南兵，即同南兵训练守之，俟练成移南兵回。而惟敬辄乘间率倭使以封贡请。公乃具防守善后议闻上，而大司马遂有撤兵议，公奋髯力争，曰："吾官可去，兵必不可撤。"因上《慎留撒酌经权疏》，大意谓"臣以兵力倦而姑听封贡，权也。守朝鲜全庆以备倭，俾不敢生心窥我，经也。臣能逐倭于朝鲜之境内，不能逐倭于釜山之海外，倭今日以畏威遁，他日必以撤兵来，且夷心狂狡，未可据封贡为信"。疏上不听，而撤兵之议从部下矣。

案倭兵之退，据中国记载，由于刘綎等三路陆战，及陈璘、李舜臣（舜臣，鲜将）等水兵要劫，此言应昌"度原调三大枝兵当应时集，我兵刻期进击于陆，而令朝鲜以水兵截于海，倭即百万可随手尽"，盖后来鉴此而发者。撤兵为应昌主张，今乃委为石星之意，收复王京，本如松之力，今乃据为己功，刘綎策应，不特未复寸土，倭反借

口北侵①,全与史实相违背,要为掩饰讲和而已。行状又云:

> 议者犹以请封撤防为公罪,不知公受命经略在二十年九月,而遣沈惟敬始封议入倭在二十年七月,继定封在二十三年秋,而公归田在二十二年春,则公于封事始终不涉。

此文所书年月多舛误,不具辨。兹可注意者,文中于应昌之请封撤防等事力为开脱,检《要编》,应昌受事之初,即和战并行,后辞职归田,亦以战事棘手,全与所辩白者左,然则《要编》虽多讳饰,尚有局部之真实性,审慎择取,仍可据为考史论世之资也。

民国三十三年九月二日脱稿,十月钞讫
(本文原刊于《中央研究院历史语言研究所集刊》
第 16 本,1947 年)

---

① 见《刘綎征东考》。

刘綎征东考

一、《明史·刘綎传》

明神宗朝鲜征倭，历时达七年，动员数十万，饷糈军械之糜费以亿兆计，诚为中鲜日三国史上一大事。惟东征有关诸将，若兵部尚书石星及经略宋应昌、顾养谦、孙鑛、邢玠等，或操战守机宜，或膺方面重寄，《明史》皆不为之立传，其战功筹策虽略见于《朝鲜传》，然语焉不详也。刘綎时为御倭副总兵及总兵官，以其早岁平蛮，晚伐建州，生平勋业灿赫，《明史》不容不立传，东征战绩遂亦连带及之，然则《綎传》固为考平倭史事之重要数据矣。

《明史》二四七《綎传》记：

> (万历)二十年，召授五军三营参将，会朝鲜用师，綎请率川兵五千赴援。诏以副总兵从征，至则倭已弃王京遁，綎趋尚州乌(鸟)岭，岭亘七十里，峭壁通一线，倭拒险，别将查大受、祖承训等间道逾槐山，出乌岭后，倭大惊，遂移驻釜山浦。綎及承训等进屯大邱、忠州，以全罗水兵布釜山海口，朝鲜略定。未几，倭遣小西飞纳款，遂犯咸安、晋州，逼全罗，提督李如松急遣李平胡、查大受屯南原，祖承训、李宁屯咸阳，綎屯陕川扼之。倭果分犯，诸将并有斩获，倭乃从釜山移西生浦，送王子

归朝鲜,帝令撤如松大军还,止留綎及游击吴惟忠合七千六百人,分扼要口,总督顾养谦力主尽撤,綎、惟忠亦先后还……明年(二十五年)五月,朝鲜再用师,诏綎充御倭总兵官,提督汉土兵赴讨。又明年(二十六年)二月抵朝鲜,则杨镐、李如梅已败,经略邢玠乃分军为三:中董一元,东麻贵,西则綎,而陈璘专将水兵,綎营水源。倭亦分三路,西行长,据顺天,壕寨深固,綎欲诱执之,遣使请与朝会,使者三反,綎皆单骑俟道中,行长觇知之,乃信。期以八月朔定约,至期,綎部卒泄其谋,行长大惊逸去,綎进攻失利,监军参政王士琦怒,缚其中军,綎惧,力战破之,贼退不敢出。诸将三道进,綎挑战破之,驱贼入大城,已贼闻平秀吉死,将遁,綎夜半攻夺栗林、曳桥,斩获多。石曼子引舟师救,陈璘邀击之海中,行长遂弃顺天,乘小艘遁,班师,进都督同知。

据此,綎至朝鲜凡两次:一在万历二十年,先既迫敌南退,后复阻其北侵,一在万历二十六年,綎及董一元、麻贵等三路陆攻,陈璘将水兵要劫,而綎夜半攻栗林、曳桥,斩获多,故卒使倭将行长弃顺天遁,其战功自甚大也。

二、第一次出征

綎事征之于其他记载与《明史》异,惟在其第一次出征,则颇博好评,兹择录朝鲜宣祖李昖《实录》所载者,类次如下,以为证明。

二十七年（万历二十一年）癸巳，四月戊子，（尹）根寿曰："……綖之为人最为雅淡，秋毫不犯。"①

丙申，兵曹判书李恒福启曰：……其日朝饭后，往刘总兵营中，则总兵方猎于山上，令译官通名，则即驰来坐定，总兵即问曰："判书新从东边来，倭奴声息近来何如？"臣答曰："汉江以南及芦原等处，抢掠比前尤甚。"总兵曰："乞和于天朝，而乃复如是耶？"臣答曰："这贼初到尚州，与我国请和，及到临津、平壤，亦复如是，一边请和，一边进兵，其情诈缓，本来如此，大人以贼请和为实情耶？"总兵曰："我岂不知此贼极诈，不可轻信。"臣曰："然则大人领兵来此，今欲何为？"总兵曰："我领此军，万里来到，专为你国要杀此贼，不料经略（宋应昌）勿令前进，经略既主兵在此，又有提督（李如松），虽欲有为，不得自由。"臣曰："小邦君臣自闻和议，仰天腐心，无所告诉，而尤有所望者，大人亲统强兵，朝夕渡江，幸或一见，得申衷曲耳。"总兵曰："我自十三岁时，从父亲（刘显）领兵征战，横行天下，将外国向化者作为家丁，今所统率虽只五千，水陆之战皆可用，倭贼不足畏也。且我惯与倭战，熟知其情，四月五月则自此还归其国，风势似顺，若过月余，渠虽欲归，亦不可归，岂可信其诈言不为之战乎？我虽欲战，非但违大将之令，恐忤李提督耳。"……况其辞语慷慨，不似武人，极为蕴藉。臣问所领各处苗蛮名号所用技艺，则总兵即呼暹罗、都蛮等诸番向化，摆列左右，各执其器，次次来呈，殊形怪状，种种不一，眩曜人目，有扁架弩担诸葛弩皮甲雷雪刀关刀月牙划了枪藤牌活拏人棍拏

---

① 日本景印朝鲜太白山本，卷七，页八。

人挝郎笕打拳天篷刬杨家枪等名号,又有四楞鞭七十斤,偃月刀袖箭等器,则总兵所自用也。终日阅视,阅毕,臣告曰:"大人身未过关,小邦君臣已闻威名,日夜伫待,至于童奴走卒亦知其声,目相谓曰:愿少须臾毋死,刘爷来活我也,今观营阵器械,士卒勇锐,以如许威名,将如许器械,万里程途,空来空往,不唯小邦之人无复有望于更生,其在大人岂不可惜。"总兵即嗔目扬言曰:"诚然诚然,雁过留声,人过留名,本欲成功,留名海外,岂可空手回去!"①

癸卯,刘副总綎到肃川馆,上就馆接待……进礼单,总兵曰:"国王路上屡遣陪臣相问,又送海味,今复出接远境,深谢厚意,何敢更受礼单,为殿下之诚,只受弓箭腰刀耳。"上再请,不受。②

二十八年(万历二十二年)甲午,九月丙戌,上出饯总兵刘綎于慕华馆……上令承旨呈礼单,总兵曰:"俺来此扰害地方多矣,不以为罪,亦云幸矣,况此馈遗,非至一再,心甚未安,决不敢受。"上曰:"赆行古有其礼,请勿却之。"总兵只受砚及弓矢、獭皮。③

---

① 原注:"史臣曰,刘副总以将家子结发征战,似非易言之口,而掣肘于经略提督,不得一试之于逐杀之场,甚可惜也。"三七·一六。
② 原注:"刘副总为人精悍,礼貌闲雅,将兵法度不与他将同,军有取民家刍草一束,即贯耳巡视,一军畏戢,莫敢扰害。"三七·二四。
③ 五五·一三。

案时值提督李如松碧蹄馆新败,经略宋应昌主和,不再进兵,故朝鲜人士深为忧灼。綎以猛鸷闻,又不主兵柄,因可故作豪语以收人望。要其第一次驻鲜期间,军纪森严,取予廉洁,照《实录》所载史臣注语疑系从当日国王日记①中所采录,颇可反映一般之舆论也。

至《明史·綎传》所谓迫敌南退及阻其北侵者,征之于李昖《实录》,并无其事。宋应昌《经略复国要编》虽多夸功之语,然其与赞画刘黄裳书,亦谓宜令綎等各守汛地,万勿进战。而赖襄《日本外史》载:"诸将合兵围晋州,城兵益炽,我军填壕,蒙竹枊仰攻,城上矢石如注,清正造龟甲车,牛革包之,载以死士,穿城足,楼橹崩折,清正与黑田长政先登,诸将继之,斩城将徐礼元、金千镒等,糜六万余人,夷城池而还。腌礼元首,献之行宫,仍屯故地。韩王大惊,诉之明,李如松令沈(惟敬)来见行长曰:公等许和未十日,有晋州之事何也?行长怒曰:汝请和,而明兵入韩益众何也?惟敬语塞,去至北京,请石星召还如松以下,独留刘綎、吴惟忠等万人。"此言亦多夸饰,然亦可反映綎等进兵朝鲜,倭反藉口北侵,要之,綎此次出师,并无勋绩,参以中鲜日三国记载,固彰彰可考也。

三、第二次出征

日本后来撤兵,实因丰臣秀吉之死,在綎第二次出征之先,已有撤退准备,昖《实录》:

---

① 略同中国之起居注。

三十二年(万历二十六年)戊戌,八月戊午,全罗兵使李光岳驰启曰:"义兵将林欢驰报,曳桥被掳人郑成斤率妻子来到,言内被掳人等近欲全数出来,盖传闻日本有战伐之变,至于秀吉已死,行长以事越往泗川,曳桥撤阵,当在行长还阵之后云。"①

九月戊子,政院启曰:"以近日各阵所报料之,倭贼的有撤回之形,我之乘胜进取,正在此时。"②

案倭兵撤退之顷,当惧抄袭,故朝鲜政院乘机进取之议,自予以极大威胁也。眂《实录》载綎进兵南原,先与倭议和:

戊戌九月己丑,右议政李德馨驰启曰:"刘提督已到南原,行长送书求和,要欲相见,提督览书多有喜色,曰:俺计可得成云云。盖观提督之意,托以讲和相见,设策乘机,欲以捕获,提督之计,出于危道,不胜闷虑。"③

戊申,右议政李德馨驰启曰:"十一月二十日,行长欲与刘提督相会,提督以旗牌王文宪假称提督,虞侯白翰南假称都元帅,方欲相见之际,大兵径先放炮,行长大惊,走入窟穴,盐果面肉之物狼藉于曳桥十里许,天兵一时进薄贼窟,舟师亦趁时来泊曳桥前洋,贼气已夺,不为出战,天兵气势堂堂,剿贼似易,时方造器械打柴木,以为攻城之计矣。"④

---

① 一〇三・五。
② 一〇四・六。
③ 一〇四・七。
④ 一〇四・三七、八。

此即《綎传》所谓伪为讲和，藉以诱执行长者，其真伪之情形如何兹不论，惟据上述，行长之所以逸去，以綎部署不周，径先放炮之故，非尽因部卒之预泄其谋也。

后来四路进兵，《明史》极炫其战绩，实则除水路以外，省无功，兹分述之。昳《实录》记东路麻贵之师：

> 戊戌九月壬子，麻提督接伴使李光庭驰启曰："岛山贼势浩盛，提督似有难色，二十二日夜，倭贼出来夜惊，唐兵五名被杀，一名被掳矣。温井之倭，则天兵焚荡，斩三十余级，被掳人一千余名招逾出来云。"①

> 十月甲寅，麻提督接伴使李光庭驰启曰："提督自内城退遁之后，颇有畏怯之意，方欲退阵庆州矣。"②

> 壬戌，麻提督接伴使李光庭驰启曰："提督闻中路之败，将欲退守于庆州，步兵则已为发送，不胜闷虑事。"③

> 壬申，庆尚道观察使郑经世驰启曰："初四日，麻提督步军辎重器械尽数撤还庆州，只留骑兵。初六日，提督行军自垂火村十里许新院移驻，此后之计，未知何出兵矣。"④

---

① 一〇四·四九。
② 一〇五·四。
③ 一〇五·一三。
④ 一〇五·一七。

案时中路董一元兵败东阳,贵畏怯退庆州,后来倭兵撤退,犹遗书相辱①,《明史·一元传》谓其数战有功,赵南星赠序称其掳获无算②,揆诸鲜入记载,皆非实。

同书复记中路董一元之师:

> 戊戌九月丁未,军门都监厅以堂上意启曰:"董提督已于二十日进兵晋州,贼徒尽弃牛马器械,走向昆阳、泗川之路,只斩七级,被携人四百余名刷还,一面入守晋州,一面追击事。"③

> 十月丙辰,董提督接伴使李忠元驰启曰:"进兵泗川,贼徒四百余名,弃城走入新寨,天兵及我军所斩八十余级,卢游击(得功)中丸致死,贼尸中有着锦衣者,降倭认曰:此乃泗川阵副将倭也云矣。"④

> 壬戌,庆尚道观察使郑经世驰启曰:"董都督初二日入攻新寨之贼,打破城门,方欲入攻之际,茅游击阵中火药失火,苍黄奔救,倭贼望见,开门突出放炮,天兵退遁致死者几七千余人,军粮一千余石,亦不为冲火而烬,伏尸盈野,兵粮器械狼藉于百二十里地,提督退还星州设欲更举,军无寸兵,束手无策事。"⑤

---

① 见昖《实录》戊戌十一月乙酉。
② 《味檗斋文集》七。
③ 一〇四·三六。
④ 一〇五·七。
⑤ 一〇五·一三。

> 戊辰,董提督揭帖:"昨藉威庇,得破望晋山、泗川诸寨,继攻沈安道,不期各寨余孽尽投归并,而水陆援继皆至,虽然四集我兵,力攻已有成效,可期结局矣,不意天不从人,我兵炮药一篓火发,躲焰一闪,而倭即乘烟突出,混战良久,彼此皆有损伤,暂退息兵,以图再举。"①

据此,董一元之进兵泗川,斩倭仅八十余级,止是小捷,新寨之败,则损师七、八千,军械粮饷不计其数,是诚大败矣,《明史·一元传》《朝鲜传》虽亦载泗川(原误州)失利事,然所因袭史料大半直接间接取材于一元等"虚张夸诞"之词,其惨败程度,非与朝鲜记载对证,固不详悉也②。

昢《实录》记两路舣兵攻曳桥:

> 戊戌十月甲子,右议政李德馨驰启曰:"刘提督初二日攻城时,诸军前进城下六十步许,贼之铳丸如雨,提督终不偃旗督战,吴副总广兵苦待大将号令,或有入楯车而困睡者颇多,于是潮水渐落,水兵亦退,倭奴见陆兵不即齐进,缒城直下前攻,广兵被杀二十余人,广兵惊退百步,各营之气已沮。当日所为,有同儿戏,既不督进,又不卷回,使各兵立过半日,徒引贼之铅丸,提督所为,殊不可晓。初三日,水兵乘潮血战,大铳中行长房屋,倭人惊惶,俱就东边,若从西边进入,则城可陷

---

① 原注:"泗川之败,提督之军过半致死,资粮器械,尽为贼有,提督仅以身免,今乃曰彼此皆有损伤云,则其虚张夸诞之习,至此可见。"一〇五·一七。
② 后敌退,一元入东洋仓,仅斩留倭两级。

矣。金晬排门请战,提督有怒色,终不动兵,城上有女人呼曰:此时倭贼空虚,天兵速入云云。机会如此,而袖手差过。提督行事正如夺魄之人,将卒皆轻侮,适见泗川败报,事情已乱,决意退兵,尤为痛泣。提督之与水兵不协,则为因初有争功之心,而终乃处事益错,尤不胜痛泣。"①

  右议政李德馨驰启曰:"提督乘夜卷退,军兵散乱,自倭桥(曳桥亦名倭桥)至顺天,白粒狼戾道上,倭桥余粮尚有三千余石,并令焚烧,未烧者未免资于贼手。退军时,舟师则乘潮而进,欲为攻城之状,今此之举,我兵几一万数千余名,攻城诸具,观瞻极盛,不得攻毁城一面,反为所侮,为贼所资,归而不胜痛心。"②

又朝鲜《中兴志》万历二十六年十月:

  綎与陈璘约明日夜攻,璘及期,乘潮急攻,而綎不出兵,但鼓噪相应。璘军以为陆兵已入城,争先腾进,自初更战至二更,李舜臣以潮退白璘,璘意气方锐,督战益急,曰:"今夜尽贼乃讫。"夜潮忽落,天兵船二十余艘,一时胶浅,贼出兵围击,尽焚之。是夜贼城几陷,行长所居屋三中大炮,贼悉聚东北面,奔走聚战,岸上兵望见水兵千炮沸海,火光中剑戟竞发,莫不跃跃思奋,而被掳人又越城奔告曰:"此面空矣。"李德馨、权慄驰诣綎帐,亟请杀入,綎不从,军中愤叹!璘大怒,驰入綎营,

---

① 一〇五·一五。
② 同上。

手裂帅字旗,责以心肠不美,即具咨军门,綎面色如土,但叩胸呼叹,归咎诸将而已。綎既攻城不克,又闻中路败报,乃议退兵,李德馨力止之,綎佯许,而先令权慄撤兵,遂焚营继退,遗弃甲帐牛马无算,失军粮九千石。是日,舟师乘潮而进,则岸上军已空矣。

朝鲜以锐意复仇,故力促进兵,其评綎之迟滞迂缓,或杂感情作用,惟綎与陈璘交恶,水陆两军争功忌妒,不能配合作战,则是事实,而綎仓皇夜退,粮械资敌,贻误尤深。同书又载:

> 戊辰十一月癸未,宣传官许垧启曰:"臣赍有旨驰往南原富有仓,得闻天兵初退时,贼疑怪不出,所弃资粮器械及各营帐目亦不输入,过四五日后,始撤木寨,加设于窟外,且作一旗,白质赤画,来植于顺天中路,其书大概:粮器龃龉,而天朝及朝鲜遗我以军粮,助我以器械,多谢云……提督带来辽阳一娼妇,而又有我国女子出自贼窟,来到吴副总营中,提督闻其美,亦致之,皆著男服,随行麾下将士皆有愤怨之志云。①"
>
> 史臣曰:"……刘綎简膺帝命,出征万里,身率三军之众,而对贼一舍之地,成败存亡,决于呼吸,而辽阳娼妇,贼营妖姬,尚在左右,则宜乎军情愤惋,莫有斗志,曾未交兵,先自奔北,丧旗乱辙,莫可收拾,终乃甘言乞和,赂物质人,则其贻侮于凶贼,取讥于外藩,而负皇上委遣之命者为何如哉!"②

---

① 一〇六·一。
② 同上。

案赂物质人为议和传闻之讹,要之,倭在曳桥虽侥幸致胜,疑惧实深,綎以渔色旁鹜,故失战斗能力。

至其最后进占倭桥,亦非由攻战而得,眎《实录》戊辰十一月壬寅:

> 南以信以军门都监言启曰,即刻西路塘报,以红旗驰到衙门言之曰:"本月十九日巳时,大兵进攻倭桥,贼众上船遁去之际,水兵截杀,烧破贼船五十余只,沈安道亦来救援,而为我兵所杀云云。"①
> 甲辰,左议政李德馨驰启曰:"本月十九日巳时,曳桥之贼专欲撤渡,刘提督驰入其城,城中只有我国人三名,牛马四匹矣,遥闻南海大洋炮声震动,此必水兵接战而不得详矣。"②

綎入曳桥,仅余鲜人三名,牛马四匹,则是已成空城,自无需作战。同书是年十二月壬申,载綎致朝鲜国王书:"本府督押四路官兵于夜半直抵行长城下,三面攻打,至于寅时,以草包土,填堑而上,内外夹攻,倭寇以为从天而下,抵敌不住,俱往海边,无船不能追,斩一百六十级,获衣甲等物。"③案此事本不实,惟据其自述,不遇斩首百六十级,后所以转成大捷者,同书具载其原委:

> 三十三年(万历二十七年)己亥,二月壬子,李宪国曰:"倭桥行长半夜撤遁,翌日,刘提督始为入据云矣。"上曰:"贼退城

---

① 一〇六・一三。
② 同上。
③ 一〇七・二一。

空,虽小儿可以入据。"上曰:"昨日予闻邢军门、刘提督播酋征伐时事,极可畏也。今者两爷又为欺罔朝廷,我国则直奏,是似摘发欺罔之状,奏本虽不上达,彼既见其草,事极难矣。"李国宪曰:"军门览草极怒云矣,刘提督若发怒,则极为可虑。"上曰:"两爷前日攻杨应龙,欺罔朝廷,以结局上本并蒙褒升,而杨也复叛,科道参云:军门前既欺罔,今东征之事亦如此也云矣。"……李山海曰:"刘提督受命讨贼而终不讨贼,反与之和,无状之甚也。贼退之后始入,毁破城堞,若陷城然,掘尸斩头,若获得者然,欺罔朝廷,至于此极。"李德馨曰:"刘将当初进围曳桥,十五日而退兵,刘将甚悔,及贼退之后,巡审贼城,则知其难陷矣。"上曰:"形势何如?"李德馨曰:"曳桥有山陡起,两边滨海,一面连陆,城筑五周,虽陷外城,内城又有,决难陷矣。且贼之家舍,自外见之,则似无一家,入内巡审,则不知其数矣。"①

丙子,上幸周都司敦吉馆②,敦吉曰:"刘大人血战之状,中朝布政③、贵国陪臣皆所目见,今闻贵国诋毁刘大人,是何故也?……倭桥之围,都部亲犯矢石,昼夜不懈,手足胼胝,行长智穷力竭,乘夜而遁,都部之功岂云少哉。……俺非敢为督部铺张,悯其勤劳如此,而终未免毁损威名,故敢以都部之意为国王陈之。"④

---

① 一〇九・五、六、七。
② 原注:"刘綖中军。"
③ 原注:"谓王士琦。"
④ 一〇九・二二、三。

> 史臣曰:"刘綎围蔚行长,朝暮且拔,而潜通使价,阴主羁縻,使狡酋未擒,扬扬渡海,綎何功之有!乃发新葬之尸,戮无罪之民,假成首级,其计岂不惨哉!及其情迹渐露,十目难掩,则反欲归过于我国,开陈难处之端,以为胁制之计,是以巧而拙矣。"①
>
> 四月庚午,李德馨曰:"唐将所为多无理,倭桥之战,刘綎昼攻城之状,又成一册,颂其功德,印结军卒,使之广布于中朝。"②

是曳桥城险守固,绝难攻取,其所以致兹奇捷,不过发新葬之尸,戮无辜之民,师平播攘功之故智及诪张夸诬之宣传而已。时綎反对党吴宗道等毁为赂敌媾和,虽不可信,然綎将以曳桥收复,由血战得来,则绝对子虚,惟以远在异国,功罪难详,故中国史书每炫其勋绩,《明史》亦谓綎攻栗林、曳桥,斩获多,殆直接间接为此伪造捷书所欺蔽也。

时邀击敌兵,鼓勇奋战者,似仅有水军,《明史》陈璘、邓子龙、朝鲜等传虽各有记载,然较为隔阂,参以李昖《实录》则详尽矣,如:

> 戊戌十一月乙巳,军门都监启曰:即者陈提督(璘)差官人来,曰:"贼船一百只捕捉,二百只烧破,斩首五百级,生擒一百八十余名,溺死者时未浮出,故不知其数。"③
>
> 戊申,左议政李德馨驰启曰:"本月十九日,泗川、南海、固

---

① 一〇九·二三。
② 一一一·一九。
③ 一〇六·一四。

城之贼三百余只，合势来到露梁岛，统制使李舜臣领舟师直进逆战，天兵亦合势进战，倭贼大败，溺水致死，不可胜计。倭船二百余只，败没死者累千余名，倭尸及败船木板、兵器、衣服蔽海而浮，水为之不流，海水尽赤，统制李舜臣及加里浦佥使李英男、乐安郡守方德龙、兴阳县监高得蒋等十人中丸致死，余贼百余只退遁南海，留窟之贼，见贼船大败，弃窟遁归倭桥，粮米移积南海江岸者，并弃而遁去，行长亦望见倭船大败自外洋遁去事。"①

己亥二月壬子，上曰："行长如是据险，何以退遁乎？"李德馨曰："盖畏水兵而退遁矣，水兵速日血战，唐船体小，若于大洋中则不好，而其于出入小浦，放丸用剑，极其精妙，二十八日之战，倭尸不知其数，初三日之战，倭死亦多，小臣登高见之，则行长之家在于东边，唐火箭落于其家，西边之倭全数东走救火，若于此时陆兵进攻，则可得成事，臣招李亿礼请于刘提督曰：此时可以进击云，则刘竟不从矣。"上曰："不入之意何意也？"李德馨曰："刘綎每言杨镐不解用兵，多杀军兵，俺欲不杀一人而荡平贼突云矣，大概有必胜之势，畏怯不入云矣。"……曰："水兵大捷之说，恐是过重之言。"李德馨曰："水兵大捷，则不是虚言也，小臣遣从事官郑谷往探，则破毁船木板蔽海而流，浦口倭尸积在不知其数，以此见之，可知其壮捷也。"②

丁巳，上幸陈都督璘馆……璘曰："方贼围把时，俺船悬鼓先登，邓子龙、李舜臣二将左右挟攻，二人皆为贼所毙，而俺冒

---

① 一〇六·一七。
② 一〇九·六、七。

死直前,不动声色,幸免其败,此亦数也。"上曰:"顺天之贼,其数几何?"璘曰:"贼可二万有余,而生还者仅十余只,贼之所持者鸟铳,而我以九铳撞破其船,故凶贼不得抵当,所以败也。适以无风,未得追击,俺尚有余恨。"①

案璘言或涉浮夸,惟统观上引各条,则其战功终不可没,盖华船虽小,动作便捷,故能"出入小浦",所至有功也。

四、邢玠、万世德战功考实

时领兵最高将领为经略邢玠及经理万世德等,《明史》虽不为立传,他书每渲染其功,如李光元《市南子六太保邢公东征奏议序》:

> ……既至(朝鲜),视诸军,别海陆之长技,三分之以当倭,三帅相机勠力,所向必获,时国家虽一意战,而先是异议者犹煽处其中……公以是常儿昼夜立计,贼不灭,即不生入关……果赖主卜神圣,不摇群议,军问至,辄慰勉,由是司马得愈益自励,料敌设奇,靡不宁息,车骑之师穷险,楼船之卒暴海,倭故多变,至是乃数穷,积聚所在见焚,援饷来,悉为我断其道,三师之隽,亡于锋镝之间,计画不能支,适潜舟载辎重去,岂惟新寇,釜山百年之倭尽矣驱除,伟矣哉!

---

① 一○九·一四。

又冯琦《宗伯集》十二《贺大司马邢公平倭奏凯序》：

> 公以一将军縻清正，以水兵围行长，石曼子率诸路倭来援，公授诸将方略，邀击，大破之，石曼子殄焉，禽伪九州岛都督正成，先后斩首五千级，倭赴海死者无算，海上之倭迹如扫矣。

又光绪《益都县志》三十《邢玠传》：

> （万历）二十六年，倭酋石曼子率诸路兵来援，玠遣都督陈璘邀击，大破之，前后斩首五千级，焚其舟九百，堕海死者无算，渠帅清正、行长仅以身免，铸铜柱纪功釜山，朝鲜人为建祠绘像祀之。

似玠排众难，任巨艰，一意主战，始收用兵之效者，惟揆以上举朝鲜记事，除水师大捷，余均无功，且此捷之所以造成，为陈璘等督导力战所致，玠仅雍容备位而已。眤《实录》载玠冒功事：

> 己亥正月丙申，上曰：“予以为军门（邢玠）宽厚长者，及见草记，无理之甚也。欺罔天朝自以为三路征剿，军门如此，其他武夫不足责也。”①

---

① 一〇八·一四。

二月壬子,上曰:"军门所为,无足可观,欺罔朝廷,无所不至。"①

"草记"即邢冒功上奏之疏稿,或为《市南子》等书之所从出乎？又《奏凯序》及《县志》皆谓生擒倭将平正成,《神宗实录》亦载之,知亦出自邢疏,惟此事日本史籍不载,眇《实录》复记:

> 戊戌十二月乙丑,军门都监启曰:即刻军门招译官李海龙言曰:陈都督揭帖,前日生擒将倭,推问则正成部下人,而问正成烧死乎？溺死乎？答曰,未也。更问他倭之时,将倭又为拿致,则诸倭皆合手尊敬,怪而问之,"你何以尊敬此倭乎？"诸倭曰:"此乃丰臣正成。"当初正成或烧云或不死云,而今乃生擒,且其人长大,容貌不凡,似是正成无疑。②

是生擒正成为邢方一面之词,朝鲜《实录》则以为伪也。

《益都县志》谓鲜人为邢建生祠,而眇《实录》记:

> 戊戌十二月壬戌,军门都监启曰,今日中军令译官李海龙传言,"前日宋应昌出来时,佇国歌谣颂德,或为李提督(如松)设生祠堂……今日之事大异于前日,倭贼尽去,疆域干净,颂德等事似当举行,而生祠堂亦趁老爷未还之前,虽草草营立,

---

① 一〇九·五。
② 原注:"丰臣正成,贼将中凶狡有勇智者也。露梁之战,正成烧死溺死之言,已是谎说,而今乃以诸倭之尊敬,容貌之不凡,而认以正成,谓之擒大将,自以夸大,既奏天朝,又瞒藩邦,其好功无耻之习,至此而极矣。"一〇七·一四。

则其于待老爷之道,不亦有光乎?"①

是建嗣出自玠之讽示,玠有战绩图、纪行诗遍征东国名士题咏,当亦此类,实则此等感恩称颂,岂其本衷。昤《实录》复载赞画贾维钥所撰《釜山平倭铭》,当即县志所谓铜柱纪功者,惟文后载史臣评语曰:

> 古者立碑必名有可述,功有可纪,然后为之,故世弥久而功宣,身逾远而德劭,何者,杜预之碑,马援之铜柱是也,攽天将等拥兵一隅,坐视倭奴扬波渡海,而虚张名誉,至欲刊石铭功,欲使万世流名,其为无耻至此极也。②

然则诪张夸功,仅足欺蔽国内,鲜人固知其真实之底蕴也。

万世德以勇悍闻,明代史家文人之称颂赞美者不胜举,惟昤《实录》中多微辞,如:

> 戊戌十一月辛亥,经理都监启曰:"万都爷(世德)先声素有勇,多大略之誉,虽杨经理(镐)亦尝称道其雄才伟器,喜立功名之士,而自过江来,绝无谋猷兴作之事,专以慈祥恬默为主,大异于前日所闻,固不可以寻常浅见骤度大人之景,而亦可想见其大概也。"③

---

① 一○七・十一、二。
② 一一八・三。
③ 一○六・二○。

己亥二月壬子,上曰:"经理(万世德)何如人乎?"沈喜寿曰:"性似纯善,而殊无所为之事。"李宪国曰:"辽东有老妪谓我国人曰:你国何以万归,盖杨镐则善于检下,一路无弊,万经理不能检下之故也。"沈喜寿曰:"经理……无威风,人皆不畏矣。"上曰:"予以为无用之人也,且礼单一不辞让,天朝人相接之时,礼单不可废也,但小无辞让之心矣,杨经理则一不受之。"沈喜寿曰:"臣以文房所用之物呈之,皆受不辞矣。"①

八月辛丑,经理接伴使沈喜寿启曰:"经理性宽缓,少法度,许多门下将官无所顾忌,且以归期不远,人各有求请之事,形形色色,征索百端,虽以平时物力亦所难当,况今日之事乎?例送银子少许,讨出十倍价重之物,无谓莫甚,或送帖哀恳,或对面迫胁,备诸丑态,无所不至,郎僚受辱,色吏被棍,前后相继,有难形言。"②

据此,则世德盖一器识凡庸,贪财纵下之将,何战功之有。于考东征诸将,以李如松、杨镐为首功,如松平壤之捷,迫敌退还王京,镐岛山之战,使倭离去朝鲜,若万历二十六年之胜,不过藉岛山之余威,值秀吉之老死而已。

关于诸将冒功,中国史籍亦偶有记载者,如陈继儒《眉公集》七《答夏彝仲书》:"刘綎六千,侥幸关内之自毙而后已。"又董其昌《容台集》六《笔断》:"万历二十七年二月十九日,吏科给事中陈维

---

① 一〇九·八。
② 一一六·二四。

春一本。职按倭以平秀吉之死,因而惰归,非战之功也,丁应泰以为邢玠等之赂倭,科臣又以为丁应泰之党倭,皆非笃论。"案眉公广接当时士夫,玄宰博参故案文集,而皆谓倭自动撤退,非邢、刘战功,此类史料修《明史》时或亦见及,检《明史稿》二一二石星、宋应昌、顾养谦、孙鑛、邢玠等传,于诸人之主和误国,因循委蛇,记载甚详,《史稿》为纂修《明史》底本,是馆臣于当日情实非不之知,惟《史稿·朝鲜传》于此等处则略加削减,《明史》据之,更有隐讳(如记李宗城、杨镐事),经此两次改写,故以《明史·朝鲜传》与《史稿》石星等传比,两书之距离遂甚远,《明史》为前后一致,石星等传不得不删去,今以《明史》二二八与《史稿》二一二较,两卷大半相同,因袭之痕迹亦极显,《明史》所缺三千余字,仅与东征有关诸传而已,然则馆臣删削,实因回护,今为探求史事真相,自可旧案重翻,但先民之居心用意亦不可不知也。

民国三十三年七月十四日脱稿于四川南溪李庄

(本文原刊于《中央研究院历史语言研究所集刊》第 14 本,1949 年)

论万历征东岛山之战及明清萨尔浒之战

——读《明史·杨镐传》

明自援助朝鲜平倭,国用大匮,清因破辽三路之师,势力渐强。岛山及萨尔浒之战,在前后两役中,具有决定性之影响,而两战明方之主将皆为杨镐,则镐在明清交替之际诚有重要关系矣。惟《明史·镐传》记两次战事皆脱略不详,于其所以失败之故,亦不甚了了;至记萨尔浒之战,更有夸诬之意存其间。兹因藉助朝鲜记载,证以中国旧闻,参校订正,相互发明,庶于此关系重大而茫昧不明之史事,可重为论定乎?

甲、岛山之战

(一)

《明史》二五九《镐传》记万历二十五、六年岛山之战:

> 万历二十五年……擢右佥都御史,经略朝鲜军务……九月朔,镐始抵王京,会副将解生等屡挫贼,朝鲜军亦数有功,倭乃退屯蔚山。十二月,镐会总督邢玠、提督麻贵议进兵方略,

分四万人为三协,副将高策将中军,李如梅将左,李春芳、解生将右,合攻蔚山。先以少兵尝贼,贼出战,大败,悉奔据岛山,结三栅城外以自固。镐官辽东时,与李如梅深相得,及是游击陈寅连破贼二栅,第三栅垂拔矣,镐以如梅未至,不欲寅功出其上,遽鸣金收军。贼乃闭城不出,坚守以待援,官兵四面围之,地泥淖,且时际穷冬,风雪裂肤,士无固志,贼日夜发炮,用药煮弹,遇者辄死,官兵攻围十日,不能下。贼知官兵懈,诡乞降以缓之。明年正月二日,行长救兵骤至,镐大惧,狼狈先奔,诸军继之,贼前袭击,死者无算,副将吴惟忠、游击茅国器断后,贼乃还,辎重多丧失。是役也,谋之经年,倾海内全力,合朝鲜通国之众,委弃于一旦,举朝嗟恨。镐既奔,挈贵奔趋庆州,惧贼乘袭,尽撤兵还王京,与总督玠诡以捷闻。诸营上军籍,士卒死亡殆二万,镐大怒,屏不奏,止称百余人。镐既遭父丧(应为母丧),诏夺情视事,御史汪先岸尝劾其他罪,阁臣庇之,拟旨褒美,旨久不下。赞画丁应泰闻镐败,诣镐咨后计,镐示以张位、沈一贯手书,并所拟未下旨,扬扬诩功伐。应泰愤,抗疏尽列败状,言镐当罪者二十八,可羞者十,并劾位、一贯扶同作奸。帝震怒,欲行法,首辅赵志皋营救,乃罢镐,令听勘,以天津巡抚万世德代之。已东征事竣,给事杨应文叙镐功,诏许复用。

案此传多与史实左,亦有记叙模糊,仅得其局部真相者,兹申论如次。

（二）

《镐传》记岛山事，盖直接或间接采自《神宗实录》及明人所撰史籍。《实录》以天启元年下诏纂修，迨崇祯四年书成，时建州之祸方殷，明臣之推原乱本者，每以萨尔浒一役为发轫，而辽东四路出师，镐固主帅也。史臣积愤之余，至对镐在岛山功绩，亦鲜平情之论，如《实录》万历二十五年十二月丁亥载：

> 先是十一月乙卯，经略邢玠曰："经理杨镐闻命即仓皇夜遁，倭袭两协，弃辎重无算。"于是赞画主事丁应泰劾杨镐与李如梅党欺贪懦状，可万言，上遂罢镐。是役也，陈寅乘胜登蔚城，援枹鼓之，可灭此朝食，忽鸣金而退，镐不欲寅功在李如梅上也，故功垂成而复败。镐罢后二十年，奴酋难作，复起镐为经略，仍用李如柏为大帅，而有三路丧师之事。盖镐与李氏兄弟比，以辽事首尾数十年，卒以破坏，故致恨亡辽者，以镐为罪魁云。

二十七年九月乙丑载：

> 命杨镐以巡抚原官叙用，镐轻率寡谋，东征时，偏听李如梅等，纵酒戏谑，蔚山之役，举垂成之功而败之，为勘科所纠，朝议以倭已荡平，姑原其罪，乃后来谬起为都帅，俾征建酋，途致三路丧师，几危社稷，良可恨也。

又沈德符《野获编》、黄景昉《国史唯疑》等书亦约略同此,不具录。考岛山为蔚山别堡,《实录》作蔚山者,举其大名耳。诸书以撰在明季,作者感情受时代影响,故以后来之功罪,度前此之是非。惟《实录》虽笔诛镐在岛山失事,对其东征功绩亦未尝尽掩,如万历二十六年二月所载邢玠疏题及三月汪先岸论劾,温旨留镐,皆其显例。镐与张位、沈一贯等同为主战党①,时张、沈适为宰辅,所下奖勉慰籍之诏,当有二人阴助,然亦可见岛山初败之顷,政府持论犹为平允也。

(三)

岛山鏖战真相,证以朝鲜记载始为明显,朝鲜宣宗②李昖《实录》:

> 三十一年(万历二十五年)丁酉,十二月甲申,提督接伴使张云翼、都元帅权慄、经理接伴使李德馨状启:"本月二十三日丑初,三协天兵,一时自庆州分三路前进。黎明,左协先锋直捣蔚山贼窟,佯北诱引,再次大战,斩首五百余级,生擒倭将一名盘问,则清正住在西生浦云云。城外贼幕尽为焚烧,余贼遁入城内土窟。日已向晡,南兵未及齐到,解围休兵,将以明日早朝荡灭,经理(杨镐)与提督(麻贵)并驻贼营一马场外,看验首级牛马器械,臣等亦跟随以观,但入窟之贼,方运卜驮于船所,虑

---

① 详后。
② 应为宣祖——整理者注。

或乘夜逃遁。"①

丙申，麻提督差官持捷书自蔚山至……差官曰："二十三日巳时，天兵破清正别营；其夜清正自西生来入蔚山，天兵方围岛山攻打，而贼在高阜，我军在卑处，故死伤颇多。二十三四日之战，只麻、周两千总中丸而死，军兵死者不满三十人，倭贼之从水路来者为天兵所赶，翻船淹死者数千云。"②

三十二年(万历二十六年)戊戌，正月丁酉，十二月三十日成贴接伴使尹洞、忠清道节度使李时言驰启："……我国被掳男女六七人出来，问之，则城中无粮无井，贼卒乘夜下城，收拾烧米而食，城外井泉皆已填塞，贼徒无器，以小钵取水而饮，或以衣湿水而啮之云。"③

庚子，正月初一日成贴提督接伴使张云翼驰启：……去夜倭贼三十余欲汲水出城，金应瑞与降倭设伏擒五名，斩五级，问于降倭，则曰："城中无粮无水，而大将则金哥、清正等六将方在军，卒则万余名，而皆饥癯不合战用，精兵未满千名云。"④

案朝鲜接伴诸使及麻贵差官所述者，皆得自目击，当可信。又茅瑞征《万历三大征考》及日本记载亦以倭兵困处孤城，饥疲殊甚，并可与此相印证也。

---

① 日本景印朝鲜太白山本卷九五。叶二五、六。
② 九五·二六。
③ 九六·十。
④ 九六·一三。

附 编

倭兵在围城之顷,欲与镐议和,昡《实录》记:

> 戊戌正月丁酉,十二月二十七日成贴经理接伴使李德馨、都元帅权慄驰启:……倭贼数人于竹竿插书执旗下城,经理走人取看,则清正副将送于兵使者,而说称"清正在西生,小将等在此,差朝鲜一将同我往西生讲好,则两国之人不至多死"云云。经理即还送而谕之曰:"清正若来降则不当(但)一城之人并免死,当奏除官厚赏,天朝决不负信义"云云。并与令箭送贼中,贼徒留令箭答说:"清正在西生浦,少开南面一路,则即速驰去前说"云云。①

> 庚子,正月初一日成贴提督接伴使张云翼驰启:……三十日,清正送书于经理,欲为讲和,经理答以"渠若出来,面求生活,则俺当赦之"云。清正又答曰:"麻老爷以战为主,必不见我,杨老爷若求相见于中路,则当于明日午出拜"云。故经理欲引出,计擒云云矣。②

使非穷困无奈,何至出此下策,赖襄《日本外史》谓杨镐愿和,日人拒之,冯琦《贺大司马邢公奏凯序》③谓清正求和,邢玠不受,证以朝鲜所记,皆非实。昡《实录》又载:

> 戊戌三月乙巳,陈御史接伴使李好闵来启曰:晋州水军金守称说,前年十二月二十一日,虏在西生浦时,清正闻岛山围

---
① 九六·六。
② 九六·十三。
③ 《宗伯集》十六。

论万历征东岛山之战及明清萨尔浒之战——读《明史·杨镐传》

报,始为不信,曰:"此奴以我远在西浦,欲我来住,故为此说。"再闻实报,二十三日夜,始带五十兵来投岛山内城,二十兵中途见杀,三十同入,清正独坐其军,计粒而食,已经累日,事势甚迫,拔小刀拟颈,军官倭前夺其刀曰:此中有牛可烹,吃尽后处之。天兵退阵之日,方吃其肉,清正见马兵围立城下甚盛,清正吐肉,引大剑刺颈,军官倭又夺之,幸将军小待。俄而步兵走出,贼闯城看曰:"此无奈取粮去耶。"俄而马兵驰退,诸贼抚掌大欢曰:今以后免死。西生之贼船载食物舣于岛山之下,兵退即进,窟中之贼得吃粥物,尽毙,惟清正等若干人得生。清正即还西生,杜门称疾,不理一事,曰:"我在此处何为,归国何颜!"日待关伯之召还而已①。

是岛山虽围攻不下,然予倭酋清正之打击已甚大,清正本主战者,后来自动撤兵,虽因关白之死,然与此次挫败极有关也。

(四)

至镐之所以撤兵,实因倭遁土窟,不易攻拔,且时值大雨,亦不便久围,兹择录眤《实录》所载者,以明其原委:

> 戊戌正月己丑,军门都监启曰:"提督差官处问之,言二十三、四两日交战之后,即进兵道山城下,城凡四重,外城周遭于山下,土筑低微,我兵得以攻开。其内三城石筑固,城上列置

---

① 九八·一二。

房屋,其屋跨出城外,彼得以俯瞰制我,放丸如雨。我从其下,既不能察见城中形势,又不得近于铳丸之下,我兵不得已屯于丸所不到之处。经理都督屯于城北,高策屯于东,吴惟忠屯于南,李芳春屯于西,李如梅、摆赛把截西生贼于江边,祖承训、颇责把截釜山之贼,而城固难破如此,进则恐我兵多伤,故欲围屯累日,以待其自毙。"①

丁酉,十二月二十七日成贴提督接伴使张云翼驰启:"……二十六日休歇人马,放一日粮,仍传令于都元帅,使我国兵马负木防牌及柴草进薄城下,欲焚贼营。都元帅权慄亲自临阵督战,斩灵山县监全悌及出身一人军丁一名以徇,军兵不敢不进,而但贼丸如雨,死伤极多,不得已退阵。且自昨日午后至今夜,雨下不止,人马饥冻,泥泞没膝,士窟之陷,百倍攻城,而天时如此,极为闷虑……且经理提督露处山顶,触冒风雨已五日,艰苦之状,有不可言。而监司李用淳退在庆州,不为跟来,凡百支供柴草,不成模样,并定官亦不定送。臣与李德馨艰苦分定于邻近各官,经理提督盘膳仅得备进,而三协以下将官盐酱亦绝,争来求觅于臣,事极未安。"②

十二月二十九日成贴经理接伴使李德馨、都元帅权慄驰启:去夜为始,西风大作,天气甚寒,浙兵围守江岸,其苦尤甚。平明,经理谓臣等曰:"今日风势好,欲多备柴木,乘风纵火以

---

① 九六·二。
② 九六·六。

烧贼幕。"遂令三协兵马及我兵采办柴草……经理令天兵及我兵持挨牌及草束遮拥前进，欲薄城放火，而贼窟铳丸如雨，才进木栅外，不得更进。昏后各兵更欲前进，而贼放火炮，诸军退缩。①

庚子，正月初四日成贴李副总接伴使李德悦状启："本月初四日，自晓头唐兵无御丸器械，肉薄攻城之际，贼放丸如雨，发无不中，唐兵中丸者几至五百，竟不得登城，辰时罢战。经理、提督相议旋师向庆州。"②

壬寅，忠清道节度使李时言、庆尚左道节度使成允文驰启曰："……当今月初二日，西生浦等处之贼多数出来，于相望遥峰多张旗帜，而初三日遥峰之贼，渐渐流来，或飞扬于贼垒越郊，或列立于箭滩之南山。又以精兵五六十下山底，而天兵不敢逼，一度相战，均解而退。山顶之贼，建旗屯宿，臣等亦以都元帅分付，亦为领兵，遮截于箭滩。其夜，天兵且欲攻城，造大炬，四围而进。始自子夜，天明乃罢，而贼丸如雨，死伤甚众，无一人抵城者。初四日早朝，遥峰及山内之贼，各负五色之旗，添于山顶之贼，迤峰十里，按肩而立，然其众多不过数三千，山内之贼亦不过数万。假使冲突而相战于平原，则蹂躏可灭，而自午后箭滩把守骑马等稍稍流下，围贼右协之兵，渐次解出，贼船数十，列泊于岸，或有下陆者，而亦不驱逐殆尽，解

---

① 九六·八。
② 九六·一四。

出亦无伏兵之地,令人望见,则天将所住,处处起火,皆是烧药之气,而疲病之留阵者,叫呼之声动地,然后始知天将之退兵,先将步军留出,自领骑兵殿后而退。箭滩把守浙江步兵及骑兵,亦不知其将之已退,终乃苍黄颠倒而走,山顶之贼,鱼贯而下,一时厮杀,步军生还者无多,而骑兵之被死者亦不知其几,或弃甲卸胄,赤身而出,我军死伤者亦众,堂堂大势,顷刻摧折,已死之贼,反肆凶毒,诚可痛哭。"[①]

案城上列置房屋,藏兵其内,以鸟铳俯击。明挟刀剑土炮往攻,近既不可,远难命中,宜乎无能为役。又朝鲜气温较暖,雨量甚多[②],故行兵必择春冬干燥之时。镐攻蔚山在阴历十二月,正在适时之月令,至不幸遇雨,则偶然事也。要之,镐于围城之后,截击援兵,火攻土窟,布置非不周密。值天雨泥泞,野露指挥,督励亦极勤勇。至其后来所以失败,乃因倭兵据势险峻,不易仰攻,而鸟铳之火力猛烈,尤不能使人接近。兵饥马倒、寒凉疲困之余,故值倭兵援至,不得不溃退。《明史·镐传》谓行长救兵至,镐大惧,狼狈先奔,诸军继之。《李如梅传》谓如梅军先奔,诸军亦相继溃。《麻贵传》则谓诸军皆溃,镐始撤归。三者记载不同,而皆咎其撤兵,然于其所以撤兵之故,实不了了也。

(五)

明自发动东征,即分和战两党。初兵部尚书石星主和,经略宋

---

① 九六·一五。
② 尤以南部为甚。

应昌等承其旨,故有封贡之议。后虽迭经波折,此策迄未变更,而庙廊之秉国钧、倡清议者亦为之鼓吹支持,故主战之党颇消沈①。但至李宗城、杨方亨等媾和不成,主战之党渐抬头,双方之对峙遂渐尖锐化矣。

时东征部队分南北两系,镐商丘人,为北兵领袖,与南兵颇多摩擦,此事《明实录》等书虽不详记,然证以李昖《实录》固不难考知也。如:

> 戊戌二月戊午,右副承旨郑经世曰:……攻岛山之时,吴惟忠送人于经理曰,当及今日未备之时急攻之,则可即下也,则经理割其来人之耳,如是至再云云。②

案吴惟忠浙人,为南兵领袖,所献攻敌未备之策,并无可议,而镐至再馘来使之耳,明系预有恶感。又镐派惟忠屯永川,昖以艰于粮运,请改忠州,镐疑为其请托,告之曰:

> 将令一下,不可变也,渠若厌往,则何将官肯往乎? 国王岂知之乎? 南人素奸,必往见国王也③。

所谓"南人素奸",可以委曲传出双方之所以冲突,实杂有地域色彩也。④

---

① 参看王家屏、李廷机等文集。
② 九七・五。
③ 九八・八。同年三月庚子。
④ 时北将中如麻贵与李如梅及镐亦不谐,然方之南将,则有间矣。

丁应泰参劾杨镐即以南北军冲突及庙堂和战对立为背景，《神宗实录》万历二十六年六月丁巳记：

> 东征赞画主事丁应泰奏，贪猾丧师，酿乱权奸，结党欺君，盖论辽东巡抚杨镐、总兵麻贵、副将李如梅等蔚山之败，亡失无算，隐漏不以实闻，而次辅张位、三辅沈一贯与镐密书往来，交结欺蔽也。大略论镐曰：倭至则弃军士而潜逃，兵败则议屯守以掩罪，既丧师而辱国，敢漏报而欺君……辅臣报镐书，位有祸福利害与君共之语，一贯有以后大疏，须先投揭而后上，以便措手语。且以御史汪先岸论镐拟票留中之旨密以示镐云，盖先岸之疏，阁票称镐忠勇，留中不下也。又言自有东事以来，辽兵阵亡已逾二万，皆丧于如梅兄弟之手，前后费饷六七百万。又谓镐与如梅媚倭将清正，与之讲和，以私通清正之书进呈，因论镐所当罪者二十八事，可羞者十事，如梅当斩者六，当罪者十。又追论镐之经理朝鲜，以赂次辅位而得之，今观位与镐书云云，则人言不诬。

案此文所记殊含混不明，参以朝鲜记载，始知丁之纠弹由上述问题所引起。应泰属于朝廷之主和党，与杨镐等之主战者异，眂《实录》记：

> 戊戌六月辛未，经理都监启曰：今朝黄应旸见臣说称："……天朝议论有两端：一边以为中国为救援外藩，疲弊根本，非得计也，倭奴必不能犯中国，朝鲜为自己谋，必张倭势以报，而中国日增兵增饷，致令内地骚动，石尚书星处置为是，此则

赵阁老志阜及救护石尚书之人所持论也。一边以为倭奴计不在小,朝鲜为要紧属藩,必须一举惩创,经营防守,然后后患少矣,此则张阁老位所主张。"①

癸酉,李德馨见杨经理……经理曰:赵阁老元来主封事之人,七个月被参,告病在家,今忽出而视事。丁应泰乃赵阁老之相厚人,今欲构陷张阁老,又生出一番胡说,我之被诬,何足言也。李大谏本沈惟敬中军,从前误事亦多,而今亦因军门邢玠差委,不计事体,一心只欲救出惟敬。前日军门监军俱说应该叙功,而我恶其情状,削而不录。今于我被罪者俱倡起一种论议,丁应泰又为无赖辈谋主,上则欲为赵阁老、石尚书等地,下则与主和诸人朝夕计议,南方群不逞之人又托此人为报怨于我,我自前取嫉于人者非一二矣。因出赵阁老、石尚书、萧按察应宫诸人私书示之,赵之书简则说:"沈惟敬被逮之后,人言亦多,望台下调和,以完一场大事。"石尚书书曰:"不肖误国事,老妻童穉将作瘴乡之鬼,十岁儿子何干倭事"云云。其下又云:"台下叙功时,语及行长守约,按兵不动,此可见封事不为无益,倘皇上见怜,妻子得放田里,此为至幸。老生年衰,不远入地,更有何望。李大谏被邢制府玠之教,宣谕行长,行长退在倭桥,肯从其令,行长之异于清正,此亦验也。沈惟敬今当大罪,其间亦多可恕,宋应昌、孙鑛两经略不要多言,其意亦可知也,幸勿过持外议以全大事,圜扉泪洒,不知所云。"……又出邢军门手札说称"李大谏赤心效劳,其功合应优叙"云云。经理说道:"赵阁老有书而我不听,石尚书哀告而我为国事不

---

① 一〇一・一二。

得从,邢老爷欲叙李大谏之功而我争之不录,此等事人皆以为恩乎?"①

乙亥,经理招李德馨谓曰:"……内边议论大变,科官又上本参张阁老,本兵又上本参李如梅,群议纷纭。赵阁老乃主封误事之人,前日皇上长子冠昏礼时,阁臣议论又不同,乘此机而纠结奸党腹心,必欲去张阁老,乃曰:误东事者杨某也,错举杨某、张某也,阴嗾其类上本,而赵阁老从中票下圣旨,张阁老已不得安于其位矣。麻贵元是石尚书门生,无一毫杀贼意思,可怜国王前后被瞒于天朝人凡几遭哉!"②

据此,则赵志皋、石星、邢玠、麻贵、沈惟敬、萧应宫、丁应泰等为一党,主和;张位、沈一贯、杨镐等为另一党,主战③。两方意见不同,所派使鲜诸臣遂亦持论各异,丁应泰之参劾杨镐者实以此。胡应麟《甲乙剩言》记:"赵相国以东事忧悴,时或兼旬不起。余往访之,适日者王生、医者李生两人在坐,相国谓王曰:我仇忌何日出宫?谓李曰:我何日膏盲去体?余笑曰:使石尚书出京,便是仇忌出宫,沈游击去头,是膏盲去体。相国为之默然。"是志皋后来颇沮丧,盖封事既败,凡劾石、沈者必及志皋④,故志皋亦利石、沈之速去。然在岛山初败之顷,和党固占压倒之优势也。

南兵之战斗意志本优于北兵,惟在反对北将杨镐一点上,与和党一致,故丁应泰得执之以为参劾根据也。眩《实录》记:

---

① 一○一·一四、五。
② 一○一·一六、七。
③ 《明史》谓赵志皋营救杨镐,恐不实。
④ 参《明史·志皋传》。

论万历征东岛山之战及明清萨尔浒之战——读《明史·杨镐传》

戊戌六月丙子,上曰:"杨经理之被参,未知何故也?"李德馨曰:"其举措恍忽,不可知也,大概蔚山之役,南北兵争功,情意乖戾,乃至于是也……大概经理之为人,性禀颇乏周详,南北军兵待之不能脱彼此形迹,故南兵皆怨之,怨经理者皆附于丁。"……许筬曰:"经理囚陈寅中军周陞,故陈欲夺之,几至于发兵相攻,衙门员役皆言矣。"上曰:"是何言也,假使经理囚周陞,在陈寅之道何敢乃尔。"李恒福曰:"小臣家有一千总来寓,一日,将官辈来会饮酒,招臣出来,仍相诋诟经理,加之以无理之说,其气象甚恶,臣言其不然,则又辱臣无所不至矣。"上曰:"以此观之,则经理大失人心,虽在此,必不能成功也。一丁应泰至么也,嫉怨经理,设谋倾陷,渠之言奚足以眩乱朝廷之视听哉!"①

据此,南兵以论功不平,胥怨杨镐,陈寅南将,故其中军被囚,几于操戈相向。至李恒福所述诋镐诸将,揆以上例,盖亦南兵。此种反对不平之党,遂为丁应泰说之助长。

又明朝记载,皆以岛山之败归咎于镐党李如梅鸣金收军,致使陈寅攻城垂克不能拔。案此事本出自丁应泰口,证以朝鲜记载不如是。眂《实录》记陈寅攻城事:

戊戌正月丁酉,十二月二十五日,成贴提督接伴使张云翼驰启:"……昨夜二十四日,经理提督宿于贼窟对峰,各营兵马皆为野营,终夜放炮,今朝(二十五日)又使南兵及我国兵进薄土

---

① 一〇一·十八、九。

窟,欲毁城逾入,而清正方在其中,土壁四面,铁丸如雨,人不得接足,唐兵死伤数百,我国军人亦多死伤,陈游击又中铁丸,不得已领兵还营,经理提督不胜愤恨。"①

丙午,上幸陈游击(寅)馆处接见……游击曰:"上年蔚山之役也,至十二月二十三日骑兵先到,攻破蔚山外栅,翌日(二十四日),俺领步兵共破内木栅三重,至石窟下,城坚,攻之未易下,欲以积草而焚之,人持一束,而上铳丸如雨,近者辄倒,无敢扑城者,欲以大碗撞破,而城高势仰,不得施技。俺谓杨、麻两爷曰:看今日之势,似难轻举,徐俟大军齐到,一举而蹂躏之。经理曰:当攻外城之时,汝既先登,汝军之勇健冠于诸军,须急攻无失也。俺遂唾掌奋锐,贾勇先登,贼丸中齿,而少无怖心,益励士卒,鹰扬鹘击,而丸又中腿,隔于超距,遂乃退步,思之至今,不胜怛怛。"②

鲜臣得自目击,陈寅亲述所历,皆可征信。是镐在攻城之顷,不特未掣寅肘,且力劝其急击,寅因受敌铳威胁始撤退,初无鸣金止攻之事也。同书是年六月丙子复载李如梅攻城事:

上曰:"大抵丁主事以陈寅为第一功,经理则以李如梅为首功云。二人争功之高下,予所难详,何人果为最优,右相知之乎?"李德馨曰:"陈寅农所之战,大获首功,李如梅则旁观而得之云。而二十二日之战,李如梅为前锋,引贼而出,挺身击

---

① 九六·六。
② 九六·一九。

之,摆赛、杨登山夹而击之,小臣随后望见,陈寅亦闻之,跃马驰入,未及十里,已尽灭城,斩首四百,此时则陈寅在后,安有第一功乎?至今遗恨。二十二日克捷之后,乘胜直捣,则有如破竹之势矣。而反自鸣金而退,军情皆以是归咎于经理耳。"上曰:"以岛山为囊中物而如是耳。"①

然则鸣金止攻实十二月二十二日事,在陈寅二十四(五)攻城之前,是役李如梅为前锋,摆赛、杨登山等北将次之,陈寅殿后,妒功之说自不实。陈、李二将本各有首功,岂南军故混陈寅攻城与前此鸣金为一事,因以文致镐罪欤?咙《实录》载军门都监启:"提督差官处问之,言二十三、四两日交战之后,即进兵道山城下,城凡四重,外城周遭山下,土筑低微,我兵得以攻开,其内三城石筑坚固,城上列置房屋,其屋跨出城外,彼得以俯瞰制我,放丸如雨,我从其下,既不能察见城中形势,又不得近于铳丸之下,我兵不得已屯于丸所不到之处。"②此镐不得不退之故,盖既以岛山为"囊中物",自无需作过大之牺牲也。

总之,岛山之败,乃因倭据险要、火器猛烈及时值天雨。以和、战主张不同,丁应泰遂得掇拾南军谤言,以为攻镐之藉口,自《实录》写撰迄《明史》成书,或蔽于情感,或昧于时势,皆无所更正,今藉朝鲜记载,可以昭揭其覆矣。余往撰《李如松征东考》,曾就天时地利人事火器四者分析其所以撤兵之故,今为杨镐雪冤,犹斯旨也。

---

① 一〇一·一九。
② 见前。

应泰劾镐诸事,证以李昖《实录》皆无稽,而镐军纪森严,不苟取予,在鲜实有遗念,宋犖《筠廊偶笔》载有鲜人所撰之《镐祠功德碑》,对其东征功绩,备极感颂①,《明史》本传谓鲜人怨之者亦不实。又萧应宫、冯缨、金相等与应泰同党,钱牧斋误信其传述东征事,则为所欺惑也②。

乙、萨尔浒之战

(一)

《镐传》又载万历四十六年四路出师事:

> 万历四十六年四月,我大清兵起,破抚顺,守将王命印死之。辽东巡抚李维翰趣总兵官张承允往援,与副总兵颇廷相等俱战殁,远近大震。廷议镐熟谙辽事,起兵部右侍郎往经略,既至,申明纪律,征四方兵图大举,至七月,大清兵由鸦鹘关克清河,副将邹储贤战死,诏赐镐尚方剑,得斩总兵以下官,乃斩清河逃将陈大道、高炫徇军中。其冬,四方援兵大集,遂议进师。时蚩尤旗长竟天,彗见东方,星陨地震,识者以为败征。大学士方从哲、兵部尚书黄嘉善、兵科给事中赵兴邦等皆以师久饷匮,发红旗日趣镐进兵。明年正月,镐乃会总督汪可

---

① 碑建于万历三十八年,时镐离鲜已久,且早失势,故此文与阿谀颂德者不同。
② 见《初学集》"萧应宫墓志"及"东征二士录"。

论万历征东岛山之战及明清萨尔浒之战——读《明史·杨镐传》

受、巡抚周永春、巡按陈王庭等,定议以二月十有一日誓师,二十一日出塞,兵分四道:总兵官马林出开原攻北,杜松出抚顺攻西,李如柏从鸦鹘关出,趋清河攻南,东南则以刘綎出宽奠,由凉马佃捣后,而以朝鲜兵助之。号大兵四十七万,期三月二日会二道关并进。天大雪,兵不前,师期泄。松欲立首功,先期渡浑河,进至二道关,伏发,军尽覆。林统开原兵从三岔口出,闻松败,结营自固,大清兵乘高奋击,林不支,遂大败遁去。镐闻,急檄止如柏、綎两军,如柏遂不进,綎已深入三百里,至深河,大清击之而不动,已乃张松旗帜,被其衣甲绐綎,既入营,营中大乱,綎力战死,惟如柏军获全,文武将吏前后死者三百一十余人,军士四万五千八百余人,亡失马驼甲仗无算。

案杜松一路即《清实录》中所谓萨尔浒之战,并举此以为各路战争之统称,诪张夸饰,说极不实,《明史》后出,虽略有修正,然究不足以尽史事之真相也。

清官书记此次战事者,皆谓其能以寡敌众,以弱击强,高宗《萨尔浒山之战书事》一文尤足以代表此立场,其言曰:

> 尔时草创开基,筚路蓝缕,地之里未盈数千,兵之众弗满数万,惟是父子君臣同心合力,师直为壮,荷天之宠,用能破明师二十万之众。

《清实录》载明兵号称四十七万,实为二十万,据此则是全部为击溃。《明史》不载明兵确数,然实举文武将吏前后死者三百一十余人,军士四万五千八百余人,是亦以明兵为大败,而清之以弱小敌强大意,仍隐寓于其间也。

考清太祖自万历中年以后,厚结辽抚,并吞诸夷,势力已渐庞大,朝鲜《光海君李珲日记》载:

> 六年(万历四十二年)甲寅六月二十五日,王引见平安兵使李时言,王曰:"卿久在北道,虏情如何云乎?"李时言启曰:"小臣受命下去,首尾三年余矣,闻虏情则老酋①自大胜忽贼②后,深处胡人几尽掠去,故我西北似不好矣……今者天朝以征讨老贼事征兵,而我国军丁甚不精锐,是诚可虑。且想老贼形势,若不得犯天朝,则不无来寇我之患矣。"王曰:"天朝若为征讨,则老酋可以荡覆乎?"时言曰:"天朝大举措,臣不能遥度,而老贼非等闲部落之比矣。臣曾见其行军等事,号令严肃,器械精利,今若深入其窟穴,则主客之形势悬异,臣不无过虑矣。"王曰:"老酋何如是强盛乎?且其军数几何耶?"时言曰:"老酋兵数,臣未的知,而本部精兵几至万余,至计其所掠忽贼骑卒,则不下数万人矣。此贼自丁未年(万历三十五年)到处战胜,始得炽大。"③

朝鲜平安道距建州甚近,兵使所言清太祖消息宜可靠。时去萨尔浒之战尚有五年,而太祖已拥有本部精兵万余,合忽剌温骑兵,不下数万。且复号令严明,器械犀利,故李时言谓明兵如深入其境,主客势殊,极可忧虑也。同书又载:

---

① 即太祖努儿哈赤,朝鲜亦称为老乙可赤,简称曰老酋或老贼。
② 明人谓为忽剌温,清作扈伦。
③ 七九·二〇六、七。

518

论万历征东岛山之战及明清萨尔浒之战——读《明史·杨镐传》

> 七年(万历四十三年)乙卯闰八月初五日,王引见海昌君尹昉、行司直李廷臣于宣政殿……昉曰:"闻见奴酋事,则形势甚为强盛矣。"王曰:"老酋何以强盛也?"昉曰:"老酋年老,死则无忧,不死则必有后患于中国矣。军卒衣绣,着水银甲,少无困乏者,其强盛可知也。"①

此亦言太祖兵甲强盛,时尹昉等朝明归,其经行路线,大都自沈阳至连山关、凤城、九连城,再渡江抵义州,此路距建州亦近,故所得消息亦甚正确。

此种精锐军队,后更继长增强,王在晋《三朝辽事实录》一,万历四十六年六月条:

> 时奴兵日盛,每与八子登山密谋,计定猝发,疾如风雨,兼与宰煖合众近十万,且采木办料,于乌龙江督匠造船,水陆告警。

时去萨尔浒役仅十月,而其势力膨胀竟近十万人,故明兵三路溃败,不足异矣。

反观明朝军队,即清官书所谓众且强者果何如,神宗自筹备出征,迄三路之败,前后不过十一月,故所调集之兵将殊不多,《明实录》万历四十六年七月甲寅,兵部尚书黄嘉善奏:

> 经略杨镐咨称,奴酋精兵约六万余,而辽东全镇额兵不过六万,除城堡驿站差拨外,实在仅二万余人,各有防守之责,今

---

① 九四·九三。

> 合蓟镇援兵仅三万有余,选调宣大山西延宁甘固七镇兵马一万六千,蓟镇各营路兵丁数千,及辽镇召募新兵二万,通共未满八万,将来分派数路,不免气势单薄,今刘綎议调各土司马步兵丁……总计征调汉土官兵共九千八百二十九名,即以参将吴文杰等分统之,星夜兼程赴辽。

据此,调集总额不过九万人左右,而实出兵数仅七万余名而已。同书四十七年三月甲午,经略杨镐奏:

> 奴酋之兵据阵上共见约有十万,宜以十二三万方可当之,而昨之主客出口者仅七万余,岂能相敌。

时已有杜松、马林败报,镐疏其他部分或有掩饰遮盖嫌,惟所述出师总额,朝廷当所预知,自不容伪造也。

又所调援兵,多未加训练,且星驰电催之余,已疲顿不堪,《明实录》万历四十六年六月壬戌,江西道御史薛贞奏:

> 近者杨镐疏中言,调到援兵皆伏地哀号,不愿出关,又传塘报帖言,钻刺将领,见奴氛孔亟,都哭而求调。

同年八月癸亥,黄嘉善言:

> 援兵俱有限期,今屡催不至,尚可辞于逋慢之诛!且阅宣大山西咨文,各兵行粮止日给米一升五合,折银一分五厘,长途疾走,不得一饱。

论万历征东岛山之战及明清萨尔浒之战 ——读《明史·杨镐传》

十二月壬戌,杨镐言:

> 西来所调兵马,仅有马林所统系是挑选,余皆厖羸。

是在七万兵中,其质的方面已极坏,再以分配于四路,主客异势,劳逸判殊,持与养精蓄锐、训练有素之建州兵校,宜乎大败而归也。

《李珲日记》详载刘綎进兵之仓卒及其所部之确数,兹择录数则以为例,而其他各路情形或亦可类推乎?《日记》载①:

> 十一年(万历四十七年)己未,二月初七日,都元帅姜弘立驰启曰:"刘都督差人留在昌城,而其中一人乃是嘉山人,唐名刘牛,自言甲午(万历二十二年)为都督所带去,以内家丁长在都督眼前。上年闰四月十四日,兵部文书到江西,使都督起行。都督自念年老,但言在家享富贵,不愿做官。忽闻征役之报,长吁愁叹。羽音催文又到,诸将咸劝行,不得已登程。自门庭乘舡,直到通州。以此军兵器械皆未整顿,只待四川兵马之到。"②
>
> 二十五日,(姜弘立)驰启曰:"译官崔得宗自宽田来,言刘总兵綎、康布政应乾昨发宽田,不久当至,将官刘吉龙亦领兵来到,问其军数,则宽田一路,主客官兵二万四千余人。探候来言,奴酋分送二万兵埋伏牛毛寨,以待东路之兵。"③
>
> 二十六日,都元帅姜弘立驰启曰:"……臣弘立往见都督

---

① 参《筹辽硕画》九《刘綎题本》。
② 一三七·八一。
③ 一三七·一一五。

刘綎,问各路兵数,答曰:西南路大兵齐进,东路兵只有俺自己亲丁数千人,且有各将所领,要不满万耳①。

二十七日,都元帅姜弘立驰启曰:"东路诸将所率军兵,诸将则刘总兵綎、江副总万化、祖参政天定、姚游击国辅、徐守备九思、周指挥义自宽田,乔游击一琦、周都司自镇江出兵,声言三万有余,而以臣所见,不过万余名。"②

据此,綎初无用世志,被征就道,仓皇一无准备,所部声言三万,实仅万余人,即此万余之中,能战锐卒,不过数千家丁而已。此外虽有鲜兵万人,然《日记》是年三月初三日载:

以秘密传于备边司曰:"中原东路军兵极为单弱,而唯恃我国之兵云。予见元帅状启,不觉寒心,予当初忧闷者,正是今日之忧也。中原军兵单弱如此,则矧维我国不练羸弱之兵乎?以如此弱卒驱入于虎穴,非但败绩而已。"③

是鲜兵全无战斗力量,故綎师败后,清可片言招服。然则《清实录》等书盛饰武功,谓綎兵四万,杜松兵六万,马林兵四万皆为所败,一似激战致胜者,不过夸饰之宣传而已。

又《明史》等书皆咎方从哲等促镐进兵,致使准备工作未能尽善,其实不然,考辽左冬季祁寒,夏日多雨,故用兵之适当时期应在

---

① 一三七·一一七。《明实录》万历四十六年六月甲申,兵科给事中赵兴邦言:刘綎、柴国柱、官秉忠等所带家丁仅二百余,盖为最初招募数。
② 一三七·一一九。
③ 一三八·一二九。

春秋二季,《筹辽硕画》十六镐题本:

> 职等忠愤所激,岂不愿灭此而后朝食。顾贼既发难之后,始下募兵之令,驰调兵之檄,募兵未易完,必须团练,调兵未即至,难遽整齐……图之稍有次第,已入深冬矣。无两三日不雪,无雪不两三尺,寨口隘口冰坚数寸,刀刃所不能施,马足所不能措,出哨夜役回乡人口且多僵死于道路者,此岂进兵之时哉。故仅以各总兵画地而守,虽欲投袂而不能。今已春暖风和,雪消冰泮……不于此时举事,明旨所谓师日以老,财日以匮,贼之饬备且日坚。况春夏之交,水潦可虞,疫疾可虑,又将守株以何待!

是镐部署就绪,已届深冬,而至次年春夏之交,又有水潦疫疠患,故纵无红旗催趣,镐于二月底出师,亦极自然之事也。

(二)

复次,二路进兵经过及其地理形势亦可得而考,《读史方舆纪要》三八"辽东都指挥使司抚顺关"下引《舆程记》:

> 从抚顺路二十里至关口剥刀山,五里至土木河,十五里至新寨,二十五里至汪江木寨,十五里至毡房山城,八里至窝儿胡塞,三十里至右路寨,十五里至栅哈寨,十七里至五岭关,三里至马儿墩寨,十里至穆七寨,又十里至拖东寨,三十里即建州老寨也。一路皆坦易大道,而五岭特为险峻。

案此即杜松之进兵路线，据此，五岭关外，大致平坦，初无险阻也。《筹辽硕画》十七，直隶巡按御史王象恒题本记松作战情形：

连接辽东塘报，一称杜总兵领兵直抵五岭关，有达子合围，向我军迎战，砍杀达贼无数等因。又接报杜总兵砍杀数里，被达贼围住，杜总兵面中一箭落马，赵(梦麟)王(宣)二总内俱被围，音信不通，不知存亡等因。

又山东巡按陈王庭题：

三月初一日，据分巡道副使张铨差夜不收艾承恩押同拨夜古云凤报说：本日辰时有杜总兵出境，离五岭二十里，相遇夷拨活捉四名等语。本日又据二次拨夜高友才口报：本日三更时杜总兵至五岭关，达贼近战，已被杜总兵砍退得胜，斩获首级，不知其数等语。初二日巳时，据车营原任参将龚念遂原任留守李希泌禀称：车营跟随杜总兵等，初一日前至边外浑河约五十里，水势深急，过渡兵马，冲去太多，车兵入水，空手尤难，车辆火药，尽不能渡，望见临河南山一带有虏骑行走，忽有保定车营拨夜报称：山上达贼约有百余骑冲下大路，杀伤拨夜一十六名，余剩六名，前拨已断，仍望见虏贼一枝径过河北，由后山逸去。又据刘游击拨报相同。职等恐断归路，即时安营，天已近晚，谨饬夜防，以待天晓。又有武靖家丁沙有功身带重伤，入营说称：亲见兵马半渡，达贼万余将杜总兵营铲断，将杜总兵围住，砍伤尾后，损折不知数目，见围在山，势似危急等情到臣。

论万历征东岛山之战及明清萨尔浒之战 ——读《明史·杨镐传》

据此,松兵先在五岭关小捷,后在浑河岸覆师,《舆程记》载五岭关距抚顺一百五十里,又谓形势险峻①,则其地必位于两山之间,而浑河两岸大致平衍,与此不合,故必在其以东之山地无疑也。陈王庭疏杜松兵渡河为建州所乘处,当即《清实录》中之萨尔浒,由此西距抚顺约七、八十里,与《舆程记》载窝儿胡寨上抚顺八十八里者,道里略同,音名又合②,疑为一名之异写。果尔,五岭关距窝儿胡三十二里,意即今上夹河一带之山地乎?③ 惟《清实录》载松兵围攻之处在界藩,即今铁背山附近,如非界藩城后来向西北迁徙④,即系明拨夜所报者有误。铁背山满名洼轰木,高士奇《扈从东巡日录》记其地:"崇山巨阜,岹崿横云,磊磊石崖,连续不断,浑河汤汤,一线围绕",然则此山亦险胜。萨尔浒在五岭关西北,铁背山西,盖清先纵松兵深入,切为二段,故松虽在地势险陀处⑤小捷,终无补于后路覆师也。

又考萨尔浒有二城:浑河上游原分东西两支,皆自南向北流,其位于西支河西者称东萨尔浒,两水汇合,复折向西流,其位于本流之南者称西萨尔浒,王庭疏所述方位含混,参以《李珲日记》始明晰:

> 己未三月十五日,义州府尹郑遵进驰启:"……问安使成时宪道遇平壤炮手李守良等自战所逃还,因与偕来。自言正

---

① 赵辅《平夷赋》序:"五岭、喜昌、石门又咽喉之地,人不得并行,骑不得成列,有一夫当关,万夫难开之险。"可与此参证。
② 《武皇帝实录》作撒儿湖,更近。
③ 乾隆四十一年弘晌所进《盛京标注战绩图》置五凌山于铁背山东,误。
④ 即由五岭关迁铁背山,清初此种迁移地名事甚多。
⑤ 五岭关或铁背山。

月二十三日,自昌城往经略(杨镐)营下,移属杜总兵(松)阵中。二十九日,随总兵到一处,前有大江,水深没肩,艰关得渡。又过一江,即其上流,而水又深,军半渡,贼自东边山谷间迎战,又一阵从后掩袭,首尾齐击,汉兵收兵结阵,贼大噪薄之,汉兵亦哈喊齐放,贼中丸中马者甚多,方为酣战,贼一大阵自山后下压,汉兵大败。我等团聚一处,分队迭放,汉兵争来投入,皆祝手哀乞曰:"活人活人",充满前后,不得藏药,又随而溃,争坠绝壁。贼从山上乱下矢石,我军百余人及汉兵数千皆死,贼四面合围,厮杀无余。我等潜居石穴,仅自偷活,鸡鸣时,贼鸣角收军,屯结一处,乘隙前行积尸之中,三日始达沈阳。"①

时朝鲜炮手从征,见闻亲切,故此段记事极重要。此云:"前有大江,水深没肩,艰关得渡",即由抚顺东行,又折而南去,所渡之浑河本流也,西萨尔浒在河南。又云:"又过一江,即其上流,而水又深",即浑河上源之西支也,东萨尔浒在其西。又云:"军半渡,贼自东边山谷间迎战,又一阵从后掩袭,首尾齐击之,贼大阵自山后下压,汉兵大败。"然则所谓萨尔浒之战,实在东萨尔浒。王庭疏:"车营跟随杜总兵等(三月)初一日②前至边外浑河约五十里,水势深急,过渡兵马冲去太多,车兵入水,空手尤难,车辆火药尽不能渡……职等恐断归路,即时安营,天已近晚。"是其第一次渡河,已遗

---

① 原注:"时天朝总兵杜松由西路入剿,请带我国炮手四哨,置之先锋,至是败没。"一三八・一六四、五。
② 《珲日纪》作二十九日,《清实录》作二十九日夜,明兵执灯火出关。疑天明始出发。王庭疏不误。

论万历征东岛山之战及明清萨尔浒之战 ——读《明史·杨镐传》

置车辆、火药于河北①，且时已"近晚"，则《珲日记》所谓"又过一江"者，即第二次渡河，必在初一日之傍晚或初夜无疑也，时晚间无月，敌大噪薄之，难测虚实，又以未带车营及充分火器，故酣战终夜②，卒致败溃。此路地势，除五岭关、铁背山外，大致平坦，萨尔浒一带仅有丘陵式之山脉。惟因跋涉两河，兵力已困，又因中伏之处在东萨尔浒，清自东面南面包围，明兵北退，则有浑河之限。然则此路之败，实与水道有关，而历来论者每奢陈山险，非尽实。又《明史·杜松传》所述之地望、日期及作战情形皆有误，并可参此订正之也。

《明史·镐传》以四路期会二道关，至关，伏发，军尽覆。一似二道关即萨尔浒者。实则关在铁岭三岔儿堡东南，《读史方舆纪要》"辽东都指挥司铁岭三岔儿堡"条：

> 卫东南七十里。志云：堡在懿路所东……东南有二道关，山路崎岖，旧属海西，今为建州境内。明万历中，大帅马林由三岔出塞，败绩于二道关。

是二道关为马林进兵败绩之地，即《清实录》所谓尚崖涧者是。陈王庭疏记林作战事：

> （三月）初四日卯时，据分巡道副使张铨呈，照得本道奉文监督沈抚一路官兵二万五千余员名，预蒙经略拟定师期日时前进，又蒙按院监查严饬，自本年二月二十八日杜总兵同王、

---

① 《清实录》"六固山兵进攻撒尔湖山，敌兵布阵，发炮接战"，当非实。
② 《日记》"鸡鸣时，贼鸣角收军"。

赵二总兵等师行。初三日寅时,据铁岭拨夜口报,马总兵林与开原潘佥事宗彦被达虏不知其数围住等语。臣随会经略督分清河、李镇守兵一枝出援本路。去后初四日,又据开原安乐州知州张文炳禀称:初三日寅时,据潘佥事家人樊天朝执印到卑职说称,潘佥事在营兵马被达贼势众赶散,潘佥事今无踪迹,即马总兵、麻副将赶散丁副将、郑游击等多将,亦不见一人影……又臣差夜不收蒋兴前去查探,彼本役回称:潘佥事督兵随营,背中一箭致伤,落马无存……协游击等官麻岩……及马总兵尚有马兵万余,溃奔张家楼等到臣。

案时杜松兵败,林已丧胆,且二道关"山路崎岖",又不便进退,宜致大败也。

刘綎自亮马佃出边,朝鲜因出兵相助,故《李珲日记》载其行军路程甚详,兹择录数则,以见梗概。

> 己未二月十八日,都元帅姜弘立驰启曰:"经略(杨镐)宪牌来到,皆系军机莫急之事,即以牌内事意申饬副元帅金景瑞及三营将领,待天朝分付更到,使副元帅先渡下营于唎唎前岸左右营相继过江,臣居中节制。"①

> 二十四日,元帅兵逾淹水岭,屯亮马佃。②

---

① 一三七·一〇一。
② 一三七·一一三。

二十五日,副元帅金景瑞驰启曰:"臣自鹭儿沟行军,风雪大作,三军不得开眼,山谷晦冥,咫尺不能辨,日暮艰关下营,则天将刘三及江参将万化各领兵先到,分左右排营安歇矣。天将刘总兵綎、康按察应乾领兵来会我师。"①

二十六日,都元帅姜弘立驰启曰:"大雪中行军,各营兵所恃军装衣服尽为沾湿,都督亦无前进之令,故臣等住扎仍留。差晚,都督与康按察俱来于亮马佃,差人催臣等进兵,臣等即令三营兵马前发;去亮马佃十五里,到转头山日已暮矣。与六将并下营止宿,副元帅与刘三、乔游击一琦过转头山十里许驻兵。"②

二十七日,元帅三营兵自转头山渡鸭儿河,逾拜东葛岭向牛毛岭,行四十里下营,天朝将官刘总兵以下,东西列营,相待止宿。都元帅姜弘立驰启曰:"东路诸将所率军兵,诸将则刘总兵……自镇江出……大概东路进兵,道路险远,大川萦迂。今朝又将过涉横江,比鸭儿河深广,少有雨水,渡涉极难,鸭儿河凡四渡,深没马腹,水黑石大,人马艰涉,军人各持行装,未到半路,疲惫已甚。"③

二十八日,元帅逾牛毛岭,驰启曰:"……所谓牛毛岭比铁岭益险,树木参天,贼新斫大木,纵横涧谷,使人马不得通行,

---

① 一三七·一一五。
② 一三七·一一七。
③ 一三七·一一九。

如此者三处,且斫且行,日暮时到牛毛寨。"①

三月初一日,元帅发牛毛寨,下营于郁郎山城。②

初二日,元帅进驻深河地方。③

案《读史方舆纪要》"宽奠堡"下引《舆程记》,谓自东面至建州,共有二路:

> 宽奠一带皆在建州东面,若从镇江路经长奠、水奠,三十里而至沙松排子,又三十里至分水岭,三十里至八家子,二十里转山头④,十里鸦儿河,二十里稗东葛岭寨子⑤,三十里牛毛岭,二十里牛毛寨,二十里古董寨,一里为家寨,四十里深河子,三十里大家寨子,三十里凹儿峪寨子,四十里家峪寨,三十里为建州老寨,此皆小径深林也。从宽奠则十五里至古洞,二十里至小佃子,三十里团团佃子,二十里八家子,趋博山头,其小佃、团佃、八家子皆伐林可通,而牛毛岭、家峪寨林深岩峭,稗东葛岭路峡大崖,皆难行之路矣。

姜弘立、乔一琦等领兵由镇江北行,即此所谓之第一路也,刘綎等统兵由宽奠出口,即此所谓之第二路也。两路原可在转山头会师,而綎以赶路先行,至牛毛岭始得相遇,两路径狭崖峭,险阻难通,与

---

① 一三七・一二二。
② 一三八・一二五。
③ 一三八・一二七。
④ 《珲日记》作转头山。
⑤ 《日记》作拜东葛岭。

《珲日记》所载者正可相互印证,此在给养之运输上自甚困难也。《筹辽硕画》二四户科给事中李奇珍题:

> 使饷为兵用,犹之可也,实则有大谬不然者,即以职乡浙江兵言之,所计三千六百余名,沿途既无行粮,该镇又无犒赏,至辽之日,已逼师期,当即驱之深入,逮月饷至牛尾(毛)寨,而各兵已作河边骨矣。

是綖至少一部分士兵未带糇粮,出宽奠后,艰于得食。又鲜兵亦缺粮,《珲日记》载:

> 己未二月二十七日,都元帅姜弘立驰启曰:"所赍之粮,亦已垂尽,后军粮草时未入来,前头之事极为闷虑矣。"①

> 二十八日,元帅逾牛毛岭,驰启曰:"……日没时到牛毛寨,原有三十余胡家,已经焚烧,埋置米谷,都督军兵掘取为粮,自本寨一百五十里云。自昌城过江之日,人各持十日粮,今已罄尽,粮绝之患,迫于目前,臣以此意再三陈恳于都督,则曰:贵营兵留待粮运,俺亦留一日,明日与贵营兵一时前进云……日已向暮,军饷尚未入来,右营兵自昨夕绝食,乔游击送小米十包、马头二包分给,而愁迫燃眉,罔知所措矣。"②

---

① 时营于牛毛岭北四十里。一三七·一一九。
② 原注:"朴烨、尹守谦绝其粮路,弘立等大困。"一三七·一二二。

二十九日,元帅兵以粮运不到,留牛毛寨,刘提督亦屯兵不进,先遣乔一琦前进①。

三月初一日,元帅兵发牛毛寨,下营于郁郎山城,驰启曰:"即到牛毛寨,先迎粮四十余石,来到右营,兵饥甚,先为分给,即随都督府先进四十余里,到郁郎山底住军……今日又随天朝各营兵就向前路,道里渐远,粮饷不继,极为闷虑。"②

初二日,元帅兵进驻深河地方,驰启曰:"……军无见粮,患迫燃眉,罔知所为。"③

案《日记》为李倧篡位后所修,倰以珲不为明尽力为废立借口,所述珲臣尹守谦等逍遥江上,故绝粮运,容为文致之词④。然因仓皇出师,粮饷未及准备,则是事实。而自镇江迄深河,崎岖险阻,运输不便。此事影响明军之失败自甚大也。

(三)

《清实录》诬张明兵死伤之众及清兵损失之少,亦不可信,《筹辽硕画》二十户部山西清吏司主事吴伯舆题:

---

① 原注:"时管饷使尹守谦逍遥江上,无意督运军饷。"一三七·一二三。
② 一三八·一二五。
③ 一三八·一二八。
④ 上举注文皆朱书,盖后来追添者。

> 且奴精兵不过五六万,杜、刘二帅虽死,所杀伤彼亦不下二万,利害亦或相半也。我兵属李如柏一路者未动,而杜松一路败阵归者尚一万四千余,合马林一路①,总收拾整顿之,可五万余人。

同书十七户科给事中姚宗文题:

> 马林尚拥余兵,刘綎得成小捷,李如柏全师撤回,即杜松残兵散乱虏地者,尚可多方招集,合兵得五六万,战虽不足,守或可固。

案吴伯舆谓杀伤清兵两万,虽涉浮夸,并非全假,容后辨。综合上引两条,明朝动员不过七万人,而召集杜马刘三帅残兵及李如柏部尚可得五六万,是所损不多。而《明史·镐传》谓"文武将吏前后死者三百一十余人,军士四万五千八百余人,亡失马驼甲仗无算",虽较《实录》核减,终非事实也。

《李珲日记》载刘綎攻战事甚详,兹择录如后,以供推比。

> 己未三月初一日,元帅驰启曰:"即到牛毛寨……乔游击先行,时所经贼寨,斩首二十六级。及暮,虏兵三十余骑冲犯唐营,游击戒严经夜,我师继布营山下一二里余,虏兵三百余骑来屯,日暮时,稍稍散去。"②

---

① 陈王庭题本谓林尚有马兵万余,见前引。
② 一三八·一二五。

> 初二日，元帅兵进驻深河地方，驰启曰："臣随都督在中营，臣景瑞在右营，鳞次行军，三十里许，到深河地面，去虏寨六十里，贼兵三百余骑来屯以待，乔游击、刘吉龙等一时齐进，贼败北，天兵追杀者甚多，败卒百余骑，穷缩登山。弘立承都府分付，令中营将文希圣进击，景瑞亦率右营精锐迫之，希圣中矢伤手，军兵亦被伤，臣领中军安汝讷及手下精兵进陈于山上，使希圣兵下营休兵，臣令军官卢毅男、架梁将金洽、别队将韩应龙等将大兵搏战，虏发矢如雨，且战且退，金洽贾勇突入，贼退伏岩崖，出射还伏，悬崖绝壁，容足甚难，未易进剿，依木相对，杂以弓矢鸟铳乱发，中死者殆半。而唐人等争斩首级，我兵力战而已。日暮时，臣始鸣金退兵。"①

是綎及鲜兵最初获胜，《清太祖武皇帝实录》"当刘綎兵出宽奠时，东廓卫民皆避于山林，刘綎兵焚遗寨，杀癓瞽不能移者，向前而进，牛禄厄真托保、厄里纳、厄黑乙三人率守卫兵五百迎敌搏战，被刘綎大兵围住，厄里纳、厄黑乙死于阵中，折兵五十，托保领残兵四百五十余人逃出。"②虽为尽量掩饰，犹露局部具相，并可与此相参证也。

《日记》续载在深河③决战：

> 十二日，平安盈司驰启："天朝大兵及我三营兵以初四日败绩于深河，时游击乔一琦领兵前行，都督居中，我国左右营继近，元帅领中营在后，贼即败开铁、抚顺两路兵，回军东出，

---

① 一三八·一二七、八。
② 《明史·綎传》略同。
③ 《清实录》作阿布达里冈。

论万历征东岛山之战及明清萨尔浒之战——读《明史·杨镐传》

设伏于山谷,乔游击卒遇奴伏于富车地方,一军败没,仅以身免。都督见前军不利,督兵进薄,贼大兵奄至,弥满山野,铁骑骧突,势莫敢敌,蹂躏厮杀,一军就尽。都督以下将官坐于火药包上,放火自杀,我国左营将金应河继进,布阵于野次,设拒马木,兵继数千,贼乘胜薄之,应河令火炮齐放,贼骑中丸,死者甚多,再进再退,忽西北风大起,尘沙晦冥,药飞火灭,炮无所施,贼以铁骑麾之,左营兵遂败,死亡殆尽。应河独依大树,以三大弓迭射,应弦穿扎,死者甚众,贼不敢逼,乃从后刺之,铁枪洞骨,犹执弓不释,虏人亦皆叹惜,相谓曰:若有如此数人,实难抵当,称之依柳将军。左营兵未及排阵,俱被歼灭。元帅将中营,登山据险,形孤势弱,士卒不食已两日,贼悉众合围,士卒知必死,愤慨欲战,贼乃招我国胡译河瑞国,语以通和解兵之意,金景瑞先往虏营,结约而还,又要弘立俱盟。天朝败兵数百,屯据原阜,呼我军中曰:汉人之在尔军者悉出之。又呼曰:鲜人之在汉阵者皆归之。时乔游击来投我军,以为庇身之所,见我国与奴连和,情态帅异,书小纸付其家丁,以传其子之在辽东者,即以弓弦系项,我国将官救之,乃挺身坠崖而死。弘立等尽搜天兵,送于虏阵,贼纵击尽之。"①

富车当即《清实录》之富察,《实录》谓先破綎军,后败一琦,此言一琦先败,綎后败,未详孰是。由此,可见明、鲜兵饥馁之余,作战仍烈,予清之打击甚大。《明史·綎传》亦谓"大清兵击之而不动,已乃张杜松旗帜,被其衣甲绐綎,既入营,营中大乱,綎力战死"。殊

---

① 一三八·一四九、五〇。

附 编

可相互参比,以揭《实录》之隐。至清杀汉人虽多,然一部为鲜兵降后所搜送,则直以戮俘为武已。

《日记》复载清方之损失:

> 己未四月初八日巳时,王接见常差官于仁政殿……差官曰:"……奴酋女婿胡忽里及其第三子为贵国金总兵景瑞阵人所杀,首级虽不获,得其水银甲,已到老爷杨镐衙门,老爷以是甚为喜悦矣。"王曰:"此语今始闻知,不胜喜幸!"①

案太祖三子阿拜及婿何和礼实得善终,又所谓水银甲者,据《日记》十三年(天启元年)九月初十日载满浦佥使郑忠信出使建州之报告:"其兵有八部,二十五哨为一部,四百人一哨,一哨之中,别抄百,长甲百,短甲百,两重甲百。别抄者,著水银甲,万军之中,表表易认,行则在后,阵则居内,专用于决胜",则是清兵精锐之军服而已,未可执此以为服著之人即太祖之子或婿也,惟《筹辽硕画》十九陈王庭题本载:

> (己未)三月十三日,据督防北关委官王世忠持金台失、白羊骨夷文一纸……
> (金白二酋)再禀:有奴酋男贵英把兔、中军韦都男俱被兵马杀死。

此与前引《日记》疑系同一传说,果尔,则此消息或金台失等所报告

---

① 常为杨镐差官。

者乎？所述纵不实，然叶赫去建州孔迩，或清宗室及大将中有阵亡者未可知也。王庭本续载：

> 又据金酋说称，(三月)十一至十五日，每日屡屡从建州走来部落共五十余名，供说奴酋兵马与天朝兵马对敌，大小头目并部落在阵时死了许多，中伤无数，到家又死了许多。奴酋合寨日夜哭声不绝，又兼粮米缺少，个个惊惶，来夷恐本寨日后难以存亡，得便来投北关等情。

吴伯舆题本亦谓杀伤敌兵两万人，据此，清虽侥幸获胜，伤亡已多，而《清实录》乃谓"战三路兵时，我兵约折二百人"，自不实矣。

丙、杨镐性格

两次失败，虽难尽咎杨镐，惟就其性格方面分析，则亦有其致败之缺点。此事中国史籍不为详载，寻绎《朝鲜实录》，尚可推证。李晬《实录》载：

> 丁酉五月丁巳，上曰："杨镐何如人也？"李恒福曰："中原人谓其性快而无慈祥仁厚之意，故所在地方，人皆苦之云尔。"①

> 六月辛酉，上曰："想杨镐为人，必是性急险辟之人，我国

---

① 八八·四〇。

> 不幸矣……前闻卢儿哈赤以为中原待我厚矣,自杨巡抚来后薄待云,此必严急之人也,何意今者乃来我邦乎!"①

案时镐初履朝鲜,锐意平倭,因恐鲜人上疏厌战,故凡其进呈中国奏文,勒使先交审阅,以此颇招反感,上言盖为此而发者,然亦可见其秉性之苛察矣。同书又载:

> 戊戌正月己酉,经理杨镐接伴使吏曹判书李德馨状启曰:"……(经理)顾谓宁国胤曰:"我今欲催各营兵再攻岛山",国胤曰:"人困马疲,以此兵何能再举乎?"经理怒骂曰:"将官无一人,你亦晚道如是耶!"②

时兵败疲惫,无力反攻,宁国胤进谏之语全是事实,而镐怒斥之,其使气何如耶!又同年五月丙戌:

> 经理接待都监郎厅以右议政意启曰:"昨夕黄应旸入来,臣今朝相见,则行长所送倭子七名拘留在任,实朱元礼独来,已到天安,明日当到此云。应旸因言:老爷镐欲处置朱元礼,杀一人无益,且浙江、福建近处被房人留在倭营者,其数甚多,若闻此言,则必阻其出来之心,老爷性急而不深思,我心甚闷。"③

朱元礼,华人,为倭所掠,明在岛山败后,倭使元礼议和,镐既无力

---

① 八九·三。
② 九六·二七。
③ 一〇〇·五。

反攻，又欲杀之以泄愤，真所谓"性急而不深思"者矣。又是年：

> 五月丙申，经理豁达有略之人，为国尽忠，号令必严，今此东征诸将之中，可谓第一……而虑事率尔，发于意，则虽千百人言之，不少挠改，乃是斯人之病痛也①。

> 六月辛未，经理都监启曰：今朝黄应旸见臣说称，"……杨都爷性快，但欲一心干事……都爷元不是难知人，元不是不好的人，第以性气急而言语轻快，凡有所为，欲即干出，且功罪之间，任怨快断。"②

> 丙子，上曰："杨大人岂寻常人哉，但性急而言易矣。"③

据此，镐盖一急功好事，有勇无谋之人。其襟度固执狭隘，岛山之战，南兵曾控其赏罚不公，前已论及。兹复述其关于萨尔浒战役者。刘綎属南兵系统，在东征期间即与杨镐左，眂《实录》载：

> 戊戌六月庚辰，崔璀启曰："昨日往刘提督綎衙门，闻之提督昨日出入时，坊民等讲留经理（**杨镐**），则提督大怒，呵责曰："经理闻丧不解职而来，罪一也。岛山之战，欺罔阜卜，罪一也。"且言"他人之代为经理者，必胜于杨，你等何苦请留耶？"大概提督文致经理之罪，不遗余力，倡言诟斥，略无顾忌。闻

---

① 一〇〇·一七。
② 一〇一·一三。
③ 一〇一·一八。

本国为经理申理,盛怒,近日嗔责之事,未必不由于此矣。①

己亥(万历二十七年)二月壬子,李德馨曰:"刘綎每言杨镐不解用兵,多杀军兵,俺欲不杀一人而荡平贼穴云矣。"②

时镐被控免职,朝鲜代为申理,綎阻之,扬词丑诋,可见两人之间隙。迨四路出师,镐以经略总制诸将,綎分兵既少,粮饷又缺,未必非有意陷害也。《珲日记》:

己未二月二十六日,都元帅姜弘立驰启曰:臣弘立见都督綎问各路兵数,答曰:"西南路大兵齐进,东路兵只有俺自己亲丁数千人,且有各将所领,要不出满万耳。"臣问曰:"然则东路兵甚孤,老爷何不请兵?"答曰:"杨爷与俺自前不相好,必要致死,俺亦受国厚恩,以死自许,而两子时未食禄,故留置宽佃矣。"臣问曰:"进兵何速也?"答曰:"兵家胜算,惟在得天时、地利、顺人心而已,天气尚寒,不可谓天时也,道路泥泞,不可谓得地利,而俺不得主柄,奈何!"有不悦之色。③

二十七日,都元帅姜弘立驰启曰:"东路诸将所率军兵,声尝三万有余,以臣所见,不过万余名,都督以不待后至之兵,径先出兵,显有怨恨之意,发于言语,乔游击亦以仓卒兴师为虑……经略催兵令箭到都督处,督令进兵矣。"④

---

① 一〇一・二三。
② 一〇九・七。
③ 一三七・一七七。
④ 一三七・一一九。

是杨刘之间,芥蒂仍在,镐此次起复,年事已高,于二十年前宿怨,犹未能释,其个性顽强,盖至老不易也。

四路出师,李如柏军独获保全,论者诬镐故为左袒,自不可靠。惟镐素与铁岭诸李厚,意为此说之所由起乎?则其优遇北军亦可见矣。又《明史》二九一《潘忠颜传》,载忠颜致镐书,劝勿以马林为主将,不然必败,镐不听。林为芳子,蔚州人,岂以为北将,故委任不疑欤?

至镐对待南兵,仍甚歧视,《筹辽硕画》十八,工科给事中祝耀祖题:

> 自镐用事以来,威令不行,赏罚不信,昵私交而轻南将,则豪杰灰心,怯任罪而重恤典,则英雄短气。

此疏上于三路失事之后,容有情感意气杂其间,要镐之轻南人而袒北兵,固为事实也。

综贯以上所述,镐胸怀褊浅,任气好矜。虽操履方洁,然军旅战阵实非所长。故一遇凶顽狡狯之敌人及调协庞杂不齐之军心,如岛山、萨尔浒两大战役者,则鲜不偾事矣。

民国三十三年三月九日脱稿
(本文原刊于《中央研究院历史语言研究所集刊》第 17 本,1948 年)

《明史·张春传》考证

《明史》卷二九一《张春传》①：

> 张春字泰宇，同州人……(崇祯)三年……起春永平兵备参议……加太仆少卿，仍莅兵备事……四年八月，大清兵围大凌河新城，命春监总兵吴襄、宋伟军驰救。九月二十四日，渡小凌河，越三日，次长山，距城十五里，大清兵以二万骑来逆战，两军交锋，火器竞发，声震天地，春营被冲，诸军遂败，襄先败，春复收溃众立营，时风起，黑云见，春命纵火，风顺火甚炽，天忽雨，反风，士卒焚死甚众。少顷雨霁，两军复鏖战，伟力不支，亦走，春及参将张洪谟、杨华征，游击薛大湖等三十三人俱被执，部卒死者无算。诸人见我太宗文皇帝皆行臣礼，春独植立不跪，至晚，遣使赐以珍馔，春曰："忠臣不事二君，礼也。我若贪生，亦安用我。"遂不食。越三日，复以酒馔赐之，春仍不食，守者恳劝，感太宗文皇帝恩，始一食。令薙发，不从。居古庙，服故衣冠，迄不失臣节而死。初襄等败书闻，以春守志不屈，遥迁右副都御史，恤其家，春妻翟闻之，恸哭六日，不食，自缢死。当春未死时，我大清有议和意，春为言之于朝，朝中哗

---

① 《明史稿》卷一七二本传同。

然诋春,诚意伯刘孔昭遂劾春降敌不忠,乞削其所授宪职,朝议虽不从,而有司系其二子死于狱。

案纂修《明史》,虽亦参考清朝实录,然春传关于议和一事,实据明人记载,征之《清太宗实录》并不谓然,兹录《东华录》所载者。天聪五年九月条:

> 生擒张春、张洪谟、杨华徵、薛大湖及参将、游击、都司、守备、备御千总共三十三员……时被擒各官见上皆跪拜,独张春不跪,上怒欲射之,代善谏,遂置之……上遣达海库尔缠以珍馔赐张春,春曰:"我死志已决,不食上所赐,上盛意欲生我,我亦知之,但忠臣不事二主,我为君尽忠而求死,杀之以成我志,上益有令名矣。我崇祯皇帝聪明,止执政大臣奸恶,视我等不足比数,然我受命而来,岂有军已覆没,身自求生之理,我为尔擒,纵加万刃,亦任尔意,惟我心在腔子里,非尔所能夺也。"又曰:"尔国用兵已十五年,专事征战,岂能成事。夫四海皆一家之民,古之贤主皆养民安国,尔不息兵,不养民,天下之人畏死,从尔者杀,不从尔者亦杀,虽出野农夫亦欲持锹镢而战矣。"达海曰:"我皇上非好兵也,尔明国与我有七大恨,所以兴兵,昔年致和书六七次,竟无一言相报,今我皇上犹欲议和,且孙阁老邱巡抚见在边镇,尔复在此,汝等皆尔君亲近大臣,可具疏言讲和之事。"春曰:"此事彼亦不能,我被执,非所当言,上必杀我始可议和耳。"固求死,与之食不食,饿二日。至三日,上复赐食,乃食之。后每日三餐,上皆亲阅以赐。

而全祖望《鲒埼亭集》外编二八《读明史张春传》则谓：

> 太仆以崇祯四年陷于东，天聪之五年也，凡九年而卒，崇德之四年也。顾以《太宗实录》参之《明史》，则事不甚合，又取何棨所作《太仆传》，参之二史亦不甚合。《实录》太宗令太仆上书庄烈帝，劝令讲和，太仆曰：此事必不可言，我系被执，又非所宜言，太宗遂不复强。而《明史》庄烈既遥加太仆以宪节，太仆有疏请议和，遂为刘孔昭所劾，有司请削太仆所加宪节，帝虽不从，而有司竟收其二子下狱，至于死，则大相矛盾。夫使太仆果劝明以和，亦不害其为忠，然终不如《实录》所言之凛然。且使太仆既奉太宗之命以劝和，《实录》何以反讳其事而抹杀之，不可信者一也。当时俘囚诸人如德王尝上疏于明以劝和，镇守太监亦尝上书于明以劝和，《实录》皆备载其文，何独于太仆之疏而讳之而抹杀之，不可信者二也。吾故曰：《实录》所据乃当时档案，必不错，其错当属《明史》。然《明史》亦不应凿空撰为此事，或者当时之人有冒太仆之名以上书者，因招孔昭之劾，异国辽远莫能核其诬耳。何传亦不载此事，然则究当以《实录》为定也。

《清实录》迭经修改，变动滋多，关于此事记载尚少更动，故全谢山在乾隆间所见之《实录》与王益吾在光绪时所抄之《实录》完全符合，即春并无议和之事也。惟谢山所谓《实录》不错，其错当属《明史》者，及细案实际，则适得其反，盖议和事证之明方记载固确凿有据。钱谦益《初学集》卷四七《孙承宗行状》①：

> 监军张春陷奴，上书为奴请款，邱禾嘉密表其事，公曰："春亦有须眉，独不闻其妻翟氏六日不食而自经乎。士大夫不能飞矢仆此行尸，而忍为关说，春固自愧其妻，士大夫亦何以见妇人乎。"中枢贻书，颇以上意讽公，公持之益坚。

尝见残抄本《崇祯长编》②卷五一，载崇祯四年十月丁卯：

> 直隶巡按王道直疏奏，长山师溃，监军道张春被执，其妻翟氏绝食自缢，春乃偷生异地，不能以死报国，且远寄揭帖，反为代言款事，不但羞朝廷而辱士类，亦难免伊妻九泉之痛，此真盖载所不容者。

又卷五二，同年十一月壬午：

> 诚意伯刘孔昭以张春失身陷围，既不能以死报国，反蒙耻为之请和，实罪不容诛，乞削其遥授宪职，以为不忠之戒……帝谓张春姑俟确查。

考承宗与春情好备笃，苟非灼知和揭确出春手，似不至于任意诬□，而牧斋留心当代史事，又游承宗之门，所述更非凿空。至《长

---

① 承宗子铨所辑《文正年谱》卷五，崇祯四年八月条同。
② 与痛史本不同。

编》所录系据参劾原疏，亦即纂修《明史》之所本，犹□证地。乾隆《大荔县志》卷八有春妻传：

> 翟淑人，太仆张春妻，同州人……自春兵备永平，翟度必死事，遂掷少子伸付乳媪，奋身向往。及春陷，翟在京断指上书白春冤，遂自经于韩氏楼中，赖奏疏塞谗人口，卒保其家。

所谓"白冤"，语意含混，证以孙公行状及《崇祯长编》，始悉指议和揭帖，然则所谓"卒保其家"，亦仅免幼子伸之难①。谢山以误信《实录》，又不敢诋钦定正史，遂疑为冒名伪托。夫伪托之者以其为清人乎，则清之求和虽切，不必定假一监军，纵假之，谊应为剖白雪昭，如袁崇焕之中间是也，是此事殊少可能。如其托自明方，时辽左未尽失败，虚骄之气正炽，方倡犁庭扫穴之论，明如孙公犹且不免，他人更无论矣。且巡抚密表其事，阁臣目击其揭，是以有王、刘之驳斥，初非来源茫昧者比。故无确证灼知为仇人嫁祸之辞，则此种假设亦难成立。准此，则与其信清录，无宁取《明史》，意春被获之后，劝降不从，赐食不受，其拒绝议和自必有之，但不久又为居间转达，春以九月被掳，王道直参疏上于十月二十七日，盖俘虏不久和揭即已抵京矣。时清廷内部矛盾正多，而明之封疆败绩未遽见甚，暂采议和政策，正可息肩整顿，春揭又何伤于忠爱耶。

何絜《晴江阁文抄》有《张金事传》，即全谢山所谓持与《明史》

---

① 春死葬辽阳，康熙初，伸负骨移葬故里，见县志卷八"孝友列传"。盖春先有两子均毙狱中，非仅一子耳。

《实录》参校不甚相合者。何文云：

> 往参政汤斌官翰林时，尝从诸老臣贵戚问太宗朝轶事，诸老臣贵戚多称张春为真忠臣。斌来游江南，为余详述其实，且曰："本朝作忠之法，宜笔之以风后世为人臣者。"

是雍南作传取材，得之潜安口说，汤氏撰有春传，亦不著议和事，盖仅微询老臣贵戚，掇拾其动人事迹以成篇，并未与官书相参校，故错讹乖违之处甚多①。汤氏为何文之所本，同遗议和一事，又何殊焉。

清之俘获张春原劝其归降，"罗氏史料丛刊初编"卷上载天聪六年九月李栖凤"尽进忠言奏"：

> 永平张道在这边不过一老人耳，在彼处亦为有谋略者。以臣愚见，我汗宜虚心隆礼，如文王之待太公，建以衙门，赐以轿伞，与以侍从，彼肯有心为我效谋，诚为莫大之喜，即不肯为我出谋，而礼遇之隆，其心虽坚如金石，亦将为我镕化，南朝皇帝闻知必轻薄文臣矣②。

故春虽抗志不屈，仍为太宗所尊礼，汤、何二传于此盖三致意，兹录和传所载，并以他书比证之。

> 太宗克永平，生获春，授之官，春不屈。太宗甚重春，礼意

---

① 经萧一山先生揭举者凡三处。见《清代通史》卷上，叶一三七。
② 又《东华录》崇德七年五月载洪承畴降，太宗谕以昔阵前所获张春亦曾养之，彼不效力事朕，一无所成而死云云，亦可反映其厚待张春，故劝归降意。

极隆渥,供帐饮食车马与诸生等,春不受。正坐向西南日夜哭不绝声,太宗命左右往慰劳春,春正坐嫚骂不起,间亲往慰劳之,春亦正坐嫚骂不起。太宗又时时微行,屏车骑,穿壁成小牖,视春,春正坐向西南,呫呫自语,疑壁间人,更骂不绝,左右多弗怿曰:"是囚耳,主上何为囚辱。"太宗顾左右言:"若忠臣也,乌得囚视之。"嗣是益重春。寻试辽诸生,第其文高下,录数十人,命谒春,春大怒,叱之退。方永平城破日,春妻翟宜人闻城破自杀,春不知宜人自杀,有言于春者,春为位以哭,太宗命少牢往祭,春拒不受,自为祭宜人文,令书崇祯某年,书者上之,太宗曰:"是固应尔,彼春者安肯书我正朔,况彼妻亦不知我正朔。"命如春书崇祯某年,而太宗固益甚重春。

又《朝鲜仁祖李倧实录》卷二五,九年即崇祯四年闰十一月壬戌亦记:

> 上引见秋信使朴䈭……上曰:"张春之被掳明白耶?"䈭曰:"设宴之时每令春出坐,形体短小,年可五十许。朱之蕃之弟亦被执,终始不屈,朱、张两人不为剃头。城外有长兴寺,张、朱着汉服居于寺云。"上曰:"此可嘉矣。"

同书卷三七,十六年即崇祯十一年八月甲午:

> 宾客朴䈭将还赴沈阳,上引见之……上曰:"张春之为人何如?"䈭曰:"年过七十而精彩动人。正朝贺礼时,世子适过其所寓而入见之,则张春言,我不东向坐久矣。其谈论琅琅可

听,虏中亦极尊敬,比之于苏武云矣。"

案朝鲜于天启以还已渐受建州挟制,崇德二年即崇祯十一年,太宗围南汉,订城下之盟,俘朝鲜世子李㴭以为质,朴簹前为交聘使臣,后赴沈阳为世子宾客,所述皆其目击,当得情实。以监军末职,至见重于夷酋,称道于外国,则其精诚感召及时人推重可以猜想。岂纂修《实录》诸臣受此倾动影响,遂有意隐饰讲和揭帖以下侧于德王由榔等欤①,抑因纂修《实录》范文程实预其役,文程为春弟子②,故为本师回护欤。设此假设不误,则敌国之衿昔大夫名节固远逾于明人也。

明清交替之时,事多违碍,《明史》一方面虽故为疏略回护,一方面则力求其详尽真实,如袁崇焕中间,在明人以为通敌,则据清方记载以雪其诬,张春议和,在清方以为必无,则据明朝记载以正其讹,皆其显例。此则不尽因清帝之表扬忠义③,而与馆臣之求□态度有关,亦研治《明史》成书者所应注意也。

又县志春传谓春死时于衣领中得《不二歌》,乾隆《同州府志》卷五十《艺文》及《关中两朝诗钞》卷五均载之,诗虽质俚而意归忠孝,爰录之以为此义殿尾。

不二歌

一真枢变化,乾坤立主张。幻形谁不没,问谁无盖藏。静

---

① 德王被俘讲和事具载《东华录》。
② 《啸亭续录》卷二《张夫子》条谓春在关外,文程等从之游。又《客窗涉笔》亦谓清太宗命旗下从春学人皆敬事之。
③ 袁案昭雪,论者每归功于清帝表扬名节。

极还复动，一阴而一阳。源同流乃异，邪曲与忠良。如此日在天，光明照万方。心在人之内，丹诚那可忘。天地惟得一，清宁终久长。王侯惟得一，首出乎万邦。卓彼待子女，从一无骞裳。之死矢靡他，苦节傲冰霜。风疾草自动，岁寒松柏苍。委贽许致身，临敌无回肠。电火焚大槐，有忙有不忙。求死不得死，身命轻前穗。生匪是偷生，苦衷质上苍。始终筹画者，深愧郭汾阳。万或得一当，不愧文天祥。君父之所在，焚叩西南方。富贵不可淫，威武甘锯汤。既名文夫子，讵肯沦三纲。千秋有定案，遗臭与传芳。刚巡为激烈，幽武缘不降。援古以证今，读兹书一场。忠孝字不识，万卷总荒唐。俯仰能不愧，至大而至刚。谁谓马无角，安得羝生羊。我作《不二歌》，小常有大常。

民国三十一年五月十一日脱稿

附记：顷检严元照评本《鲒埼亭集》（稿本），于《读明史张春传》文书眉批："孙高阳行状云，监军张春上书请款，邱禾嘉密表其事，公曰，春亦有须眉，不闻其妻六日不食而自缢乎。然则春之上疏实有其事，谢山疑之非也。谢山疑是冒名则不可知。"案严君引承宗行状以证春揭之实有其事，最为有识。是此事前人亦有疑之者，特援据不详耳。惟云"谢山疑是冒名则不可知"，又为未达一问也。附识于此，以供参证。

同年十月十三日

（本文原刊于《人文科学学报》第 2 卷第 1 期，1943 年）

跋朱朗镢《上摄政王多尔衮请仍用明代衣冠启》

　　巡按山东福建道监察御史朱朗镢谨启：为广文德以端王化事。臣考古帝王之治天下也，有武功以勘乱，还藉文德以襄治。何谓武功？如甲胄弓矢是也。何谓文德？如衣冠礼乐是也。然征讨不服，兴师问罪，非武功无以吓凶逆之胆；至若临民行政，表率群黎，非文德无以兴教化之原。臣恭诵屡颁谕旨，无非典谟训诰，煌煌然光昭史册，薄海内外，莫不仰天日而思至治。此时中外臣工，俱以衣冠礼乐，覃敷文教，宣布德泽。草野愚民，皆知王仁。以文德定天下，如是其雍雍博大也。臣顷闻东省新推道臣三员，俱皆东来随驾之官，臣私想人文品行，料亦表表可取。但此三道者，职司风宪之文官也；使不加官服以临民，不惟无以表正百姓，凡有时而庆贺朝拜，何以先群吏而立班首？窃恐人心惊骇，误以文德兴教之官，而反认为统兵争战之将。猜疑顿起，讹乱必生。况二东为孔孟礼乐之乡，又为江南听政之地；举动一错，关系非小。臣想王仁如天，或不靳此一冠一服。然臣有地方之任，凡有不宜于地方者，臣不敢不为之入告也。伏乞睿鉴，即谕一臣，立制本等品级冠服，赴礼部习仪数日，使知事上接下，一规于礼义。庶便奉命前去，分猷地方；臣亦得藉为左右手之一助耳，为此具本谨启请旨！

顺治元年七月十四日朱批："武功文德，戡乱襄治"，这本说的是。目下急剿逆贼，兵务方殷，衣冠礼乐，未遑制定。近日特旨简用各官，都且照依明式，速制本品冠服，以便谢恩莅事。其寻常出入，仍遵国家旧制。行礼部知道。

右启藏北京大学研究院文科研究所史料室。按甲申（1644，崇祯十七年，顺治元年）三月，李自成陷北京，崇祯自缢，明室颠覆。四月，山海关守将吴三桂请清兵平乱，自成败走。五月己丑（初二日），睿亲王多尔衮定鼎燕都，此后收复河朔，戡乱山东；及九月甲午（初九日），世祖始入京正统。此启上于元年七月，时世祖尚未入关，国家大计，筹划经营，悉出多尔衮手，故当时所上摄政王启本，就史料价值言，固与题本等也。是年六月庚申（初四日），以户部右侍郎王鳌永招抚山东，丙寅（初十日），复遣巴哈纳、石廷柱敉平变乱，所委东省道臣三员，适于此际就职，启中谓以文德续武功之后，或即指此，《清史稿·世祖本纪》：

顺治元年七月己亥（十四日），山东巡按朱朗镳启，新补官吏，仍以纱帽圆领，临民莅事。睿亲王多尔衮谕："军事方殷，衣冠礼乐，未遑制定。近简各官，姑依明式。"

亦即右录启文。史稿系出自《实录》，《清世祖实录》云：

顺治元年七月己亥，山东巡按朱朗镳启言，中外臣工，皆以衣冠礼乐，覃敷文教。顷闻东省新补监司三人，俱关东旧臣，若不加冠服以临民，恐人心惊骇，误以文德兴教之官，疑为统兵征伐之将。乞谕三臣各制本品纱帽圆领,临民莅事。睿亲王多尔衮谕:"目下急剿逆贼,兵务方殷,衣冠礼乐,未遑制定。近简用各官,姑依明式,速制本品冠服,以便莅事。其寻常出入,仍依国家旧例。"

蒋、王两氏《东华录》所记与此同。修《实录》时,当见原启真迹,故所录启文,有删节,无改易。而《史稿》修订,则系转手抄录;启中谓:"东省新推道臣三员,俱皆东来随驾之官……使不加官服以临民,不惟无以表正百姓,凡有时而庆贺朝拜,何以先群吏而立班首?"可见仍依明式者,仅指东来三臣而言。兵马怆惶之余,山东初平,百政待理,明代衣冠未令切实改易,所有官员当依胜国遗制;而此三人者,或系东省满人,或系先降故吏,必不娴仪节,一依胡风,与当地风土或不相宜。朱氏因有此拟议:故令旨中所谓"近日特旨简用各官",亦仅限于东省官吏。至《史稿》所述,则似以所有新补官吏,均应纱帽圆领者,不知鼎移之际,地方官吏,或尽节,或逃亡,清兵入关,为羁縻汉人计,召明末故吏,一仍旧职,何莫非新补之官?而与原档中之仅请三臣汉装者,大相径庭矣。不然,是月丁酉(十二日),户部右侍郎王鳌永固荐谢升等四十余人为新吏矣,启中何不并及之乎?清人入关,以为天下乃取之闯王,非得自明室,且以为明敉乱居功;衣冠礼乐,一仍明旧,故居民安堵。遗老故吏,不特不同化于清朝,反欲化满人同中国,观上之请东人服明衣冠,可考见也。

生活服饰为一民族历史演迹,亦为形成一民族之主要成因。故满人之不欲同化于汉,亦正如汉人之不欲同化于满。吾人观天聪八年(1634)五月,太宗遣国舅阿什达尔汉招抚察哈尔遗众之在

明镜者,并致书曰:

> 我与尔两国语言虽异,衣冠则同。与其依明,何如归我。不惟尔等心安,即尔祖父世传之衣冠体貌,亦不烦变易。①

以不改服饰劝察哈尔弃明投清,则清人自更不欲仿习汉制,此种心理,盖由来已久。一民族之宝爱其祖国文物,有如是者!此其因一。

清初颇娴渔猎,又因行兵临阵,亦以马袖短褐为宜。故于汉人衣冠,不特禁民习仿,且深致咀弃,此其因二。崇德元年(1636)十一月《东华录》载:

> 上(太宗)御翔凤楼……谓众曰:"……先时儒臣榜式达海、库尔缠屡劝朕改满洲衣冠,效汉人服饰制度。见朕不从,辄以为朕不纳谏。朕试设为此喻:如我等于此聚集,宽衣大袖,左佩矢,右挟弓,忽遇硕翁科罗巴图鲁劳萨挺身突入,我等能御之乎?若废骑射,宽衣大袖,待他人割肉而后食,与尚左手之人,何以异耶?朕发此言,实为子孙万世计也,在朕身岂有变更之理!恐后世子孙忘旧制,废骑射,以效汉俗,故常切此虑耳。"

而于不染汉俗之金世宗,尤津津称道。崇德二年(1637)四月,《东华录》载太宗谕诸王贝勒:

---

① 见《东华录》。

昔金熙宗、完颜亮变易祖宗衣冠制度,循汉人之俗,服汉人之衣冠,尽忘本国言语。迨至世宗,始复旧制。凡言语衣服及骑射之事,时谕子孙勤加学习。如王孙元王(即章宗)判大兴府,遇汉人讼事,以汉语讯之,遇女直人讼事,则以女直语讯之,世宗以其未忘女直之言,甚为嘉许。今若不时亲弓矢,惟耽宴乐,则田猎行阵之事,必致疏旷,武备何由而得饬乎?

清初曾以薙发与否验民情从违,顺治元年五月戊子(初一日)摄政王抵通州,复下薙发令。庚寅(初三日)复谕投降军民,衣冠皆照清制。以后群情哗然,为羁縻人心计,至辛亥(廿四日)复令民照旧束发,各依其便。自戊子至辛亥,甫廿四日耳。薙发之令不行,衣冠改革更不易,所谓简用各官,姑依明式,而寻常出入,仍服东装者,乃不得已之敷衍办法,一俟湖山清娱,仍以政治全力推行满装耳。故至顺治二年(1645),清兵破扬州,抵金陵,中原大势,于斯底定,六月丙辰(初五日)即申薙发之谕,丙寅(十五日)复命改易汉装。《东华录》云:

其衣帽装束,许从容更易,恐从本朝制度,不得违异。

较薙发令虽略予宽容,然不过时间上之差异。盖衣冠制作,稍费日时,非若薙发之轻而易举。七月复谕礼部定制划一,并叙其所以宽缓之故。《东华录》载:

官民既已薙发,衣冠皆宜遵本朝之制。从前原欲即令改易,恐物价腾贵,一时措置维艰,故缓至今日。近今京城内外军民衣冠,遵满式者甚少,仍着旧时巾帽者甚多,甚非一道同风之义,尔部即行文顺天府、五城御史晓示禁止,官吏纵容者,访出并坐。仍通行各该抚按,转行所属,一体遵行。

至顺治三年(1646)十月,更谕有为薙发、衣冠、圈地、投充、逃人,牵连五事具奏者,一概治罪,本不许封进。十二月,山西左布政使王点职即以令生员各戴儒巾,教官纱帽去翅而革职逮问,盖朝廷执法,每况愈严矣。顺治十年(1653)《东华录》复载:

> 二月丙寅(二十九日)谕礼部,一代冠服,自有一代之制。本朝定制已久颁行,近见汉官人等冠服体式以及袖口宽长,多不遵制。夫满洲冠服,岂难仿效,汉人狃于习尚,因为沾滞。以后务照满式,不许异同。如仍有参差不合定式者,以违制定罪。

为一衣冠式样,不惜三令五申,终必驱天下汉人尽从满制。而明士夫之痛心文物沦陷,不胜故国离黍之感者,亦所在多有。此后义旗遍江南,杀人盈城野,人民惨罹浩劫,正不止扬州十日,嘉定屠城已也。其情可悯,其事足哀,走笔所及,不禁唏嘘惋叹!兹录《东华录》宁完我劾陈名夏文,以见当时各地起兵之故,亦趣事也。

> 顺治十一年(1654)三月辛卯朔,国史院大学士宁完我劾大学士陈名夏结党怀奸,情事叵测。奏曰:"臣思陈名夏……生性奸回,习成矫诈,痛恨我朝薙发,鄙陋我国衣冠,蛊惑故绅,号召南党。布假局以行私,藏祸心而倡乱。何以名其然也?名夏曾谓臣曰:'要天下太平,止依我一两事,立就太平。'臣问

何事？名夏推帽摩其首云：'只须留头发，复衣冠，天下即太平矣。'……臣思我国臣民之众，不敌明朝十之一，而能统一天下者，以衣服便于骑射，士马精强故也。今名夏欲宽衣博带，变清为明，是计弱我国也。"

朱朗镱不详其为人。署衔山东通巡按①，然检《山东通志·职官志》，并无其名，而其他典籍，亦罕记载。仅《小腆纪年》卷四叙降李闯诸臣，有云：

御史以原官授伪直指使者……宗室朱朗荣也。

所记"朗荣"当系"朗镱"，按明裔命名例，以下一字取五行偏旁，《纪年》"荣"字盖脱"金"旁而误。《明史·诸王世表》"朗"字属韩府第九代，韩传至第十二代（"亶"字辈）而国变。韩王本庶出，朗镱于韩府正支尤系较疎者，或以此而降贼仕清，遂不招忌欤？《东华录》载顺治二年六月，以明季破例起用宗室，殊为扰民，下令凡故明宗室之见任者，概行解职，朗镱当于此时罢官。顺治元年六月始以王鳌永抚山东，至二年六月遂遭宗室解任令，出仕山东，盖最多不过一年余耳。恬颜事仇下场，不亦甚可哀乎？因论改革衣冠，并附及贝启人之行迹如此。

丁丑暮春跋于北平寓庐
（本文原刊于《中央日报·文史（周刊）》
第27期，1937年6月13日）

---

① "通"字为衍文，应删去。——整理者注

董文骥与《明史纪事本末》

谷应泰撰《明史纪事本末》实延明遗民张岱等代为之，所辑典章事实，详审丰赡，在纪事本末体中允推佳著。其书约刊于顺治十五年顷，较《明史》成书早七十余年，时无钦定之正史为准则，故在记事方面可不受约束，然则前人诋其取材冗滥，沿袭野史者①，就另一观点言之，或即其所长欤？惟谷书初出，有控其讥讪当代者，徐世昌《清畿辅先哲传》十九《应泰传》记：

  是书（《明史纪事本末》）初出，有以其语涉讥讪者，上（世祖）调取阅之，知其书无他，不之禁也。

检光绪《武进阳湖合志》，知弹劾之人为董文骥，《合志》二六《文学传》：

  董文骥字玉虬，幼颖敏，读书过目成诵，顺治己丑进士，授行人，迁御史……以史事劾浙江学使谷应泰，世祖章皇帝在南苑召对，慰劳甚至。会日将暮，南海子去都城十里，虑迷失道，命侍卫导之归，举朝传为盛事。

---

① 见《四库提要》及《清史列传》等。

案董氏《微泉阁文集》八《伯父圣臣公神道碑》①：

> 予受知世祖皇帝，南苑赐茶，敕送夜归。

又《诗集》八《庚子除夕》：

> 积薪十载老孤槎，遇巷今年傍翠华。中使朝宣收谏草，羽林夕送赐宫茶。②

同书三《除夕行》：

> 顺治末年官兰台，白笔斜簪希汲直。乾清宫前朝谏草，晾鹰台畔宵传敕。貂珰银碗发茶香，虎士玉鞭归月黑。天厨凤饼充虚枵，宝炬金莲照迷惑。③

十三《宫词》其八：

> 才于帐殿进弹文，旋召词臣论夜分。一自宫车无复驾，晾鹰台畔锁愁云。④

---

① 即董承诏，天启时浙江布政使。
② 原注："是月二十四日，骥弹学臣谷应泰疏入，上敕中使宣至南苑赐茶，暮令二骑送归。"
③ 原注："庚子十二月疏弹学臣，召至南海子，内臣宣旨赐茶云，恐汝宿此无账房，回去走迷了道，着两马送归。"
④ 原注："庚子十二月二十二夜——上注作二十四日进弹章——宣臣至海子行在，进所纠谷应泰私史，召尚书王某示之。越四日，上入幸，辛丑正月八日晏驾。"

庚子顺治十七年,是谷书刊刻不久即遭纠举,世祖之汉文程度如何,本成疑问①,即使粗略通习,而帝少年好弄,明事未必措意。故时召示之尚书王某颇关重要,王疑即礼部尚书王崇简,氏以明季高科,为新朝佐命,前代史事,自所审知,世祖虽嘉御史敢言,而不坐应泰之罪,意告有不便宜示之隐也。

董集不载弹劾原文,不知所谓语涉讥讪者何所指,惟于从侄元恺所作序中载:

> 当公在南台时,不数月,章数上……其最著者,参浙江学臣谷应泰,摘其《明史纪事本末》,谓本朝仗义讨贼,转战千里,雪前代之耻,应泰猥云贼臣何腾蛟禽之罗公山下,而我师不与焉,遂使我皇上为明季君臣讨贼之大义不白于天下后世。世祖击节嘉叹,召对南苑行殿,赐茶,会日暮,撤御金莲烛,遣卫士二骑送归,曰:"勿令董御史迷失道。"

据此,弹章指陈之点,在以闯王李自成之诛不归功于清朝,而委之于明臣何腾蛟,致使清人所造之"仗义讨贼"口号,无所附丽,然则谷书所记之真实性如何,固亟待讨论者矣。

诸书记李自成之死者,言人人殊,兹综合各家所载者,约得三说:(一)以为清人所毙者,如《东华录》顺治二年闰六月甲申,靖远大将军英亲王阿济格等奏:

---

① 世祖不谙汉语汉书,请参看中央研究院《明清史料》丙编三七〇页高桂奏本。

流贼李自成率西安府马步贼兵十三万,并湖广襄阳、承天、荆州、德安四府所属各州县守御贼兵七万,共计二十万,声言欲取南京,水陆并进,我兵亦分水陆两路蹑其后,追及于邓州、承天、德安、武昌、富池口、桑家口、九江等七处,降者抚之,拒者诛之,穷追至贼老营,大败贼兵八次,贼兵尽力穷,窜入九宫山,随于山中遍索自成不得,又四出搜辑,有降卒及被擒贼兵俱言自成窜走时,携随身步卒仅二十人,为村民所困,不能脱,遂自缢死,因索素识自成者往认其尸,尸朽莫辨,或存或亡,俟就彼再行察访。俘自成两叔伪赵侯、伪襄南侯,并自成妻妾两口,获金印一颗。又获伪汝侯刘宗闵并一妻二媳,自成养子伪义侯姜耐妻,伪齐侯顾英妻,伪总兵左光先并一妻三子,及术士伪军师宗矮子①……计我兵追蹑自成及分翼出师败贼凡十有三战,获驼三十一,马骡六千四百五十,船三千一百八艘。

案此为清朝官书方面之记载,据此,自成先为清兵,继为乡民所困,以致自缢,而清军复俘其余党,则诛闯之功自应属于清朝,《明史稿》《明史》"流寇传"、《清史列传》《清朝耆献类征》《清史稿》等书"阿济哥传"大都祖述此意②,此一说也。

　　(二)当时人记载亦有以自成为乡人击毙,不归功于清朝或明朝者,如文秉《烈皇小识》八:

---

① 应为"宋矮子"——整理者注。
② 此仅就清人攘功一点言,文中细节有彼此歧异者。

> 逆成屡败之后,每行军,大队在前,己率数十骑在后,一夕大风沙,对面不相睹,逆成同二十八骑趋通山,登九宫山,乡兵遇之,乱刃交加,遂剁逆成于马下。

又黄宗羲《行朝录》一隆武二年四月:

> 闯贼李自成为九宫山民击死。

此外如吴伟业《绥寇纪略》、冯苏《见闻随笔》及李瑶《南疆绎史·摭遗》等书均约略同此,此又一说也①。

(三)明方记载则完全反是,《烈皇小识》附有何腾蛟《逆闯伏诛疏》,兹摘录如下:

> 总督湖广川贵广东广西五省军务兵部尚书何腾蛟奏:闯死确有实据,闯级未敢扶同,谨据实回奏事。痛自闯逆肆乱,逼我先帝,陷我神京,罪通于天,一旦被戮九宫山,差纾神人之愤。奉旨:何腾蛟着吏部先行议妥速叙,仍着将殀贼情形,闯贼首级真否,该抚察奏解,若果的真,照格叙赏,以昭大信,钦此……臣自遭左变,投身江涛,遇救得生。臣揣闯逆知左兵南遁,势必窥楚,即飞檄道臣傅上瑞、章旷,推官赵廷璧、姚继舜,咸宁知县陈鹤龄等联络乡勇以待。闯果为清所逼,自豫秦奔楚,霪雨连旬,闯逆困于马上者逾月,此固天亡之也。闯逆居

---

① 邹漪《明季遗闻》、计六奇《明季北略》等书谓自成病死,就不归功于明清两方言,本可与此并论,以其无稽,故不举。

鄂两日，忽狂风骤起，对面不见，闯心惊疑，惧清之蹑其后也，即拔贼营而上，然其意尚欲追臣，盘踞湖南耳。天意亡闯，以二十八骑登九宫山，为窥伺计，不意伏兵四起，截杀于乱刃之下，相随伪参将张双喜系闯逆义男，仅得驰马先逸，而闯逆之刘伴当飞骑追呼曰："李万岁爷被乡兵杀死马下，二十八骑无一存者。"一时贼党闻之，满营聚哭。及臣抚刘体仁、郝摇旗于湘阴，抚袁宗第、兰养臣于长沙，抚王进才、牛有勇于新墙，无不众口同辞，营内有臣晋、豫旧治之子衿氓隶，亦无不众口同辞也。张参将久住湘阴，郝摇旗现在臣标，时时道臣逆闯之死状，嗣后大行剿抚，道阻音绝，无复得其首级报验。今日逆首已误死于乡兵，而乡兵初不知也，使乡兵知其为闯，气反不壮，未必遂能剪灭，而致弩刃之交加，为千古大快也。今而后逼君破都之气焰，遂成鸟啄兽脔之肉饼，亦可以谢先帝矣……隆武元年　月　日奏。

是以自成为民兵所杀，而民兵在清师未到之前，应受明朝节制，亦即应归功于何腾蛟，钱澄之《所知录》、吴伟业《鹿樵纪闻》及邵廷采《西南纪事》等书均有乡民献功腾蛟之纪事①，与此可视为同一系统，此又一说也。

今案比较以上三说，当以何疏所述者最近情理，盖自成自秦而豫而鄂，虽受清兵压迫，迨渡江而南，则为腾蛟所辖地，《明史·李自成传》记其流亡之经过云：

---

① 村民献闯首事不可信。惟直接或间接报杀闯之功，当是事实。

顺治二年，我兵攻潼关，伪伯马世耀以六十万众迎战败死，潼关破，自成遂弃西安，由龙驹寨走武冈，入襄阳，复走武昌，我兵两道追蹑，连蹙之邓州、承天、德安、武昌，穷追至贼老营，大破之者八。当是时，左良玉东下，武昌虚无人，自成屯五十余日，贼众尚五十余万，改江夏曰瑞符县，寻为我兵所迫，部众多降或逃散，自成走延宁、蒲圻，至通城，窜于九宫山。

又《何腾蛟传》记腾蛟时正抚治两湖：

　　十六年冬，拜右佥都御史，代王聚奎巡抚湖广。时湖北地尽失，止存武昌，屯左良玉大军，军横甚，腾蛟与良玉交欢，得相安。明年春，遣将惠登相、毛宪文复德安、随州。……八月，福王命加腾蛟兵部右侍郎，兼抚湖南，代李乾德。寻以故官总督湖广四川云南贵州广西军务，召总督杨鹗还。明年（弘光元年）三月，南京有北来太子事，中外以为真，朝臣皆曰伪……无何，良玉举兵反，邀腾蛟偕行……腾蛟急解印付家人，令速走，将自到，为良玉部将拥去，良玉欲与同舟，不从，乃置之别舟，以副将四人守之，舟次汉阳门，乘间跃入江水，四人惧诛亦赴水，腾蛟漂十余里，渔舟救之起，则汉前将军关壮缪侯庙前也。家人怀印者亦至，相视大惊，觅渔舟忽不见，远近谓腾蛟忠诚得神佑，益归心焉。腾蛟乃从宁州转浏阳，抵长沙，集诸属吏堵允锡、傅上瑞、严起恒、章旷、周大启、吴晋锡等痛哭盟誓，分士马舟舰糇粮各任其一，令允锡摄湖北巡抚，上瑞摄湖南巡抚，旷为总督监军，大启提督学政。

何氏初为湖广巡抚,继晋湖广等处总督,则凡湖广未经沦陷区域,自应受其统辖,如上举自成所经之延宁、蒲圻、通山等地是也①。考左良玉誓师东下在弘光元年三月底②,《明史》等书记左兵东行以后,自成入据武昌,又五十余日,始向东逃走,是自成九宫山被狙,约在五月中旬以后,时去腾蛟之汉阳门投水已五十余日,以日程计算,腾蛟本可绕道宁州、浏阳以抵长沙,布置设防矣。惟此种记载证以《浔阳记事》及何腾蛟疏,知有乖误,故不取,兹据《浔阳记事》所载者。《记事》谓四月二十七日阿济格已追抵九江,自成之死在其前,是至迟不得超逾四月二十六。何疏云:"臣自遭左变,投身江涛,遇救得生。臣揣闯逆知左兵南遁,势必窥楚……闯果为清所逼,自豫秦奔楚,霪雨连旬,闯逆困于马上者逾月,此固天亡之也。闯逆居鄂两日,忽狂风骤起,对面不见,闯心惊疑,惧清之躡其后也,即拔贼营而上。"然则良玉东下靖难之日,正自成颠沛于赴鄂途次之时,及抵达两日③,又仓皇出走,总计前后所历,既已"逾月",则其路过九宫山,当在四月底,去二十六日之大限必不远也。照此日程推算,腾蛟亦可抵达长沙④,从事准备,时自成欲窜据湖南,故何疏载飞檄"道臣傅上瑞、章旷,推官赵廷璧、姚继舜,咸宁知县陈鹤龄等联络乡勇以待",盖丁尚未沦陷之地,筹设防御。九宫山在通山东南,地去咸宁不远,咸宁知县既已"联络乡勇",截杀流贼,九宫山之有同样组织,亦意中事,以后清兵追踪而来,虽有斩获,但自

---

① 时长江以南大都未沦陷,又九宫山在通山,《明史》误为通城。
② 《弘光实录》谓在三月二十八日辛亥,《浔阳记事》载袁继咸密报左兵之叛在三月二十三日。
③ 并非五十余日,诸书记自成在武昌之政治设施,恐不实。
④ 汪有典《史外》谓腾蛟至长沙为"乙酉四月某日"。

成则早为腾蛟所属之乡兵"截杀于乱刃下"矣①。

退一步言,击毙自成者为一寻常百姓,非何氏民兵,然据《东华录》,自成之死既在阿济格进兵九宫山以前,时鄂南皆属南明,自应上报明朝总督,如何疏所记者,清亦不应攘人之功为己有。然则清官书不以自成之死为乡民所狙,而委为困迫自缢者,有深意焉。

谷氏《纪事本末》七八《李自成之乱》记自成之死：

> 李自成南奔辰州,将合张献忠。献忠已入蜀,遂留屯黔阳,部贼亡大半,然尚拥众十余万,乏食,遣贼将四出抄掠,黔阳四境,鸡犬皆尽,川湖何腾蛟进攻之,自成营于罗公山,倚险筑堑为久屯计,势弥蹙,食尽,逃者益众,自成自将轻骑抄掠,何腾蛟伏兵邀之,大败,杀伤几尽,自成以数十骑突走村落中求食,村民皆筑堡自守,合围伐鼓共击之,自成麾左右格斗,皆陷于淖,众击之,人马俱毙,村民不知为自成也,截其首,献腾蛟验之,左颅伤镞,始知为自成。

案此文所记时地各节皆极谬,惟以自成为筑堡自固之村民所杀,又报功于腾蛟②,则尚近情理。董氏纠举此事,谓使清朝为明季君臣讨贼之大义,不白于天下后世,不知与事实正相符会也。

清修《明史》,于此盖再三订正,《流寇传》初为毛奇龄所创草,毛氏入馆在康熙十八年,著有《后鉴录》,当即纂修传稿之长编,其

---

① 《西南纪事》《南天痕》诸书记自成死在前,腾蛟到长沙在后,证以何疏,当误。

② 献首或为报功之讹传。

记自成之死云：

> 会川湖总督何腾蛟屯兵辰州，攻自成，自成退营罗公山，大饥，令李过守营，而自将轻骑掠食，村民方筑堡守，见零骑来，合围伐鼓共击之，自成驰射，麾左右格斗，积雨，人马陷泥淖中，村民挥锄碎其颅，翻脑浆于地，血肉漫漶，不知为何贼也。抽尸剥甲裳，见龙衣金印，眇左目，惊为自成，截而献腾蛟，腾蛟曰："吾闻李锦亦眇一目，得非锦耶？"验之左颅伤于镞，曰："是矣。"俎其头祭烈皇帝，飞书奏捷于福建唐王，唐王颁捷焉。

此文所记亦有误，惟就归功明朝一事言，与《纪事本末》同，尚是史事之真相，此康熙间第一次草稿也。

时总裁修史者为张玉书及叶方蔼，玉书《文贞公集》七《纪灭闯献二贼事》：

> 自成走九江，大将军令谭泰率大师乘舟追之，距九江四十里许，遇贼军，阵斩贼将四十余人，截获贼舰三百有奇，贼复自焚其舰二百余遁去，自是贼无战舰矣。谭泰乃令诸将分道侦贼，时贼势大溃，我兵无不以一当百，峨内巴图鲁诺一坤将亲丁十余人，败贼后队约数百人，塔思虎力充固巴图鲁将骑兵百余人，遮击贼军约三千人，贼军师宋献策亦以是日就擒，固山额真觉罗巴哈纳等追及谷口，会贼方环山而阵，旋以精骑突入，疾趋贼寝，自成拥残卒踉跄登山，我兵亦蹑之而登，贼各鸟兽骇散，自成复遁去。翌日，巴哈纳将左翼，鳌拜巴图鲁将右

> 翼,甲喇章京顾禄将中路,分道合击之,贼溃奔九公山,大师薄山下,直摧中坚,入贼垒,贼兵俯首就歼,生擒自成妻妾及贼侯某,独索自成不得,有降卒言,自成败走时,领步兵才二十人,路为乡民所困,自缢而死,遣人往视其尸,朽不可辨,自成生死终未有实据云。①

此文所记更多误,所可注意者,不以自成之死归功明人,且作存亡莫卜语气,与《东华录》所述者相近②,与毛稿所记者绝殊,是西河之归功明朝,即史馆总裁已有异议,故后来王鸿绪《明史稿·自成传》则改为:

> 自成走延宁、蒲圻,至通城,窜于九宫山,秋九月,自成留李过守寨,而自率二十骑略食山中,为村民所困,不能脱,遂缢死。或曰:村民方筑堡,见贼少,争前击之,人马俱陷泥淖中,自成脑中锄死,剥其衣,得龙衣金印,眇一目,村民乃大惊,谓为自成也。时我兵遣识自成者验其尸,朽莫辨。获自成两从父伪赵侯、伪襄南侯及自成妻妾二人,金印一,又获伪汝侯刘宗敏,伪总兵左光先,伪军师宋献策……自成之死,福王已降,其所置总督何腾蛟飞章上福建,告捷于唐王。

王氏于前此错讹已多矫正,惟因惧蹈诽讪之罪,故不以击闯之功归腾蛟,以其因袭之稿为毛录,故又有腾蛟飞章告捷语,数句于上下

---

① 原注:"后传闻自成遁走江西,有谕让英亲王。"
② 《东华录》顺治二年七月己巳有让阿济格谕。

文意殊不联署,盖因删除旧文未尽故也。王氏先于康熙五十三年进呈列传部分二百零八卷,即其所刊之《明史列传稿》,后又增订本纪、志、表合为三百一十卷,于雍正元年进呈,即后所刊之《明史稿》,后刻间有增改,惟就《流寇传》言,尚无大差,是此稿之成当在康熙五十三年前,此第二次稿也。

《明史·流寇传》本因袭《史稿》,而删去腾蛟献捷数句,文意自视王稿联贯,惟于《何腾蛟传》沿用《史稿》旧文载:

> 自成乱天下二十年,陷帝都,覆庙社,其众数十万悉归腾蛟,而腾蛟上疏但言元凶已除,稍泄神人愤,宜告谢郊庙,卒不言己功①。

则又透露原来消息,此乾隆间既定之稿也。

自成之死为清初一大公案,其与阿济格无涉,当时人多知之,故世祖召示王某之后,虽嘉文骥敢言,不坐应泰之罪;后来圣祖即位,反以董参为多事,切责之,《微泉阁诗集》十一《壬戌元旦》:

> 焚余谏草风霜字,雨露雷霆乍一身②。

时帝方在冲龄,明事亦非所习,其间必有大臣操持,惜已无考。是文骥上疏不久,即遭斥责,其于此虽频自称道,而《文集》终摈弹疏不载者,倘以此欤?

---

① 后修《通鉴辑览》《胜朝殉节诸臣录》等书则尽删此意。
② 原注:"庚子十二月上书,世императ祖召至南海子,夜敕送归。辛丑正月鼎成,二月奉旨切责,疏久不存箧中,昨始得之,门人钱生钞。"

又谷书记山海关之战以迄于追贼至保定、正定、山西等，皆归功于吴三桂，其例正与此同，故清高宗力辟其非，勒令依《开国方略》改正①，而董氏弹文所以遗此不并举者，盖因三桂正宣力南疆，不便议及。然则文骧之纠参乃为阿媚取悦计，并无一定之标准。夫剿闯功过，史实昭然，壶浆欲掩，其迹反露，故乾隆之妄作聪明，殊不若顺、康之默不一语，徐氏谓世祖取阅谷书，知其无他者，犹嫌未达一间也。

清人入关，原以为明帝复仇相号召②，而无耻贰臣亦多以此自解，此事影响于清初之政治措施者甚大，《明史·流寇传》之改写，《纪事本末》之更正，其一端也。

又谷书以成于官修正史之前，不敢僭用"明史"二字，原刊本书口书名，首二字皆剜去，以是有疑其初名《明朝》《明鉴》《通鉴》或《明纪事本末》者，今案作《明史纪事本末》者是，董元恺序撰于康熙二十五年丙寅，正作此名，又陆陇其致应泰书："老师静观世变，闭户著书，必有超出时贤之上者，不特《明史本末》一编足式训千秋。"陇其为谷在浙江所取士，亦作《明史本末》，皆其证。剜改原版，本因尸正史之名，否则何嫌何疑乎？附志于此，以质读谷氏书者。

> 民国三十一年十月二十六日脱稿，时客南溪李庄板栗坳
> （本文原刊于《中央研究院历史语言研究所集刊》
> 第 20 本上，1948 年）

① 见《东华录》乾隆五十一年七月壬戌。
② 见《多尔衮致史可法书》。

王阳明临终遗语

——此心光明,亦复何言

《明儒学案》卷十《姚江学案记》,王阳明于嘉靖六年起征思田之时,已深染沈疴,逾年事竣,告归至南安,门人周积侍疾,问遗言,阳明曰:"此心光明,亦复何言!"顷之而逝。

今案此为哲人垂萎所作高明踔绝之言,实亦神志湛明之所致。关于光明之义,勿庸详释,今仅钩稽其患病之经过及病亟不乱之故,别进一解,倘亦考阳明史事者所乐闻欤?

阳明之所患者实是肺病,《文成全书》具在,斑斑可考。全书卷二十二《与王晋溪司马(琼)书》:"贱恙尪瘠,又以父老忧危致疾之故,神志恍惚,终日如在梦寐。"又有书盼为说项退休云:"日来呕血,饮食顿减,潮热夜作,自计决非久于人世者,望全始终之爱,使得早还故乡,万一苟延余息,生死骨肉之恩当何如图报。"案午夜盗汗,呕血崇朝,自为肺疾无疑。上书有父老忧危致疾之语,检《阳明年谱》正德十五年闰八月条,"初先生在赣,闻祖母岑太夫人讣及海日翁(阳明父华)病,欲上疏乞归,会有福州之命,比中途遭变①,疏请命将讨贼,因乞省葬,朝廷许以贼平之日来说。"是两书之投,当在正德十二年正月巡按江西以后,及十四年六月宸濠称兵之前,亦即

---

① 指正德十四年六月宸濠之叛。

阳明遘疾远肇于死前七、八年之顷矣。阳明既以祖母丧父病触旧疾,复因王事劳驰驱,宁变历四十九日敉平①,史家所艳称其丰功伟绩者,实则就阳明当日之体质言,固不胜其肩负也。

平宸濠后,罢官投闲,在家休养,病终未即全愈,然亦颇有起色。嘉靖六年五月,诏起平广西瑶,《全书》卷十四载是年六月《辞免重任乞恩养病疏》:

> 臣病患久积,潮热痰嗽,日甚月深,每一发咳,必至顿绝,久始渐醒。乃者,谢恩之行,轻舟安卧,尚未敢强,况又甲兵驱劳,岂复堪任。

又卷十五《乞恩暂容回籍就医养病疏》:

> 臣自往年承乏南赣,为炎毒所中,遂患咳痢之疾,岁益滋甚,其后退伏林野,虽得稍就清凉,亲近医药,而病亦终不能止,但遇暑热,辄复大作。

所述疑为推托渲染之辞,盖既起南征,复任艰巨,斯时病况必视前略减也。

南行以后,病又渐作,全书卷二十六《赴任途中寄子正宪书》:"途中皆平安,只是咳嗽尚未全愈,然亦不为大患,书到可即告汝祖母诸叔知之,皆不必挂念。"又云:"舟过临江,五鼓,与叔谦遇于途次,灯下草此,报汝知之。沿途皆平安,咳嗽尚未已,然亦不在作。"

---

① 《明史》本传谓三十五日贼平,误。

又书:"八月二十七日南宁起程,九月初七日已抵广城,病势今已平复,但咳嗽终不能脱体耳。"舟车劳顿,于病肺之人自不甚适,所谓病势平复,咳嗽未瘥者,盖时尚未大作,而乡居休养,渐次康复之情形,必大变矣,此初犯病时之概况也。

全书复载其病遽之经过。嘉靖七年十月,《乞恩暂容回籍养病疏》:

> 去岁奉命入广,与旧医偕行,未及中途,而医者先以水土不服,辞疾归去。是后既不敢轻用医药,而风气益南,炎毒益甚,今又加以遍身肿毒,喘嗽昼夜不息,心恶饮食,每日强吞稀粥数匙,稍多辄又呕吐,当思恩、田州之役,其时既已力疾从事,近者八寨既平,议于其中移卫设所以控制诸蛮,必须身亲相度,方敢具奏,则又冒暑疾,上下岩谷,出入茅苇之中,竣事而出,遂尔不复能兴。

又卷二十六《寄子正宪书》:"我至广城已逾半月,因咳嗽兼水泻,未免再将息旬月,候养病疏命下,即发舟归矣。"又卷二十一《致方叔贤书》:"病躯咳患日增,平生极畏炎暑,今又深入炎毒之乡,遍身皆发肿毒,旦夕动履且有不能,若巡抚官再候旬月不至,亦只得且为归休之图,待罪于南赣之间耳。"盖深入炎徼,地气卑湿,又军书旁午,操作较劳,故旧疾触发,致不可收拾矣。又病肺既久者,抵抗力失,亦易兼致他疾,总观上引书疏,则阳明之心脏肠胃皆不健旺,然要以肺病为主要原因,故累言其痰喘咳嗽也。

《阳明年谱》详记其弥留时情形:嘉靖七年十一月二十五日,阳明抵南安登舟,"推官、门人周积来见,先生起坐,喘咳不已。(略)

积问道体无恙？先生曰：病势危亟，所未死者元气耳。（略）二十八日晚（略），泊青龙铺，先生召积入，久之，开目视曰：吾去矣。积泣下，问何遗言，先生微哂曰：此心光明，亦复何言！顷之瞑目而逝。"

凡罹肺病者，大抵愈久愈弱，必精力尽耗，始渐即于死，而灵府神智则清醒异常，故阳明于病亟垂危之顷犹能作如是语也。夫光明之义亦豪迈，亦恬淡，决无儿女依恋之情与死生兢惧之惕，自非如阳明之修养深者不克办，然使如一般病症，或奇寒遽热，或神智昏迷，心欲言而口难宣，身未僵而气已散，则纵能达观死生，又乌克出此。

（本文原刊于《东方杂志》第42卷第19期，1946年）

王崇武先生学术年表*

1911年(清宣统三年)

9月,王崇武先生出生于河北省雄县一个富裕农民家庭,父亲王绶璜是当地小有名气的士绅。王崇武出生不久,家道中落。

1919年

进入当地乡村小学,学校教授的仍是清末策议式的论说以及传统的"四书五经"。

1926年

结束小学学业,进入保定培德中学,课程内容仍以古文为主,学生写作也用文言文。先生读中学期间,成绩优异,文学素养和写作能力得到了极大的提高。

1930年

8月,考入北平市第四中学。北平二年,使得先生的眼界更加开阔。先生课余之时,常与同学组织读书会,标点《尚书今古文注疏》及《毛诗注疏》,古文修养也更加扎实。"九一八事变"后,先生关注国事,半日学习,半日练操,随时准备投笔从戎。

1932年

9月,考入北京大学中文系,不久转入历史系,与张政烺、王毓

---

* 本年表由窦宝越编写。

铨、邓广铭等同班学习。受当时学风的影响,热衷于考据学,但也受到了新史学思潮的一定影响。大学期间便已完成了多篇论文的写作。

1935 年

1月至4月,在《北平晨报·艺圃》副刊上连续发表《明代宦官权势的演进》《明代宦官与自宫禁令》《明代宦官生活概况》等多篇论文,反驳周作人在《独立评论》第101号上发表的《太监》一文,认为明代宦官权势扩张主要是由制度不良、社会崩溃引起,万历以后宦官严重过剩。

9月19日,在《华北日报·史学周刊》第53期发表《明初汉人之胡化》,讨论了蒙古风俗对汉人的影响,并指出明朝开国之初,明太祖曾积极推行革除元俗的法令并努力同化胡人,促使胡风基本尽除。

10月31日,在《益世报·读书周刊》第22期上发表《明初的"养子"风气》一文,指出明初的"养子"风气极盛,对于"养父"而言,"养子"的作用一是可以扩大家族,二是方便控驭,实际上大部分"养子"的地位与家丁仆役相同。

同年,在《史学》第1期发表《秦汉之户口与政治》,着重讨论户口与政治的关系,认为"一代治乱,每以人齿之多寡为转移"。这种兼修秦汉史和明史的研究方式,反映了先生的宏观视野和贯通思维。

1936 年

4月16日,在《益世报·读书周刊》第43期发表《明初户口的流亡和招抚》,肯定了洪武、永乐年间革除元弊,积极招抚流民的政策,但认为仁宣之治是明朝盛衰的源头,"明初户口,以洪永之际为最盛,自从永乐晚年,以迄仁宣,户口又渐衰"。

5月1日,在《禹贡》第5卷第5期发表《明初之屯垦政策与井田说》,指出明初在屯政大举之时,"惟时忽有一奇特现象,即井田学说之盛行是也","方孝孺于井田之实施,主张最力",肯定了方孝孺的井田之说,"非尽为书生迂阔之谈也",并论述井田说提出的原因以及其对屯田制度弊病的补救作用。

6月16日,在《华北日报·史学周刊》第90期发表《〈明代的屯田制度〉导言》一文,本文为先生拟出版著作《明代的屯田制度》一书第一章的内容。书稿后因故未能出版。

6月20日,在《大公报·史地周刊》第89期发表《元末革命的农民兵》,从阶级史观、革命史观的角度探讨元明的农民革命,认为朱元璋是同情农民派,其反元革命是为了解放被压迫的农民。这是在马克思主义的影响下创作的文章,但遭到了保守派老师的严厉批评,致使其研究马列主义的热情渐消。

8月,从北京大学历史系毕业,因大学期间成绩优异,在傅斯年的提携下进入北京大学文科研究所任助理员,负责整理清朝大库档案。一年后,因《明实录》校勘工作缺人,被傅斯年提名调到中央研究院历史语言研究所。

8月10日,在《禹贡》第5卷第12期发表《明代的商屯制度》,这是学界最早的全面系统探讨明代商屯与开中法的文章。

8月27日、9月3日,在《华北日报·史学周刊》第100、101期连载发表《明初施行屯田的社会背景》,为《明代的屯田制度》一书第二章的内容。

12月,在《燕京学报》第20期发表《明代户口的消长》,分四个阶段论述了明代户口的消长情况,还探讨了农民的逃亡原因与逃亡方式。文章有关明代户口的观点，对于研究明代的政治、经济形势具有重要的价值。

本年度，先生还曾在《大众知识》第1卷第3期发表通俗文章《诃额仑——十三世纪的一位蒙古女英雄》，讲述了蒙古族女英雄诃额仑的故事。另外，他还先后翻译发表了日本学者清水泰次《明代之漕运》(《禹贡》第5卷第5期)、《明初军屯之扩展及其组织》(《西北论衡》第4卷第6期)、《明代自宫宦官之研究》(《西北论衡》第4卷9期)以及安岛弥一郎的《月氏西迁考》(《禹贡》第5卷第8、9合期)四篇文章。

1937年

1月1日，在《大公报·史地周刊》第118期发表《晚明党争与史可法》，肯定史可法等人坚持抗清的民族气节，借此以鼓舞民众抗日的斗志。

4月1日，在《禹贡》第7卷第1、2、3期合刊上发表《明代民屯之组织》，论述明代民屯的发生和组织方法以及政府对屯田民众的奖惩办法，本文是先生发表的最后一篇有关明代屯田制度的文章。

？月，在《史学集刊》第3期发表《跋顺治元年边大绥自陈伐李自成祖墓启》，认为顺治元年边大绥自陈独立破坏李自成祖墓失实，事实是汪乔年授意边大绥伐墓，并进一步分析了边大绥编造独伐事实的原因。

5月14日，在《大公报·史地周刊》第136期发表《书许元博死节事》，考证许元博殉国事迹，指出许元博虽为一布衣，"惟以宁甘一死，断不投顺，遂为史学家所特书"，此时正值卢沟桥事变前夕，先生借许元博死节事迹以调动民族抗日情绪。

6月30日，在《中央日报·文史周刊》第27期发表《跋朱郎镁上摄政王多尔衮请用明代衣冠启》,探讨衣冠文物与民族存亡的关系。作者明确指出:"生活服饰为一民族历史演迹,亦为形成一民族之主要成因。"清朝开国之时,便因剃发易服之令而招致各地的强烈反抗。

"七七事变"后,先生离开北京,前往南京,担任中央研究院历史语言研究所研究员事务员、助理员。"八一三事变"后,于9月又迁往长沙。

1938 年

年初,从长沙迁往广西桂林阳朔。月余后,迁往云南昆明龙泉镇,在此停留两年。

1939 年

在《中央研究院历史语言研究所集刊》第 8 本 3 分发表《明初之用兵与寨堡》,论述明初寨堡对于元末群雄的军事意义,指出寨堡的归附成为明太祖推翻元朝,统一中国的一大助力。

1940 年

11 月,随史语所离开昆明,迁往四川宜宾南溪县李庄镇,在此停留至抗战胜利。

1942 年

在《国际新闻》第 3 卷第 6 期发表《记南明翼王朱议汃被获事——跋顺治六年山东巡抚吕逢春题本》,考察了朱议汃在南明隆武政权受封翼王及变服秘密网罗反清志士的事迹,并指出《小腆纪传补遗》中之朱议沥并非朱议汃。

1943 年

在《人文科学学报》第 2 卷第 1 期发表《〈明史·张春传〉考证》,考证出张春确曾代满人投送议和书揭及明、清两方史料在记载上的差异及背后目的。

10月15日,在《东方杂志》第39卷第15期发表《朝鲜三田渡清帝功德碑文考》,通过考证,证明碑文系清人编写,朝鲜李景奭润色而成,并认为朝鲜汉化程度较清人更深,"可以反映清人审美观念之浅陋"。

1944年

在《真理杂志》第1卷第2期发表《明仁宗宣宗事迹旁证》,通过分析《李朝实录》及明人零散记载,指出仁、宣二帝沉湎享乐,弊政颇多,一反《明实录》等史家传统说法。

2月29日,在《东方杂志》第40卷第4期发表《〈明纪辑略〉与朝鲜辩诬》,讨论《明纪辑略》中关于李成桂与李倧的记载引起朝鲜君臣辩诬一事的原委,并最终以乾隆时期修成的《明史》改正《明纪辑略》的说法,平息了这场风波。

在《中国社会经济史集刊》第7卷第1期发表《明内廷规制考》,通过对比《内廷规制考》与《春秋梦余录》,提出《内廷规制考》的作者极有可能是孙承泽。

1946年

秋天,随史语所返回南京,并结识了金陵大学女部历史系毕业生黎世清女士。

10月1日,在《东方杂志》第42卷第19期发表《王阳明临终遗语》,通过分析王阳明的来往书信,断定其患严重肺病,并"钩稽其患病之经过及病亟不乱之故"。

1947年

年初,给河北省政府写信申请出国经费,但没有得到回应。

在《现代学报》第1卷第2、3期合刊发表《明代的疆域与明代的国防》,论述明朝的疆域与边防情况,重点讨论了九边的设置及明朝对蒙古和辽东的经营。

在《燕京学报》第 33 期发表《吴三桂与山海关之战》(另连载于《中央日报·文史周刊》1947 年第 69、71 期)。该文定稿于 1942 年 12 月,考证山海关之战期间吴三桂与清军的作战情况,认为"在多尔衮进兵之前,已有汉兵奇捷",清军的加入更加促使闯王失败,因吴三桂的贰臣身份与山海关之战的历史地位,故清廷将战功全部揽于己身。

在《学原》第 1 卷第 6 期发表《论明清萨尔浒之战》,文章分三部分考证了萨尔浒之战中明朝及努尔哈赤方面的参战人数,明朝的行军路线及地理形势以及双方的阵亡人数,纠正了《明史》《清实录》的夸诬记载。

在《国防月刊》第 3 卷第 2、3 期合刊上发表《杨镐与朝鲜岛山之战:论万历征东失败之原因》,讨论了岛山战役明军失败的原因。

3 月 30 日,在《东方杂志》第 43 卷第 6 期发表《〈明靖难史事考证稿〉自序》,基本为《明靖难史事考证稿》第一章的内容。

4 月 15 日,在《东方杂志》第 43 卷第 7 期发表《论皇明祖训与明成祖继统》,基本为《明靖难史事考证稿》第五章的内容,论述了《皇明祖训》与明成祖继承帝位的关系,指出明成祖修改《太祖实录》《皇明祖训》为继统提供合法性,故其冒嫡行为多被忽略。

5 月 15 日,在《东方杂志》第 43 卷第 9 期发表《跋永历帝致吴三桂书(重订稿)——附论洪承畴解职之经过》,考证永历帝致吴三桂书的真伪及矛盾之处,并附论洪承畴解职的情况。

6 月 16、30 日,在《中央日报·文史周刊》第 46 期、49 期发表《论明太祖对红巾态度之转变》,详细探讨了明太祖对于红巾军态度的变化，指出至元十五年开始明太祖一改红巾军旧习，逐渐摆脱红巾军身份。

7月，在《东方杂志》第43卷第13期发表《明太祖与红巾》，论述了明太祖的家室遗传、环境熏陶与红巾军的关系，得出结论："太祖生于佛教家庭，幼具民族思想，长而出家为僧，复行乞于光固汝颍等红巾繁殖之地，凡三年，是其家世遗传与环境熏习均与红巾有关系，故其参加起兵，非偶然事。"

9月，在《东方杂志》第43卷第15期发表《明惠帝史事之传说》，基本为《明靖难史事考证稿》第三章的内容，讨论明朝民间在靖难之后涌现出来的大量关于惠帝的传说，惠帝的事迹愈发为人所同情，而成祖及其臣子则遭到谤诬，指出"考见其（惠帝传说）发展演变之方式，且可见民间之正义与同情，亦有其不可磨灭者也"。

在《中央研究院历史语言所集刊》第12本发表《读〈明史·朝鲜传〉》和《读高青邱〈威爱论〉》，两篇文章皆写于1942年，前者将《李朝实录》与《明史·朝鲜传》的具体内容进行比勘，补其阙佚，后者发高启《威爱论》意指，试解其反映时势之论。

在《中央研究院历史语言所集刊》第16本发表《李如松征东考》，通过对中日朝三国史料的对比，考证了李如松在平壤之役、碧蹄馆之役的作战情况，并分析了明军撤兵的原因，拓宽了明代军事史研究的视野。

11月26日，在《经世日报·读书周刊》第67期发表《万历东征问题》。

在《现代学报》第1卷第8期发表《明宣宗朝鲜恭慎夫人韩氏事辑》，详叙恭慎夫人的生平事迹，以补国史之阙遗。

1948 年

1月,《明靖难史事考证稿》由商务印书馆出版,该书详细考证靖难史事,书分七章:《导言》《明惠帝史事之传说》《皇明祖训与成祖继统》《明代官书所记之靖难事变》《史事考证》《惠帝与朝鲜》《汉王高煦之变与惠帝史书之推测》。

4月,由商务印书馆出版《明本纪校注》,校勘《明本纪》各传世版本,并与《太祖实录》逐事对比,考其本末。

6月,由商务印书馆出版《奉天靖难记注》,将《奉天靖难记》与《成祖实录》进行详细比勘,校其异文,明其去取,以还原历史真相。

以上三书,均为王崇武先生在李庄期间的研究成果。

在《中央研究院历史语言研究所集刊》第10本发表《论明太祖起兵及其政策之转变》与《查继佐与〈敬修堂钓业〉》,前者讨论了明太祖起兵与政策变化的过程,后者则通过详细考证,认定《敬修堂钓业》为查继佐的作品。

在《中央研究院历史语言研究所集刊》第17本发表《论万历征东岛山之战及明清萨尔浒之战:读〈明史·杨镐传〉》与《明成祖朝鲜选妃考》,前者主要考证了杨镐在岛山战役及萨尔浒之战中的不同角色与作用,并辨析《明实录》《明史》《清实录》等官书记载的异同。后者利用中、朝两方史料,还原了在朝鲜选妃的史实。

在《中央研究院历史语言研究所集刊》第20本发表《董文骥与明史纪事本末》,该文写作于1942年10月,试图考究李自成的结局,并指出谷应泰所记的李自成结局尚合情理,董文骥的纠举只是在为清廷伸张"仗义讨贼"口号的正义性。

在《学原》第2卷第2期发表《明本纪校注序》,基本为《明本纪校注》的序言内容。

在《学原》第 2 卷第 7 期发表《朝鲜大报坛史料汇辑》,从《李朝实录》中辑出有关太祖、神宗、毅宗大报坛的相关史料,以补史乘阙佚。

同年八月,应英国文化协会李约瑟博士的邀请,前往牛津大学留学,在英国学习两年零七个月,其间收集了大量中英关系史料,准备着手研究中英交通史。

1949 年

在《中国社会经济史集刊》第 8 卷第 1 期发表《明成祖与佛教》和《明成祖与方士——成祖之死考异》,两篇文章考证了明成祖对佛教、道教的态度以及成祖的死因。

在《中央研究院历史语言研究所集刊》第 14 本发表《刘綎征东考》,根据《明史·刘綎传》《李朝实录》及其他史料的相关记载,详细考实刘綎的两次出征情况和邢玠、万世德等的表现。

先生在 1948 年和 1949 年发表的论文,大多写作于侨居李庄时期。

1950 年

8 月,接到台湾"中研院"历史语言研究所萧纶徽以傅斯年名义发来的邀请信及台湾大学的聘书,但其拒绝了邀请,并决定启程回国。

1951 年

3 月,自英国启程回国。5 月 24 日,抵达北京,随即被分配至中国科学院考古研究所担任研究员。应陶孟和之约,草拟编辑出版《近代外交史料译丛》,并着手整理从英国带回的部分史料,撰写了《戊戌变法与英帝国主义》等文章。

不久,同黎世清女士完婚。

11 月 9 日,在《进步日报》发表《中法战争时法国天主教在中越两国的活动情形》,论述了法国天主教在中越两国的活动情况。

12月,赴广西柳城县,参加土地改革。

1952年

5月,自广西柳城县返回北京,参与标点《资治通鉴》的筹备和组织工作,承担了《资治通鉴》数十卷的点校工作,同时拟写《中国近代外交史料译丛》的计划草案。

12月,调任中国科学院近代史研究所研究员,主持该所通史组的工作,协助范文澜先生编写《中国通史简编》。

1953年

1月31日,在《文物参考资料》第1期发表译作《英帝国主义者抢劫圆明园文物罪行录》,该文是从英国陆军军官赫利思所作的《中国詹姆》一书里摘录的部分内容。

1月31日和3月2日,在《历史教学》第1期、第2期连载发表译作《访问苏州的太平军》,本文系翻译自英国牧师艾约瑟于1860年10月3日发表在《泰晤士报》上的访问忠王李秀成的一篇报道。

6月30日,在《历史教学》第6期发表《戊戌变法与英帝国主义》,讨论了英国政府对戊戌变法的态度,指出英国为保护在华利益,断然不会支持变法。

1954年

调至历史研究所第三所通史组,研究明史。

2月15日,在《历史研究》第1期发表了《论元末农民起义的社会背景》,重新考察了元末农民起义的社会背景,认为元末阶级、民族矛盾十分尖锐,这构成了白莲教起义的客观条件。

5月,由神州国光社出版了王崇武、黎世清夫妇编译的《太平天国史料译丛》(第一辑),书中12件档案是从英国剑桥大学所藏的怡和洋行档案中选译的,是上海怡和洋行写给香港总行的商务报告,报告内容涉及了太平天国攻打上海的情况。

8月15日,在《历史研究》第4期发表了《论元末农民起义的发展蜕变及其在历史上所起的进步作用》和《一八四九年广州布商抵制英货的传单》,前者论述了元末农民起义的发展过程,分析了韩林儿、陈友谅、明玉珍、徐寿辉等人起义失败的原因以及张士诚起义的性质问题,肯定了元末农民起义的进步作用。后者则是先生从剑桥大学所藏怡和洋行档案中抄出的一份传单档案,反映了五口通商后,民众抵制英货的呼声。

9月,接到点校《资治通鉴》的通知,在王崇武、聂崇岐、容肇祖、顾颉刚先生的努力下,一年内完成了《资治通鉴》的标点整理工作。

10月,科学出版社出版了中国科学院历史研究所第三所主编的《近代史资料》,书中收录了先生编译的《英国档案馆所藏有关义和团运动的资料》。

1956年

标点本《资治通鉴》由中华书局出版,该书《胡刻通鉴正文校宋记述略》中注明该书系"王崇武标点,容肇祖、聂崇岐复校"。

8月30日,在《人民日报》上发表了《我国古代历史巨著——〈资治通鉴〉》,为《资治通鉴》做了简单导读。

1957年

年初,先生因长期腹泻而感身体不适,后经专家会诊,确诊为胰腺癌后期,已向肝胆等内脏转移。终因医治无效,于1957年4月21日与世长辞,年仅47岁。

5月1日,《历史教学》第4期发表其遗作《英国侵略者破坏太平天国革命的一段史料》,翻译自英国1861年出版的蓝皮书——关于开放长江对外通商的信札中。

5月,中华书局出版了先生点校的《小腆纪年附考》点校本。

1958年

12月,中华书局出版《小腆纪传》点校本。

王崇武先生学术成果表*

年度	日期	论文名	报刊/出版社	卷数	备注
1935 年	1月29日—2月16日连载	秦汉之户口与政治	史学	1 期	1934 年 9 月 2 日完稿
	3 月	明代宦权势的演进	北平晨报·艺圃		
	4 月	明代宦官与自宫禁令	北平晨报·艺圃		
	9 月 19 日	明代宦官生活概况	北平晨报·艺圃		
	9 月 19 日	明初汉人之胡化	华北日报·史学周刊	53 期	
	10 月 31 日	明初的"养子"风气	益世报·读书周刊	22 期	

* 本学术成果表由窦宝峣整理。

续表

年度	日期	论文名	报刊/出版社	卷数	备注
1936年	4月16日	明初户口的流亡和招抚	益世报·读书周刊	43期	
	5月1日	明初之屯垦政策与并用说	禹贡	5卷5期	
	5月1日	明代之漕运	禹贡	5卷5期	翻译自清水泰次
	6月1日	月氏西迁考	禹贡	5卷8、9合期	翻译自安岛弥一郎
	6月16日	《明代的屯田制度》导言	华北日报·史学周刊	90期	拟出版著作《明代的屯田制度》中的第一章内容
	6月20日	元末革命的平民兵	大公报·史地周刊	89期	
	8月10日	明代的商屯制度	禹贡	5卷12期	
	8月27日	明初施行屯田的社会背景（上）	华北日报·史学周刊	100期	拟出版著作《明代的屯田制度》中的第二章内容
	9月3日	明初施行屯田的社会背景（下）	华北日报·史学周刊	101期	
		明初军屯之扩展及其组织	西北论衡	4卷6期	翻译自清水泰次
		明代自官官户的消长	西北论衡	4卷9期	翻译自清水泰次
	12月	明代户口的消长	燕京学报	20期	半年刊
		河额仑——十三世纪的一位蒙古女英雄	大众知识	1卷3期	

续表

年度	日期	论文名	报刊/出版社	卷数	备注
1937年	1月1日	晚明党争与史可法	大公报·史地周刊	118期	
	4月1日	明代民屯之组织	禹贡	7卷1、2、3合刊	
	5月14日	跋顺治元年边大绶自陈伐李自成祖墓启	史学集刊	第3期	
	6月30日	书许元博死节事	大公报·史地周刊	总第136期	
	7月1日	跋朱郎镔上摄政王多尔衮请仍用明代衣冠启	中央日报·文史周刊	第27期	
		记南明王末议沥被获事	大公报·史地周刊	118期	
1939年		明初之用兵与寨堡	中研院历史语言研究所集刊	8本3分册	1938年5月28日脱稿
1942年		记南明翼王未议沥被获事——跋顺治六年山东巡抚吕逢春题本	国际新闻	3卷6期	
		《明史·张春传》考证	人文科学学报	2卷1期	
1943年	10月15日	朝鲜三田渡清帝功德碑文考	东方杂志	39卷15期	

续表

年度	日期	论文名	报刊/出版社	卷数	备注
1944	2月29日	明仁宗宣宗事迹旁证	真理杂志	1卷2期	
		《明纪辑略》与朝鲜辨诬	东方杂志	40卷4期	
1946年	10月1日	明内迁规制考	中国社会经济史集刊	7卷1期	
		王围明临终遗语	东方杂志	42卷19期	
1947		明代的疆域与明代的国防	现代学报	1卷2,3期合刊	
		吴三桂与山海关之战	燕京学报	总第33期	另见1947年11月24日、12月8日,《中央日报·文史周刊》第69、71期(连载)
		论明清萨尔浒之战	学原	1卷6期	
	3月30日	杨镐与朝鲜岛山之战:论丁历征东失败之原因	国防月刊	3卷2,3期合刊	
		《明靖难史事考证稿》自序	东方杂志	43卷6期	《明靖难史事考证稿》第一章内容
	4月15日	论皇明祖训与明成祖继统	东方杂志	43卷7期	《明靖难史事考证稿》第五章内容

续表

年度	日期	论文名	报刊/出版社	卷数	备注
1947	5月15日	跋永历帝致吴三桂书（重订稿）——附论洪承畴解职之经过	东方杂志	43卷9期	
	6月16日	论明太祖对红巾态度之转变（上）	中央日报·文史周刊	46期	
	6月30日	论明太祖对红巾态度之转变（下）	中央日报·文史周刊	49期	
	7月	明太祖与红巾	东方杂志	43卷13期	
	9月	明惠帝史事之传说	东方杂志	43卷15期	大体为《明靖难史事考证稿》第三章内容
		读《明史·朝鲜传》	中研院历史语言研究所集刊	该年第12本	写于1942年
		读高青邱《威爱论》	中研院历史语言研究所集刊	该年第12本	写于1942年
		李如松征东考	中研院历史语言研究所集刊	该年第16本	
	11月26日	万历东征问题	经世日报·读书周刊	67期	
		明宣宗朝鲜恭慎夫人韩氏事辑	现代学报	1卷8期	

续表

年度	日期	论文名	报刊/出版社	卷数	备注
1948年	1月	明靖难史事考证稿	商务印书馆出版		
	4月	明本纪校注	商务印书馆出版		
	6月	奉天靖难记注	商务印书馆出版		
		论明太祖起兵及其政策之转变	中研院历史语言研究所集刊	该年第10本	
		李继佐与《敬修堂钓业》	中研院历史语言研究所集刊	该年第10本	
		论万历征东岛山之战及明清萨尔浒之战——读《明史·杨镐传》	中研院历史语言研究所集刊	该年第17本	
		明成祖朝鲜选妃考	中研院历史语言研究所集刊	该年第17本	
		董文骥与明史纪事本末	中研院历史语言研究所集刊	该年第20本	
		明本纪校注序：论明大祖实录之版本	学原	2卷2期	
		南疆大报坛史料汇辑	学原	2卷7期	
		明末的百姓	时报	57期	署名"崇武"

续表

年度	日期	论文名	报刊/出版社	卷数	备注
1949 年		明成祖与佛教	中国社会经济史集刊	8 卷·1 期	
		明成祖与方士——成祖之死考异	中国社会经济史集刊	8 卷·1 期	
		刘铤征东考	中研院历史语言研究所集刊	该年第 14 本	
1951 年	11 月 9 日	中法战争时法国天主教在中越两国的活动情形	进步日报		
	1 月 31 日	英帝国主义者抢劫圆明园罪行录	文物参考资料	1 期	
1953 年	1 月 31 日	访问苏州的太平军（上）	历史教学	该年第 1 期	译自英国牧师艾约瑟
	3 月 2 日	访问苏州的太平军（下）	历史教学	该年第 2 期	译自英国牧师艾约瑟
	6 月 30 日	戊戌变法与英帝国主义	历史教学	该年第 6 期	

续表

年度	日期	论文名	报刊/出版社	卷数	备注
1954	2月15日	论元末农民起义的社会背景	历史研究	该年第1期	
	5月	太平天国史料译丛（第一辑）	神州国光社		王崇武、黎世清编译
	8月15日	论元末农民起义的发展嬗变及其在历史上所走的进步作用	历史研究	该年第4期	
	8月15日	一八四九年广州布商抵制英货的传单	历史研究	该年第4期	
	10月	英国档案馆所藏有关义和团运动的资料	近代史资料	总第2期	中国科学院历史研究所第三所编,科学出版社,1954年10月
1956年		《资治通鉴》（标点本）	中华书局		本书《胡刻通鉴正文校末记述略》中注明该书系"王崇武标点,容肇祖,聂崇岐复校"
	8月30日	我国古代历史巨著——《资治通鉴》	人民日报		

续表

年度	日期	论文名	报刊/出版社	卷数	备注
1957年	5月1日	英国侵略者破坏太平天国革命的一段史料	历史教学	4期	译著
	5月	《小腆纪年附考》点校本	中华书局		
1958年	12月	《小腆纪传》点校本	中华书局		

王崇武和他的《明靖难史事考证稿》*

张金奎

王崇武(1911—1957年),又名洪保,字之屏,我国现代著名明史学家,兼治朝鲜史和近代外交史,成果丰硕,造诣很深,向为学界称道。

一

1911年9月,辛亥革命爆发前夕,王崇武出生于河北省雄县大留镇一个比较富裕的家庭。他的父亲王绶璜是地方上比较有名气的士绅。辛亥革命爆发后,社会动荡,不同地区、不同阶层的人们都不可避免地被卷入剧烈的社会变革当中,王家亦家道中落。王崇武因此未能到大城市接受新式教育,而是在8岁时进入乡村小学学习旧式的论说和《四书》《五经》。1926年,王崇武考入保定培

---

* 王崇武先生已去世六十余年,他的生平,笔者只能以前人的介绍和回忆文章等为依据。这部分内容主要参考张德信《王崇武》(见刘启林主编《当代中国社会科学名家》,社会科学文献出版社1989年版,第473—489页)、赵俪生《明史专家王崇武逝世40周年祭》(《齐鲁学刊》1997年第2期,第115—116页)、韦祖辉《王崇武先生和他的明史研究成就》(《明史研究论丛》第九辑,紫禁城出版社2011年版,第345—355页)等文章。以下如无特殊需要,恕不再一一注明详细出处。

德中学。该校系由一位旧军人创办,教学风格依旧保守,国文课读的是古文,写作文必须用文言。虽然学风保守,但也因此让他打下了良好的古文基础。

1930年8月,王崇武离开保定,进入北平第四中学读高中。两年后,他以优异成绩考入北京大学中文系。因为对中文系的课程设置不满意,遂转入历史系,与后来的史学大家杨向奎、何兹全、张政烺、傅乐焕、王毓铨、全汉昇、邓广铭等同班学习。按照他本人后来的自述,初入历史系时,"对历史并不很爱好",对教学中仍然盛行的乾嘉考据之风,也不是很接受,"在大学一年级里,我对历史的看法,还停留在章学诚《文史通义》和张尔田《史微》的观点上。但这种封建社会的旧的纯唯心论史观,经不起新从欧美帝国主义国家贩卖来的新唯心论和实验主义的科学方法与中国乾嘉以来的考据学派相结合的打击"[1]。

当时的中国社会正经历一场剧变,"九一八"的炮声显示日本帝国主义侵略中国的步伐正在加快,从20世纪20年代末开始的中国社会性质大论战仍在如火如荼地进行当中,受此影响及部分同学的推动,王崇武也开始主动接触一些新的思想观念和新史观,且曾集中时间阅读《资本论》,并在新的史观影响下发表了《元末的农民革命兵》等习作。不过,这样的尝试并未得到导师的认可,反而招致很多批评,加之对《资本论》等经典著作理解并不透彻,"研究马列主义的热情也就慢慢减低"[2],研究风格逐渐回到以考据为主的老路上。

---

[1] 王崇武:《自传》,转引自张德信:《王崇武》。
[2] 王崇武:《简历》,转引自张德信:《王崇武》。

对于这四年的学习,王崇武自我评价"只是培养了一点历史兴趣而已"①,不过在朋友眼中则不然。如赵俪生认为他"在学术定向方面很早熟,在大学期间就写了好多篇与明史有关的文章……什么宦官制度啦,军屯、商屯制度啦,记得都谈论过。当时虽未形成家数,但苗头已经茁然长出来了"②。

1936年8月,王崇武从北大历史系毕业,由于成绩优异,得到傅斯年的赏识,被推荐到北京大学文科研究所任助理员,参与整理清朝内阁大库档案。一年后,由于负责整理校勘《明实录》工作的李晋华去世、那廉君调职,经傅斯年提名,王崇武调到中央研究院历史语言研究所,仍任助理员,接手校勘《明实录》的工作。

"七七事变"爆发后,历史语言研究所迁离北京,王崇武随同离京,先后辗转于南京、长沙、桂林、昆明等地,最后才于1940年迁到四川宜宾地区的南溪县李庄,算是安稳下来,直到1946年秋季返回南京。

长时间羁旅李庄,令王崇武非常愤懑。他后来在《自传》中回顾这段经历时说:"那时,一方面愤恨日寇的凶暴,一方面又目击国民党之无能,胸怀抑郁,无可发泄,只有靠读书来排遣","每天读书,黎明即起,深夜不寐,如是者七八年"。这种少有的勤奋,令其在学术上取得了突飞猛进的成就,他在抗战胜利后发表的论著,包括《明靖难史事考证稿》《明本纪校注》《奉天靖难记注》三部名著,很大部分是在流寓李庄期间完成或写就初稿。由于成果丰硕,他的职级在此期间也得到晋升,1942年任助理研究员,1944年升为

---

① 王崇武:《自传》。
② 赵俪生:《明史专家王崇武逝世40周年祭》。

副研究员。

抗战胜利后,王崇武发表了一系列论著,引起很大关注,且一度得到张学良的公开赞赏。声名远播给他带来了一些不必要的麻烦,加之和所长傅斯年关系有些不协①,王崇武决定离开历史语言研究所,出国学习。他先后向河北省政府和英国文化委员会提出资助申请,后接受英方资助,于1948年8月离开南京,赴英国留学。

王崇武在英国驻留了两年零七个月,主要致力于近代中英外交史料的搜集和研讨中西交通史。就在他努力工作之际,祖国大地发生了翻天覆地的变化,国民党当局退守台湾,中华人民共和国宣告成立。此前历史语言研究所在傅斯年的主导下已迁往台湾,但所内同仁因政见不同,有很多人没有随同迁台。

1950年8月,王崇武接到迁台的史语所的萧纶徽以傅斯年名义写来的信函以及台湾大学的聘书。王崇武非常气愤,认为"傅之搬台湾,纯自私自利为目的。同仁何辜?遭此劫运!回忆两年以前,傅君仗蒋介石势,自北美返国,大放谬词,其时吾极深厌之与决绝,岂有在其落水后而与同流者乎?因亟复一信驳之。气愤极深,

---

① 王崇武与所长傅斯年关系欠佳与两人的学术旨趣可能有一定关系。据钱穆先生回忆,傅斯年和顾颉刚虽然同为胡适弟子,但学术路向大不相同。傅斯年"似主先治断代史,不主张讲通史。彼著述亦仅限先秦以上,即平日谈论,亦甚少越出此范围。凡北大历史系毕业成绩较优者,彼必网罗以去,然监督甚严。有某生专治明史,极有成绩,彼曾告余,孟真不许其上窥元代,下涉清世。然于明史有所得,果欲上溯渊源,下探究竟,不能不于元清两代有所窥涉,则须私下为之。故于孟真每致不满"。(见钱穆:《八十忆双亲 师友杂忆合刊》之《师友杂忆》第10篇《北京大学》,氏著《钱宾四先生全集》第51册,台北:联经出版事业公司,1998年,第172页。)结合王崇武的早年经历来看,钱穆所说之专治明史的"某生",应系王崇武无疑。事实上王氏之研究也确实突破了明史的界限,涉及元史和清史,尤其是清史。本书附编部分选录的《读高青邱〈威爱论〉》《跋朱朗镾〈上摄政王多尔衮请仍用明代衣冠启〉》《董文骥与〈明史纪事本末〉》等文章,就是涉及元、清两代的优秀作品。

而措词极硬。复经大改,仍不软"①。

身处异邦的王崇武一度准备离英赴美,并曾致信胡适请求帮助,但没有得到回应。在美国的同学王毓铨劝他不要赴美,并表示自己准备回国。受其影响,王崇武决心回国,并于1951年5月24日抵达北京。

回国后,王崇武先被安排到中国科学院考古研究所,任研究员,其间主要整理由英国带回的近代外交史料,并公开发表了部分成果。1952年底,调到历史研究所第三所(近代史研究所前身),参与标点《资治通鉴》等工作。1954年转入该所通史组主持工作,协助范文澜先生编写《中国通史简编》,同时继续研究明史。在此期间,他认真学习马克思主义,并努力运用马克思列宁主义的观点、方法,修正此前的明史研究成果,在《历史研究》等刊物上,先后发表了《论元末农民起义的社会背景》《论元末农民起义的发展蜕变及其在历史上所起的进步作用》等文章。

长时间的忘我工作使其身体不堪重负,但未引起足够重视,一直当高血压和腹泻来治疗,后经中外医学专家会诊,才于1956年下半年确诊为胰腺癌,但已经是晚期,没有治疗痊愈的可能。1957年4月21日,年仅47岁的王崇武与世长辞。

二

王崇武的治学态度是极为严谨的,友人评价他不太爱发议论,

---

① 王崇武:《日记》,转引自张德信:《王崇武》。

拿手本领是做"细工活"①，这在他的名著《明靖难史事考证稿》（以下简称《考证稿》）一书中体现得尤为明显。

《考证稿》一书实际完成于羁旅李庄期间，由商务印书馆于1948年出版，全书共分为七章，其中《叙言》②《明惠帝史事之传说》《论皇明祖训与明成祖继统》等章节曾以独立文章形式提前发表，出版时略做修正。

靖难之役是明朝历史上的大事，自明中后期即有王世贞、钱谦益等学者陆续展开考证和研究，但由于朱棣即位后焚毁了建文朝大批档案，重修《太祖实录》等，致使史料匮乏，"官书曲解史实，野史漫无根据，皆非信史"③，相关研究虽然一直延续到清代，且有朱彝尊、王鸿绪等大家参与，特别引人注目的发现则始终很少见。

在王崇武看来，"明代政治制度之巨变以靖难一役为分野"，"所谓靖难事变者，不仅关系朱氏叔侄之王位继承，抑且为一代制度之改革关键"④，值得深入研究。在他看来，靖难史料极其贫乏，"官书之讳饰既如彼，野史之无稽又如此，自皆非史事之真相，今欲探讨当日史实，必须于官书与野史之外别拟假设，而于其他史传文集及官书之不经意记载中搜寻旁证"⑤，于细微处发掘，"考其内容先后改动之故"⑥，或可有意外的收获。故其首先将《奉天靖难记》

---

① 赵俪生：《明史专家王崇武逝世40周年祭》。
② 此前发表时的名称是《〈明靖难史事考证稿〉自序》，见《东方杂志》总第43卷第6期，1947年3月刊。
③ 王崇武：《明靖难史事考证稿》第一章"叙言"。
④ 同上。
⑤ 王崇武：《明靖难史事考证稿》第四章"史事考证"。
⑥ 王崇武：《明靖难史事考证稿》第二章"明代官书所记之靖难事变"。

《明太宗实录》《燕王令旨》三部史籍,佐以《朝鲜王朝实录》等资料进行了对比研究,得出"《靖难记》于《令旨》所载者已大加删润,惟文义之间,尚相差不远,仅去其极端可笑之处而已","至《实录》所载者,与《靖难记》及《令旨》则完全不侔",《燕王令旨》以及姜清《秘史》中所载"燕王上惠帝书"才是当时的原件,"《靖难记》较当时书檄已有改易,《实录》复袭《靖难记》文又粉饰之"①的结论,令人耳目一新。

在此基础上,他又以类似方法对野史记载中的建文帝诸种传说以及与官书记载的诸多矛盾之处做了细致分析,指出"惠帝故事,以本身之凄哀,故其传布社会,亦深入人心。此物语遂由简单变复杂,由模糊变清晰,由历受压迫,变为迭次报复。时历二百余年,流寇巨酋李自成犹假此以为倡乱口号,明遗民李清、张怡等复深信国变之故为惠帝复仇。迄今边区荒远,尚有自托为惠帝后裔者。而凡尽节诸人之子孙,并得保全荣显。反之,成祖及其臣僚则尽遭谤辱,传说虽与史实无关,然可以考见其发展演变之方式,且可见民间之正义与同情,亦有其不可磨灭者也"②。这一结论对民国乃至当下的建文研究都有着深刻的影响。

对于靖难之役本身,王崇武在第四章中做了具体研究,得出太祖并非暴卒,建文帝未阻止朱棣进京奔丧,靖难军总体上采取的是各个击破战略,"成祖虽处四围之局,实仅一面作战"③,所谓不杀叔父的诏书并不存在,实际是南将盛庸欲生擒朱棣失败,"而野史讹传"的结果等一系列新颖观点。

---

① 王崇武:《明靖难史事考证稿》第二章"明代官书所记之靖难事变"。
② 王崇武:《明靖难史事考证稿》第三章"惠帝史事之传说"。
③ 王崇武:《明靖难史事考证稿》第四章"史事考证"。

《祖训录》是朱棣发动靖难之变的重要法理依据,王崇武从朱棣妄称马皇后为生母一事入手,对此进行了深度解析,指出这一现象的根源在于《祖训录》流传广泛,无法篡改,且其中"明标不许庶子继统",故不得不在"指斥惠帝不遵祖宪"的同时,攀皇后高枝。

> 太祖于庶嫡尊卑分别极严,《祖训》曾载庶子虽长不得立,成祖既熟读《祖训》之书,常闻师傅讲论,且此条(法律十四)与其所据以起兵之条(法律十三)适前后毗连,理无不知。若必依照《祖训》,则惠帝纵然焚死,亦应拥立嫡出之子……若惠帝嫡子文奎、文圭……等固健在也。若不依《祖训》拥立,则成祖之所以指斥惠帝,丑诋齐、黄者,适所以自诋,在二者不可得兼之时,因出冒嫡之策,故其上阙下书,于周、齐、湘、代、岷诸王仅明其为"父皇亲子",而自称且谓为"母后孝慈高皇后亲生,皇太子亲弟,忝居众王之长",实与《祖训》继统之义相照应,而为篡夺之张本也。

而其后人又不能"自明所出",只能将错就错,"此官书难言之隐曲也"①。

但是祖训的规定在后来时常遇到执行困难,"明代诸帝于法祖口号虽相沿遵守,而事实方面殊难循旧规……故以兴献王继孝宗之统及以思宗继熹宗之位,皆与《祖训》不合。又光宗母王妃,而正后王氏无出,神宗之稽迟立储,固别有用心(欲立郑贵妃子),至所引《祖训》待嫡之说,则未尝无理,而廷臣之争国本者,反支离其

---

① 王崇武:《明靖难史事考证稿》第五章"皇明祖训与成祖继统"。

词,曲解原义。然则《祖训》真谛,即明代淹贯故实之人,已不甚明了矣"①。

朝鲜地处燕军控制区的侧后方,是靖难双方都需要争取的对象。相应的,在朝鲜史籍中也保存了大量与中国有关的史料,首先被中国学者重视的无疑就是《李朝实录》。民国时期的史学大家,与此关系最深的无疑是明史研究的双子星——吴晗和王崇武。前者的贡献主要在于将与中国有关的史料从《李朝实录》中辑出,为广大学人提供了方便,后者则是直接利用《李朝实录》做研究的拓荒者。在《考证稿》一书中,《李朝实录》的引用频率非常之高,最集中的部分则是第六章《惠帝与朝鲜》。

在本章中,王崇武指出"惠帝在鲜,似遗念甚深","朝鲜不为成祖利诱,始终尊奉朱明正统,此种态度则殊可注意也"。而其根源,则在于建文三年正式承认朝鲜太宗李芳远为国王,"故示怀惠",使其不再像其父兄那样仅仅是尴尬的"权知国事"。另外,本章引用了很多诗歌作为佐证,既是对宋元以来以诗文、小说为史料之传统的延续,也是事实上对陈寅恪20世纪二三十年代开创的现代"以诗证史""援诗入史"研究方法的呼应。

仁、宣父替之际发生的汉王朱高煦叛乱和靖难之役有颇多类似之处,故本书将《汉王高煦之变与惠帝史书之推测》作为最后一章。同样是通过将记载相反的史料"比较互勘",指出汉王反叛的法理依据同样是指责"此谓仁宗不遵洪武、永乐旧制,与成祖诋惠帝背弃《祖训》者同,谓宣宗不当修理南巡席殿,与成祖诋惠帝拆毁宫殿,大兴土木者尤相类",但成祖生前没有立汉王,也是因为"《祖

---

① 王崇武:《明靖难史事考证稿》第五章"皇明祖训与成祖继统"。

训》有立嫡长明文,未必因仁宗之'仁贤'与高煦之'多过失'"。官修史书故意掩去汉王在靖难之役中的功绩,亦与永乐朝篡改史实类似,"太宗、仁宗、宣宗三朝《实录》所记汉王事,视作惠帝记燕王之事可,太祖、太宗两朝《实录》所记成祖事,视作汉王自记之事亦无不可"。

《考证稿》出版后,很快得到同道的赞扬。罗尔纲认为该书"惟陈寅恪先生《唐代制度渊源稿》一书足与媲美也","吾兄态度之严谨,征引之赡博,亦叹为观止"①。当年的《图书季刊》在该书的推介语中则称该书"不在叙述靖难一役始末,而在撮举是役中若干史事,据以说明惠帝成祖双方对是役之看法,后来官书之隐讳与回护曲解,野史传说发展之用心,且示读史者如何搜求旁证与如何解释各种记载之道……是稿之成就,不仅在若干靖难史实之重新恢复真相,而更在提出若干实例以显示考史之方法"②。应该说,《考证稿》一书充分反映出作者史材之高、考辨功力之深、逻辑之严谨、行文之浅显、结论之精当,上述评价无疑是中肯的,绝非无根阿谀之词。

---

① 王崇武:《日记》。
② 《新书介绍》,《图书季刊》1948 年新第 9 卷第 1—2 合期,转引自张峰:《重返历史现场:认识民国史学的一个新维度》,《东岳论丛》2020 年第 3 期。